呂祖謙畫像 清南薰殿藏版

主持編輯　呂理胡
總編輯　陳年福

東萊博議今譯（上冊）

中華呂祖謙學術研究協會
浙江師範大學江南文化研究中心
合编

東萊博議今譯編輯委員會

主任委員：呂理胡

副主任委員：呂傳勝　呂榮海

編輯委員：呂正鐘　呂鐘江　呂松壽　溫俊富　邱秀珠　呂湘瑜　呂芳林　呂勝倉　呂理聖　呂學裕

沈友椿　孫巧雲　劉素梅

總編輯：陳年福

學術顧問：梅新林　黃靈庚　陳玉蘭

東萊博議今譯出版委員會

主任委員：呂學乾

副主任委員：呂三郎　呂理衍　呂理雄

出版委員：呂水德　呂理照　呂學枝　呂理達　呂理榮　呂芳乾　呂理漢　呂悅蓉　呂理輝

序

呂祖謙先生，字伯恭，其祖籍為河南開封人，後遷至浙江金華，官至直秘閣著作郎、國史院編修官、實錄院檢討官。與朱熹、張栻齊名，人稱為「東南三賢」。其學說主張治經史以致用，不規規於性命之說，遂開學派之先聲，因其曾祖父呂好問獲恩封為「東萊郡侯」（東萊是漢置的郡名，約在今山東半島），故世人尊稱「東萊先生」。

所謂「博議」之名稱，在史上是始於呂祖謙先生所著之【左氏博議】，亦簡稱【博議】。「博」者，廣大也、通也，「議」者，講論也，言法制乎正，不頃側也，文體之一、論事之文，以言其可否者也，如駁議，奏議。

【東萊博議】原名【左氏博議】，是以【左傳】（左丘明著）的史事為體材，書成於宋乾道四年，共二十五卷，一百六十八篇章，今坊間常見之版本，內容僅剩不到一半（八十六篇章）是選其代表作出書也，本協會為其正統真傳，乃全文搜輯，以現全貌。祖謙先生在本書的自序中，開頭就說：【左氏博議】者為諸生課試之作也。由此得悉【東萊博議】是祖謙先生在「明招講堂」（此四字今仍存在），對學生為應當時科舉考試所作的範本教材，不是闡釋經學，也不是研究史學。斯時「明招講堂」學生人數逾三百人，運用本書作為教材，在祖謙先生的調教下，於南宋乾道以後，僅武義地區，就產生三十一位進士，（有一門五進士、父子三進士）。以外地區亦應有一倍以上，估計其教育成果，考上進士（最高學位）的比率，當在百分之二十。

祖謙先生在明招山講學六年，作育英才無數，其著作【東萊博議】是當時及其後歷代科舉考試的重要用書，而直到八百年後的今天，本書仍然有其珍貴的價值。凡國文科考試，無論各級學校招考、公務人員高等考試或者律師、司法官特考試的作文，皆足為範例，仍有舉足輕重的地位。且【東萊博議】教人對人的觀察：「凡人之情，為惡於人之所不見，為善於人之所見。」又說：「觀人之術，在隱不在顯，在晦不在明」。是要洞察隱藏的一面，晦暗的一面。另又指出：「天下同知畏有形之寇，而不知畏無形之寇」。這是要辨別其外表及內在之真相，強調知其人還要知其心，不要被其金玉的外表所誘而不察其內在之敗絮。

祖謙先生又講到人與人之相處：「共患易，共利難」。所謂患難現真情，因為彼此要互相依靠來突破難關，但是當利益來到就難免爭著要了。又說：「豐歉在人而不在天；強弱在人而不在地」。雖然他也知道天地陰陽的變化會影響時局，人不能掌控，但是他認為人若能善用自己的力量，也能夠突破困境的。這些都是放諸四海皆準的千古名言。

祖謙先生對左丘明【左傳】的評論與史事，是用不同角度予以發揮，教人學到看事情要運用多元化的視角，去獲得客觀而全方位的結論。例如他說：「觀政在朝，觀俗在野」。「善政未必能移薄俗，美俗猶足以救惡政」。「敍事者載其實，論事者推其理」。以此謹慎的觀察、研判，才能認清歷史的真相。

在祖謙先生自序中言：「深痼隱疾，人所羞道而諱稱之者，揭之大塗」。所以本書不僅僅是「課試」學生應考寫文章「佐其筆端」而已，其取用【左傳】「理亂得失之跡，疏其說於下」。而是要治療國家的「深痼隱疾」。這才是本書的最高標的。

祖謙先生是宋代的哲學家、教育家、史學家、文學家，具有經天緯地之大才。這部巨著，使人讀了咀嚼翫味無窮，對人的正心、修身、養性、育德，以及處理人、事、物各方面，都有不可思議的潛移默化的力量，作者的一言一語都含義很深，很能警世感人，有益於世道人心，確是一部萬古不易教人化世的聖典。

中華呂祖謙學術研究協會　創會理事長呂理胡謹識

中華民國一〇三年三月二日

西元二〇一四年三月二日

前言

陳年福

南宋呂祖謙先生《東萊博議》一書，是東萊先生守母喪於東陽武川（今浙江武義明招山）時「為諸生課試之作」（自序），其內容乃取材於《左傳》之議論，故又有《左氏博議》、《春秋左氏博議》、《東萊先生左氏博議》、《春秋東萊博議》等稱。《博議》成書於乾道五年（一一六九年），東萊先生正當三十八歲年富力強之時，故其文章氣盛辭嚴，理富思精。全編二十五卷，凡一六八篇。以其「稽古之博，畜理之多，觸機而出，持之必有故，而發之必有為精言奧論，往往震發於中，足以箴切物情而裨助意智」（瞿跋），故面世而來，人們稱譽不絕。若從文章學、申辯術論之，以下兩點可符其實。

一、議論文之最佳模範

今人金克木先生在《中華讀書報》上的一篇文章中曾談及《東萊博議》。他說：

這是策論和八股文章的模範。

作為文章範本，呂氏的《博議》越來越流行。直到民國初期這書還有人傳習，只不過誰也不提。表面上大家念《古文觀止》，暗地裡學作文章的人傳授背誦《東萊博議》。

《史記》和唐宋八大家的文章太高了，學不上手，還是暗中學《博議》，不過都不明說，因為這書是初學作策論最便於模仿的，檔次不高，不能當旗號，只能師徒私下傳授。

這書文章不長，能啟發思路，便於模仿。第一篇論《左傳》中第一篇記事《鄭伯克段於鄢》。以此為題，怎麼作文？東萊先生開口便說：“釣者負魚，魚何負於釣？獵者負獸，獸何負於獵？莊公負叔段，叔段何負於莊公？”口頭一念就知道是八股文和策論筆調。有氣派，好像很有說服力。……文章真好！——（見《金克木集》第五卷，第四七三、四七四頁）

上引金先生的大實話，充分說明了《博議》一書在作文教學，尤其是在議論文寫作教學中的深遠影響力。論者謂學《博議》之文者，易得三法。其一，文章之法，惟構思最難。《博議》之文，構思縝密，其“首尾盤旋之法”，即行文迂迴曲折又首尾呼應、篇章層次分明又結構嚴密之法讓仿者容易上手而得其真髓。其二，屬文之難，惟無話可說。《博議》每每事事設問，故文句波瀾起伏、妙趣橫生。其“無中生有之法”，讓初學者不再有胸無點墨、文思枯竭之感。其三，行文之辭，多失於平淡。《博議》妙語連珠、辭氣連貫，讀之讓人擊節不已，其“推拓援證之法”，讓學者易得其縱橫捭闔、旁證博引之排宕連綴手法。可以說，《博議》是最適合於初學者之議論文模範。

二、申辯術之最優途徑

金克木先生還說：

不僅文風，在內容方面，《博議》也有獨到之處，它不是翻案文章，又是翻案文章。篇篇乍看與眾不同，細看又不出範圍。不是八股，勝似八股。我幼時承老師看重，給我一本《博議》，讓我抄下自己念，一句解釋也不說。有一篇開始就說：「共患易，共利難。」接著舉例排比證明《左傳》結論，卻不明講。我立即套用，在老師出題作文時倣傚，得到三個圈。學韓、柳、歐、蘇哪有這麼快？

說實話，我還沒有學到《博議》的精華。學得好的能作出一大篇精彩的文章，處處是驚人之筆，處處又合乎題意，更重要的是能說得頭頭是道。……怎麼說怎麼有理，還有氣勢。（同上）

的確，《博議》的獨到之處是「它不是翻案文章，又是翻案文章」。如首篇《鄭伯克段於鄢》，左氏批判的是太叔段下犯上、少陵長的作亂行為，歌頌的是莊公的仁義與智謀，但《博議》則是反申其旨，指責莊公的險惡之心。再如卷三《潁考叔爭車》篇，取材於《左傳》以孝行聞名的潁考叔因與子都爭車而墜城隕身的故事，論說人守善而不能相推之失的道理。但起首並不從潁考叔說起，卻從「理」、「氣」二字發端入題，然後層層反駁，似痛似惜，啟人以無限推廣擴充之意。至於潁考叔墜城隕命的原因，不歸於爭車而歸於不能推廣孝思的結論，出人意外，深得空中結撰之妙。本篇結語謂：「昔左氏嘗舉『孝子不匱，永錫爾類』之詩以美考叔，……左氏以此詩而美孝叔之孝，吾請移此詩以責考叔之非。」類此的反左氏之論，《博議》全書比比皆是，反映出作者不同凡響的雄健辯才。《博議》之文，筆鋒犀利，縱擒自如，辨駁有力，氣勢逼人。過去有人說，想當律師，一定要學《東萊博議》，這是不無道理的。

正因極便於初學者作文辯說之特點，《博議》尚未成書，當時「諸生歲時休沐，必抄寘褚中，解其歸裝無虛者。並舍媢黨，復從而廣之，曼衍四出，漫不可收」（自序）。成書之後，在宋時即成經生家揣摩之本，流傳甚廣。其後歷元明至清，八百年來，鋟版不衰，而成為舊時士子們事實上的一本寫作教材。

由於《博議》全書百六十八篇，可謂篇幅鉅大，反不利於廣布流傳，因此傳世通行本多為八十六篇之節本，如光緒壬辰年（一八九二）江西兩儀堂鋟板的朱字綠、張明德評點本即為其通行節本。近世對《博議》進行標點或譯注的整理本，目前所見，大概有以下幾種：

（一）光緒壬寅（一九〇二年），大城劉紫山輯注，《增批輯注東萊博議》，一九三七年大美書局據雙芙蓉館藏本影印。收八十六篇。錄《左傳》原文。收前人評點，有簡注。

（二）叢書集成初編《東萊先生左氏博議》（二十五卷本），據金華叢書本排印，僅有斷句，不錄《左傳》原文。

（三）一九三六年世界書局本《廣注語譯東萊博議》，注釋者宋晶如、章榮。收八十六篇。有標點、注釋、譯文。

（四）喻嶽衡標點《東萊博議》（四卷），一九八八年嶽麓書社出版，收八十六篇，錄《左傳》原文，後附前人評點。

（五）李振興、簡宗梧《新譯東萊左氏博議》（二十五卷本），一九九〇年台北三民書局出版。不錄《左傳》原文，有題解、全文注音、註釋、語譯、研析，體例較詳。

（六）郗政民標點注釋本《東萊博議》（二十五卷本），一九九一年陝西人民出版社，全收一百六十八篇。不錄《左傳》原文及前人評點，整理工作為標點注釋。

（七）陳年福《東萊博議》（二十五卷本）校點本，收原注、錄左氏原文，載《呂祖謙全集（第六冊）》，浙江古籍出版社，二〇〇九年。

（八）王明飛《古申論——全本〈東萊博議〉今譯》，甘肅民族出版社，二〇〇六年。不錄《左傳》原文，以「左傳背景」介紹代之。全本注釋、翻譯。

以上整理本，王氏《今譯》後出，依後出轉精之理，本應為最佳之作，但現在看來，要達到這一要求還有不少距離。從譯注質量來說，最好的還是李氏、簡氏的《新譯》本。例如：卷四《楚侵隨》：「雖事往迹陳，書之簡牘，讀者猶不知其端倪，況於當時自墮其網者乎？」《今譯》奪「讀」字而誤作「書之簡牘者」。卷六《齊侯見豕》：「是爻居《睽》之終，孑然孤立，睽幽明而為兩塗。睽生疑，疑生怪。故負塗之豕，載車之鬼，陰醜詭幻，無所不至。」《今譯》誤「兩」為「雨」而譯「睽幽明而為兩塗」為「疑視著幽暗和光明卻成了雨水和泥巴……」，不知所云。卷七《王賜虢公晉侯玉馬》：「尺寸之土，可以遏昏墊之害；尺寸之禮，可以遏僭亂之源。」《今譯》誤標點為：「尺寸之土可以遏，昏墊之。害尺寸之禮可以遏僭亂之源。」卷八《懿氏卜妻敬仲》「噫！桑林之見，妄也；僂句之應，僭也；臺駘、實沈之祟，妖也。」《今譯》誤標點為：「噫！桑林之見妄也，僂句之應僭也，臺駘、實沈之祟妖也。」錯譯成：「咳！在桑林中看見虛妄，駝背的人應驗了虛妄，臺駘、實沈鬼鬼祟祟的興妖。」這些錯誤在《新譯》中皆未有，顯然《今譯》失之參考。

當然，《新譯》也有一些錯誤。如卷六《齊桓公入齊》：「然《春秋》書『納糾』而不繫以『子』，薄昭言『殺弟』而不謂之『兄』，是糾少而尤不當立者也。」《新譯》未正此前之多誤「薄昭」為「《傳》

昭」而不可解，故加注曰：「《左傳》並沒有指公子糾是兄或是弟，杜預注則以子糾為小白庶兄，不知呂祖謙何本。」今按，薄昭乃人名，為西漢文帝母薄太后之弟，即文帝娘舅。薄昭《與淮南王書》謂齊桓公殺弟。可見，注譯古書，並非易事。

此次註譯《博議》全篇，我們以陳年福校點《東萊博議》為工作底本。主要體例為：原標題、《博議》正文、注釋、譯文、古評、今評、《左傳》原文。為方便閱讀，採用分段註譯的方式，諸家集評衹見於八十六篇的原《博議》節本，其餘篇目無。之所以錄《左傳》原文而不加以語譯，是因為考慮到附上《左傳》原文，衹為方便讀者在需要時可快捷檢出，若遇閱讀障礙需讀譯文，以現在的條件也可由網絡容易查得，故為節省篇幅而未附。同時，考慮到篇幅問題，在註釋上盡量從簡，凡譯文能交代清楚的就不再註釋。這次整理，我們的工作重點放在了「譯文」這一環節。除了追求譯文的準確性外，同時盡可能的顧及呂氏的行文風格及其修辭表達，希冀不失其雅藻。與此書的其他諸多白話譯文相比，我們的譯文有較多的出入之處，是耶否耶？讀者祇要略加比較便知。

本書前十五卷由陳年福譯註，後十卷由孫巧雲譯注，全部統稿潤色工作由陳年福完成。由於學識有限，我們對《博議》的整理文字肯定會有許多錯誤之處，尚祈讀者有所教正。

目錄

東萊博議卷三

東萊博議卷四

東萊博議卷五

東萊博議卷六

東萊博議卷九

東萊博議卷十

鄭莊公共叔段 隱公・元年

釣者負魚，魚何負於釣？獵者負獸，獸何負於獵？莊公負叔段，叔段何負於莊公？且為鉤餌以誘魚者，釣也；為陷穽以誘獸者，獵也。不責釣者而責魚之吞餌，不責獵者而責獸之投穽，天下寧有是耶？

莊公雄猜〔一〕陰狠，視同氣〔二〕如寇讎，而欲必致之死。故匿其機而使之狎〔三〕，縱其欲而使之放，養其惡而使之成。甲兵之強、卒乘之富，莊公之鉤餌也；百雉〔四〕之城、兩鄙〔五〕之地，莊公之陷穽也。彼叔段之冥頑不靈〔六〕，魚耳獸耳。豈有見鉤餌而不吞，過陷穽而不投者哉！導之以逆而反誅

〔譯文〕

是釣魚的人對不起魚，魚哪有對不起釣魚的人？是打獵的人對不起野獸，野獸哪有對不起打獵的人？是鄭莊公對不起共叔段，共叔段哪有對不起鄭莊公？況且在釣鉤上裝好食餌去引誘魚兒的，是釣魚的人；挖掘好陷阱去誘引野獸的，是打獵的人。現在不責備釣魚的人，卻反責備魚吞食鉤餌；不責備打獵的人，卻反責備野獸墜落陷阱。天下難道有這種道理麼？

鄭莊公是一個生性多疑、陰險狠毒之人，他看待自己的胞弟共叔段就好像仇敵一般，一定要致他於死地。所以隱匿其動機而使共叔段習於輕慢，縱容他的慾望而使他恣意放肆，馴養他的惡行而使他形成叛逆事實。兵器的強固、軍隊的富眾，就是莊公所設下的鉤餌；三百方丈的城池、西北兩處的邊邑，就是莊公所挖掘的陷阱。那個共叔段愚昧無知又頑固不化，就是那魚和野獸。哪有見了鉤餌而不吞食，走過陷阱而不墜落的呢？莊公引導他違逆卻反要指責他違逆，教導他反叛卻反要討伐他反叛，莊公的用心也真是險惡

其逆，教之以叛而反討其叛，莊公之用心亦險矣！

［注釋］［一］雄猜：猶多疑。［二］同氣：指兄弟姊妹。［三］狎：輕忽，親近。［四］百雉：雉，古代城牆度量單位。方丈曰堵，三堵曰雉。百雉，指三百方丈。［五］鄙：邊邑。［六］冥頑不靈：冥，昏冥；頑，頑固。愚昧無知又頑固不化。

莊公之心以謂：亟治之則其惡未顯，人必不服；緩治之則其惡已暴，人必無辭。其始不問者，蓋將多叔段之罪而斃之也。殊不知叔段之惡日長而莊公之惡與之俱長，叔段之罪日深而莊公之罪與之俱深。人徒見莊公欲殺一叔段而已，吾獨以謂封京［一］之後，伐鄢［二］之前，其處心積慮，曷嘗須臾而忘叔段哉！苟興一念，是殺一弟也；苟興百念，是殺百弟也。由初暨末，其殺段之念，

啊！

莊公的心思是：若立即把共叔段除去，那麼他的惡跡尚未顯露，眾人必定不會心服；若慢慢將他除掉，那麼他的罪跡已經暴露，眾人一定沒有話說。莊公在當初之所以不責問，原是要加多共叔段的罪名後將其擊斃。竟不知當共叔段的惡行一天天長成之時，莊公的惡行也隨同一起長成了；共叔段的罪孽一天天加深之時，莊公的罪孽也隨同一起加深了。人們只看到莊公想殺一個共叔段而已，但我卻獨自以為，在封共叔段於京邑之後，討伐共叔段於鄢邑之前的這段時期，莊公處心積慮，哪裏有一刻忘掉過共叔段呢！倘若說起一個念頭，便是殺了一個弟弟；那麼起一百個念頭，就是殺了一百個弟弟啊。從一開始到最後結束，莊公想殺共叔段的念頭，大概不會是上千次上萬次能

殆不可千萬計，是亦殺千萬弟而不可計也。一人之身，殺其同氣，至於千萬而不可計。天所不覆，地所不載，飜四海之波亦不足以湔[三]其惡矣。莊公之罪顧不大於叔段耶？

[注釋][一]京：鄭邑名。在今河南滎陽縣。[二]鄢（一ㄢ）：本妘姓國，在今河南鄢陵縣。後為鄭邑。[三]湔（ㄐ一ㄢ）：洗滌。

吾嘗反覆考之，然後知莊公之心，天下之至險也。祭仲之徒，不識其機，反諫其都城過制，不知莊公正欲其過制；諫其厚將得眾，不知莊公正欲其得眾。是舉朝之卿大夫皆墮其計中矣。

鄭之詩人，不識其機，反刺其不勝其母以害其弟，不知莊公正欲得不勝其母之名；刺其小不忍以致大亂，不知莊公正欲得

夠計算得了的，這樣說來，莊公殺掉的弟弟也是成千上萬個而不可勝計啊。一個人殺死他的同胞，直至殺死成千上萬不可勝計的地步。這是上天不能覆蓋，大地也不能承載，就是翻動四海的波浪也不足以洗淨的罪惡啊。莊公的罪行難道不比共叔段還要重大嗎？

我曾經反復推究此事，然後纔知道莊公的心機是全天下最陰險的。祭仲這班人未能認識莊公的心機，反而上諫言共叔段的都邑城池僭越了制度，卻不知道莊公正想要他僭越制度；又上諫說共叔段勢力雄厚了恐將得到眾助，卻不知道莊公正想要他得到眾助。這是全朝廷的官員都落在莊公的計謀之中了。

鄭國的詩人未能認識莊公的心機，反而譏諷莊公是礙於他的母親所以纔害了他的弟弟，卻不知道莊公正想要得到礙於母親的名義；又譏諷莊公是姑息養奸以至釀成大亂，卻不知莊公正想要得到姑息養奸的名

小不忍之名。是舉國之人皆墮其計中矣。舉朝墮其計，舉國墮其計，莊公之機心猶未已也。魯隱之十一年，莊公封許叔[一]，而曰：「寡人有弟不能和協，而使糊其口於四方，況能久有許乎？」其為此言，是莊公欲以欺天下也。魯莊之十六年，鄭公父定叔[二]出奔衛。三年而復之，曰：「不可使共叔無後於鄭。」則共叔有後於鄭舊矣。段之有後，是莊公欲以欺後世也。既欺其朝，又欺其國，又欺天下，又欺後世。噫嘻！岌岌[三]乎險哉莊公之心歟。

[註釋][一]許叔：許莊公之弟。許，姜姓國，故地在今河南許昌。[二]公父定叔：共叔段之孫。[三]岌岌：不安貌。

然將欲欺人，必先欺心。莊公徒喜人之受吾欺者多，而不知吾自欺其心者亦多。

義。這是全國的人都落在莊公的計謀裏面了。說朝廷官員、全國人民皆落入了他的計謀，這還不足以揭明莊公的心機之深。魯隱公十一年，莊公在賜封許莊公的弟弟許叔時還說：「我有親弟弟，不能和睦相處，而讓他寄食他方，何況是別國的許國，我能長久佔有嗎？」他說出這樣的話，是想要欺騙天下所有的人啊。魯莊公十六年，鄭國的公父定叔逃奔到了衛國，過了三年，莊公讓他返回本國，說：「不可以讓共叔段沒有後代留在鄭國。」那麼，其實共叔段有後代在鄭國已是很久的事情了。讓共叔段留有後代，這是莊公想要欺騙後世的人啊。已經欺騙了朝廷官員，欺騙了本國人民，又欺騙了全天下人，還欺騙了後世之人。唉呀！多麼陰險呀！莊公的狡詐心機啊！

然而，想要欺騙他人，必定要先欺騙自己的良心。莊公只喜歡別人受了自己很多的欺騙，卻沒想到

受欺之害，身害也；欺人之害，心害也。哀莫大於心死，而身死亦次之。受欺者身雖害，而心固自若。彼欺人者身雖得志，其心固已斲，喪無餘矣。在彼者所喪甚輕，在此者所喪甚重。本欲陷人而卒自陷，是釣者之自吞鉤餌，獵者之自投陷穽也。非天下之至拙者，詎至此乎？故吾始以為莊公為天下之至險，終以莊公為天下之至拙。

他自己的良心也受了很多欺騙。被別人欺騙的害處，只是自己身體的傷害；而欺騙別人的害處，則是自己良心的傷害。天下最悲傷的事莫過於心死，而身體的死亡猶在其次。被欺騙的人身體即使受到了傷害，但他的良心依然未變。那欺騙別人的人身體上雖然得意，但他的良心卻已毀壞，那麼他的喪亡也就沒有多少日子了。他人喪失的十分輕微，自己喪失的卻十分重大。本來想陷害他人而結果卻陷害了自己，這是釣魚的人自己吞下了魚鉤，打獵的人自己墜落陷阱。若非天下最愚笨之人，哪裏會走到這一地步呢？所以我開始時認為莊公是天下最陰險的人，但最終認為他應是天下最愚笨的人。

【古評】

朱字綠：《博議》之文，為課試而作，故於時文為近。此篇起首排立三語，後用喻意正意夾行，逼出莊公是一險人。末復推開四層，用四「正欲」字，兩「莊公欲」三字，應前兩「使」之字。起伏收束，各極其法。至尾取喻意作收，斷出莊公至拙，屹然而止。有山廻海立之勢。意雖未必盡當，而文章機軸，卓然一家。〇莊公養成叔段之惡，即《左氏》謂之鄭志譏失教之義。然段為人臣子，至恃寵而驕，請制之後，竟不復請。擅取國邑，繕甲兵，具卒乘，此豈人臣所得為者？縱無襲鄭之謀，而蔑視其君亦甚矣。莊公之失，在平昔不教，而遽興兵以伐之，為有殺弟之心耳。若封許叔而有悔心，卒使之有後，此自是莊公天理民彝，不至斷絕處。君子許人改過，當亟予之，復以為欺天下後世。然則不悔不置後，乃為仁愛其弟乎？即置姜氏於城潁，母子已絕，莊惡已極。及聽潁考叔之言，而為母子如初，則其天性之復萌，有不可得而斯滅殆盡者，安得並融融洩洩以為欺天下後世而斥絕之也？《穀梁》以為賤段而甚鄭伯，最得其平，謂段無負於莊公亦太過。

張明德：篇中擒定一「險」字，如老吏斷獄，使其無可躲閃。末復轉出欺人者必先自欺其心，以一「拙」字重奪其魄。使死而有知，莊公應愧死於九京矣。何況後人讀之，有不驚心動魄，而復敢萌欺罔乎？《春秋》之作，誅死者於前，所以懼生者於後也，東萊全部《博議》，皆本此意著筆。故此篇詞嚴義正，不少寬假。此真有關世道人心之文。不可草草讀過。

【今評】

呂理胡：鄭莊公誘使共叔段自取滅亡之方式，猶如現今刑事查緝人員，在網路上透過釣魚方式，設陷阱誘使犯罪，致使本無犯意之人，掉入預設的陷阱，受誘之人是否真的有罪，頗值研究，所以呂祖謙說：「釣者負魚，魚何負於釣？」

左傳原文

鄭莊公共叔段 隱公・元年

鄭武公娶于申，日武姜，生莊公及共叔段。莊公寤生，驚姜氏，故名日「寤生」，遂惡之。愛共叔段，欲立之，亟請於武公，公弗許。

及莊公即位，為之請制，公日：「制，巖邑也，虢叔死焉，他邑惟命。」請京，使居之，謂之京城大叔。祭仲日：「都城過百雉，國之害也。先王之制，大都不過參國之一，中五之一，小九之一。今京不度，非制也，君將不堪。」公日：「姜氏欲之，焉辟害？」對日：「姜氏何厭之有！不如早為之所，無使滋蔓。蔓，難圖也；蔓草猶不可除，況君之寵弟乎！」公日：「多行不義，必自斃，子姑待之。」

既而大叔命西鄙、北鄙貳于己。公子呂日：「國不堪貳，君將若之何？欲與大叔，臣請事之；若弗與，則請除之，無生民心。」公日：「無庸，將自及。」大叔又收貳以為己邑，至于廩延。子封日：「可矣！厚將得眾。」公日：「不義不暱，厚將崩。」大叔完聚，繕甲兵，具卒乘，將襲鄭。夫人將啟之。公聞其期，日：「可矣！」命子封帥車二百乘以伐京。京叛大叔段，段入于鄢，公伐諸鄢。五月辛丑，大叔出奔共。書日：「鄭伯克段於鄢。」段不弟，故不言弟；如二君，故日克。

物之逆其天者，其終必還。凡出於自然，而莫知其所以然者，天也。羽之浮，石之沉，矢之直，蓬之曲，土之止，水之動，自古固然，而不可加損，庸非天乎？苟以人力勝之，則羽可積而沉也，石可載而浮也，矢可揉而曲也，蓬可扶而直也，土可墾而動也，水可壅而止也。人力既窮，則未有不復其初者焉。不積之，則羽還其天而浮矣；不載之，則石還其天而沉矣；不揉之，則矢還其天而直矣；不扶之，則蓬還其天而曲矣。止者，土之天也；墾者窮，則土之止；固自若也。動者，水之天也；壅者窮，則水之動；固自若也。有限之力，豈能勝無窮之天也耶？

［譯文］

凡違背天性的事物，它最終必定返回原來的狀態。凡自然生成的事物，卻不知道它為何會形成現在的狀態的，就是天性。羽毛上浮，石塊下沉，箭桿筆直，蓬草彎曲，土地靜止，流水運動，自古以來就是這樣，人力並不能改變，這難道不是天性嗎？如果用人力來克制天性，那麼羽毛積結在一起就可以下沉，石塊用船裝載就可以浮於水面，箭桿可以揉弄使之彎曲，蓬草可以扶持使它直立，土地可以因為開墾而運動，流水可以因為壅堵而停止。但人力一旦停止，那麼事物沒有不回復到原來的狀態的。不積結一起，羽毛就會回歸它的天性在水面漂浮；不用物承載，石塊就會回歸它的天性在水中下沉；不揉弄，箭桿就會回歸它的天性恢復筆直；不扶持，蓬草就會回歸它的天性依然彎曲。靜止是土地的天性，不再開墾，那麼土地就會像本來那樣靜止不動；流動是水的天性，不再壅堵，那麼水就會像本來那樣流動起來。有限的人力又怎能戰勝無限的自然天性呢？

子之於父母，天也。雖天下之大惡，其天未嘗不存也。莊公怒其弟，而上及其母。囚之城潁，絕滅天理，居之不疑。觀其黃泉之盟[一]，終其身而無可移之理矣。居無幾何，而遽悔焉。是悔也，果安從而生哉！蓋莊公自絕天理，天理不絕莊公。一朝之忿，赫然勃然，若可以勝天。然忿戾之時，天理初無一毫之損也。特暫為血氣所蔽耳。血氣之忿，猶溝澮[二]焉，朝而盈，夕而涸，而天理則與乾坤周流而不息也。忿心稍衰，愛親之念油然自還而不能已。彼潁考叔[三]特迎其欲還之端而發之耳。其於莊公之天理，初無一毫之增也。考叔之見莊公，不感之以言，而感之以物；不感之以物，而感之以天。愛其母者，莊公之與考叔同一心也。同一心，是同一天也。其啜羹，其舍肉，其

子女對父母的敬愛，就是天性。即使是天下罪大惡極的人，他的天性也未曾完全泯滅無存。鄭莊公發洩對弟弟共叔段的憤恨並遷怒於母親，把她囚禁在城潁。這一泯滅天理的行為，莊公卻安然處之，毫不懷疑。看他所發下的「不到黃泉不再相見」的誓言，按理來說，他是一輩子也不會改變自己的這一決定的。但過了沒多久，他就後悔自己的這一行為了。這一悔過的心理，究竟是如何生發出來的呢？大概是莊公自己雖然棄絕了天理，但天理卻沒有棄絕莊公。一時氣憤，勃然大怒，好像情緒可以勝過天性，然而人在憤恨的時候，天性並沒有受到一絲一毫的損害，只不過暫時被血氣蒙蔽了。血氣憤恨如同田裏的水溝，早上是滿滿的，晚上就乾涸了，但天理卻與天地同在，流動不息。憤恨的心情漸漸消退之後，熱愛母親的心念便自然而然地回來了，不能抑止。那個潁叔考只不過迎合莊公的心念想回歸到天性之時而引發它罷了，它對莊公的天性其實並沒有絲毫的添補。考叔謁見莊公，不用言語來感發他，而用具體的事物去觸動他；不限於用具體事物感發他，而用普遍的倫理天性來感動他。在敬愛自己的母親這一點上，莊公和考叔的本心是一致的。有同樣的本心是因為有同樣的天性。潁

遺母，皆天理之發見者也。考叔以天示之，莊公以天受之，故不下席之間，回滔天之惡為蓋世之善。是豈聲音笑貌能為哉！

［注釋］［一］黃泉之盟：鄭莊公「克段」之後，將其母姜氏安置在城潁，發誓說「不及黃泉，無相見也」。盟，即誓。［二］澮（ㄎㄨㄞˋ）：田中水溝。［三］潁考叔：鄭國潁谷掌管邊界之官吏，姓潁，名考叔。

惜夫！考叔得其體而不得其用，故亦不能無遺憾焉。方莊公語考叔以誓母之故，考叔盍［一］告之曰：「醉之所言，醒必不踐；狂之所行，瘳必不為。既醒而猶踐之，則其醉必未醒也；既瘳而猶為之，則其狂必未瘳也。君之誓母之辭未悔，則必以為是；既悔，則必知其非。知其非而憚改焉，是猶未悔也，是猶以為是也。」莊公苟聞此言，則其私情邪念，冰泮雪消，而無復存者矣。考

考叔吃飯時把肉留下，要奉送給自己的母親，這些都是天性的外在表現。考叔將愛母的本性展現在莊公面前，莊公以自己的天性領受，於是在不到一頓飯的時間之內，就挽回了滔天大惡，成就了蓋世的善行。這一成效難道借助聲音和笑貌就能達到嗎？

可惜啊！考叔只獲得天理的本體而未曾善加運用，所以也不能不留下遺憾。當莊公告訴考叔他為何對母親發死誓的緣故時，考叔為何不告訴他說：「人在醉酒時所說的話，酒醒後肯定不會兌現；人在瘋狂時所作出的舉動，在病癒後也一定不會再做。酒醒後還去做醉酒時所說的事，那一定是還在醉中沒有醒來；病好後還做出瘋狂時的傻事，那狂病一定還沒有痊癒。您對您母親所發的誓言，在您未後悔前一定以為它是正確的；現在既然後悔了，就一定認識到它是錯誤的。知道它是錯的卻害怕改正它，這好比是尚未悔過，那就是還以為自己是對的了。」莊公假如聽到這些話，那麼他的私情邪念一定會如冰雪般消融而不

叔乃曲為之說，俾[二]莊公闕地及泉，陷於文過飾非之地，莊公天理方開，而考叔遽以人欲蔽之。可勝歎哉！不特蔽莊公之天理，當考叔發闕地及泉之言，考叔胸中之天理所存亦無幾矣。故開莊公之天理者，考叔也；蔽莊公之天理者，亦考叔也。向若莊公幸而遇孔孟，乘一念之悔，廣其天理而大之，六通四闢，上不失為虞舜[三]，下不失為曾參[四]，豈止為鄭之莊公哉？惜夫！莊公之不遇孔孟而遇考叔也。

[注釋][一]盍：何不。[二]俾：使得。[三]據《史記》載，虞舜的父親、母親、弟弟，皆欲殺舜，但舜不失子道，兄弟孝慈，二十歲以孝而聞天下。[四]曾參：孔子弟子，以孝聞名。據《孔子家語》，曾參志存孝道，後母遇之無恩，仍供養不衰。

復存在了。但考叔卻（對莊公的誓言）作了歪曲的解說。使莊公掘地及泉，陷入文過飾非的境地。莊公的天性剛剛打開，考叔就馬上用欲念私情遮蔽了它。真讓人歎息不已啊！這不僅蒙蔽了莊公的天性，當考叔說出掘地及泉的話時，考叔自己胸中的天理也所剩無幾了。所以開啟莊公天性的，是考叔；而遮蔽莊公天性的，也是考叔。假如莊公當時幸運地遇到了孔子、孟子，藉著一個悔悟的念頭發揚光大他自己的天性，使向四面八方推廣，那麼，鄭莊公向上可以成為虞舜那樣的明君，向下也能成為像曾參那樣的大賢，難道還會僅僅只是成為鄭莊公嗎？可惜啊！莊公遇到的不是孔子、孟子，而是穎考叔。

【今評】

呂理胡：呂祖謙說：「物之逆其天者，其終必還。凡出於自然，而莫知其所以然者，天也。」法學史上自希臘羅馬時期即有「自然法學派」強調宇宙萬物自有其運作的道理，正義是、道德亦是。呂祖謙惋惜鄭莊公及潁考叔錯而不改，反而錯上加錯、逆天的行徑徒留遺憾，正與「自然法學派」強調的理念相呼應。

左傳原文

潁考叔還武姜 隱公．元年

遂寘姜氏於城潁，而誓之曰：「不及黃泉，無相見也。」既而悔之。潁考叔為潁谷封人，聞之，有獻於公。公賜之食。食舍肉。公問之，對曰：「小人有母，皆嘗小人之食矣，未嘗君之羹，請以遺之。」公曰：「爾有母遺，繄我獨無！」潁考叔曰：「敢問何謂也？」公語之故，且告之悔。對曰：「君何患焉！若闕地及泉，隧而相見，其誰曰不然？」公從之。公入而賦：「大隧之中，其樂也融融！」姜出而賦：「大隧之外，其樂也洩洩。」遂為母子如初。君子曰：「潁考叔，純孝也。愛其母，施及莊公。《詩》曰：『孝子不匱，永錫爾類。』其是之謂乎？」

周鄭交惡 隱公・三年

天子之視諸侯，猶諸侯之視大夫也。季氏〔一〕之於魯如二君矣，而世不並稱之曰魯季；陳氏〔二〕之於齊如二君矣，而世不並稱之曰齊陳。蓋季氏雖強，猶魯之季氏也；陳氏雖強，猶齊之陳氏也。烏可以君臣並稱，而亂其分乎？

〔注釋〕〔一〕季氏：即季孫氏，魯國大夫，時為權臣。〔二〕陳氏：陳敬仲之後，齊國大夫，世執政權。

周，天子也；鄭，諸侯也。左氏〔一〕敘平王、莊公之事，始以為〔二〕「周鄭交質」，終以為「周鄭交惡」，並稱「周鄭」，無尊卑之辨；不責鄭之叛周，而責周之欺鄭。左氏之罪亦大矣。吾以為左氏信有罪，周亦不能無罪焉。

〔譯文〕

周天子看待各國諸侯，猶如各國諸侯看待大夫一樣。季氏在魯國，如同是第二個國君，但世人卻沒有並稱其為「魯季」；陳氏在齊國，也如同是第二個國君，但世人也沒有並稱其為「齊陳」。這是因為季氏雖然強大，仍然是魯國的季氏；齊氏雖然強大，仍然是齊國的陳氏。怎麼可以君、臣同稱，而亂了各自的名分呢？

周朝，是天子；鄭國，是諸侯。左丘明敘述周平王和鄭莊公之事，開始記載為「周鄭交質」，最後記載為「周鄭交惡」。把周朝與諸侯並稱為「周鄭」，沒有了君臣上下的分別；不責備鄭國反叛周朝，卻反而責備周朝欺侮鄭國。左丘明的罪過也真夠大了。我認為左丘明確實有罪過，但周朝也不是沒有過失。

〔注釋〕〔一〕左氏：即左丘明，春秋時魯國大夫。

〔二〕以為：以之為。為，猶「陳述，記載」。

周之東遷〔一〕也，鄭伯入為卿士，君臣之分猶在也。君之於臣，見賢則用之，見不賢則去之，復何所隱哉！平王欲退鄭伯而不敢退，欲進虢公而不敢進。巽懦暗弱〔二〕，反為虛言，以欺其臣，固已失天子之體矣。又其甚，至於與鄭交質。交質，鄰國之事也。今周降其尊，而下質於鄭；鄭忘其卑，而上質於周。其勢均，其體敵，尊卑之分蕩然矣。未交質之前，周為天子，鄭為諸侯；既交質之後，周與鄭等諸侯耳。然亦何所憚哉！溫〔三〕之麥，洛之禾，宜其稇載〔四〕而不顧也。向若平王始惡鄭伯而亟黜〔五〕之，鄭雖跋扈，不過一叛臣耳。吾天子之尊，猶自若〔六〕也。

周朝東遷都時，鄭伯進入朝廷作周的卿士，君和臣的名分還在。君王對待臣子，看到臣子賢能就任用他，發現臣子不賢就罷免他，除此之外還有什麼好隱瞞的呢？平王想罷免鄭伯，卻又不敢罷免；想進用虢公，卻又不敢進用。卑順軟弱，昏昧無能，反而用虛假的話來欺騙他的臣子，本來就已經失掉做君王的身分了。而更失身分的事是和鄭國交換人質。交換人質，這是諸侯國之間的事情。如今，周朝降低天子尊貴的身分，下交人質到鄭國；鄭國忘掉了臣子低卑的身分，上交人質到周朝。（這樣一來），他們勢力平等，身分相當，君臣上下的名分已蕩然無存。在未曾交換人質之前，周是天子，鄭國是諸侯；到交換人質之後，周朝和鄭國就已經變成平等的諸侯國了。這樣一來，還有什麼可以畏忌的呢？溫邑的麥，洛邑的稻，任由鄭國派武裝軍隊收割裝運而去，頭都不回，這也是應當的啊。倘若周平王當初憎惡鄭伯時就立即罷免了他，鄭國雖然驕橫跋扈，也不過是一個反叛的臣子罷了，我天子的尊貴身分並沒有改變。若和鄭國交換

苟與之質，是自處以列國而不敢以天子自處矣。

[注釋][一]周之東遷：西周時定國都於鎬京（今西安一帶），東周時遷都於洛陽。[二]巽懦：卑順，軟弱。暗弱：昏昧無能。[三]溫：春秋時周王畿之內邑。[四]稛載：稛，用繩索捆束。載，裝運。[五]亟（ㄑㄧˋ）：急速、趕快。黜；黜免，罷免。[六]自若：自如，不變。

鄭人之心以謂：彼之子來質於我，我之子往質於彼。見其與吾同而不見其與吾異。歲推月移，豈知周之為君哉！一旦用兵而不忌，非諸侯之叛天子也，是諸侯之攻諸侯也。使周素以天子自處，至尊至嚴之分，鄭遽敢犯乎？惟周以列國[一]自處，故鄭以列國待之，天下亦以列國待之，《左氏》亦以列國待之。周不自伐，鄭必未敢伐之也；

人質，這是自居於諸侯國的地位，而不敢以天子身分自居了。

鄭國人心想：他的兒子來我這兒做人質，我的兒子去他那兒做人質，看到的是他與我相同的地位，而未看到他與我不同的地位。日推月移，時間久了，難道還知道周朝是君主嗎？一旦打起仗來，便沒有了顧忌，不是做諸侯的背叛天子，而是諸侯去攻打諸侯了。倘若周朝一直以天子身分自居，天子這最高貴最威嚴的名分，鄭國怎敢突然冒犯呢？只因為周朝以諸侯的身分自居，所以鄭國以諸侯國的身分看待他，天下人也用各諸侯國的身分看待他，左丘明也用諸侯國的身分看待他了。假如周朝不自己攻打自己，鄭國一定不敢來攻打它；周朝不自降身分，各國也必定不敢看低

周不自卑，人必未敢卑之也。無王之罪，《左氏》固不得辭，周亦分受其責，可也。

[注釋][一]列國：各國，各諸侯國。

雖然，《左氏》所載君子之言，固出於左氏之筆，然亦推本當時君子之論也。其論周、鄭，概謂之二國而無所輕重，是當時之所謂君子者，舉不知有王室矣。戎狄[二]不知有王，未足憂也；盜賊不知有王，未足憂也；諸侯不知有王，未足憂也。至於名為君子者，亦不知有王，則普天之下知有王室者，其誰乎？此孔子所以憂也，此《春秋》所以作也，此《春秋》所以始於平王也。

[注釋][二]戎狄：戎，對西部少數民族的泛稱；狄，對北方部族的泛稱。

他。所以無視天子存在的這一罪過，左丘明當然不能推卻，但周朝也須分擔這個責任纔是。

不過話雖如此，《左傳》所記載君子之言，固然出自左丘明之筆，但推其本源也是當時君子的議論。他們議論周朝和鄭國，一概稱為兩國，而沒有什麼輕重尊卑的區別，可見那時被稱為君子的人，全都不知道王朝的存在了。戎狄蠻族不知道有王朝，不值得憂慮；盜賊之輩不知道有王朝，不值得憂慮；各國諸侯不知道有王朝，也不值得憂慮；至於那被稱為君子的人也不知道有王朝，那麼全天下還有誰能知道王朝的存在呢？這便是孔子為什麼會憂慮擔心的緣故，這也是《春秋》這部書為什麼要撰寫的原由，這也是《春秋》之所以從周平王開始記述的原因。

【古評】

鍾伯敬曰：末一段有無限感慨。

朱字綠曰：主意責周天子自委其柄。先以並稱周鄭，責左氏書法，引起發端。後歸到孔子作《春秋》，隱隱打回左氏書法之失。首尾相映，章法極為嚴密。

張明德曰：先責左氏，所以甚周罪也。蓋當時壞法亂紀，皆自王朝始。又何怪乎尾大不掉耶？齊治均平之業，必本於修身。真儒之識，純王之治，所藉以長存者也。

【今評】

呂理胡：天地萬物有其「天理」，人類社會有其「法理」，「法理」隨著地區的不同、時代的演進而變遷，故呂祖謙重視君臣之別的行為，看似為維護君權，實則為維護當下的「法制」，以免君不君、臣不臣，動搖國本，最終招致禍患，根據史書記載，周朝果真滅亡於諸侯國的紛爭，呂祖謙的遠見實在令吾人敬佩！

左傳原文

周鄭交惡 隱公・三年

鄭武公、莊公為平王卿士。王貳於虢，鄭伯怨王。王曰：「無之。」故周鄭交質。王子狐為質於鄭，鄭子忽為質於周。王崩，周人將畀虢公政。四月，鄭祭足帥師取溫之麥。秋，又取成周之禾。周鄭交惡。

君子曰：「信不由中，質無益也。明恕而行，要之以禮，雖無有質，誰能間之？苟有明信，澗溪沼沚之毛，蘋蘩蘊藻之菜，筐筥錡釜之器，潢汙行潦之水，可薦於鬼神，可羞於王公，而況君子結二國之信，行之以禮，又焉用質。《風》有《采蘩》《采蘋》，《雅》有《行葦》《洞酌》，昭忠信也。」

宋穆公立殤公 隱公・三年

人皆愛奇，而君子不愛奇；人皆愛高［一］，而君子不愛高。君子之情未嘗不與人同也，而愛惡與人異者，何也？蓋物反常為怪，地過中為偏。自古自今，惟一常也；自南自北，惟一中也。是常之外而復求奇焉，斯怪矣；是中之外而復求高焉，斯偏矣。是故眾人之所謂奇，即君子之所謂怪也；眾人之所謂高，即君子之所謂偏也。

［注釋］［一］高：高明。

至貴莫如金，至多莫如粟，然食粟則生，食金則死，反常之害蓋如此。適百里之都，而必行千里之路，其行愈速，其都愈失。吾又知中之果不可過也。君子所以行不貴苟

［譯文］

人都好奇特，但君子不好奇特；人都愛高明，但君子不愛高明。君子的性情未嘗不與人相同，但愛憎卻與人不一樣，這是為什麼呢？大概是因為事物違反常理就顯得怪異，位置不處於中間會顯得偏差吧。從古到今只有一個常理，從南到北也只有一個中心。在這個常理之外再尋求奇特，就是怪異了；在這個中心之外再尋求高明，就是偏差了。所以，眾人認為奇特的，正是君子認為怪異的；眾人認為高明的，正是君子認為偏差的。

最貴重的莫過於黃金，最普通的莫過於粟米，但人吃粟米就能生存，吃金子就會死亡。違反常理的危害大多如此。到百里之外的城邑去，卻非要走上一千里，那麼走得越快，離都城就越遠。我於是又知道了凡事要求其適中而不可太過。君子所以在行事上不求特別難能可貴，在言辭上也不求特別精審，治理百姓

[一]難，說不貴苟察，治民無可傳之政，治兵無可喜之功者，曷嘗[二]厭奇而畏高哉！奇若果奇，則君子已先出於奇矣；高若果高，則君子已先出於高矣。其逡巡退縮，終莫肯就者，非不愛奇也，不愛怪也；非不愛高也，不愛偏也。苟惟[三]不然，則避赫赫之名，受碌碌之毀，果人情也哉？

[注釋][一]苟：苟且，苟安。[二]曷嘗：哪裏，何曾。[三]苟惟：苟，如果，惟，語氣詞。

有國者傳之子，常道也，中道也。宋宣公以為是未足以為奇，必傳於弟以為奇焉；是未足以為高，必傳於弟以為高焉。一傳穆公而使之逐其子[一]，再傳殤公[二]而使之殺其身。公羊氏[三]以為：君子大居正[四]，宋之禍，宣公為之。其說既無以加矣。

沒有可傳頌的政績，帶領軍隊也沒有可喜的功績，何曾是討厭奇特而害怕高明呢？奇特的事情如果真是奇特，君子早已經超出奇特了；高明的事物如果真是高明，君子也早已經超出高明了。君子之所以徘徊猶豫不前，最終不願趨附，不是不好奇特，而是討厭怪異；不是不喜歡高明，而是討厭偏狹。如果不是這樣，那麼逃避顯赫的聲名，寧可被人詆毀而平凡庸碌，這難道是人之常情嗎？

國君傳位給兒子，是合乎常理的，也是適當的。宋宣公卻以為，傳位給兒子算不上奇特，一定要傳位給弟弟，纔算是奇特；傳位給兒子算不上高明，一定要傳位給弟弟，纔算是高明。國位一傳到了穆公，就害穆公趕走了他自己的兒子；二傳到了殤公，就害殤公遭到了殺身之禍。公羊高認為：君子崇尚遵循正當的常道。宋國的禍患，正是宣公自己造成的。公羊氏的這一說法再適切不過了。

〔注釋〕〔一〕一傳穆公，而使之逐其子：穆公逐走了自己的兒子公子馮。之，指穆公。〔二〕再傳殤（ㄕㄤ）公，而使之殺其身：殤公後來被公子馮弒殺。之，指殤公。〔三〕公羊氏：即公羊高，齊國人。著有《公羊傳》闡發《春秋》經義。〔四〕大居正：大，崇尚、注重。居正，居於正道。

吾嘗推宣公之意，必以為聖人建國使父子之相繼者，為眾人設也。堯，何人哉！不傳之子而傳之舜；舜，何人哉！不傳之子而傳之禹。吾何為以眾人自處，而不慕堯舜至奇至高之行乎！

殊不知道無不常，亦無不中。傳賢之事，自眾人視之，則以為奇，以為高；自堯舜視之，則見其常而不見其奇也，見其中而不見其高也。

扛萬鈞〔一〕之鼎，烏獲〔二〕以為常，而

我曾經推究宋宣公的想法，他一定以為聖人建立國家，使父子前後相繼傳位下去是為普通人設立的。帝堯是個怎樣的人啊？他不傳位給兒子卻傳給帝舜；帝舜是個怎樣的人啊？他不傳位給兒子卻傳給夏禹。我為什麼要以普通人自居，而不追慕效法堯舜二帝最奇特最高明的行為呢？

宋宣公他一點也不明白大道沒有不是合乎常理與中道的。傳位給賢人這種事，在普通人看來，是件奇特的、高明的事；在堯舜二帝看來，則是件合乎常理的事，並不覺得奇特；是件合乎中道的事，並不覺得高明。

扛起數萬斤重的大鼎，烏獲把它當成很平常的

他人以為勇；游千仞〔三〕之淵，沒人〔四〕以為常，而他人以為神。未至堯舜而竊效焉，是懦夫而舉烏獲之鼎，稚子而入沒人之淵也，何往而不敗哉！

〔注釋〕〔一〕鈞：古代重量單位，三十斤為鈞。〔二〕烏獲：戰國的勇士。〔三〕仞：周時長度單位。八尺為仞。〔四〕沒人：善泅者。語出《莊子・達生篇》。

事情，但別人則認為勇猛；能游幾千尺深的深淵，善於潛水的人把它當成很平常的事情，但別人則認為神奇。沒有達到堯舜的境界，卻要私下裏倣效他們的所作所為，這好比是怯弱無力的人去舉烏獲纔能舉起的大鼎，又好比年幼的小孩投身於擅泳者纔能下去的深淵。哪能不失敗呢？

【古評】

朱字綠曰：主公羊說立論，深罪宋宣讓與夷，好高奇而以自詭，致禍其國。而先以「常」、「中」二字壓之，此即文家對面相照之法。至以堯舜傳賢，為常而非奇，中而非高，惟效之者以為高奇，而先失常、中，卒貽禍亂。此似創說以實至理。文祇三層，卻有長江萬里之勢。〇讓國得禍，如目夷、子臧、季札及宋太宗之事，皆足以為鑒戒。然東海王之於漢明，宋王之於唐元，輝照千古。建成、建文之於唐明兩太宗，有手刃靖難之變。北魏孝文、北齊高祖，皆希世賢君，嗣子不克負荷，未幾亡滅。魏有弟勰，齊有弟憲，並稱藩，若能割愛忘怨，兄弟相及，國祚未可知，又未嘗不恨其不能讓也。事有常變，道有經權，非可執一而論也。

張明德曰：讓國而反釀禍，病根止在好高好奇處，遂致啟後世推刃同氣之變。憂之深故其言之切，不徒作文字觀可也。

【今評】

呂理胡：呂祖謙認為君子行事異於常人，非因君子喜歡特異獨行，而係君子秉持中庸之道、順應常理，不問好惡、不求奇特。現代法律主張人人平等，卻也允許差別對待，亦非因法律喜歡奇特，而因法律順應常理，順應常人生理、能力的不同而有差別對待。

左傳原文

宋穆公立殤公 隱公・三年

宋穆公疾，召大司馬孔父而屬殤公焉，曰：「先君舍與夷而立寡人，寡人弗敢忘。若以大夫之靈，得保首領以沒，先君若問與夷，其將何辭以對？請子奉之，以主社稷。寡人雖死，亦無悔焉。」對曰：「羣臣願奉馮也。」公曰：「不可。先君以寡人為賢，使主社稷，若棄德不讓，是廢先君之舉也，豈曰能賢？光昭先君之令德，可不務乎？吾子其無廢先君之功。」使公子馮出居於鄭。穆公卒，殤公即位。

君子曰：「宋宣公可謂知人矣。立穆公，其子饗之，命以義夫。《商頌》曰：『殷受命咸宜，百祿是荷。』其是之謂乎？」

衛州吁 隱公・三年

未見之情，人所未知；未動之情，已所不知。歷舉天下之事其迹可指者，使人評之曰：「孰為善？孰為惡？孰為忠？孰為邪？孰為是？孰為非？孰為誠？孰為偽？」猶參差而不得其情，況於情之未見於外者乎？此色厲內荏[一]、面剛心柔之徒所以每誤天下後世也。

［注釋］［一］色厲內荏：外表強硬而內心怯懦。《論語・陽貨》：「色厲而內荏，譬諸小人，其猶穿窬之盜也。」

情之未見者難知如此，抑又有甚難知者焉。博者必盜：當博之初，未有為盜之情也，然財匱則必至於盜。詈[二]者必鬭：當詈之初未有決鬭之情也，然忿極則必至於鬭

［譯文］

尚未表露的情緒，別人不能察知；尚未萌動的情感，自己也未必知道。列舉天下跡象明顯可以確指的事情讓人評說，「對於誰是好的，誰是壞的，誰是忠誠的，誰是邪惡的，誰是正確的，誰是錯誤的，誰是誠實的，誰是虛偽的」，尚且眾口不一，意見紛紜，而不能獲得實情，何況對於那些真實意圖還沒有表現出來的事呢？這正是那些色厲內荏、面剛心柔的人往往惑亂天下與後世的原因。

情感尚未表露已經如此難以覺察，但還有更加難以察覺的呢。賭博的人一定會偷竊：賭博開始時未必有偷竊的意念，但是等到錢財輸光了就必然想去偷竊；叫罵的人一定會打架：叫罵之初未必有打架的想法，但是等到極度憤怒了就必然會導致打架。這大概

。蓋博則有盜之理，詈則有鬭之理。其情未動，其理已萌，非獨人不能覺，己亦不能自覺焉。豈非天下之至難知者乎？

［注釋］［一］詈（ㄌㄧˋ）：罵，責罵。

莊公之寵州吁，不過溺於所愛而已，初不知其基［一］篡弒之禍也。雖州吁受寵之初，亦未嘗有篡弒之心也。及因寵而驕，因驕而縱，因縱而暴，莊姜惡之，桓公忌之，州吁始憂不能自免，而求免之心生矣。有篡國之利誘其前，有殺身之禍迫其後，而弒逆之謀成矣。彼州吁之初心，豈自料至此哉？石碏之諫善矣，惜其進言之晚也。方碏之諫，州吁既有寵矣，既好兵而不禁矣。有寵而驟奪之，能無怨乎？不禁而驟禁之，能無忿乎？借使莊公聽之，父子之際所傷已多

是賭博了就會有偷竊、叫罵了就會有打架的理由。當意識尚未產生時，行為的理由就已經萌生了，不僅別人不能察覺，自己也感覺不到。這難道不是天下最難以察知的事嗎？

衛莊公寵愛州吁，不過是太溺愛兒子而已，起初並不知道以後州吁會做出篡位弒兄的禍亂來；即使是州吁在受到寵愛之初，他自己也不曾有過篡位弒兄的想法。等到他因為父親寵愛而變得驕傲，由驕傲而變得放縱，由放縱而變得兇暴，母親莊姜厭惡他，兄長桓公猜忌他，州吁纔開始擔憂自身難保，於是企圖免於後患的心思便萌生了。有篡奪王位的名利在前面誘惑他，有性命難保的禍患在後面逼迫他，於是弒君叛逆的陰謀就形成了。依州吁起初的那種心思，怎能料到會發展到這種地步呢？石碏對莊公的諫諍是很正確，只可惜他勸說的太晚了。當初石碏進諫時，州吁已經得到寵愛了，已經好戰而不能禁止了。如果州吁得到寵愛而突然被奪去，他能不怨恨嗎？以前不禁止他好戰而突然加以禁止，他能不忿怒嗎？即使衛莊公聽從了石碏的勸諫，但他們父子之間的感情已經傷害

矣，況又不聽乎？碏苟能止於未萌，則桓公不至於弒，州吁不至於逆，國不至於危，子不至於戮矣。雖討賊之忠凜然與衛國相始終，吾猶恨其不能消患於未形，而徒救患於已形也。嗚呼！衛，至褊[二]也；州吁，至微也。其簒爭猶蠻觸氏之戰[三]，一切不足論也。

[注釋][一]基：開始，開創。[二]褊(ㄅㄧㄢˇ)：狹小，狹隘。[三]蠻觸氏之戰：《莊子．則陽篇》載，蠻氏、觸氏是分住在蝸牛角的兩個小國，常因細小之事而引起紛爭，二國「相與爭地，伏屍百萬」。

吾獨因州吁之事有所懼焉。殺人不忌者，世謂之暴；冒[一]貨無極者，世謂之貪；沉湎昏縱者，世謂之荒；陰賊詭譎者，世謂之險。苟無故加人以四者之謗，其不慍[二]見者幾希，抑不知世之所共指者，特情之已

得太多了，何況莊公根本不聽從他的勸諫呢！假如石碏能夠在事情尚未萌芽時使它停止，那麼桓公就不至於被弒殺，州吁不至於叛逆，國家不至於危亂，兒子石厚也不至於被殺害了。雖然石碏討伐賊逆的耿耿忠心與衛國的存亡相始終，我仍對他不能把禍患消弭在未形成之時，而只是在禍患形成之後纔努力補救感到遺憾。唉！衛國，一個小國而已；州吁，一個微小的人而已。衛國州吁簒權奪位的鬥爭就像蝸牛觸角上的蠻氏、觸氏之戰，這一切完全不值一提。

我只是由州吁一事而有所懼怕。殺人無所忌憚的，人們稱之為殘暴；貪財沒有節制的，人們稱之為貪婪；耽於昏亂而放縱的，人們稱之為荒淫；陰險殘忍心機叵測的，人們稱之為陰險。假如無緣無故誹謗一個人「暴、貪、荒、險」，幾乎沒有誰會不惱怒的，卻不知世上人們共同指謫的，只是那些情形已經表現出來、事態已經顯露的。我在日常閒暇的生活起

發，事之已彰者。吾平居暇日，一偏於怒，則雖未嘗殺人，而一念之暴已藏於胸中矣；一偏於愛，則雖未嘗冒貨，而一念之貪已藏於胸中矣；未能寡慾，則雖無沉湎之過，而一念之荒已藏於胸中矣；未能平心，則雖無陰賊之過，而一念之險已藏於胸中矣。四者之根藏於中伏而未發，雖吾亦不自知其惡也。是不猶州吁受寵之初，篡弒之惡已藏於胸中而不自知乎？迨[三]夫一念之惡藏於胸中者既熟，遇事則見，遇物則動，外之惡習召內之惡念，內之惡念應外之惡習，以惡合惡，若川之決，若火之燎，有不能自制者，吁[四]！亦危矣。

[注釋][一]冒貨：貪財。冒，貪圖。[二]慍（ㄩㄣˋ）：怒，怨恨。[三]迨（ㄉㄞˋ）：等到，達到。[四]吁（ㄒㄩ）：歎詞。

居中，一旦過於惱怒，即使沒有殺人，但暴虐之念已藏在心中了；一旦過於喜愛，即使沒有貪財愛物，但貪婪之念已藏在心中了；不能清心寡欲，即使沒有沉湎昏惑的過失，但荒淫之念已藏在心中了；不能平心靜氣，即使沒有狠毒行惡的過失，但險詐之念已藏在心中了。「暴、貪、荒、險」四者深深根植於人的心中，隱藏不發作時，即使我們自己也不知道它的兇惡。這不正如州吁剛開始被寵愛時，篡位弒兄的惡念已經隱藏在心中而他自已卻不知道一樣嗎？等到那個隱藏在心中的險惡念頭一旦條件成熟，遇到事件便顯露出來，遇到外物就萌動起來。外在的惡習召喚著內心的惡念，內心的惡念呼應著外在的惡習，兩惡相合，如洪水決堤，如烈火燎原，若有人不能自我控制，啊呀！他也就危險了。

君子之治心，當明白四達，俾秋毫[一]之不正，無所容而後可。苟容秋毫之不正焉，猶播一粒之稊稗[二]，雖初未見其害，假之以歲月，潤之以雨露，未有不芃然[三]為多稼之賊者。蓋既有此根，必有此苗，欲除稊稗之害，當除稊稗之種可也。然則禁過者，苟未知過之所由生，而何暇州吁之笑哉！

[注釋][一]秋毫：秋天鳥獸新長之細毛。比喻極纖小的事物。[二]稊稗（ㄊㄧˊ ㄅㄞˋ）：似穀之草。[三]芃（ㄆㄥˊ）然：草木繁茂貌。

君子修身養性，心裏應當明白通徹，要使哪怕是一點點邪念也不要留存於內心纔行。如果心存一點邪念，就好像播下了一粒稊稗種子，起初雖看不到它的害處，但假以時日，受到雨露的滋潤，沒有不繁密茂盛而成為莊稼的禍害的。大概有了此根，就一定會長成此苗。要除去雜草的危害，就應當除掉雜草的種子纔行。這樣說來，那些勸阻過失的人，如果不知道過失所產生的根源，又哪裏有閒暇來取笑州吁之徒呢？

衛州吁 隱公・三年

衛莊公娶於齊東宮得臣之妹，曰莊姜，美而無子，衛人所為賦《碩人》也。又娶於陳，曰厲嬀，生孝伯，早死。其弟戴嬀生桓公，莊姜以為己子。公子州吁，嬖人之子也，有寵而好兵，公弗禁，莊姜惡之。石碏諫曰：「臣聞愛子，教之以義方，弗納於邪。驕奢淫佚，所自邪也。四者之來，寵祿過也。將立州吁，乃定之矣，若猶未也，階之為禍。夫寵而不驕，驕而能降，降而不憾，憾而能昣者，鮮矣。且夫賤妨貴，少陵長，遠間親，新間舊，小加大，淫破義，所謂六逆也。君義臣行，父慈子孝，兄愛弟敬，所謂六順也。去順效逆，所以速禍也。君人者將禍是務去，而速之，無乃不可乎。」弗聽。其子厚與州吁遊，禁之，不可。桓公立，乃老。

隱公・四年

春，衛州吁弒桓公而立。厚從州吁如陳。石碏使告於陳曰：「衛國褊小，老夫耄矣，無能為也。此二人者，實弒寡君，敢即圖之。」陳人執之而請涖於衛，衛人使右宰醜涖殺州吁於濮，石碏使其宰獳羊肩涖殺石厚於陳。

君子曰：「石碏，純臣也。惡州吁而厚與焉。大義滅親，其是之謂乎。」

遊宴之逸，人君之所樂也；諫諍之直，人君之所不樂也。以其所不樂而欲奪其所樂，此人臣之進諫所以每患其難入也。然則進諫之道將奈何？曰：「進諫之道，使人君畏吾之言，不若使人君信吾之言；使人君信吾之言，不若使人君樂吾之言。」戒之以禍者，所以使人君之畏也；諭〔一〕之以理者，所以使人君之信也；悟之以心者，所以使人君之樂也。

〔注釋〕〔一〕諭：同喻。

舉天寶之亂，而不能輟敬宗驪山之行〔一〕；舉臺城之圍，而不能解憲宗佛骨之惑〔二〕。豈非徒以禍戒之，而未嘗以理喻之耶？

〔譯文〕

遊玩和宴飲的快樂，是君王所喜愛的；直言諫諍，是君王所不喜歡的。要用君王不喜歡的去取代他喜歡的，這使做臣子的在進諫時常常擔憂自己的勸誡難以被君王所接納。那麼進諫的途徑應該是什麼呢？回答：「進諫的途徑是：與其讓國君懼怕我說的話，不如使國君相信我說的話；與其讓國君相信我說的話，不如使國君喜歡我說的話。」用禍患來警誡，這是使國君有所懼怕的途徑；用道理來曉喻，這是使國君有所相信的途徑；用心去感悟，這是使國君喜歡的途徑。

舉唐玄宗天寶年間的禍亂之事，卻不能中止唐敬宗驪山遊玩之行；舉梁武帝在臺城困厄之事，卻不能破除唐憲宗迎佛骨之迷信。難道這不是只用禍患去警誡他，而沒有用道理去曉喻他嗎？論述朝會上的儀

論朝會之禮，而不能止莊公之觀社[三]；論律呂之本，而不能已景王之鑄鐘[四]。豈非徒以理喻之，而未嘗以心悟之耶？

[注釋][一]《資治通鑑・唐紀五十九》載：上（唐敬宗）欲幸驪山溫湯，左僕射李絳、諫議大夫張仲方等屢諫不聽。拾遺張權輿伏紫宸殿下，叩頭諫曰：「昔周幽王幸驪山，為犬戎所殺；秦始皇葬驪山，國亡；玄宗宮驪山，而祿山亂；先帝幸驪山，而享年不長。」上曰：「驪山若此之凶邪，我宜一往以驗彼言。」十一月，庚寅，幸溫湯，即日還宮，謂左右曰：「彼叩頭者之言，安足信哉！」[二]《資治通鑑・唐紀五十六》載：元和十四年，鳳翔法門寺塔有佛指骨，上遣使迎至京師，留禁中三日。韓愈上表切諫，以為：「佛者，夷狄之一法耳。自黃帝以至禹、湯、文、武，皆享壽考，百姓安樂。當是時，未有佛也。漢明帝始有佛法，其後亂亡相繼，運祚不長。宋、齊、梁、陳、元魏以下，事佛漸謹，年代尤促。梁武帝凡三捨身，竟餓死臺城。事佛求福，乃更得禍。由是觀之，佛不足信矣。」上得表大怒，乃貶愈潮州刺史。[三]《左傳・莊公二十三年》載：夏，公如齊觀社，非禮也。

制，卻不能阻止魯莊公到齊國參觀社祭；論述律呂樂器的原由，卻不能制止周景王鑄造大鐘。難道這不是只用那些道理去曉喻他，而沒有用心去感悟他嗎？

曹劌諫曰：「不可。夫禮，所以整民也。故會以訓上下之則，制財用之節；朝以正班爵之義，帥長幼之序；征伐以討其不然。諸侯有王，王有巡狩，以大習之。非是，君不舉矣。君舉必書，書而不法，後嗣何觀？」

[四]《左傳・昭公二十一年》載：春，天王將鑄無射。泠州鳩曰：「王其以心疾死乎！夫樂，天子之職也；夫音，樂之輿也；而鐘，音之器也。天子省風以作樂，器以鐘之，輿以行之。小者不窕，大者不槬，則和於物。物和則嘉成。故和聲入於耳而藏於心，心億則樂。窕則不鹹，槬則不容，心是以感。感實生疾。今鐘槬矣，王心弗堪，其能久乎？」

蓋禍固可使人畏，然遇驕慢而不畏者，則吾說窮矣；理固可使人信，然遇昏惑而不信者，則吾說窮矣。臧僖伯之諫隱公，先之以不軌不物之禍，次之以蒐狩[一]治兵之理，其言深切著明，可使人畏，可使人信，然訖不能回隱公觀魚之轅[二]者，殆未嘗以心悟之也。

一般說來，禍患固然可以使人懼怕，但是遇到傲慢而不懼怕的人，那我說的話就沒有作用了；道理固然可以使人相信，但遇到昏庸不相信道理的人，那我說的話也沒有作用了。臧僖伯勸阻魯隱公，起初用祭祀、兵制、器物不合法度的害處去說，其後又用春冬打獵和治兵的禮制去說，他的話深切又顯明，能夠叫人懼怕，也能夠叫人相信，但最終不能挽回隱公去看獵魚的車馬，大概是沒有用心去感悟他吧。

［注釋］［一］蒐（ㄙㄡ）狩：蒐，春天打獵；狩，冬天打獵。［二］轅：車前駕牲畜之直木。此指車。

彼隱公之心，方溺於觀魚之樂，雖有顯禍將不暇顧；雖有至理將不暇信。僖伯無以開其心，而徒欲奪其樂，亦疎矣。為僖伯者，誠能以吾道之樂易觀魚之樂，使隱公之心怡然自得，睟［一］於面、盎［二］於背、暢於四支［三］，則反視世之所共嗜若犬馬、若聲色、若珠玉、若文繡，曾土芥瓦礫之不如矣。雖與之觀天池之鯤［四］、龍門之鯉［五］，鬣［六］翻雲而鱗橫海者，猶不足以易吾之真樂，況一勺之棠水乎？

［注釋］［一］睟（ㄙㄨㄟˋ）：潤澤貌。［二］盎：盛貌。［三］支：同肢。［四］天池之鯤：《莊子‧逍遙遊》：「窮髮之北，有溟海者，天池也。有魚焉，其廣數千里，未有知其修者，其名為鯤。」［五］龍門之鯉：傳說鯉

那時隱公的心思，正沉湎在看魚的快樂中，即使有明顯的禍害也來不及去顧慮它；即使有深刻的道理也來不及去相信它。藏僖伯沒能開悟隱公的心，而只想奪去隱公的快樂。他的勸誡，也可說是夠疏忽的了。作為臧僖伯之類的進諫者，如果真能夠以自己所說的快樂來替換那看魚的快樂，使隱公心情愉快怡然自得，臉上帶著喜容，渾身充滿著喜氣，肢體暢快而舒展，那麼他再反觀世人都喜歡的東西，如名犬良馬、聲樂美色、珠寶玉器、五彩錦繡等物，就會把它們看得比泥土草芥、瓦片礫石這些東西還不如呢。即使要與他去看天池的鯤魚，龍門的鯉魚，那魚大得魚鰭能搬動雲氣、鱗片能鋪滿海面，尚且不夠替換我的真正快樂，何況只是那區區一勺棠水呢？

魚躍龍門而化為龍。〔六〕鬣（ㄌㄧㄝˋ）：這裏指魚頷旁的小鰭。

吾嘗論之：人君之遊宴，畏人之言而止者，是特不敢為，而未知其不當為也；信人之言而止者，知其不當為，而未知其不足為也。惟釋然心悟，然後知其不足為；知其不足為，雖勸之為，亦不為矣！

我曾經說過：君王在遊玩和宴會這類事情上，擔心別人的議論而停止的，這只是不敢去做，卻並不知道這件事是不應該做的；相信別人的話而停止的，是只知道不應該這樣做，但還不知道這樣做是不值得的。只有明白瞭解、心裏覺悟了，然後纔知道這是不值得去做的；知道不值得去做，即使勸他做，他也不願意去做了。

【古評】

朱字綠曰：主意在以吾道之樂，易觀魚之樂，卻以「畏」、「信」二字陪講，層層變化，首尾回合，有八門五花之奇。

張明德曰：觀魚而如棠，此聲色貨利之入於中，而非語言可悟也。大臣以道格君，在平時不在臨事；在一心不在口舌，真純儒之論也。篇中止是以吾道之樂，易觀魚之樂為一篇骨子，卻先以「畏」字，「信」字引其端，層層駁發，前後照應，更有千奇百怪之狀。

左傳原文

臧僖伯諫觀魚 隱公・五年

春，公將如棠觀魚者。臧僖伯諫曰：「凡物不足以講大事，其材不足以備器用，則君不舉焉。君將納民於軌，物者也。故講事以度軌量謂之軌，取材以章物采謂之物。不軌不物，謂之亂政。亂政亟行，所以敗也。故春蒐、夏苗、秋獮、冬狩，皆於農隙以講事也。三年而治兵，入而振旅；歸而飲至，以數軍實。昭文章，明貴賤，辨等列，順少長，習威儀也。鳥獸之肉不登於俎；皮革、齒牙、骨角、毛羽不登於器，則公不射，古之制也。若夫山林川澤之實，器用之資，皂隸之事，官司之守，非君所及也。」公曰：「吾將略地焉。」遂往，陳魚而觀之。僖伯稱疾，不從。書曰「公矢魚於棠」，非禮也，且言遠地也。

鄭敗燕 隱公・五年

兵者，君子之所長，小人之所短。此理之必然，而世未有知其然者也。

吾嘗以是理試語於眾矣，談兵之士勃然而見難[一]，曰：「君子何為而名君子？」吾應之曰：「誠而已矣！」「小人何為而名小人？」吾應之曰：「詐而已矣！」

[注釋][一]難：問難，反駁。

難者曰：「果如是，則兵者乃小人之所長，而君子之所短也。萬物皆賤詐，惟兵獨貴詐。君臣相詐，則其國危；父子相詐，則其家敗；兄弟相詐，則其親離；朋友相詐，則其交疏；商賈相詐，則其業廢。至於用兵，小詐則小勝，大詐則大勝。小人長於

[譯文]

用兵，是君子所擅長，而小人所欠缺的。這是一個必然的道理，但世上卻沒人認識到這一點。

我曾經試著向眾人談論這個道理，那談論兵法的人就變了臉色反駁說：「君子為什麼能稱作君子呢？」我回答說：「誠信而已。」「小人為什麼叫作小人呢？」我回答說：「奸詐而已。」

發難者說：「如果真是這樣，那麼用兵則是小人所擅長，而君子所欠缺的。萬物皆不貴欺詐，只有用兵貴欺詐。君臣相互欺詐則國家危險，父子相互欺詐則家庭敗落，兄弟相互欺詐則親情斷絕，朋友相互欺詐則友情疏遠，商人相互欺詐則生意冷落。但在用兵上，小欺詐則小勝利，大欺詐則大勝利。小人擅長欺詐，所以他也擅長用兵；君子不善於欺詐，所以他也不善於用兵。自從曼伯以來，戰爭得勝的情形不一，

詐，故其用兵亦長；君子短於詐，故其用兵亦短。自曼伯〔一〕以降，制勝不同，同歸於詐。是數子〔二〕者，苟以君子長者之道處之，安能成其功乎？故儒家之小人，兵家之君子也；兵家之君子，儒家之小人也。彼區區忠信誠愨〔三〕，何足稱於孫吳之門〔四〕哉！」

〔注釋〕〔一〕曼伯：戰國時鄭國之將軍。〔二〕數子：指本文所據《左傳》文中所列戰勝之主謀者。〔三〕愨（ㄑㄩㄝˋ）：誠實，謹慎。〔四〕孫吳之門：泛稱兵家。孫子、吳起，戰國軍事家。

吾應之曰：「吾姑言其理耳。今子舉前古之事以攻之，以子之事證吾之理，益知兵非君子莫能用也。春秋諸子所以能收一日之功，特以小人而遇小人耳。若君子遇之，雖聚鄭、楚、秦、晉十餘國之眾為一軍，合曼伯、子突〔一〕十餘人之知為一將，吾知談

但原因都可以歸結為欺詐。這幾個人，如果用那些君子長者的原則來處事，怎麼能夠得勝成功呢？所以儒家所說的小人，正是兵家的君子；兵家所說的君子，正是儒家的小人。那小小的忠信誠實，在孫子、吳起這些兵家的眼裏又何足稱道呢？」

我回答說：「姑且讓我來說說這一道理吧。現在你列舉以前的事例來反駁我的觀點，那我也用你所舉之例來證明我的道理，就更加明白不是君子是不能用兵的。春秋時諸子之所以能取得一時的勝利，只不過因為他們是小人遇到小人罷了。如果是遇到君子，即使聚集鄭、楚、秦、晉等十多個國家的兵力為一軍，集中曼伯、子突等十多個名將的智慧為一將，我也知道君子在談笑之間殲滅他們，還綽綽有餘呢。我不是

笑麾之，綽綽乎有餘裕矣。吾非為大言以誇眾也，亦理之必然者也。

［注釋］［一］子突：戰國時鄭國之將軍。

「蓋君子之於兵無所不用其誠。世未有誠而輕者，敵雖欲誘之，烏得而誘之？世未有誠而貪者，敵雖欲餌之，烏得而餌之？世未有誠而擾者，敵雖欲亂之，烏得而亂之？用是誠以撫御［一］，則眾皆不疑，非反間之所能惑也；用是誠以備禦［二］，則眾皆不怠，非詭謀之所能誤也。彼向之所以取勝者，因其輕而入焉，因其貪而入焉，因其擾而入焉，因其疑而入焉，因其怠而入焉。

［注釋］［一］撫御：安撫治理。［二］備禦：防備抵禦。

「一誠既立，五患皆除。兕，無所投

說大話在眾人面前誇耀，從道理上講，這是必然的啊。

「君子用兵沒有不用其誠信的。世上沒有人會因誠信而輕忽了事的，敵人即使要誘騙他，哪能誘騙得了呢？世上沒有人會因誠信而又貪婪冒進的，敵人即使想引誘他，哪能引誘得了呢？世上沒有人會因誠信而又被擾亂的，敵人即使想擾亂他，哪能擾亂得了呢？拿這樣的誠信去治理軍隊，那麼兵眾都不會疑慮，沒有任何反間計所能迷惑得了；用這樣的誠信去防衛敵國，那麼兵眾都不敢懈怠，沒有任何陰謀詭計所能欺騙得了。上述那些人之所以能打勝仗，正是趁著對方的輕忽而攻入的；是趁著對方的貪心而攻入的；是趁著對方的紛亂而攻入的；是趁著對方的疑慮而攻入的，是趁著對方的懈怠而攻入的。

「若立定了一個誠字，則輕、貪、亂、疑、怠五

其角；兵，無所投其刃；曼伯、子突之徒，無所投其詐矣。豈特曼伯、子突之徒哉！縱使盡號召自古之知兵者環而攻之，聚而譟[一]之，雖極其詐計至於百，君子待之一而已矣。又極其詐計至於千，君子待之亦一而已矣。又極其詐計至於萬，君子待之亦一而已矣。彼之詐至於萬而不足，我之誠守其一而有餘。彼常[二]勞，而我常佚；彼常動，而我常靜。以佚制勞，以靜制動，豈非天下常勝之道乎？然則天下之善用兵者，不得不歸之君子。用兵之善者，固無出於君子矣。」

[注釋][一]譟：同噪。喧囂。[二]常：長久。

「然自古書帝籍而勒景鐘[一]者，黥髡[二]盜販相望於史，而宋襄、陳餘[三]之流每以仁義為天下笑，抑又何也？」

種害處都能除去。犀牛有角，但沒有對象可以攻擊，士兵有武器，但沒有地方可以使用；曼伯、子突之輩有詐謀，但也沒有機會可以使用了。難道只是區區曼伯、子突這些人嗎？即使是號召自古以來全部通曉兵法的人圍住並攻打他，聚集一起喧囂攪擾他，即使用盡一百個欺詐計謀，但君子對付的方法只是一個誠字而已！又用盡一千個欺詐計謀，但君子對付的方法也只是一個誠字而已！再用盡一萬個欺詐計謀，但君子對付的方法還是一個誠字而已！他們用盡萬般詐術還不夠，但我們抱定了一個誠信卻已有餘。他們長久疲勞，但我們則長久安逸；他們長久變動，但我們則長久安定。用安逸去制服疲勞，用安定去制服變動，難道不是全天下的常勝之道嗎？這樣看來，天下善於用兵的稱號，不得不歸在君子身上。善於用兵的人，原本就不出君子之列。」

「但是自古以來，姓名寫在帝王書冊或者刻在大鐘上的，都是些罪人、刑人、強盜、販夫。而宋襄公和陳餘這班人，因為用兵講仁義每每被天下人取笑，又是為什麼呢？」

「蓋盡小人之術者，方無愧於小人之名；盡君子之道者，方無愧於君子之名。世之所謂小人已極其術，稱小人之名者也；世之所謂君子未得其道，託君子之名者也。以偽君子對真小人，持一日之誠而欲破百年之詐，安得而不敗哉！舉斧以伐木，苟不能仆焉，謂斧之鈍則可，謂木勝斧則不可也；酌水以沃火，苟不能息焉，謂水之微則可，謂火勝水則不可也。安得以宋襄輩遂疑君子之短於兵哉！」

〔注釋〕〔一〕勒景鐘：勒，鑄刻；景，大；勒景鐘，刻名於大鐘以傳之後世。〔二〕黥髡（ㄑㄧㄥˊ ㄎㄨㄣ）：黥，墨刑，在人臉額上刺字塗墨。髡，古代一種剃去頭髮的刑罰。〔三〕陳餘：秦末大梁人，通儒術，講究君子之道，打仗時不用奇謀詭計，後來在戰爭中被韓信所殺。

「大概盡做小人欺詐方法的人，纔無愧於小人之名；盡做君子之道的人，纔無愧於君子之名。世人所說的小人已經用盡了小人的伎倆，是和小人的名稱相符的人；而世人所說的君子尚未得君子之道，只是假托君子虛名的人。用偽君子去應付真小人，持守一天的誠信，卻想打破百年的欺詐，怎能不失敗呢？舉起斧頭砍伐樹木，如果不能伐倒，說斧頭不快是可以的，說木頭能抵擋斧頭，那是不可以的；舀起水去澆火，如果不能熄滅火，說水量太小是可以的，說火能抵擋水，那也是不可以的。怎能因為宋襄公這班人就懷疑君子不擅長用兵呢？」

【古評】

孫執升曰：蘇氏之文，議者謂為捭闔縱橫，戰國之遺風，讀此知為儒者之文。

朱字綠曰：本為宋襄輩用君子之道而致敗亡，恐人以仁義為迂闊，特地將「誠」字痛發，以為用兵之本。而於宋襄輩則斷之「以一日之誠，破百年之詐」二語，排宕飄忽，所謂化陳腐為神奇者也。

張明德曰：擒定一「誠」字立論，便可攻無不克，而宋襄則斷之以一日之誠，欲破百年之詐，未有不立見其敗者。則宋襄之敗，原是不誠之過，並非誠之過也。仁義二者，豈真迂闊哉？樹議森嚴，真堂堂正正之師，懸之國門，可以辟易萬人，豈獨為幼學楷模。

【今評】

呂理胡：為私利以詐術使他人受損害謂「詐欺」，君子以誠用兵，眾人皆信，君臣百姓上下交心，日久國必強盛。小人以詐用兵，眾人皆不信，君臣百姓上下猜疑，日久國必衰微。故用兵實因效法君子而不效法小人。俗謂「兵不厭詐」難長久，非可信。

左傳原文

鄭敗燕 隱公・五年

四月，鄭人侵衞牧，以報東門之役。衞人以燕師伐鄭。鄭祭足、原繁、洩駕以三軍軍其前，使曼伯與子元潛軍軍其後。燕人畏鄭三軍，而不虞制人。六月，鄭二公子以制人敗燕師於北制。君子曰：「不備不虞，不可以師。」

鄭敗北戎 隱公・九年

北戎侵鄭，鄭伯禦之。患戎師，曰：「彼徒我車，懼其侵軼我也。」公子突曰：「使勇而無剛者嘗寇，而速去之。君為三覆以待之。戎輕而不整，貪而無親，勝不相讓，敗不相救。先者見獲必務進，進而遇覆必速奔，後者不救，則無繼矣。乃可以逞。」從之。戎人之前遇覆者奔。祝聃逐之，衷戎師，前後擊之，盡殪。戎師大奔。十一月甲寅，鄭人大敗戎師。

楚敗鄧 桓公・九年

巴子使韓服告於楚，請與鄧為好。楚子使道朔將巴客以聘於鄧。鄧南鄙鄾人攻而奪之幣，殺道朔及巴行人。楚子使薳章讓於鄧，鄧人弗受。夏，楚使鬬廉帥師及巴師圍鄾。鄧養甥、聃甥帥師救鄾。三逐巴師，不克。鬬廉衡陳其師於巴師之中以戰，而北。鄧人逐之，背巴師而夾攻之。鄧師大敗，鄾人宵潰。

商密降秦 僖公・二十五年

秦、晉伐鄀。秦人過析隈，入而係輿人以圍商密，昏而傅焉。宵，坎血加書，偽與子儀、子邊盟者。商密人懼曰：「秦取析矣，戍人反矣。」乃降秦師。

鄭敗宋 成公・十六年

鄭子罕伐宋，宋將鉏、樂懼敗諸汋陂。退舍於夫渠，不儆。鄭人覆之，敗諸汋陵，獲將鉏、樂懼。宋恃勝也。

楚滅舒庸 成公・十七年

舒庸人以楚師之敗也，道吳人圍巢，伐駕圍釐、虺，遂恃吳而不設備。楚公子橐師襲舒庸，滅之。

楚敗吳滅舒鳩 襄公・二十五年

吳子諸樊伐楚，以報舟師之役。門於巢。巢牛臣曰：「吳王勇而輕，若啟之，將親門。我獲射之，必殪。是君也死，疆其少安。」從之。吳子門焉，牛臣隱於短牆以射之，卒。

襄公・二十四年

吳人為楚舟師之役故，召舒鳩人，舒鳩人叛楚。楚子師於荒浦，使沈尹壽與師祁犂讓之。舒鳩子敬逆二子，而告無之，且請受盟。二子復命，王欲伐之。薳子曰：「不可。彼告不叛，且請受盟，而又伐之，伐無罪也。姑歸息民，以待其卒。卒而不貳，吾又何求？若猶叛我，無辭有庸。」

襄公・二十五年

楚薳子馮卒，屈建為令尹，屈蕩為莫敖。舒鳩人卒叛楚，令尹子木伐之。楚滅舒鳩。楚子以滅舒鳩賞子木。辭曰：「先大夫蒍子之功也。」以與蒍掩。

晉滅肥 昭公・十二年

晉荀吳偽會齊師者，假道於鮮虞，遂入昔陽。秋八月壬午，滅肥，以肥子緜皐歸。

晉滅陸渾 昭公・十七年

秋，晉侯使屠蒯如周，請有事於雒與三塗。萇弘謂劉子曰：「客容猛，非祭也。其伐戎乎？陸渾氏甚睦於楚，必是故也。君其備之！」乃警戎備。九月丁卯，晉荀吳帥師步自棘津，使祭史先用牲於雒。陸渾人弗知，師從之。庚午，遂滅陸渾，數之以其貳於楚也。陸渾子奔楚，其眾奔甘鹿。

吳敗楚取餘皇 昭公・十七年

吳伐楚。戰於長岸。大敗吳師，獲其乘舟餘皇。使隨人與後至者守之，環而塹之，及泉，盈其隧炭，陳以待命。吳公子光請於其眾曰：「喪先王之乘舟，豈惟光之罪，眾亦有焉。請藉取之，以救死。」眾許之。使長鬣者三人，潛伏於舟側，曰：「我呼餘皇，則對。」師夜從之，三呼皆迭對。楚人從而殺之，楚師亂。吳人大敗之，取餘皇以歸。

吳敗胡沈陳三國 昭公・二十三年

吳人伐州來，楚薳越帥師及諸侯之師奔命救州來。吳人禦諸鍾離。子瑕卒，楚師熸。

戰於雞父。吳子以罪人三千，先犯胡、沈與陳。三國爭之。吳為三軍以繫於後：中軍從王，光帥右，掩餘帥左。吳之罪人或奔或止，三國亂。吳師擊之，三國敗，獲胡、沈之君及陳大夫。舍胡、沈之囚，使奔許與蔡、頓曰：「吾君死矣！」師譟而從之，三國奔。楚師大奔。

越敗吳於檇李 定公・十四年

吳伐越，越子勾踐禦之，陳於檇李。勾踐患吳之整也，使死士，再禽焉，不動。使罪人三行，屬劍於頸，而辭曰：「二軍有治，臣姦旗鼓，不敏於君之行前，不敢逃刑，敢歸死。」遂自剄也。師屬之目，越子因而伐之，大敗之。靈姑浮以戈擊闔廬，闔廬傷將指，取其一屨。還，卒於陘，去檇李七里。夫差使人立於庭，苟出入，必謂己曰：「夫差！而忘越王之殺而父乎？」則對曰：「唯。不敢忘！」三年乃報越。

越敗吳於笠澤 哀公・十七年

三月，越子伐吳。吳子禦之笠澤，夾水而陳。越子為左右句卒，使夜或左或右，鼓譟而進。吳師分以禦之。越子以三軍潛涉，當吳中軍而鼓之，吳師大亂，遂敗之。

隱公問羽數於眾仲

隱公・五年

問之名何如哉！問道者未達其道，問禮者未習其禮，問塗者未識其塗，問俗者未通其俗。凡謂之問者，非有所未知必有所未安也。故晉人不問晉，齊人不問齊，秦人不問秦，楚人不問楚。豈非心知之、身安之，無所復待於問耶？

隱公生於魯，長於魯，君於魯，其視魯之舞樂，用於綸祠烝嘗〔一〕，不知其幾祭也；動於屈伸綴兆〔二〕，不知其幾成〔三〕也。至於考仲子之宮〔四〕，始問羽數〔五〕於眾仲，豈真有所不知耶？是必其心有所大不安也。

〔注釋〕〔一〕綸（ㄩㄝˋ）祠烝嘗：綸，夏祭；祠，春祭；嘗，秋祭；烝，冬祭。〔二〕屈伸綴兆：屈伸，舞蹈

〔譯文〕

什麼纔叫作「問」呢？問道理的人是不明白那個道理，問禮節的人是不熟悉那個禮節，問道路的人是不認識那條道路，問風俗的人是不知道那種風俗。凡是稱作「問」的，如果不是有所不知那麼必定是還有不能確定的。所以晉人不用詢問晉國之事，齊人不用詢問齊國之事，秦人不用詢問秦國之事，楚人不用詢問楚國之事。這難道不是因為心裏知道，自身確定，沒有什麼還需要詢問的緣故嗎？

隱公出生在魯國，成長在魯國，又做魯國國君，他觀看魯國的舞樂，用於春夏秋冬的祭祀，不知道有多少回了；舞樂時動作的前後俯仰與行列位置，不知道有多少遍了。直到仲子之廟建成後舉行考祭時纔向眾仲請教執羽的人數，難道是他真的不知道嗎？這一定是他心裏有很大的不安吧。

時身體的俯仰；綴兆，舞蹈者的行列位置。〔三〕成：樂曲奏完一節為一成。〔四〕考仲子之宮：考，古代宗廟宮室或重要器物建造完成時舉行之祭禮，叫做考；仲子之宮，即仲子之廟。周公之廟稱大廟，群公之廟稱宮。仲子，即魯桓公之母，魯惠公之妃子。〔五〕羽數：執羽之人數。羽即樂舞，八人一列，為一佾（ㄧˋ）。天子、諸侯、大夫、士舉行樂舞時，佾數有嚴格之等級差別。

自成王以天子之禮樂祀周公〔一〕，至於隱公，蓋數百年矣。以成王之賢而賜之，以伯禽〔二〕之賢而受之，舉世莫知其非也；其後因而用之群公〔三〕之廟，舉國亦莫知其非也。隱公生於數百載之後，獨能疑數百載之非，其心蹙然不安而發於問焉，其天資亦高矣。眾仲告之以先王之正禮，使六羽之獻〔四〕復見於仲子之廟，不可謂無補也。然隱公之問豈止為仲子一廟而已哉！特因仲子之廟而發耳。

自從周成王命令魯國用天子禮樂奉祀周公，到隱公時已有數百年了。周成王雖然賢明，卻賞賜天子的禮樂給諸侯，魯伯禽雖然賢德，卻接受了天子的禮樂，全天下都沒有人知道這是錯誤的；魯國的後代又因循這一先例用在諸多先公祠廟，全國也沒有人知道這是錯誤的。隱公出生在幾百年之後，獨能懷疑數百年來的錯誤，他心裏侷促不安而對此提出疑問，他的天資也算是很高的了。眾仲告訴他先王的正禮，使得六羽這一禮樂，再次出現在仲子的祠廟裏，不能說是沒有補益的事情。但是隱公的提問，難道只是因為仲子一廟而已？其實是因仲子之廟而有所感發罷了。

［注釋］［一］此句：周公，即周公旦，武王弟，為輔佐周王室立有大功。成王，武王子，其在位令魯國祭祀周公時用天子之禮樂，因而沿用八佾。而今獨於祭仲子時改用六佾。［二］伯禽：周公子，封於魯國。［三］群公：魯國列公。［四］六羽之獻：六羽，即六佾，每行八人共六行的舞樂，獻，以下奉上稱作獻。

為眾仲者，盍［一］申告之曰：「周公制禮作樂以致太平，天子八佾，諸侯六佾，是乃周公所作之樂也。周公制是樂舞之數，蓋欲行之天下，傳之萬世也。周公在諸侯之位而薦［二］天子之樂，豈非欲尊周公之身而廢周公之樂耶？周公欲行之天下，而子孫已亂之；周公欲傳之萬世，而身沒已違之。使周公而有知，吾知其不享魯祭矣？君盍因是舉正禮樂之僭［三］，復諸侯之舊，告於天子，告於周公之廟，使天下再見周公之禮樂。是魯有二周公也。今獨用六佾於仲子之廟，是

作為眾仲之類的人，何不再進一步告知隱公說：「周公制禮作樂以達到天下太平，天子用八佾，諸侯用六佾，這是周公所制定的樂制。周公規定這一樂舞的數目，是想要施行於天下，流傳到萬代的。周公列在諸侯的地位，卻僭用天子的禮樂，這難道不是要抬高周公的身分而廢棄周公所制定的樂制嗎？周公制定樂制要施行於天下，而他的子孫就已經把它破壞了；周公想把樂制流傳到萬代，而本人剛剛死去後人就已經違背了。假如周公死後有知，我知道他決不願享受魯國的祭祀了。君王您何不趁這事徹底糾正對禮樂的僭越，恢復諸侯所用舊制，把這一改正告知周天子，在祠廟告知周公，使天下重新見到周公當初制定的禮樂。這就像是魯國有兩個周公了。如今單獨給仲子的祠廟用六佾之舞，這是以正禮對待仲子而不以正禮對

以禮處仲子而不以禮處周公，何其待仲子之厚而待周公之薄耶？」

［注釋］［一］盍：為何不。［二］薦：進用。［三］舉正禮樂之僭：徹底糾正對禮樂的僭越。

苟眾仲能為此言，隱公能為此舉，則可以尊王室，可以服諸侯，可以塞亂臣賊子之原［一］；五伯［二］之首，不在齊桓而在隱公矣。

［注釋］［一］原：同源。根源、來源。［二］五伯：即五霸。春秋五霸一般指齊桓公、晉文公、秦穆公、宋襄公、楚莊王。

雖然，此非所以責眾仲也。當成王祀周公以天子之禮樂，雖召公、畢公［一］之賢未嘗固爭，至孔子始慨然有言曰：「魯之郊禘［二］非禮也。周公其衰矣！」蓋必入聖人

待周公，為什麼待仲子這麼厚而待周公這麼薄呢？」

假如眾仲能這樣說，隱公能這樣做的話，那麼就可以使周王室受到尊重，可以讓各諸侯心服，可以堵塞成為亂臣賊子的根源。五霸的首領就不是齊桓公，而是魯隱公了。

話雖如此，但這並不是要責備眾仲。當周成王用天子之禮祭祀周公時，即使像召公、畢公這樣的賢人，也沒有極力勸阻，直到孔子纔慨然說；「魯國的郊禘不符合禮制。周公所定的制度大概要衰落了！」看來一定要達到聖人的境界，纔能知曉聖人的思想。比聖

之域，然後知聖人之心，降聖人一等，雖召公、畢公猶不能盡知，況眾仲乎？

[注釋][一]召公畢公：召公，名奭，封於召地；畢公名高，封於畢地。二人皆文王子，成王賢臣。[二]郊禘：古帝王以祖先配祭昊天上帝。

惟眾仲一失其機，故悖僭之習流及後世，甚至於季氏以陪臣之微，傲然舞八佾於庭[一]，重形[二]孔子之歎焉。嗚呼！隱公之問在於三家[三]未興之前，孔子之歎在於三家既盛之後。防於未興之前，眾人之所易；禁於既盛之後，聖人之所難。吾是以益為隱公惜也。

[注釋][一]季氏句：語出《論語・八佾》。季氏為魯國大臣，本當用四佾。[二]重形：再次現形，再次出現。[三]三家：春秋時魯國三家權臣，即孟孫氏、叔孫氏、季孫氏，皆魯桓公後代，故稱三桓。

人低一等的，即使是召公、畢公也不能完全知曉，何況是眾仲呢？

但是，眾仲一旦錯過了機會，僭越悖亂的風氣就流傳到了後世，甚至到了季氏不顧諸侯之臣的卑微身分，傲然無禮地在家中使用八佾舞樂的地步，再次引發孔子的感慨。唉！隱公問執羽的人數，是在孟孫、叔孫、季孫三家尚未興盛之前，孔子的感慨發於三家已經強大之後。在未興起之前預防，即使是普通大眾也容易辦到，在已經強大之後禁止，雖是聖人也難以對付了。我為此更加替隱公感到可惜啊。

【古評】

孫執升曰：經書初獻六羽，《穀梁》曰「始僭樂矣。」《尸子》曰：「始厲樂矣。」厲，減也，始知初獻為減，即自知初獻之為僭矣。

朱字綠曰：前推隱公不安而問，中代眾仲作答，後歸到惟聖人能知聖人。只此三層意，委折迤邐，自成邱壑。要知隱公亦必果不安於僭樂，只是文章家無中生有法耳。

張明德曰：隱公問羽數，直推到惟聖人能知聖人處。不是寬眾仲，正是為隱公一問惜耳，其文勢直似東坡《留侯》、《范增》諸論。

左傳原文

隱公問羽數於眾仲 隱公・五年

九月，考仲子之宮，將萬焉。公問羽數於眾仲，對曰：「天子用八，諸侯用六，大夫四，士二。夫舞，所以節八音而行八風，故自八以下。」公從之，於是初獻六羽，始用六佾也。

隱公辭宋使 隱公・五年

始吾讀《戰國策》，見儀、秦、髡、衍［一］之徒，駕其詭辯，玩時君於股掌之上：驟使之喜，驟使之怒；驟使之憂，驟使之樂。指川為陸，亦從而謂之陸；指虎為羊，亦從而謂之羊。雖有耳、目、鼻、口，不得自用，而聽辯士之所用。抵掌扼腕［二］，俯弔仰賀，反晦明［三］於呼吸，變寒暑［四］於須臾。其三寸之舌，實百萬生靈之司命也。及精思而博考之，然後知詭辯初不足恃，彼《戰國策》所載特幸而成功者耳。吾姑以兩端明之：

［注釋］［一］儀、秦、髡、衍：張儀、蘇秦、淳于髡、公孫衍，為戰國著名策士。［二］抵掌扼腕：抵掌，擊掌，指快談；扼腕，以一手握持另一手腕部，形容思慮、憤怒、激動之貌。［三］晦明：晦，昏暗。喻指是非黑白。［四］寒暑：喻指人情冷暖。

［譯文］

當初我讀《戰國策》時，見張儀、蘇秦、淳于髡、公孫衍這班人，用他們詭辯的言談，玩弄當時的國君於股掌之上，忽而使他們喜悅，忽而使他們憤怒，忽而使他們憂愁，忽而使他們歡樂。指河川說為陸地，國君也跟著說是陸地；指老虎說為山羊，國君也跟著說是山羊。國君雖然也有耳、目、口、鼻，卻不能自己使用，反而為辯士們所用。他們時而擊掌而談，時而扼腕而歎，俯身憑弔，昂首賀贊，顛倒黑白於呼吸之間，改變愛憎於頃刻之際。他們的三寸之舌實際上成了百萬民眾生命的主宰。等到我認真思考並廣泛考證，纔知道這些詭辯原本是不可依靠的，《戰國策》所記載的只是幸運的成功者罷了。我姑且以兩個相反的例子來闡明我的觀點。

趙魏攻韓華陽，韓告急於秦。秦不救韓，遣陳筮見穰侯。穰侯曰：「事急乎？」陳筮曰：「未急也。」穰侯怒曰：「冠蓋相望[一]，告敝邑[二]甚急。公來言『未急』，何也？」陳筮曰：「彼韓急則將變而他從，以未急，故復來耳。」穰侯曰：「公無見王，請今發兵救韓。」八日而敗趙魏於華陽之下。是說也，世皆以為工也。

［注釋］［一］冠蓋相望：冠蓋，冠服與車蓋，借指官吏。冠蓋相望，指使者前後相連，往來不絕。［二］敝邑：對己方城邑的謙稱。

鄭伐宋入其郛[一]，宋人使來告於魯隱公。公聞其入郛也，將救之。問於使者曰：「師[二]何及？」對曰：「未及國。」公怒，乃止。辭使者曰：「君命寡人同恤[三]社稷

趙國和魏國攻打韓國的華陽城，韓國向秦國告急。秦國不想救援韓國，於是韓國派遣陳筮去見秦國的穰侯，穰侯問：「情況危急嗎？」陳筮回答說：「不急。」穰侯大怒，說：「你們的外交使者接連不斷地來求救，都告訴我們說華陽城十分危急了，你卻來說還不危急，這是什麼原因呢？」陳筮說：「韓國如果情況危急就會改變（向秦求援的）主意而尋求其它的途徑。因為情況還不危急，所以我還能再來此尋求救援。」穰侯說：「你不用拜見秦王了，我現在就發兵救援韓國。」於是，八天便在華陽城下擊敗了趙、魏兩國。陳筮的這一說辭，世人都認為很技巧。

鄭國討伐宋國，進入了外城，宋人派使者來向魯隱公告急。隱公聽說鄭軍攻入了外城，打算救援宋國，便問宋國使者說：「鄭國的軍隊到哪裏了？」回答說：「還沒有到國都。」隱公大怒，便停止出兵救援，辭謝使者說：「貴國君王要求我一同為國家的災難擔憂，現在詢問使者，卻回答說：『軍隊還沒有到

之難，今問諸使者，曰：『師未及國。』非寡人之所敢知也。」是說也，世皆以為拙也。

〔注釋〕〔一〕郛（ㄈㄨˊ）：即郭，外城。〔二〕師：軍隊。〔三〕恤：擔憂。

吾以為陳筮之言「未急」，宋使之言「未及國」，其說初無異者。陳筮幸而遇穰侯之聽，故人以其說為工；宋使不幸而遇隱公之怒，故人以其說為拙。陳筮得其時者也，非智也；宋使失其時者也，非愚也。使陳筮而遇隱公則為愚，使宋使而遇穰侯則為智。愚智初無定名，工拙初無定論。以是而推之，凡戰國之策士所以能動時君之聽者，皆出於幸而已，豈區區之說真足恃哉！

杜預〔一〕謂宋使忿隱公知而故問，是大不然。宋使以鄭師之伐告急於魯，魯隱公問

達國都。』這可不是我想瞭解的情況。」宋使的答辭，世人都以為很笨拙。

我認為陳筮所說的「不急」，宋使所說的「還沒有到達國都」，這兩種說法本來沒有什麼不同，但陳筮幸運地遇到穰侯聽從他的話，所以世人就以為他的說辭技巧；宋使不幸地遇到隱公對他的話發怒，所以世人就以為他的答辭笨拙。陳筮是遇到了好的時機，而不是聰明；宋使是沒有遇到好的時機，而不是愚蠢。假使陳筮遇到隱公，就成了愚蠢；假使宋使遇到了穰侯，就成了聰明。愚蠢和聰明本來就不是定稱，技巧和笨拙也沒有定論。從這個道理來推論，凡是戰國策士能用自己的辭令打動當時的國君而聽從的，都是幸運而已，哪裏是區區辭令真的值得憑藉呢？

杜預以為宋使是惱怒隱公的明知故問（纔那樣說的），這一看法很不正確。宋使因為鄭國的攻打而

鄭師之所及遠近，此人情之常也。雖聞其入郛，然問諸道路，不如問其使者之為審[二]，則知而復問亦人情之常也。況宋使之使指專在於鄭師，隱公其可捨鄭師而問他事乎？是則「師何及」之語，隱公之所當問也，宋使之所當答也。彼使者苟非狂惑喪心，何自而起其忿乎？其所以發「未及國」之言，蓋亦如陳筮之謀欲以激魯侯之救耳。不意逢隱公之暴怒，不得嗣[三]進其說，遂至於辱命[四]而歸。是以知詭辯之果不足恃也。

[注釋][一]杜預：字元凱，東晉學者，以註釋《左傳》著名。[二]審：詳細，清楚。[三]嗣：繼續。[四]辱命：未完成使命。

自陳筮言之，則回穰侯不救之心，其說似有功；自宋使言之，則沮隱公欲救之

向魯國告急求救，魯隱公問鄭國軍隊到了哪裏，這是人之常情。雖然聽說鄭國攻進了外城，但是道聽塗說不如詢問使者清楚，那麼知道了而再次詢問也是人之常情。何況宋使出使魯國的目的就為了鄭國的軍隊而來，隱公怎麼可能不問鄭國軍隊而問其他的事情呢？這樣說來，「鄭國軍隊到哪裏了」的問話，是隱公所應當問的，也是宋使所應當回答的。那個使者如果不是狂亂迷惑而喪失理智，他的忿怒從哪裏而起呢？他之所以說出「還沒有到國都」的話，大約也像陳筮的計謀一樣，想要激發魯侯施以援救吧。沒料想卻碰上隱公大怒，不能繼續陳述他的言論，以致於沒有完成使命就回去了。由此可知詭辯實在是不足以為憑藉啊。

對陳筮而言，挽回穰候不想救援的本意，他的說辭似乎很有效；對宋使而言，則打消了魯隱公想要救援的本意，他的說辭應該嚴厲責罰。利害禍福，只是

意，其說深可罪。利害禍福，特繫乎所逢之時耳。後世徒見《戰國策》所載百發百中，遂以為正論[一]不如詭辯，君子不如策士。殊不知《戰國策》之書，策士之所作也。書出於策士之手，必不自揚策士之非。其一時之謀議，成者則載之，敗者則刪之，中者則載之，失者則刪之。如陳筮之徒幸而有功，則大書特書，以示後世；如宋使之徒敗人之事，不載於書亦不知其幾何矣。惟合《戰國策》而觀之，然後知策士之謀得不償失，利不償害，初不能使人之必聽也。

吾故表[二]而出之，以為策士之戒。

［注釋］[一]正論：正派之言論。[二]表：表述、闡明。

和個人所遇到的時機有關罷了。後世之人只看到《戰國策》所記載的事例都是百發百中，便以為正派言論不如巧言詭辯，君子不如策士，卻不知道《戰國策》這本書，本是策士所寫的。這書出於策士之手，必定不會自己宣揚策士的過失。他們一時的計謀與說辭，成功了就記載，失敗了就刪掉，達到目的的就記載，未達目的的就刪掉。像陳筮這些人，幸運地獲得一點功勞，就大書特書，用來向後人展示；像宋使這些人，敗壞了人家的大事，不記載在書中的，也不知道還有多少呢。只有掩上《戰國策》一書後再來考察，纔會知道策士的計謀得不償失，利不償害。本來就未必使人一定聽從。

我特意闡明以上認識並寫成文章，作為對策士的警戒。

【今評】

呂理胡：呂祖謙在閱讀《戰國策》後認為「策士」的言論是「詭辯」，因「詭辯」得來的成功僅是偶然的幸運，不能久恃，其對「策士」看似貶多於褒，實際上，「策士」的地位頗像現今的「外交大使」和「律師」，他們以言詞為武器維護己方，也偶爾會碰上以華麗詞藻裝飾的狡辯比正當言論更得人心的場合，偶然的成功使他們迷惑，以為狡辯真能久恃，卻忘卻除此以外更多的是失敗的經歷，「律師」為當事人所為的「辯護」亦常被世人認為是意圖使犯罪者脫罪的「詭辯」，起因又何嘗不同於此？呂祖謙此言，足為警世之言。

左傳原文

隱公辭宋使 隱公・五年

宋人取邾田。邾人告於鄭曰：「請君釋憾於宋，敝邑為道。」鄭人以王師會之，伐宋，入其郛，以報東門之役。宋人使來告命。公聞其入郛也，將救之。問於使者曰：「師何及？」對曰：「未及國。」公怒，乃止。辭使者曰：「君命寡人同恤社稷之難，今問諸使者，曰『師未及國』，非寡人之所敢知也。」

鄭伯侵陳大獲

隱公・六年

盛怒不發於微罪，峻責不加於小疵〔一〕，此人情之常也。

陳侯〔二〕不許鄭伯之請成，遂至於見伐，其失講信修睦之義，固可責矣。然春秋諸侯，一戰一和，一通一絕，習以為常，如陳侯之罪，晉、楚、齊、秦以降，莫不有之也。左氏乃深排而力詆之，至以謂「如火之燎於原，不可鄉邇〔三〕」，雖大無道之君，責之不過如是。何其遠於人情耶？

以左氏之言，較陳侯之過，猶犯笞杖之罪，而加斧鉞之刑；逋〔四〕升斗之租，而責倉廩之粟。苟左氏愚人也則可，使左氏少知治體〔五〕，豈容若是之舛〔六〕耶？

〔譯文〕

對細微的罪過不大發雷霆，對微小的毛病不嚴厲指責，這是人之常情。

鄭莊公向陳桓公要求媾和，陳桓公不允許，於是遭到鄭國的攻伐。陳桓公違背講信修睦的原則，固然應當被責備。但是春秋時期，諸侯國之間一時戰爭，一時和平，一時通好，一時斷絕，已習以為常了。像陳桓公這樣的過失，從晉、楚、齊、秦這些大國往下數來，沒有哪個國家沒犯過的。左丘明卻對陳桓公嚴加排斥，極力責備，甚至說陳桓公的過失「如烈火燎原，不可靠近」，即使是十分昏庸無道的國君，對他的責備也不過如此了。左氏的議論為何這麼不近人情呢？

用左丘明的批評和陳桓公的過失相比較，就像只犯了笞杖的罪過卻施以刀斧的重刑；只拖欠了幾升斗的糧租卻責罰一倉庫的粟米。假如左丘明只是一個愚蠢的人，他犯下這樣的錯誤是可以理解的；假如左丘明稍微懂得一些治國的綱領，又怎能容忍他犯下這樣的錯誤呢？

[注釋][一]疵：缺點、毛病。[二]陳侯：陳桓公。[三]鄉邇：接近、靠近。[四]逋（ㄅㄨ）：拖欠。[五]治體：治國之綱領、要旨。[六]舛（ㄔㄨㄢˇ）：錯誤。

辭之嚴，責之峻，是必有深意存於其間也。天下之事，成於懼而敗於忽[一]。懼者，福之原也；忽者，禍之門也。

陳侯以宋衛之強而懼之，以鄭之弱而忽之，遂以為「鄭何能為」，而不許其成。及兵連禍結，不發於所懼之宋、衛，而發於所忽之鄭，則忽者豈非禍之門耶？雖鄭師之所侵，不過毀廬舍、毆老弱、畧牛馬，然推「鄭何能為」之一語，實亡國敗家之本，殆[二]古人所謂「一言而喪邦」者也。

[注釋][一]忽：疏忽、忽視。[二]殆：大概是。

秦弱百姓而備匈奴[一]，豈非懼匈奴之

言辭嚴厲，責備峻刻，這其中必定存在深刻的含意。天下的事情，由於戒懼而成功，由於疏忽而失敗。戒懼，是福分的根本；疏忽，是禍患的門徑。

陳桓公因為宋、衛兩國強大而懼怕它們，因為鄭國弱小而輕忽它，並以為「鄭國能怎麼樣」，而不答允和他媾和交好。等到兵事已起，禍患已成，不是由他所懼怕的宋、衛兩國發起的，而是由他所輕忽的鄭國發起的，那麼輕忽難道不就是禍患的門徑嗎？雖然說鄭國軍隊來侵犯，只不過是毀壞房屋、驅趕年老體弱之人、掠奪牛馬牲畜而已，但推究陳桓公所說「鄭國能怎麼樣」這句話，卻實在是亡國敗家的根源，這大概就是古人所謂的「一句話就可以亡了國家」的吧。

勢強，而謂百姓「何能為」乎？然亡秦者，非匈奴也，乃「何能為」之百姓也。漢抑宗室而任外戚[二]，豈非懼宗室之勢迫，而謂外戚「何能為」乎？然亡漢者，非宗室也，乃「何能為」之外戚也。晉武帝以戎狄「何能為」而不徙[三]，故卒亡於戎狄。隋煬帝以盜賊「何能為」而不戒[四]，故卒亡於盜賊。以至項羽之視高帝[五]，王莽之視漢兵[六]，梁武之視侯景[七]，明皇之視祿山[八]，皆始以為「何能為」，而終至於敗亡也。是則陳侯「何能為」之一語，實千載亂亡之所自出，左氏安得不深排而力詆之乎？

【注釋】[一]備匈奴句：秦遣蒙恬發兵三十萬人北伐匈奴，築長城，因地形用制險塞，陳涉一唱，天下共起，以亡秦。[二]漢抑宗室句：抑，壓制。宗室，皇族；外戚，帝王的母親和妻子方面的親戚。王莽是

秦朝使百姓疲弱而（築長城）防備匈奴，這難道不是懼怕匈奴勢力強大，而認為百姓「能怎麼樣」嗎？但是滅亡秦朝的，並不是匈奴，而正是「能怎麼樣」的百姓；漢朝壓制同宗親屬而任用外戚，這難道不是懼怕同宗親屬的勢力逼近，而認為外戚「能怎麼樣」嗎？但是滅亡漢朝的，並不是同宗親屬，而正是「能怎麼樣」的外戚；晉武帝以為戎狄外族人「能怎麼樣」而不把他們遷徙出去，所以最終被戎狄外族人所滅亡；隋煬帝以為盜賊「能怎麼樣」而不戒備，所以最終被盜賊所滅亡。至於項羽看待漢高祖，王莽看待漢末起義軍，梁武帝看待侯景，唐明皇看待安祿山，都是起初認為他們「能怎麼樣」，而最終至於失敗亡國。照這樣看來，那麼陳桓公所說的「能怎麼樣」一句話，實在是千百年來世亂國亡的根源所在，左丘明怎能不對他嚴加排斥，極力責備呢？

外戚而後來亂政，太后做宗主。〔三〕晉武帝句：晉武帝，即司馬炎，篡魏踐位二十五年；戎狄，對西部和北部少數民族的統稱。晉惠帝元康元年，憂匈奴郝度元與馮翊、北地馬蘭羌、盧水胡俱立氏帥齊萬年為帝，將軍孟觀大破氏眾於中亭，獲齊萬年。太子洗馬江統以為戎狄亂華，宜早絕其源，乃作《徙戎論》以警朝廷。朝廷不能用，而五胡肆虐，社稷丘墟。〔四〕隋煬帝句：隋內史侍郎虞世基以帝惡聞盜賊，諸將及郡縣有告敗求救者，世基皆抑損表狀不以實聞，但云「鼠竊狗盜，郡縣捕，逐行當殄盡」，帝以為然。由是盜賊徧海內，陷沒郡縣，帝弗之知。十四年在江都遇弒，隋祚遂移。〔五〕項羽句：項羽與高祖爭天下，高祖戰數不利，而羽益輕漢，卒敗垓下。〔六〕王莽句：王莽遣王邑、王尋發兵平定山東，兵號百萬，縱兵圍昆陽。光武悉發諸營兵，自將千騎為前鋒，尋、邑遣兵數千合戰。光武奔之，連勝，遂前。莽兵大潰，漢兵至長安。莽曰：「天生德於予，漢兵其如予何？」兵眾斬莽，傳首於宛。〔七〕梁武句：侯景叛魏，歸梁，而武帝用朱異之言而納景，履霜不戒，卒致亂亡。〔八〕明皇句：安祿山傾巧善事人，人多譽之，上益以為賢。張九齡、楊國忠數言其必反，而帝不以為意，寵待日盛，卒致范陽之變。

嗚呼！君子之論，常得其本；眾人之論，常得其末。凡人臣之深戒人君者，必曰「暴虐」也、「淫侈」也、「拒諫」也、「黷武」也，皆人君之大禁也。至於論桀、紂、幽、厲〔一〕之惡，亦必以前數者歸之，殊不知是數者皆末也。其本果安在哉！

〔注釋〕〔一〕此句：桀，夏桀；紂，商紂；幽，周幽王；厲，周厲王。四者皆為暴君。

人君必謂「民怨何能為」，故敢暴虐；必謂「財匱何能為」，故敢淫侈；必謂「爭臣〔二〕何能為」，故敢拒諫；必謂「窮兵何能為」，故敢黷武。是則「何能為者」，萬惡之所從生也。

唉！君子的言論，常常探究到事理的根源；眾人的言論，常常只涉及事理的表面。一般臣下要讓君王深以為戒的，一定會說「暴虐」、「淫侈」、「拒諫」、「黷武」之類的話，這些都是做君王的大禁忌。至於評論夏桀、商紂、周幽王、周厲王的罪惡，也必定把以上幾條罪名歸到他們身上，卻不知道這幾條罪名只是枝端末節。那麼，其根源到底在哪裏呢？

做君王的一定認為「百姓怨恨能怎麼樣」，所以纔敢去做暴虐的事情；一定認為「財用空虛能怎麼樣」，所以纔敢去做浪費奢侈的事情；一定認為「臣子勸諫能怎麼樣」，所以纔敢拒絕聽取勸諫；一定認為「兵力不足能怎麼樣」，所以纔敢去濫用武力。這樣看來，「能怎麼樣」這句話，正是萬般罪惡發生的根源啊。

苟不探其本，則「何能為」之言，雖有致亂之端，而未有致亂之形；雖有可畏之實，而未有可畏之迹。非知幾〔二〕之君子，孰能遏滔天之浪於涓涓之始乎？深矣哉！左氏之論也。

〔注釋〕〔一〕爭臣：諫諍之臣。〔二〕知幾：從事物之細微跡象預知事態之動向。

假使不推究它的根源，那「能怎麼樣」這句話雖是造成禍亂的原因，卻沒有造成禍亂的情形；雖有可怕的實質，卻沒有可怕的跡象。若不是見微知著的君子，誰能夠把那滔天大浪阻擋在那涓涓細水剛開始流淌之時呢？左氏之論，實在是很深刻啊！

【古評】

唐荊川曰：首三語已括盡通篇大意。

朱字綠曰：點題後推開排衍四層，又接下再排四層，暢發禍生於忽之意，即插入「何能為」一語，如龍之點睛。尤喜其章法整而能變。

張明德曰：篇中「何能為」三字，凡十三見，總從一「忽」字中討出。如徐熙畫梅，拂草縈波，皆有奇趣。

【今評】

呂理胡：刑法對於有注意義務而疏於注意，造成犯罪結果者，稱為「有認識過失」，陳桓公身為國君，對國家自負有相當的注意義務，卻輕忽鄭國的危險，因一句「何能為」招致國家的禍患，正是「有認識過失」的現例，「何能為」一句，真為禍害之根源。

左傳原文

鄭伯侵陳大獲 隱公・六年

鄭伯侵陳，大獲。往歲，鄭伯請成于陳，陳侯不許。五父諫曰：「親仁善鄰，國之寶也。君其許鄭。」陳侯曰：「宋、衛實難，鄭何能為？」遂不許。君子曰：「善不可失，惡不可長，其陳桓公之謂乎。長惡不悛，從自及也。雖欲救之，其將能乎。《商書》曰：『惡之易也，如火之燎于原，不可嚮邇，其猶可撲滅？』周任有言曰：『為國家者，見惡，如農夫之務去草焉，芟夷為崇之，為其本根，勿使能殖，則善者信矣。』」

鄭伯朝桓王 隱公・六年

君子之論事，必使事為吾用，而不使吾為事所用。

古今之事所當論者，不勝其多也。苟見事之難者，亦從而謂之難；見事之易者，亦從而謂之易。甚者反遷就吾說以就其事，豈非為事所用乎？

所貴乎立論者，蓋欲發未明之理，非徒議已見之迹也。若止論已見之迹，是猶言火之熱、言水之寒、言鹽之鹹、言梅之酸，天下之人知之，何假於吾說乎？

惟君子之立論，信己而不信人，信心而不信目，故能用事，而不用於事。見在此之事，則得在彼之理；見在前之事，則得在

[譯文]

君子評論事情時，必定使事情被自己支配，而不使自己被事情所支配。

從古到今應當評論的事情，多得不可計算。假如見到事情困難也隨著說困難，見到事情容易也隨著說容易，甚至為了遷就某件事情而改變自己的觀點，這難道不是被事情所支配了嗎？

創立言論的可貴之處，大概是要闡發尚未顯明的道理，而不是僅僅議論已經表露出來的跡象。如果僅僅議論已經表露出來的跡象，這就好像說火是熱的，說水是冷的，說鹽是鹹的，說梅子是酸的一樣。普天下的人都知道這些，為何還要借助於我的議論呢？

惟有君子創立言論，相信自己的判斷而不輕信別人的議論，相信內心的體驗而不輕信眼見的表象，所以能夠支配事情而不被事情所支配。見到這件事，就得出適用於那件事的道理；見到先前的事情，就得

後之理。眾人徒知是事，而君子獨知事外之理焉。試舉一二以明之。

春秋之初，鄭之事周，其叛服不一，人之論者亦不一。然皆隨事立論，鮮有得事外之理者。

鄭伯朝周，桓王不禮之。眾人之說，不過以王不禮之為非，此左氏之所已言也；君子論之，則以為王綱既墜。傲固招禍，卑亦納侮。如夷王下堂見諸侯，禮雖卑而周益衰；襄王從晉文之召，禮雖卑而晉益僭。是知桓王之失，不專在於不禮鄭伯，而在於不能振王綱。此事外之理，左氏之所未言也。

周、鄭交惡，眾人之說，不過以畀〔一〕虢公之政，此左氏之所已言也；君子論之，

出也適用於以後事情的道理。一般人只知道這件事罷了，而君子卻獨自知道事情還蘊含另外的道理。試舉幾個例子來闡明我的這一看法。

春秋初年，鄭國侍奉周王室，時而忠順時而叛逆，態度不一致，人們的評論也不一致。但都是就事論事而發表見解，很少有得出事情之外所蘊含的道理的。

鄭莊公朝覲周桓王，周桓王沒有禮遇他。一般人的說法，不過以為周桓王不以禮接待鄭莊公是不正確的，這是左丘明已經說過的了。君子評論這件事，卻認為周王室朝綱已經廢弛。傲慢固然會招致禍患，謙卑也會引來侮辱。比如周夷王走下朝堂來接見諸侯，禮節上雖然謙卑，而周朝的威信也更加降低了；周襄王聽從晉文公的召喚，禮節上雖然謙卑，而晉國卻更加僭越無度了。由此可知周桓王的過失，不僅只在於不以禮節對待鄭莊公，還在於不能振興天子綱紀。這事情之外所蘊含的道理，是左丘明所沒有說出來的。

周王室和鄭國關係惡化，一般人的說法，不過以為是授予虢公政權的緣故，這是左丘明已經說過了的，君子評論這件事，卻認為做君王的對待諸侯，如

則以為王者之於諸侯，有畏之之迹則驕，無畏之之迹則服。在平王世，將用虢公而不敢用，反與鄭交質。鄭知周畏之故，於將用虢公之初，淩犯王室，蹂踐麥禾，略無所憚。在桓王世，將用虢公而即用之，未嘗猶豫。鄭伯知周不畏之故，於既用虢公之後，奉承王命，朝會征討，初不敢違。是知周、鄭交惡不在於用虢公，而在於畏鄭，此事外之理，左氏之所未言也。

［注釋］［一］畀：給予，授給。

桓王與鄭伯蘇忿生之田，由是失鄭。眾人之說，不過謂有錫田之名，而無錫田之實，此左氏之所已言也。君子論之，則以為蘇忿生既叛，其田非周之所有，與之以虛名，固足以起鄭之怨。然蘇忿生者，王室之

有懼怕的跡象，諸侯就驕傲，沒有懼怕的跡象，諸侯就順服。周平王時，想進用虢公卻不敢進用，反而和鄭國互換人質。鄭國知道周王室懼怕自己，所以在周王室打算進用虢公之初，就犯上欺凌周王室，掠奪莊稼糧食，一點也沒有忌憚。周桓王時，想進用虢公就立即進用，毫不猶豫，鄭國知道周王室不懼怕自己，所以在進用了虢公之後，仍聽從王室命令，參加朝會，出兵征討，不敢有所違背。由此可知，周室和鄭國關係惡化，不在於選用虢公，而在於懼怕鄭國。這事情之外所蘊含的道理，是左丘明所沒有說出來的。

周桓王把蘇忿生的土地授給鄭莊公，因這件事而失去了鄭國的忠誠。一般人的說法，不過說周桓王有賞賜土地之名，卻沒有賞賜土地之實，這是左丘明已經說過了的。君子評論這件事，卻認為蘇忿生既然已經叛離，那麼他的土地就不再為周王室所有，以虛假名義賞賜給鄭莊公，本來就足以激起鄭莊公的怨恨。但蘇忿生原是周王室的臣民；蘇忿生的土地，就是周

卿士；蘇忿生之田，王室之田。叛臣盜據王之土地，王不能自取，反假他人以取之，安得不取輕於鄭乎？是知鄭之叛周不專在於怨周，而在於輕周。此事外之理，左氏之所未言也。

桓王奪鄭伯政，率諸侯伐鄭，反為所敗。眾人之說，不過謂不當奪鄭伯之政，此左氏之所已言也。君子論之，則以為鄭伯之政在所當奪，特桓王不能正其名耳。當鄭伯擅釋泰山之祀之時，以廢祀而討之，其名豈不正乎？當鄭伯以璧假許田之時，以專地而討之，其名豈不正乎？使於是時討之，其名正，其義順，鄭將覆亡之不暇矣。桓王當其時而不能討，遷延數年乃無故而奪其政、伐其國，宜鄭之不服也。是知桓王之致敗，不

王室的土地。叛逆臣子霸佔天子的土地，天子不能親自追回，反而想借助別人來取回，怎能不被鄭莊公所輕視呢？由此可知，鄭國反叛周王室，不只在於怨恨周室，而在於輕視周室。這事情另外所蘊含的道理，是左丘明所沒有說出來的。

周桓王想奪取鄭莊公的職權，率領諸侯討伐鄭國，反而被鄭國擊敗。一般人的說法，不過認為不應當奪取鄭莊公的職權，這是左丘明已經說過了的。君子評論這件事，卻認為鄭莊公的職權應當被奪去，只是周桓王未能使他討伐的名義正當罷了。當鄭莊公擅自捨棄泰山的祭祀時，以廢除祭祀的名義討伐他，這個名義難道不正當嗎？當鄭莊公想用玉璧換取許田之時，用獨佔土地的名義討伐他，這個名義難道不正當嗎？假使周桓王在此時討伐鄭莊公，名正義順，鄭國很快就會滅亡。周桓王在正當的時機不去討伐鄭國，拖延了數年才無緣無故地要奪取鄭莊公的職權、討伐他的國家，難怪鄭莊公會不服氣了。由此可知，導致周桓王兵敗的原因，不在於要奪取鄭莊公的職權，而在於奪取的時機不當。這事情另外所蘊含的道理，是

在於奪鄭伯政，而在於奪之非其時。此事外之理，左氏之所未言也。

鄭既敗王師，乃歛兵而止。眾人之說，不過謂鄭伯苟欲自救，此左氏之所已言也。君子論之，則以為鄭伯未勝，則使祝聃射王，其事甚悖；既勝，則使祭足勞王，其辭甚恭。其前之悖，蓋出於真情，欲以取一時之勝；其後之恭，蓋出於矯情，欲以避天下之責。雖杜預亦信以為志在苟免而不悟是。鄭伯不惟能欺當時，其遺姦餘詐，猶能欺千餘年之杜預。可謂險矣！盜賊以盜賊自處，其情猶可恕；盜賊以君子自處，其情尤可誅。是知論鄭伯者，不當信其苟免之言，而當疾其詐為苟免之言。此事外之理，左氏之所未言也。

左丘明所沒有說出來的。

鄭國已經擊敗了周桓王的軍隊，於是便收兵停止了。一般人的說法，不過說鄭莊公原本只是想救自己的國家，這是左丘明已經說過了的。君子評論這件事，卻認為鄭莊公還沒有取得勝利時，就派遣祝聃射殺周桓王，這件事做得十分悖逆；取得勝利後，又派遣祭足前去慰勞周桓王，言辭十分恭敬。先前的悖逆，大概是出於真情實意，想通過它取得暫時的勝利；其後的恭敬，大概是出於虛情假意，想以此逃避天下人對他的責備。即使杜預也相信鄭莊公是為了暫免於滅亡，而未能悟到鄭莊公的真正意圖。因此鄭莊公不僅騙過了當時的人們，他遺留的奸詐還能騙過一千多年後的杜預。可稱得上是陰險啊！盜賊以盜賊的身分自處，在情理上還可以饒恕；盜賊以君子的身分自處，在情理上尤其應當責備。由此可知，評論鄭莊公的人，不應當相信他只求暫且免於滅亡的說辭，而應當痛恨他假意說只求暫且免於滅亡的謊言。這事情另外所蘊含的道理，是左丘明所沒有說出來的。

大抵論事之體與敘事之體不同。敘事者，載其實；論事者，推其理。彼方冊之所載，既序其事之實矣，論者又從而述其事，曾不能推事外之理，是與序事者無以異也，非所謂論事也。況方冊既已序之，何待吾復為贅辭以序之？雖削吾之論，於彼之事豈能有所損益乎？是吾之論反待彼之事而立，而彼之事不待吾之論而明也。故善論者，事隨於論；不善論者，論隨於事。善論者，事資於論；不善論者，論資於事。苟論資於事，是論反為事之累也。尚何以操筆為哉！

一般說來，評論事情的文體和記敘事情的文體不一樣。敘事文記載事實，議論文推究事理。那書上所記載的，已經記敘了事情的真實情況，若評論者又接著陳述這件事，卻不能推究出事情另外所蘊含的道理，這就和敘事者沒有什麼差別了，這不是所謂的評事論理。何況書上已經記敘過了，還需要我再用多餘的言詞陳述一遍嗎？即使刪掉我的評論，難道還能對那已記載的事情有所減少嗎？所以我的議論反而要依靠著事實纔能成立，而那事實卻不用依靠我的議論來彰明。所以善於評論的人使事實跟隨評論，不善於評論的人用評論附會事實；善於評論的人用事實支持論點，不善於評論的人用論點支持事實。假如要用論點來支持事實，那麼論點反而成為事實的累贅了，還提起筆來做什麼呢？

【今評】

呂理胡：法官斷案，係為「發現真實」、「維護公平正義」，因此無「證據」可證「事實」存在時，自不輕易下判決。呂祖謙評論善論者，說他們「事隨於論」、「事資於論」，他們的評論係「發現真實」，而非將事實套進牽強附會的評論裏。

左傳原文

鄭伯朝桓王 隱公・六年

鄭伯如周，始朝桓王也。王不禮焉。周桓公言於王曰：「我周之東遷，晉、鄭焉依。善鄭以勸來者，猶懼不蔇，況不禮焉？鄭不來矣。」

鄭伯請釋太山之祀 隱公・八年

鄭伯請釋泰山之祀而祀周公，以泰山之祊易許田。三月，鄭伯使宛來歸祊，不祀泰山也。

虢公作卿士於周 隱公・八年

夏，虢公忌父始作卿士于周。

鄭伯以齊人朝王 隱公・八年

八月，丙戌，鄭伯以齊人朝王，禮也。

鄭伯以王命討宋 隱公・九年

宋公不王。鄭伯為王左卿士，以王命討之，伐宋。宋以入郛之役怨公，不告命。公怒，絕宋使。

羽父會鄭伯伐宋 隱公・十年

夏，五月，羽父先會齊侯、鄭伯伐宋。

蔡人衛人郕人不會王命 隱公・十年

蔡人、衛人、郕人不會王命。

王與鄭人蘇忿生田 隱公・十一年

王取鄔、劉、蔿、邘之田于鄭，而與鄭人蘇忿生之田：溫、原、絺、樊、隰郕、欑茅、向、盟、州、陘、隤、懷。君子是以知桓王之失鄭也。恕而行之，德之則也，禮之經也。己弗能有，而以與人，人之不至，不亦宜乎？

鄭伯以璧假許田 桓公・元年

三月，公會鄭伯于垂，鄭伯以璧假許田。

王伐鄭 桓公・五年

王奪鄭伯政，鄭伯不朝。秋，王以諸侯伐鄭，鄭伯禦之。王為中軍；虢公林父將右軍，蔡人、衛人屬焉；周公黑肩將左軍，陳人屬焉。鄭子元請為左拒，以當蔡人、衛人；為右拒，以當陳人，曰：「陳亂，民莫有鬭心。若先犯之，必奔。王卒顧之，必亂。蔡、衛不枝，固將先奔。既而萃於王卒，可以集事。」從之。曼伯為右拒，祭仲足為左拒，原繁、高渠彌以中軍奉公，為魚麗之陳。先偏後伍，伍承彌縫。戰于繻葛。命二拒曰：「旝動而鼓！」蔡、衛、陳皆奔，王卒亂，鄭師合以攻之，王卒大敗。祝聃射王中肩，王亦能軍。祝聃請從之。公曰：「君子不欲多上人，況敢陵天子乎？苟自救也，社稷無隕，多矣。」夜，鄭伯使祭足勞王，且問左右。

陳五父如鄭涖盟歃如忘 隱公・七年

春秋之際，盟會聘享〔一〕，人皆視升降語默〔二〕之節，為吉凶禍福之占。其矯誕不經，世所共知也，吾猶有所疑焉。

觀人之術，在隱不在顯，在晦不在明。顯與明，人之所畏也；隱與晦，人之所忽也。人之所畏，雖小人猶知自飾；人之所忽，雖君子不能無疵。蓋畏則加意，而忽則多不加意耳。苟不能乘其不意，而徒觀其加意之時，則令色足恭〔三〕，矯偽蠭起，其本質真態，亦何自而見哉！

〔注釋〕〔一〕盟會聘享：立誓定約稱盟；諸侯相見稱會，通問修好稱聘；奉獻於上叫做享。〔二〕升降語默：升指升高，上臺階；降指下降，下臺階；語，是說話言談；默，是沉默不語。借指人們在外交場合上的行為舉止。〔三〕令色足恭：表情和悅，態度恭敬。

〔譯文〕

春秋時期，凡舉行結盟、朝會、修好、宴享，人們都要觀察行為中人言行舉止的禮節，來作為吉凶禍福的徵兆。此舉的荒誕不經，是世所共知的，我更是對此有所懷疑。

觀察人的方法，在於隱蔽之處而不是顯現之處，在於晦暗之處而不是明亮之處。顯現和明亮的地方，這是人們所懼怕的；隱蔽和晦暗的地方，卻是人們所疏忽的。人們所懼怕的地方，即使是小人也知道自加掩飾；人們所疏忽的地方，即使是君子也不能沒有瑕疵。大概是因懼怕就會倍加注意，而疏忽了也就大都不加注意了。如果不能趁他不經意時觀察，卻只觀察他加以注意時的表現，那麼其表情和悅、態度恭敬，其矯情假意、虛偽造作，一起呈現，他的本質真相從哪裏看得出來呢？

涖眾[一]之容，必肅於燕閒[二]之日；對賓之語，必嚴於私昵之時。又況盟會聘享之際，金石[三]在庭，籩豆[四]在席，擯相[五]在前，三揖[六]在下。且失色於堂，暮傳笑於國；片言之誤，可以起萬口之譏。人情好勝而惡辱，豈不能勉強於須臾耶！今考左氏之所載，其周旋揖遜[七]，辭氣容貌，可嗤可指者，相望於冊。此理之不可曉者也。

[注釋][一]涖眾：臨於大眾之前，即出席。[二]燕閒：安樂閒暇。[三]金石：指鐘磬等樂器。[四]籩（ㄅㄧㄢ）豆：古食器名。籩多竹製，豆多木製。祭祀燕享之時常用此二器盛食物。[五]擯相：出去迎賓稱擯，進入贊禮稱相。[六]三揖：卿、大夫、士，為君所揖，故稱。[七]揖遜：猶揖讓，賓主相見之禮儀。

嗚呼！吾得之矣。凡人之情，為惡於人之所不見，為善於人之所見，欲以欺世而售其姦。胡不反觀一身，以近取譬乎？肝受

面臨大眾時的儀容，一定要比安適閒暇的日子嚴肅端正；應酬賓客時的言語，一定會比私下親昵交談的時候莊重。又何況結盟、朝會、修好、宴享的時候，鐘磬等樂器陳設在庭院中，籩豆等食器擺放在筵席上，儐相站立堂前，卿、大夫、士位於堂下。若早上在殿堂失了儀態，傍晚時笑柄就會傳遍都城；半句話說錯，可引來萬人的譏諷。人之常情喜歡獲得勝利而厭惡受人侮辱，豈能不在短時間的重要場合勉力維持自己的風度嗎？現在考察左丘明所記載的，在應酬禮儀、談吐儀容上可譏笑可批評的人與事，在書中不斷地可以看到．這在情理上是無法理解的。

唉！我明白了！大凡人之常情，喜歡在別人看不見的地方做壞事，在別人看得見的地方做好事，企圖用此來欺世盜名並施展自己的詭計。為何不用自己

病，則目不能視；腎受病，則耳不能聽；脾受病，則口不能食；心受病，則舌不能言。肝也，腎也，脾也，心也，在內而人所不見者也；目也，耳也，口也，舌也，在外而人所見者也。受病於人之所不見，則其病必發於人之所見矣。是故隱顯晦明，本無二理。隱之所藏，待顯而露；晦之所蓄，待明而彰。

彼春秋之公侯卿大夫，未嘗致力於暗室屋漏[一]之學。及盟會聘享之際，雖欲勉強修飾，終有時而不能揜。歃血[二]而忘者，不自知其忘也；受玉而惰[三]者，不自知其惰也；奏樂而歎者，不自知其歎也；相語而泣者，不自知其泣也。方正冠鳴佩，儼然肅然，自謂中禮，而不知人已議其後矣；平居暇日，暗室屋漏之所為，至於此時，如遇明

的身體，就近打個比方呢？肝臟有病，眼睛就不能看了；腎臟有病，耳朵就不能聽了；脾臟有病，嘴巴就不能進食了；心臟有病，舌頭就不能說話了。肝、腎、脾、心，這是長在身體內部而別人所看不到的器官；眼睛、耳朵、嘴巴、舌頭，這是長在身體外部而別人所看得到的器官。別人所看不到的器官得了病，其病症必然在別人所看得見的器官上顯現出來。所以掩蔽和顯現、晦暗和明亮本來就沒有絕對的分別。隱蔽處所暗藏的東西，依賴顯現而表露；晦暗處所藏匿的東西，憑藉明亮而顯現。

那些春秋時候的公侯、卿、大夫，不曾致力於無人知曉處的修身慎獨之學，等到結盟、朝會、修好、宴享的時候，雖然想勉強掩飾（自己不合禮儀的行為舉止），但終究有掩飾不住的時候。歃血時忘了盟辭的人，並不知道他自己忘了；接受圭玉時怠慢的人，並不知道他自己的怠慢；奏樂時歎息的人，並不知道自己嘆息了；對談時哭泣起來的人，並不知道自己哭泣了。正當他端正衣冠，帶上玉佩，表現出嚴肅莊重的儀態，自以為合乎禮儀時，卻不知道別人已在他的背後議論紛紛。平居暇日，無人所見時的所作所為，

鏡無不發見。吾是以知顯者隱之影，明者晦之響也。

［注釋］［一］屋漏：屋子的西北角，古多於此施小帳安藏神主，為人所不見。故稱為人所不見之處為屋漏。［二］歃血：古盟誓時以牲血塗唇以示誠意。［三］惰：不敬。

君子欲無得罪於眾，必先無得罪於獨；欲無得罪於朝，必先無得罪於家。苟徒以一日之敬，而蓋終身之邪，是濁其源而揚［一］其流，斧其根而溉其葉也。雖然，春秋之時，旁觀竊議者，特為瞽史［二］之學者耳，而愆失繆戾［三］，已不能逃其目。使有知道者立於其側，又將若之何？

［注釋］［一］揚：澄清。［二］瞽史：瞽，古樂師；史，古史官。［三］愆失繆戾：愆失，過失；繆戾，即乖戾，指過錯。

到了這個時候，猶如在明鏡前纖毫畢現，沒有不被看清的。我由此知道：顯現在外的就是被隱藏的事物的影子，明亮可見的正是晦暗時事物的回聲啊。

君子若想在大眾面前沒有過失，一定要先在個人獨處時沒有過失；想在朝廷上沒有過失，一定要先在家裏時沒有過失。如果只想用一天的誠敬，來掩飾一生的惡行，這就好比是把水源攪渾濁了卻想去澄清它的支流；又好比是砍去樹木的根而去澆灌它的葉子。雖然如此，春秋時期，在旁邊看著和私下評論的人，只不過是樂師與史官那些學者罷了，但犯下的過失和錯誤已經不能逃過他們的眼睛。要是有知情明理的人站在他們旁邊，又將怎麼樣呢？

【古評】

朱字綠曰：主意是受病於隱晦，則必發見於明顯，卻先說觀人在隱晦，不在明顯，再說隱晦難持，明顯易飾，然後轉入諸人於盟、會、聘、享，不能勉強須臾，始透發本意，而歸於「君子欲無得罪於眾，先無得罪於獨」作結，仍是在隱不在顯，在晦不在明之意。盤旋曲折，層層入勝。

張明德曰：誠中形外，自是不易之論，故聖門諸賢，皆以謹獨為誠正第一關頭，此《春秋》所書會、盟、聘、享之失所由來也。篇中「欲無得罪於眾，必先無得罪於獨」，此是畫龍點睛之處。

左傳原文

陳五父如鄭涖盟歃如忘 隱公・七年

陳及鄭平，陳五父如鄭涖盟。壬申，及鄭伯盟，歃如忘。洩伯曰：「五父必不免，不賴盟矣。」……桓五年，陳亂。

曹太子朝魯奏樂而嘆 桓公・九年

曹太子來朝，賓之以上卿，禮也。享曹太子，初獻，樂奏而嘆。施父曰：「曹太子其有憂乎！非嘆所也。」

晉侯受玉惰 僖公·十一年

天王使召武公、內史過賜晉侯命。受玉惰。過歸告王曰：「晉侯其無後乎？王賜之命，而惰於受瑞，先自棄也已，其何繼之有？

齊君語偷 文公·十七年

襄仲如齊，拜穀之盟。復曰：「臣聞齊人將食魯之麥。以臣觀之，將不能。齊君之語偷。臧文仲有言曰：『民主偷，必死。』」

公孫歸父言魯樂 宣公·十四年

秋，九月，楚子圍宋。冬，公孫歸父會齊侯于穀。見晏桓子，與之言魯，樂。桓子告高宣子曰：「子家其亡乎？懷於魯矣。懷必貪，貪必謀人。謀人，人亦謀己。一國謀之，何以不亡？」

趙同不敬 宣公·十五年

晉侯使趙同獻狄俘于周，不敬。劉康公曰：「不及十年，原叔必有大咎，天奪之魄矣。」

晉侯見魯侯不敬 成公·四年

公如晉。晉侯見公，不敬。季文子曰：「晉侯必不免。《詩》曰：『敬之敬之，天惟顯思，命不易哉！』夫晉侯之命在諸侯矣，可不敬乎？」

鄭伯授玉視流而行速 成公．六年

春，鄭伯如晉拜成，子游相，授玉于東楹之東。士貞伯曰：「鄭伯其死乎？自棄也已。視流而行速，不安其位，宜不能久。」

郤錡將事不敬 成公．十三年

晉侯使郤錡來乞師，將事不敬。孟獻子曰：「郤氏其亡乎？禮，身之幹也；敬，身之基也。郤子無基。且先君之嗣卿也，受命以求師，將社稷是衞，而惰，棄君命也，不亡何為？」

成子受脤不敬 成公．十三年

公如京師。……及諸侯朝王，遂從劉康公、成肅公會晉侯伐秦。成子受脤于社，不敬。劉子曰：「吾聞之：民受天地之中以生，所謂命也。是以有動作禮義威儀之則，以定命也。能者養之以福，不能者敗以取禍。是故君子勤禮，小人盡力。勤禮莫如致敬，盡力莫如敦篤。敬在養神，篤在守業。國之大事，在祀與戎。祀有執膰，戎有受脤，神之大節也。今成子惰，棄其命矣，其不反乎！」

苦成叔傲 成公．十四年

衞侯饗苦成叔，甯惠子相。苦成叔傲。甯子曰：「苦成家其亡乎？古之為享食也，以觀威儀、省禍福也，故《詩》曰：『兕觥其觩，旨酒思柔。彼交匪傲，萬福來求。』今夫子傲，取禍之道也。」

衛孫文子聘魯無悛容 襄公・七年

衛孫文子來聘，且拜武子之言，而尋孫桓子之盟，公登亦登。叔孫穆子相，趨進曰：「諸侯之會，寡君未嘗後衛君。今吾子不後寡君，寡君未知所過。吾子其少安。」孫子無辭，亦無悛容。穆叔曰：「孫子必亡！為臣而君，過而不悛，亡之本也。」

齊高厚相太子會諸侯皆不敬 襄公・十年

春，齊高厚相大子光，以先會諸侯于鍾離，不敬。士莊子曰：「高子相大子以會諸侯，將社稷是衛，而皆不敬，棄社稷也。其將不免乎！」

齊侯衛侯不敬 襄公・二十一年

會於商任，錮欒氏也。齊侯、衛侯不敬。叔向曰：「二君者必不免。會朝，禮之經也；禮，政之輿也；政，身之守也。怠禮失政，失政不立，是以亂也。」

蔡侯享于鄭不敬 襄公・二十八年

蔡侯歸自晉，入于鄭。鄭伯享之，不敬。子產曰：「蔡侯其不免乎？日其過此也，君使子展廷勞於東門之外，而傲。吾曰：『猶將更之。』今還，受享而惰，乃其心也。君小國，事大國，而惰傲以為己心，將得死乎？若不免，必由其子。其為君也，淫而不父。僑聞之，如是者，恒有子禍。」

穆叔見孟孝伯語趙孟語偷 襄公・三十一年

穆叔至自會。見孟孝伯，語之曰：「趙孟將死矣。其語偷，不似民主。且年未盈五十，而諄諄焉如八九十者，弗能久矣。若趙孟死，為政者其韓子乎？吾子盍與季孫言之，可以樹善，君子也。晉君將失政矣，若不樹焉，使早備魯，既而政在大夫，韓子懦弱，大夫多貪，求欲無厭，齊、楚未足與也，魯其懼哉！」孝伯曰：「人生幾何，誰能無偷？朝不及夕，將安用樹？」穆叔出而告人曰：「孟孫將死矣。吾語諸趙孟之偷也，而又甚焉。」

趙孟對劉定公以吾儕偷食朝不謀夕 昭公・元年

天王使劉定公勞趙孟於潁，館於雒汭。劉子曰：「美哉禹功，明德遠矣！微禹，吾其魚乎！吾與子弁冕端委，以治民臨諸侯，禹之力也。子盍亦遠績禹功，而大庇民乎？」對曰：「老夫罪戾是懼，焉能恤遠？吾儕偷食，朝不謀夕，何其長也？」劉子歸以語王曰：「諺所謂老將知而耄及之者，其趙孟之謂乎？為晉正卿，以主諸侯，而儕於隸人，朝不謀夕，棄神人矣。神怒民叛，何以能久？趙孟不復年矣。神怒，不歆其祀；民叛，不即其事。祀事不從，又何以年？」

單子視下言徐 昭公・十一年

單子會韓宣子于戚，視下言徐。叔向曰：「單子其將死乎？朝有著定，會有表，衣有襘，帶有結。會朝之言，必聞于表著之位，所以昭事序也。視不過結襘之中，所以道容貌也。言以命之，容貌以明之，失則有闕。今單子為王官伯，而命事於會，視不登帶，言不過步，貌不道容，而言不昭矣。不道不共，不昭不從，無守氣矣。」十二月，單成公卒。

宋公與叔孫昭子語相泣 昭公・二十五年

宋公享昭子，賦《新宮》。昭子賦《車轄》。明日宴，飲酒，樂，宋公使昭子右坐，語相泣也。樂祁佐，退而告人曰：「今茲君與叔孫其皆死乎？吾聞之，『哀樂而樂哀，皆喪心也』。心之精爽，是謂魂魄。魂魄去之，何以能久？」

魏獻子南面 昭公・三十二年

十一月，晉魏舒、韓不信如京師，合諸侯之大夫于狄泉，尋盟，且令城成周。魏子南面。衛彪傒曰：「魏子必有大咎。干位以令大事，非其任也。」

邾子執玉高魯受玉卑 定公・十五年

春，邾隱公來朝。子貢觀焉。邾子執玉高，其容仰；公受玉卑，其容俯。子貢曰：「以禮觀之，二君者，皆有死亡焉。夫禮，死生存亡之體也，將左右周旋，進退俯仰，於是乎取之；朝祀喪戎，於是乎觀之。今正月相朝，而皆不度，心已亡矣。嘉事不體，何以能久？高仰，驕也；卑俯，替也。驕近亂，替近疾。君為主，其先亡乎？」夏，五月壬申，公薨。仲尼曰：「賜不幸言而中，是使賜多言者也。」

隱公問族於眾仲 隱公・八年

天下之事，簡則易知，繁則難知，此理之常也。至於氏族之說，則反是焉。氏族莫繁於古，而知之者甚易；氏族莫簡於今，而知之者甚難。

三代之時[一]，曰姓者，統其祖考之所自出者也，百世而不變者也；曰氏者，別其子孫之所自分者也，數世而一變者也。天子建德[二]，因生以賜姓，其得姓雖一，而子孫別而為氏者，不勝其多焉。有以王父[三]之字為氏者矣，有以先世之謚為氏者矣，有以所居之官為氏者矣，有以始封之邑為氏者矣，枝分派別，千塗萬轍，初若參錯紛亂而難考，及徐而視之，有綱有條，猶指諸掌焉。孟仲季臧，東門子叔，同出於魯也；游國

[譯文]

天下的事情，簡單的容易瞭解，複雜的難以知曉，這是理之常情。至於對氏族的說法，卻正好與此相反。沒有什麼比古代時的氏族更繁雜的了，但要瞭解它很容易；沒有什麼比現在的氏族更簡單的了，但知曉它卻很困難。

夏、商、周時，稱「姓」，是為了統一一個具有共同祖先的族群的出身來源，大概一百代也不會改變；稱「氏」，是為了分別同姓子孫從何家族分枝而來，大概幾代就會變化一次。天子分封有德之人作諸侯，根據其出生而賜給他相應的姓，得到的姓雖然只有一個，但子孫為了加以分別而稱氏的，卻多得不可勝計。有用祖父的字作為氏的，有用祖先的謚號作為氏的，有用所做的官名作為氏的，有用始封的邑名作為氏的，支分派別，千途萬徑，初看好像交錯紛亂難以考辨，當仔細加以考察，則有綱目有條理，了如指掌。孟、仲、季、藏、東門、子叔六姓，同出自魯國；游、國、豐、印、公父、伯張六姓，同出自鄭國；向、華、蕩、樂、鱗魚、仲老六姓，同出自宋國；欒、高、崔、國、叔仲、東郭六姓，同出自齊國。沿著支流就

豐印，公父伯張，同出於鄭也；向華蕩樂，鱗魚仲老，同出於宋也；欒高崔國，叔仲東郭，同出於齊也；尋其流可以知其源，尋其葉可以知其根，抑何易耶？

〔注釋〕〔一〕三代：即夏、商、周三代。〔二〕天子建德：天子立有德者為諸侯。〔三〕王父：祖父。

自秦漢以來，氏族之制，出於上之所賜，下之所更者，絕無而僅有；至於世守一氏，傳千餘年而不變者，天下皆是也。其變非若古之屢，其列非若古之多，可謂簡而易知矣。然人罕有能辨氏族之源者。王之氏，一也。吾不知出於元城之王〔一〕耶？宜春之王〔二〕耶？邛成之王〔三〕耶？劉之氏，一也。吾不知出於陶唐之劉〔四〕耶？奉春之劉〔五〕耶？元海之劉〔六〕耶？其能明辨而不惑者，鮮矣！氏之馬者，未必能辨其為馬服之馬

可以找到源頭，尋著葉子就可以找到樹根，這多麼容易啊！

從秦、漢以來，氏族制度出於天子賜予，而後世加以改變的情況從來沒有；至於世世代代保持一個氏名，延續一千多年而沒有改變的，全天下大部分都是這樣的。氏的變化不像古時候那樣頻繁，分支也不像古時那樣多，可說是簡單而容易知曉的了。但很少有人能夠辨清一個氏族的來源。同是一個王氏，我不知道是出自於元城的王氏？還是宜春的王氏？還是邛成的王氏？同是一個劉氏，我不知道是出自於陶唐的劉氏？還是奉春的劉氏？還是元海的劉氏？能夠明確地分辨而不迷惑的人，很少了。以馬為氏的，未必能夠分辨得清他是馬服的馬還是馬矢的馬；以石為氏的，未必能夠分辨得清他是出自周衛時的石氏，還是後趙時的石氏。

[七]，及馬矢之馬[八]也。氏之石者，未必能辨其周衛之石[九]，及後趙之石也[一〇]。

[註釋][一]元城之王：後漢王充，會稽人，其先自魏郡元城徙居於此。[二]宜春之王：前漢宜春侯王訢之後。[三]邛城之王：前漢邛成侯王奉光之後。奉光，宣帝皇后父。[四]陶唐之劉：漢帝本系出自唐帝，降及于周、有秦作劉。[五]奉春之劉：高帝都關中，高帝封敬為奉春君，賜姓劉。[六]元海之劉：晉趙劉元海，本匈奴種，漢光武時內附號南匈奴。[七]馬服之馬：趙奢因封馬服君，其後遂轉而為馬氏。[八]馬矢之馬：後漢馬隆，其先本姓馬矢氏。[九]周衛之石：周，石速；衛，石碏。[一〇]後趙之石：後趙石勒本羯種。

古之氏族繁，而知之者反多；今之氏族簡，而知之者反少。在古，則宜難而反易；在今，則宜易而反難。其說果安在耶？蓋由譜牒[一]之明與廢而已。譜牒明，則雖難者猶且知之，況其易者乎？譜牒廢，則雖

古代的氏族雖然繁雜，但知曉的人反而很多；今天的氏族雖然簡單，但知曉的人反而很少。在古代，原本繁難的卻反而容易知曉；在當今，原本容易的卻反而難以知曉。這原因在哪裏呢？這是由於記錄氏族世系的譜牒盛行與廢弛的結果。譜牒盛行，那麼雖然是繁難的也能知曉，何況是容易的呢？譜牒廢弛，那麼雖然是容易的也不知曉，何況是繁難的呢？我由此

易者猶不知之，況其難者乎？吾以是知譜牒之學不可不講也。

［注釋］［一］譜牒：記錄氏族宗族世系的書。

世之學者，仰則欲知天文，俯則欲知地理，大則欲知治亂興衰之迹，小則欲知草木蟲魚之名，至於己之氏族，吾祖考之所自出，則茫然不知。豈不可恥乎？

不知吾祖考氏族之所自，是固可恥也。乃若［一］吾一身之間，視而不知視之所自，聽而不知聽之所自，言而不知言之所自，動而不知動之所自，以至喜怒哀樂皆不知其所自，是又大可恥也！不知吾祖考氏族之所自，問諸明譜學者足矣；不知吾一身視聽言動、喜怒哀樂之所自，將問諸何人乎？噫！

［注釋］［一］乃若：如果，假如。

可知，譜牒這門學問不能不講求啊。

世上的學者，向上想知曉天文，向下想知曉地理，大處想知曉國家治亂興衰的道理，小處想知曉草木蟲魚的名稱，但至於自己的氏族、祖先的出處來源，則茫然不知。這難道不是很可恥的事嗎？

不知曉自己祖先、氏族的來源，這固然很可恥。要是對自己的身體也不瞭解，能看卻不知曉為何可以看見，能聽卻不知曉為何可以聽到，能說卻不知曉為何可以說話，能動卻不知曉為何可以行動，以至於喜怒哀樂都不知曉從何而起，這是更大的可恥啊。不知曉自己的祖先、氏族的出處來源，向通曉譜牒之學的人請教就可以了；不知曉自己本身的視聽言動和喜怒哀樂的來源，將向誰請教呢？唉！

【今評】

呂理胡：呂祖謙藉譜牒制度之失探討為學的態度，他說：「世之學者，仰則欲知天文，俯則欲知地理⋯至於己之氏族⋯茫然不知。豈不可恥乎？」，又說「⋯乃若吾一身之間⋯喜怒哀樂皆不知其所自，是又大可恥也！」臺灣著名的歷史評論家公孫策先生曾言：「『專』固然是一件好事，但若能在『專』之外，還能加上『博』，那就更好了。』」無論法律人或學者，除「專才」外也應是「通才」。令人通曉天文地理之外，也能知曉自己的族譜世系，追求卓越、成就完美。

左傳原文

隱公問族於眾仲 隱公．八年

無駭卒，羽父請諡與族。公問族於眾仲。眾仲對曰：「天子建德，因生以賜姓，胙之土而命之氏。諸侯以字，為諡，因以為族。官有世功，則有官族，邑亦如之。」公命以字為展氏。

滕薛爭長 隱公・十一年

以辭服人主於直，世之通論也。吾以謂：辭之直，固可使人之服，然亦可以起人之爭。

天下之理至於直而止，今反曰「起人之爭」，何耶？蓋聞過而喜者，君子也；聞過而怒者，眾人也。君子心口為一，故其與人辨，心既屈，則口亦屈；眾人心口為二，故其與人辨，心雖屈，而口不屈。辭之直者固可以服君子矣。苟與眾人辨，則在我雖直、在彼雖曲，苟恃吾之直而與之較曲直，彼安肯內訟[二]其曲，而甘處於不勝之地乎？其勢必與吾辨，辨而不勝必爭，爭而不勝必

〔譯文〕

用言辭來說服人主要在於正直，這是人們的普遍觀點。我卻以為言辭正直固然可以使人信服，但是也會引起人的爭論。

這是普遍的道理，（任何爭論）達到正直就可以停止了，今反說這會「引起人的爭論」，是什麼原因呢？因為聽到別人指出自己的過失而高興的人，是君子；聽到別人指出自己的過失而憤怒的人，是眾人。君子心裏所想和嘴上所說是一致的，所以他與人爭辯時，如果心裏屈服了那麼嘴上也會屈服；眾人心裏所想和嘴上所說不一致，所以他們與人爭辯時，心裏即使屈服了但嘴上卻仍不肯屈服。言辭的正直本來只是可以使君子信服的。假若與眾人辯論，即使在我是正確的、對方是錯誤的情況下，如果倚仗我的正確而與對方計較對錯，對方怎麼肯自責錯誤，而甘心處於不勝的地位？他必定要與我辯論，辯論不勝必然起爭執，爭執不勝必然忿恨，忿恨的心一旦產生，那損害

忿，忿心一生，其禍有不可勝言者矣。

君子常少，眾人常多，則辭之直者利天下少，而害天下多。信如是，則辭不可以直乎？曰：非直之罪也，有其直之罪也。使吾不有其直，亦何自而起人之爭哉！

［注釋］［一］訟：自責。

昔滕侯、薛侯朝于魯，滕，同姓也，所當先也；薛，異姓也，所當後也。方其爭長，舉魯國之人，孰不知滕之直而薛之曲乎？為隱公者，若主滕之直責薛之曲，則滕將自矜其直而益驕，薛將自恥其曲而益忿。

使隱公之辭果出於此，非徒不能解二國之鬭，乃合二國之鬭也。惟隱公不有其直而婉其辭，未嘗明言薛侯之曲，乃退託於卑

就說不盡了。

君子通常是很少的，而眾人通常是很多的，所以言辭的正直有利於天下的地方少，而為害於天下的地方多。真要是這樣的話，那麼言辭就不可以正直了嗎？回答是：這不是正直的罪過，而是固守言辭正直的罪過啊。假使我不固守言辭正直，又怎麼會引起與人的爭執呢？

當初滕侯、薛侯朝見魯君。滕國是魯國的同姓國，所以滕侯應當排在前面；薛國是異姓國，所以薛君應當排在後面。當他們爭論誰地位更尊貴時，全魯國的人，有誰會不知道滕國有理而薛國沒理呢？身為魯隱公，假如認為滕國有理而責備薛國無理，那麼滕國將會矜持於他的有理而更加驕傲，薛國將會自己把這種無理當作恥辱而更加憤怒。

假使魯隱公言辭果然是這樣說的話，就非但不能勸解滕、薛兩國的爭執，反而會促成二國爭執。好在魯隱公不固守這一正直反而將言辭說得委婉，沒有明說薛侯的不對，而是退一步假託於卑下弱小的地位，

下寡弱之域，以己而喻人。其辭曰：「寡人若朝於薛，不敢與諸任[一]齒。君若辱貺[二]寡人，則願以滕君為請。」其言巽[三]順和易，紓餘閒暇，不躁不迫，不矜不揚。想薛侯聞之，必自思曰：「為主者謙抑如此，為賓者當如何耶？為大國者謙抑如此，為小國者當如何耶？」雖有忿戾之心，游泳[四]此言，如隨春風，如醉醇醪。見魯之恭，而不見滕之傲也；見魯之遜，而不見滕之爭也。向之虛氣驕色，固已雲散霧除，而無復存矣。吾以是知魯之善為辭令也。

[注釋][一]諸任：各個任姓諸侯國，薛國國君為任姓。[二]貺（ㄎㄨㄤˋ）：賞賜。[三]巽：通遜，謙遜，恭順。[四]游泳：這裏為仔細體會之意。

嗚呼！屈己服人，近於弱；屈人服己，

拿自己來比喻別人。他的話是這樣說的：「我要是去朝見薛侯，我不敢跟各位任姓國君並列。薛君您要是肯屈辱一下送我這個人情，那麼我希望拿滕君的事來請求您。」魯隱公言辭遜讓，柔順平和，舒緩從容，不急躁不緊迫，不驕傲不張揚。想必薛侯聽到了，自己必然會想：「做主人的如此謙虛低讓，做客人的該怎麼做呢？做大國的如此謙虛低讓，做小國的該怎麼做呢？」薛侯雖然有忿恨的想法，但仔細體會琢磨這話，就如同跟隨春風，如同沉醉於美酒了。他看見的是魯隱公的恭敬而看不見滕國的驕傲，只看見魯國的謙遜而看不見滕國的爭執，先前虛浮驕傲的氣色就如同雲消霧散一樣不再存在了。我從這件事知道魯君擅長辭令的。

唉！委屈自己服從別人看似弱小，屈服別人來服從自己則看似強大。一般說來，人之常情，沒有不以

近於強。凡人之情，未有不恥弱而喜強者。然我欲服人，人亦欲服我，兩強不相下，其爭何時而已乎？隱公降大國之尊，而屈於小國之卑，其始雖若弱然，以片言而平二國之爭，強孰大焉！故致強之道始於弱，致弱之道始於強。非忘強弱者，孰能真知強弱之辨哉！

弱小為恥辱而喜歡強大的。但是我想要使別人屈服，別人也想要使我屈服，兩個強者都不甘居下風，他們的爭執到什麼時候纔能停止呢？魯隱公降低大國的尊貴而屈從於小國的卑微，開始的時候雖然像是很弱小，但是他三言兩語就平息了兩國的爭執，哪個比他更強大呢？所以達到強大的做法，是從弱小開始的；而導致弱小的做法，是從強大開始的。除非是不計較強弱的人，誰又能真正知道強與弱的分別呢？

【今評】

呂理胡：呂祖謙以「致強之道始於弱，致弱之道始于強。」說明「正直」在心不在言詞。德蕭維奇《法庭回憶錄》一書《為辯護者辯護》裏云：「在大城市裏，有許多辯護律師都被視為是正直的楷模…不以好辯著稱…對法院和政府坦白…不管這些對委託人多麼重要…通常把個人聲譽放在委託人的需求上…當刑事辯護律師開始過度關心自己聲譽和正直的名聲時，就會犧牲委託人，尤其是貧窮或遭岐視的委託人。」可見言詞巧辯不僅不正直，更可能傷害無辜的人。

左傳原文

滕薛爭長 隱公．十一年

滕侯、薛侯來朝，爭長。薛侯曰：「我先封。」滕侯曰：「我，周之卜正也。薛，庶姓也。我不可以後之。」公使羽父請於薛侯曰：「君與滕君，辱在寡人。周諺有之曰：『山有木，工則度之；賓有禮，主則擇之。』周之宗盟，異姓為後。寡人若朝于薛，不敢與諸任齒。君若辱貺寡人，則願以滕君為請。」薛侯許之，乃長滕侯。

理之在天下，猶元氣之在萬物也。一氣之春，播於品物〔一〕，其根其莖，其枝其葉，其華其色，其芬其臭，雖有萬而不同，然曷嘗有二氣哉？理之在天下，遇親則為孝，遇君則為忠，遇兄弟則為友，遇朋友則為義，遇宗廟則為敬，遇軍旅則為肅。隨一事而得一名，名雖至於千萬，而理未嘗不一也。氣無二氣，理無二理。然物得氣之偏，故其理亦偏；人得氣之全，故其理亦全。惟物得其偏，故蕕〔二〕之不能為薰〔三〕，荼〔四〕之不能為薺〔五〕，松之不能為柏，李之不能為桃，各守其一而不能相通者，非物之罪也，氣之偏也。至於人則全受天地之氣，全得天地之理，今反守一善而不能相推，豈非

〔譯文〕

「理」存在天下，猶如元氣存在萬物一樣。春天的氣息播撒於眾多物種，它們的根與莖、枝與葉、花與顏色、氣味的香與臭，即使有萬種植物也找不到相同的，然而卻不曾有兩種不同的氣。「理」存在於天下，對待雙親就是「孝」，對待國君就是「忠」，對待兄弟就是「友」，對待朋友就是「義」，對待宗廟就是「敬」，對待軍旅就是「肅」。隨同一件事而獲得一個名，名雖然有千萬之多，但理從來都只有一個。氣沒有兩種氣，理也沒有兩樣理。然而事物得到的氣不全，所以它的理也不全；人因為得到的氣是全的，所以他的理也是全的。正因為事物得到是不全的氣，所以臭蕕就不能成為香薰，苦荼不能成為甜薺，松樹不能成為柏樹，李子不能成為桃子。各自固守自己的一種特性而不能相通，這並不是事物的過失，而是由於氣的不全。至於人則領受了天地間的全氣，得到了天地間的全理。如今反而固守一種善行而不能把它推及其他，難道這不是人的過失嗎？

人之罪哉！

［注釋］［一］品物：各種事物。［二］蕕（ㄧㄡˊ）：一種臭草。［三］薰：一種香草。［四］荼：一種苦菜。［五］薺（ㄐㄧˋ）：一種甜菜。

潁考叔以孝聞於鄭，一言而回莊公念母之心，其孝固可嘉矣。使考叔能推是孝而極之，則塞乎天地，橫乎四海，凡天下之理未有出於孝之外也。奈何考叔有是孝而不能推之，伐許之役，反爭一車，而殺其身，可勝惜哉！

其與莊公問答之際，溫良樂易，何其和也！其與子都鬬爭之際，忿戾攘奪，何其暴也！一人之身，前後相反如此。當賜食之時，則思其親；至授兵之際，獨不思其親乎？當捨肉之時，則思其親；至挾輈［一］之

潁考叔以孝行聞名於鄭國，一句話挽回了鄭莊公思念母親的本心，他的孝心本是可以嘉許的。假使潁考叔能將這種孝心推及無限，那將充塞於天地，廣播於四海，凡是天下間的理，沒有超出孝道之外的。怎奈潁考叔有這種孝行卻不能把它推廣，在攻打許國的戰役中，反而因爭搶一輛兵車而害死了自己，真是太可惜呀！

潁考叔與鄭莊公問答的時候，溫柔善良，快樂平易，多麼和諧啊！當他與子都爭鬥時，憤怒暴躁、搶奪強占，又多麼兇暴啊！同為一人，前後相反到了這一程度。當鄭莊公賜食的時候，潁考叔想到了他的母親；到了鄭莊公授予武器的時候，潁考叔怎麼就不想到他的母親呢？當把肉捨棄不吃留下來時，潁考叔想到了他的母親；到了搶奪兵車時，怎麼就不想到他的

際，獨不思其親乎？前則思之，後則忘之。是見親于羹，而不見親于車也。

〔注釋〕〔一〕輈（ㄓㄡ）：車轅。

苟考叔推事親之敬為宗廟之敬，必不敢爭車於大宮〔一〕矣；推事親之肅為軍旅之肅，必不敢挾輈於大逵〔二〕矣。惟其不能推，故始得純孝之名，終不免犯鬬狠危父母之戒也。

或曰：「考叔之伐許，輕身以先登，豈亦不能推其孝乎？」吾應之曰：「爭車者，私也，所以為不孝也；先登者，公也，所以為孝也。愛其身者，事親之孝；忘其身者，事君之忠。忠孝豈有二道乎？曾子以戰陳〔三〕無勇為非孝，則考叔之勇正曾子所謂

母親呢？前面是想到了，後面卻忘記了。這是在肉羹面前想到母親，而在兵車面前就沒想起母親。

假使潁考叔將侍奉親人的敬心推及到對宗廟的敬畏，必定不敢在大宮前爭奪兵車；將侍奉親人的嚴謹推廣到對軍旅的嚴正，必定不敢在大道上挾車轅而跑了。因為他不能推己及人，所以開始得到了大孝的名聲，但最終還是不免觸犯發狠爭鬥而危及父母的戒律。

有人說：「潁考叔攻打許國時，輕視自己的生命而率先登上城樓，難道不也是推行他的孝心嗎？」我回答說：「爭奪兵車是出於私心，所以是不孝；先登上城樓是出於公心，所以是孝。愛惜自己的生命，是出自於侍奉親人的孝心；忘掉自己的生命，是出自於侍奉國君的忠心。忠孝難道有什麼不同嗎？曾子認為在戰陣中不勇敢是不孝，那麼潁考叔的勇敢，就是曾子所說的孝。但是潁考叔不是死於率先登上城樓的傷害，而是死於子都射的箭。是因私怨而死，而不是因

孝也。然考叔不死於先登之傷，而死於子都之射。死於私，不死於公。君子安得不責之乎？此吾所以深惜其不能推也。」

［注釋］［一］大宮：鄭國祖廟。［二］大逵：大道。

［三］陳：同陣。陣地。

昔左氏嘗舉「孝子不匱，永錫爾類」之詩以美考叔，自今觀之，能捨肉而不能捨車，則其孝有時而匱矣；能化莊公而不能化子都，則其類有時而不能錫矣。考叔三復是詩，能無愧乎？左氏以此詩而美考叔之孝，吾請移此詩以責考叔之非。

公戰而死。君子怎麼能不責備他呢？這就是我深深惋惜他不能推行孝心的原因。

以前左丘明曾經舉「孝子不匱，永錫爾類」的詩句來讚美潁考叔，但今天看來，他能捨棄肉羹而不能捨棄兵車，那麼他的孝心有時也不見了；他能感化鄭莊公而不能感化子都，那麼他的孝行有時也不能賜予同類了。潁考叔反覆誦讀這句詩，能不覺得慚愧嗎？左丘明用這句詩來讚美潁考叔的孝行，我倒以為該用這句詩來責備潁考叔的過失。

【古評】

朱字綠曰：因潁考叔有孝名，能一言格君，遂斷其不能推廣孝思。至於爭車以死，須得其空中結撰之妙。

張明德曰：起首從「理」、「氣」二字發端，真抉閫奧，何啻探月窟而躡天根。入題後，層層翻駁，似痛似惜，啟後人無限推廣擴充之意。先生之文，從《六經》、《四子》中來，豈復尋常筆墨可到？

左傳原文

潁考叔爭車 隱公．十一年

「公會鄭伯于郲」，謀伐許也。鄭伯將伐許。五月，甲辰，授兵於大宮。公孫閼與潁考叔爭車，潁考叔挾輈以走，子都拔棘以逐之。及大逵，弗及，子都怒。

七月，公會齊侯、鄭伯伐許。庚辰，傅于許。潁考叔取鄭伯之旗蝥弧以先登，子都自下射之，顛。瑕叔盈又以蝥弧登，周麾而呼曰：「君登矣！」鄭師畢登。壬午，遂入許。

齊魯鄭入許 隱公・十一年

共患易，共利難。患者，人之所同畏也；利者，人之所同欲也。同有畏心，其勢必合；同有欲心，其勢必爭。自古及今，變親為疏，變恩為怨，變黨為讎，鮮不以共利者。吁！亦難矣。

吾觀三國之克許，何其善處於功利之間也？當伐許之際，先登者鄭之大夫，而齊魯之大夫無與焉；畢登者鄭之師，而齊魯之師無與焉。是則克許之功獨出於鄭，以許歸鄭固其所也。然常人之情，戰則避患而居後，勝則爭利而居前。不慙己之無功，反不容人之有功。昔鄧艾、鍾會同將兵而伐蜀矣，人皆知平蜀者鄧艾之功也，而鍾會反攘[二]其功而殺之；王渾、王濬同將兵而伐吳

[譯文]

共處患難容易，共享功利則困難。患難，人們都害怕經歷；功利，人們則都希望得到。大家都感到害怕，勢必合力克服；大家都希望得到，則勢必各自爭奪。自古至今，親近變成疏遠，恩人變成冤家，同黨變成仇人，很少不是因為共爭功利的緣故。唉！（要不爭功奪利，）這也是一件難事啊。

我看到齊、魯、鄭三國攻克許國後，他們在論功分利方面為何能處理得那麼好呢？當攻打許國時，最先登上許國城牆的是鄭國的大夫，齊國、魯國的大夫並未參與其中；全部登上許國城牆的是鄭國的軍隊，齊國、魯國的軍隊也未參與其中。這樣說來，攻占許國的功勞只出自鄭國，將許國歸於鄭國本來是應當的。但人之常情，打仗時為避禍患總是躲在後面，打了勝仗為爭功利則衝到前面；不慚愧自己毫無功勞，反而不能容許他人有功勞。從前三國時鄧艾、鍾會兩人一同率軍攻打西蜀，人人都知道平定西蜀是鄧艾的功勞，而鍾會卻反竊其功把鄧艾殺了；又晉時的王渾、王濬一起率軍攻打東吳，人人都知道平定東吳是

矣，人皆知平吳者王濬之功也，而王渾反攘其功而劾[二]之。使齊、魯之君亦如鍾會、王渾之用心，則三國之禍吾知其始於克許之日矣。

[註釋][一]攘（ㄖㄤˇ）：搶。[二]劾（ㄏㄜˊ）：揭發罪狀。

許地雖褊[一]，然亦古之建國也。一兔在野，百人逐之；一金在地，百人競之。況一國之利乎？今舉以與[二]齊，齊不敢受；舉以與魯，魯不敢受。計其義，推其功，而卒歸之於鄭焉。嗚呼！孰謂春秋爭奪之世，而復見群后德遜之風乎？

[註釋][一]褊：狹小。[二]與：給與。

許國之破，鄭師克之，齊魯推之，為

王濬的功勞，而王渾為竊其功反把王濬參劾了。假如齊、魯兩國的國君也像鍾會、王渾這樣用心，那麼，齊、魯、鄭三國的禍患我想就要在攻克許國的這一天開始了。

許國國土雖然狹小，但也是在古時就已建立的國家。一隻兔子在曠野，就會有一百個人去追逐它；一塊金子在地上，就會有一百個人去爭搶它。何況這是一個國家的利益呢？現在把許國交給齊國，齊國卻不敢接受；把許國交給魯國，魯國也不敢接受。（這是齊、魯兩國）在考慮這次攻打許國的名義與功勞後，最終將許國全歸於鄭國。唉！誰說在春秋這樣一個爭奪的時代，卻還能看到諸侯們有賢德推讓的古風啊。

許國被破，是鄭國軍隊攻下的，齊國、魯國又因此推讓，身為霸主的鄭國本來就可以無愧地安心接受

鄭伯者固可安受而無愧也。且不絕許之祀，不縣許之疆[一]，將何所待耶？鄭伯之意，豈不曰克許者雖我師之功，然齊魯之師亦與有暴露之勞也？三國同其勞，一國專其利，彼雖不校[二]吾獨不愧於心乎？此所以啟許叔之封也。

[註釋][一]縣許之疆：將許國疆土改為縣邑。

[二]校：同較，計較。

齊魯無功，而不敢奪人之功；鄭雖有功，而不敢恃己之功。是善處無功者莫如齊魯，善處有功者莫如鄭也。是心也，豈特可用之戰陣之間哉！凡與人共利者，大而共政，小而共財，推是心而居之，將無入而不自得矣。

雖然，伐許之役所以全其美者，由彼

許國。但鄭莊公卻並未斷了許國的宗廟香火，也沒有將許國的疆土分為縣邑。是否有其他什麼考慮纔這樣做的嗎？揣測鄭莊公的考慮，難道不是說攻克許國雖然是我們鄭國的功勞，但一同參戰的齊國、魯國軍隊也有風餐露宿的勞苦嗎？三個國家一起出力，卻只有一個國家專享其利，他們兩國即使不會計較，我們鄭國能不獨自感到慚愧嗎？這就是啟發了鄭莊公賜封許叔這一做法的原因。

齊國、魯國沒有功勞，又不敢攘奪他人的功勞；鄭國雖然有功勞，但不敢仗恃自己的功勞。是以善居於無功地位的沒有誰能如同齊、魯二國，善處於有功地位的沒有誰能如同鄭國。這樣的用心，難道只可用於戰爭之中嗎？大凡與人有共同利益，在大的事情上如共掌政權，在小的事情上如共管錢財，若能推及這樣的用心並保有這樣的用心，（那麼一切便能進退自如，）可無往不隨心之所欲了。

雖然是這樣，攻打許國的戰役之所以能以完美收

此之善處也。苟與人共利，我雖推之，彼益競之，則將奈何？吾以謂：「使齊魯推其功而鄭專其功，在齊魯者不害其為美；使我推其利而人專其利，在我者不害其為廉。盡其在我，聽其在人，可也。」吾又發之，以告與人共利者。

場，是由於三國彼此之間能夠善於相處的緣故。假如與別人有共同的利益，我雖然推讓，他卻更加爭攘，那麼又將如何處理呢？我認為：「假如齊、魯二國推讓自己攻打許國的功勞而鄭國卻專擅這一功勞，於齊、魯二國來說並沒有妨害自己的成人之美；假如我推讓自己的利益而為別人所專有，對我來說並不妨害自己的廉潔。我已經盡了全力，人家怎樣做，可以不管它了。」我因此又受到了啟發，並把這一啟發告訴給與別人有共同利益的人。

【古評】

朱字綠：以三國善處功利立論。先用「共患易」引起，亦對面施法也。說人情處親切有味，抑揚詠嘆，文有餘情。

張明德：入手六字，陡絕峭拔。通篇意議，全從無中生有，小中見大，其寄託深遠，非他人挨籬摸壁者所可彷彿其萬一。以之為初學入門程式，何患不推倒一世。

【今評】

呂理胡：歷史評論家公孫策稱讚呂祖謙是一位「翻案高手」，《東萊博議》以各種不同的角度來思考事情，是對他影響最深遠的書籍之一，他鼓勵法律人應多鍛鍊自己多元思考的能力。呂祖謙就鄭莊公封地這一行為，思考到不同角度，此種解讀的精神值得我們學習。

左傳原文

齊魯鄭入許 隱公・十一年

「公會鄭伯于郲」，謀伐許也。許莊公奔衛。齊侯以許讓公。公曰：「君謂許不共，故從君討之。許既伏其罪矣，雖君有命，寡人弗敢與聞。」乃與鄭人。

息侯伐鄭　隱公・十一年

居賤惡勞，居貧惡困，居難惡辱，皆禍患之招也。天下之理，賤不與勞期而勞自至，貧不與困期而困自至，難不與辱期而辱自至。是猶形影之相隨，聲響〔一〕之相應也。豈有形能離影，聲能離響者乎？不知其不可離而欲離之，此所以連臂〔二〕而自投於禍患之網也。

君子以謂〔三〕：勞者賤之常，困者貧之常，辱者難之常。彼其所以冒於禍患者，特不能處其常而已。自處於勞，則在賤而安矣；自處於困，則在貧而安矣；自處於辱，則在難而安矣。處小國之道，亦猶是也。處小國者，當卑，當遜，當忍恥，當屈身。豈不以弱者，小國之常耶？

〔譯文〕

身居低賤而厭惡勞苦，身居貧窮而厭惡困苦，身居苦難而厭惡恥辱，這些都是招來禍患的原因。天下的道理，低賤時並未和勞苦約定而勞苦卻自然到來，貧窮時並未和困苦約定而困苦卻自然到來，苦難時並未和恥辱約定而恥辱卻自然到來。這就好像形體與影子相伴隨，聲音與迴響相呼應一樣，難道有形體能離開影子，聲音能離開迴響的嗎？不知道它們不可分離而想要分離它們，這就是自己束手投身於禍患的羅網。

君子認為，勞苦是低賤時的常態，困苦是貧窮時的常態，恥辱是苦難時的常態。那些之所以不顧禍患的人，只不過是不能安處他們的常態罷了。能居身於勞苦之中，那麼在低賤時也就安定了；能居身於困苦之中，那麼在貧窮時也就安定了；能居身於恥辱之中，那麼在苦難時也就安定了。小國自處的道理也像這一樣。處於小國地位的，應當卑下，應當謙遜，應當忍耐恥辱，應當委屈自身。這難道不是因為弱小是小國的常態嗎？

[注釋][一]響：回聲。[二]連臂：兩臂相合，束手。[三]以謂：認為。

息之為息，在春秋之時，至微也。介乎大國之間，雖祇慄危懼，猶恐不能自保，況敢與人爭乎？當其與鄭違言[一]之際，息侯盍自咎曰：「小大之不敵，天也；小國之見陵[二]於大國，亦天也。天實為之，吾其敢逆天乎？」今乃不勝一朝之忿，忘其小而犯大，宜其自取覆敗。而五不韙之責[三]，皆萃[四]其身也。然鄭、息俱有違言，鄭之大不先加兵於息，息之小反先加兵於鄭，何耶？蓋小國之心常疑人之陵我，故忿心易生。此息師所以先動也。

[注釋][一]違言：不滿的、傷和氣之言。[二]陵：侵犯，欺侮。[三]五不韙之責：五條罪責，即「不揣度德行，不衡量力量，不親近親戚，不明辨是非，

息國作為一個國家，在春秋時代是極其微小的。處於大國之間，雖然膽戰心驚、憂慮恐懼還恐怕不能自我保全，又哪敢與人爭鬥呢？當息國與鄭國言辭牴觸時，息侯何不責備自己說：「小的與大的不相匹敵，這是天命；小國被大國欺侮，也是天命。天命既然這樣，我怎麼敢違抗天命呢？」而今息侯卻不能克服一時的氣憤，忘記自己是小國而冒犯大國，自取滅亡是他應得的。這樣一來，「不揣度德行，不衡量力量，不親近親戚，不明辨是非，不查獲有罪」的五條罪責都聚集到息侯一人身上了。雖然鄭國、息國互有傷和氣的言辭，但鄭國強大卻不先對息國用兵，息國弱小卻反而先對鄭國用兵，這是為什麼呢？大概小國的心理是常懷疑別人要欺侮我，所以容易憤憤不平。這是息國軍隊先發動的原因。

不查獲有罪」。〔四〕萃：聚集。

是心也，非特息侯為然，凡人之處於困阨窮弱之地，其最不平者莫甚於人之陵我。吾將有以曉之：當貴盛之時，人之奉我者，非奉我也，奉貴者也；當貧賤之時，人之陵我者，非陵我也，陵賤者也。奚以知其然耶？使吾先貴而後賤，我之為我，自若也。而奉我者遽變而見陵，則回視前日之奉我者，豈真奉我乎？使吾先賤而後貴，我之為我，亦自若也。而陵我者遽變而見奉，則回視前日之陵我者，豈真陵我乎？彼自奉貴者耳，我何為而喜？彼自陵賤者耳，我何為而怒？心者，我之心，固將治我之事也；何暇助貴者之喜，助賤者之怒哉！

這一心理，並非只有息侯是這樣，但凡人處於困苦、貧窮、弱小的境地時，他最不能心平氣和的，莫過於別人欺侮我。對此，我將有理由說明這一點。當富貴興盛時，別人奉承我，但並非是奉承我，他們奉承的是富貴之人；當貧窮卑賤時，別人欺侮我，但並非是欺侮我，而是欺侮貧賤之人。怎麼知道是這樣的呢？假使我先時富貴後來貧賤，我還是我，但奉承我的人卻突然改變而欺侮我，那麼回頭看看以前奉承我的人，難道真的是奉承我嗎？假使我先時貧賤而後來富貴，我還是我，但欺侮我的人突然改變而奉承我，那麼回頭看看以前欺侮我的人，難道真的是欺侮我嗎？他們自行奉承富貴的人，我憑什麼要歡喜呢？他們自行欺侮貧賤的人，我憑什麼要氣憤呢？心，是我自己的心，本來只是要做我自己的事。哪有閒暇來替富貴者喜悅，替貧賤者氣憤呢？

【古評】

李本甯曰：立論感慨，宋儒絕妙文字。

朱字綠曰：通篇分兩段。前半篇安常立論，後半窮人情之變。見常之所以當安，祇是一意。

張明德曰：從人情中提出一段至理，世情翻翻覆覆，一經先生道破，真有無人不得氣象，非學問到優入聖域田地，豈能夢見此等境界？

左傳原文

息侯伐鄭 隱公・十一年

鄭、息有違言，息侯伐鄭。鄭伯與戰于竟，息師大敗而還。君子是以知息之將亡也。不度德，不量力，不親親，不徵辭，不察有罪。犯五不韙，而以伐人，其喪師也，不亦宜乎？

羽父弒隱公

嗚呼！敗天下為義之心者，隱公之弒也。利者，人之所趨；義者，人之所憚。使為義而無禍，人猶且不肯為，況重之以禍乎？隱公輕千乘之國，而推之桓公。桓公反不亮[一]其心而弒之。有甚高之節，而罹甚酷之禍，世將指隱公為戒，而諱言義矣。是隱公之弒，非隱公之不幸，乃道義之不幸也。君子所恃以勝小人者，惟有福善禍淫之戒，僅可以動愚俗。既有隱公之變，則平日所恃以勝小人之具索然矣。此有志之士所以憤天道之無知，撫遺編而浩歎也。吾之所聞則異於是焉。

[注釋][一]亮：通諒。體諒。

[譯文]

唉！讓天下行道義之人傷心的，是魯隱公被臣子弒殺這一事。利益，是人所追求的；道義，是人所忌憚的。即使行道義而沒有災禍，人們尚且不肯去做，何況再加上災禍呢？魯隱公對魯國這樣千乘大國的政權看得很輕，想把國君之位推讓給弟弟桓公，桓公反而不能體諒隱公的用心而殺了他。有十分高尚的節操而遭遇了非常殘酷的災禍，世人將把魯隱公被殺的事作為警戒而忌諱談道義了。這樣一來，魯隱公被殺的事情，就並非魯隱公的不幸，而是道義的不幸了。君子所倚仗來說服小人的，只有做善事能導致幸福、為淫惡會導致禍患的告誡，纔可以撼動那些愚昧陋俗之人。魯隱公被殺之事發生以後，那麼平日裏所倚仗的說服小人的工具就完全沒有了。這就是有志之士之所以憤慨天道無知，撫摸著古人遺作而深深感歎的原因啊。然而，我所聽到的則與這一看法不同。

人皆以為隱公之弒，敗天下為義之心；吾獨以為隱公之弒，可以勉天下為義之心。是何耶？隱公之禍，非坐為義也，乃坐為義不盡耳。隱公遜國〔一〕之節，心甚明，迹甚顯。當桓公幼弱之時，隱公苟有他志，微見風采〔二〕，立可齏粉。桓公在隱公之掌握，十有一年，不惟無纖芥之隙，又且長育而輔翼之。上有天，下有地，其心迹不可誣也。

〔注釋〕〔一〕遜國：讓國，把國家推讓給別人。〔二〕微見風采：露出一點表情和顏色。

所可恨者，特為義不盡，貪數年之權，而去位不亟〔一〕耳。惟其去位不亟，故貪慕顧惜之形見於外，羽父因得入殺桓公之謀焉。使隱公勇退，高蹈之風凜然在人，則不仁者不敢至其墻，不義者不敢至其廬，況敢

眾人都以為魯隱公被殺，讓天下行道義之人傷心；我卻獨自認為魯隱公被殺，可以勉勵天下行道義人之心。這是什麼道理呢？魯隱公的災禍，並非因為行道義，而是因為行道義還不夠徹底。魯隱公推讓國君之位的節操，心思很顯明，形跡很顯著。當桓公幼年弱小時，魯隱公要是有別的想法，只要桓公稍微顯現出一點意思，就會變成粉末。桓公在魯隱公的掌握中有十一年，不但沒有一絲一毫的嫌隙，魯隱公還把他撫養成人並輔佐他。上有天，下有地，魯隱公的忠心不可以被誣衊。

讓人遺憾的只是魯隱公行道義不夠徹底，因貪圖數年的權力而讓位不急切。正因為他讓位不急切，所以有貪戀顧念君位的心跡表露在外，羽父因此得以進獻殺害桓公的計謀。假使魯隱公急流勇退，遺世高蹈的風範讓他凜然一身正氣，那麼不仁的人就不敢到他的牆邊，不義的人不敢到他的居所，哪敢用殺害人的謀略、禽獸般的行為來玷污我呢？現在羽父敢對隱公

以戕殺之謀、狗彘[二]之行浼[三]我乎？今羽父敢對隱公明發戕殺之言而不忌，是隱公貪慕顧惜之形，有以召之也。

[注釋][一]亟：急切。[二]彘（ㄓˋ）：豬。[三]浼（ㄇㄟˇ）：污染，沾污。

隱公尚不自警，方且告羽父曰：「為其少故也，吾將授之矣。使營菟裘[一]，吾將老焉。」「將」之一字，是隱公貪慕顧惜之心形於言者也。當授即授，何謂「將授」？當營即營，何謂「將營」？投機之會，間不容髮，豈容有所謂「將」者耶？此所以招羽父之侮、起桓公之疑，而迄至於殺其身也。

噫！隱公遜國之義，心如此之明，迹如此之顯，秋毫不盡，遽受大禍。況心迹未如隱公之所見[二]者，其敢不自勉乎？以是知

明說殺死桓公的言論而無避忌，這是隱公有貪戀顧念君位的心跡表露在外而招來的。

魯隱公還不知自我警醒，當他告訴羽父說：「（我代為攝政）是因為弟弟公子軌年少，我將要傳位給他。已派人營建菟裘城，我將要在那裏養老。」「將」這一個字，正是魯隱公貪戀顧念君位的心跡在言語上的表露。應當傳位就馬上傳位，為何要說「將要傳位」？應當去營建城池就馬上營建，為何要說「將要營建」？利用時機，稍縱即逝，怎麼能允許有所謂的「將要」呢？這就是招來羽父侮辱，引起桓公懷疑，而最終到了身遭殺害這一地步的原因。

唉！魯隱公有推讓國君之位的道義，心思如此明白，形跡如此顯著，有一點兒沒做徹底，就馬上遭受了大禍，更何況心跡不如隱公那樣明顯的人，他們敢不自我勉勵嗎？從這件事情可以知道大恩情與大怨恨

大恩與大怨為鄰，大名與大辱為朋。隱公之於桓公，恩可謂大矣；少有不盡，遂變而為大怨。隱公之遜魯國，名可謂大矣；少有不盡，遂變而為大辱。

［注釋］［一］菟裘：城名。［二］見：同現。顯現。

然則君子之為義，夜以繼日，不敢不用其極者，非特就義，亦所以避禍也。向無隱公之禍迫之，則為義者立一善，修一行，沾沾自足，怠而不復前矣。

抑又嘗反覆觀之，隱公之禍實生於自恕焉。隱公之心以謂，吾遜國之志，左右知之，卿士亦知之，國人知之，諸侯亦知之，吾終不有魯國決矣。幸桓公之少，尚可偷安居位，少假歲月，然後脫屣而去之，人未必

離得很近，大名譽與大恥辱總相伴隨。魯隱公對於桓公，恩情可以說是很大的了，但魯隱公稍微有點兒做得不徹底，就變為大怨恨了。魯隱公遜讓魯國君位，名譽可以說是很大了，但他稍微有點兒做得不徹底，就變為大恥辱了。

這樣說來，君子對於道義，夜以繼日，不敢不極力去做的原因，並非只是為了道義，也是為了避免災禍啊。假如沒有魯隱公那種災禍的逼迫，那麼行道義的人做一件善事、修一次德行，就會沾沾自喜感到滿足，懈怠而不再前進了。

但我又曾經反復考察這件事情，魯隱公的災禍實在是出自於他的自我寬恕啊。隱公心裏認為，我推讓國君之位的想法，左右的人知道，卿大夫士子們也知道，國都的人知道，各國諸侯也知道，我最終不會占有魯國這是決定了的。所幸桓公年少，還可以偷居君位，稍稍再等些時候，然後脫掉這鞋（指君位）離開，別人未必責怪我。他桓公無緣無故地得到一個國

見責也。彼桓公無故而得一國，寧不能忍歲月之淹乎？然隱公雖自恕，而不知桓公之不我恕也。人之欲自恕者，其可不鑒隱公之覆轍乎？

隱公之禍，既可以激自怠之志，又可以破自恕之私。凡人之所以不能為義者，自怠耳，自恕耳。一經此變，二病俱瘳[一]；蕩蕩平平之義路，可以長驅而橫騖[二]矣。故曰：「勉天下為義之心者，隱公之弒也。」

〔注釋〕[一]瘳：病癒。[二]騖：亂跑。

家，難道不能忍受一下歲月的滯留嗎？可是魯隱公雖然自我寬恕卻不知道桓公並不寬恕他。想要自我寬恕的人，難道可以不借鑒魯隱公失敗的教訓嗎？

魯隱公的災禍，既可以激勵自我懈怠者的志氣，又可以破除自我寬恕者的私心。大凡人之所以不能行道義，無非是因為自我懈怠、自我寬恕。一旦經歷過此次變故，自怠、自恕的毛病都痊癒了；平平坦坦的道義之路，可以長驅而縱橫奔馳了。所以說：「勉勵天下行道義人之心的，是魯隱公被弒殺的這件事啊。」

【古評】

朱字綠曰：重責隱公為義不盡，先說隱公為義受禍；既責隱公為義不盡，仍先發隱公力於為義。俱是善於反壓之法。後用兩將字作左證，言之鑿鑿，使貪惜者知所警。末復歸到勉天下為義之心，何等嚴密？〇隱公為義不盡，其初逆探先君之邪志，將舉國而受桓，已為不明大義。蓋惠公既無嫡子，隱長而桓幼，則隱宜君魯，夫復何疑？乃因先君溺愛，而欲成其私意，是特小不忍之流耳。至戀位不去，使小人動於惡，又在其後，伯恭因成邪志之說，前人已言之。故單抽授位不勇立論。

張明德曰：「為義不盡」四字，是一篇大主腦。借前車之覆，為後車之鑒，真儒文字。煞是有關世教，勿斷斷以時文目之。

【今評】

呂理胡：行為有「作為」和「不作為」，犯罪有「作為犯」和「不作為犯」，前者製造風險而犯罪；後者放任風險而犯罪。魯隱公行義不徹底，應「作為」而「不作為」的結果害了自己的性命，桓公無義，對長兄理應比旁人更加寬容，卻勾結權臣殺害他，桓公此行，正是「作為犯」的現例。

左傳原文

羽父弒隱公 隱公・十一年

羽父請殺桓公，將以求大宰。公曰：「為其少故也，吾將授之矣。使營菟裘，吾將老焉。」羽父懼，反譖公于桓公，而請弒之。……十一月，公祭鍾巫，齊于社圃，館于寪氏。壬辰，羽父使賊弒公于寪氏，立桓公。

臧哀伯諫納郜鼎 桓公・二年

鄰國之賢，敵國之讎也；權門之良，公門之蠹〔一〕也。蕭何、韓信之徒，高祖視之則為忠，項羽視之則為賊；杜欽、谷永〔二〕之徒，王鳳〔三〕視之則為忠，漢室視之則為賊。然則篡君之忠臣，庸非治世之賊臣耶？臧哀伯之諫郜鼎，其言則是，其所與言者則非也。

臣弒君，凡在官者殺無赦；子弒父，凡在官者殺無赦。桓公以弟弒兄，以臣弒君，凡在魯國者，雖牧圉〔四〕廝養之賤，皆可剸刃〔五〕以戮之，況哀伯魯之世卿，有祿于國，有賦〔六〕于軍，有職于祭，寧忍坐視而不救乎？

〔譯文〕

鄰國的賢臣，是敵國的仇敵；權門的良才，是政府的蛀蟲。蕭何、韓信這樣的人，漢高祖把他們看作忠臣，項羽則把他們看作賊人。杜欽、谷永這樣的人，王鳳把他們看作忠臣，漢皇室則把他們看作賊人。這樣說來，那麼篡位之君的忠臣，難道不是太平盛世的賊臣嗎？臧哀伯勸諫魯桓公不要在太廟擺放郜國的鼎，他所說的話是對的，他所勸諫的人則是錯的。

臣子弒殺國君，凡是在官府的人都應該把他殺掉絕不赦免；兒子弒殺父親，凡是在官府的人也應該把他殺掉絕不赦免。桓公以弟弟的身分弒殺兄長，以臣子的身分弒殺國君，凡是在魯國的人，即使是放牧的、服雜役的低賤之人都可以用刀剸殺他，何況臧哀伯是魯國世代的公卿，在朝廷有俸祿，在軍隊有兵賦，在祭典中有職務，怎麼能忍心坐視隱公被弒殺而不救呢？

〔注釋〕〔一〕蠹：蛀蟲。〔二〕杜欽、谷永：皆王莽篡漢時之功臣。〔三〕王鳳：西漢權臣，曾促成王莽篡漢。〔四〕牧圉：放牛養馬者。〔五〕剸（ㄊㄨㄢˊ）刃：殺戮。〔六〕賦：指兵賦，古代按田賦出兵。

力能討，則誅之可也；力不能討，則去之可也。今乃低首下心，日趨于朝，又發忠言，以裨其闕〔一〕，其於桓公信無負矣，獨不負於隱公耶？

斬關〔二〕之盜，人不責其穿窬〔三〕；殺人之囚，人不責其鬪毆。以斬關而概〔四〕穿窬，餘事也；以殺人而概鬪毆，微罪也。彼桓公親為篡逆而不忌，況可責其取亂人之一鼎乎？宜其說之不納也。由前言之則不忠，由後言之則不智。一進說而二失具焉。人謂哀伯為賢，吾不信也。

自身力量能夠討伐魯桓公，那麼誅殺他是應當的；自身力量不能討伐他，那麼離開他也是可以的。現在臧哀伯卻低聲下氣，逆來順受，天天跑到朝上去，還發出忠言，求桓公彌補過失，他對魯桓公實在是沒有辜負，但難道就不怕辜負魯隱公嗎？

對於斬斷門閂進行偷盜的竊賊，人們不責備他穿過門洞的行為；對於殺人的囚犯，人們不責備他打架鬥毆的行為。以斬斷門閂來衡量，穿過門洞是小事；以殺人來衡量，打架鬥毆是小罪。那魯桓公親自做了篡權謀逆的事情而毫不顧忌，還能責備他拿取叛亂之人的一只鼎嗎？臧哀伯的勸諫不被採納也是應當的。對魯隱公來說，臧哀伯不忠誠；對魯桓公來說，臧哀伯不聰明。一次進諫而兩個過失都具備了。有人還說臧哀伯是賢臣，我可不相信。

［注釋］［一］裨其闕：彌補其過失。［二］斬關：斷開門閂。關，門閂。［三］窬（ㄩˊ）：大門旁的小門洞。［四］概：衡量。

嗚呼！嚴尤匈奴之策［一］，奇策也。然君子不謂之奇，以其所告者王莽耳；陳子昂明堂之議［二］，正議也，然君子不謂之正，以其所告者武后耳；臧哀伯郜鼎之諫，忠諫也，然君子不謂之忠，以其所告者桓公耳。觀人之言，當先考其所處之地，然後聽其所發之言。苟失身於篡逆之區，雖有忠言嘉謀，未免為助亂也。

［注釋］［一］《漢書・匈奴傳》載：王莽新即位，欲立威，迺拜十二部將，三十萬眾，齎二百日糧，同時十道並出，窮追匈奴。嚴尤諫曰：「臣聞匈奴為害，所從來遠矣，未聞上世有必征之者也。後世三家周、秦、漢征之，然皆未得上策者也。周得中策，漢得下策，秦無策焉。……大用民力，功不可必立，臣伏憂

唉！嚴尤關於匈奴的計策是奇策，然而君子不說它奇，因為他要告知的人是王莽；陳子昂關於明堂的議論，是正確的議論，然而君子不說它正確，因為他要告知的人是武則天；臧哀伯關於郜國之鼎的進諫，是忠誠的勸諫，然而君子不說它忠，是因為他要告知的人是桓公。評判一個人的言論，應當先考察他所處的地方，然後再聽他所說的話。假如喪失自身於篡位謀逆的地方，那麼即使有忠言良謀，也難免是助長禍亂。

之。」莽不聽。[二]《新唐書·陳子昂列傳》載，武后垂拱，初詔羣臣：「調元氣當以何道？」陳子昂因是勸后興明堂，上言曰：「昔黃帝合宮，有虞總章，堯衢室，周世室，皆所以調元氣，洽陰陽也。」云云。

以亂助亂，其罪小；以治助亂，其罪大。濟之以淫侈，佐之以暴虐，凶德參會[一]，神怒人怨，適所以趣[二]其誅而速其死，此以亂助亂之罪，小也；導之以典型，規之以箴諫，使亂人之身安固而不可拔，忠臣孝子之憤亦無自而雪，此以治助亂之罪，大也。

[注釋][一]凶德參會：凶與吉交互匯集。[二]趣：同促。促使。

向若桓公用哀伯之言，動遵法義，自附於逆取順守[一]之說，則終無彭生之禍[二]，而隱公之目永不瞑于地下矣。哀伯之罪，顧

以禍亂來助長禍亂，罪過小；以良治來助長禍亂，罪過大。助長他放縱奢侈，支持他暴虐兇狠，凶與吉交互匯集，天神憤怒，百姓怨恨，正好促使他誅滅，加速他的死亡。這一以禍亂助長禍亂的罪過，是比較小的。用法典刑法來引導他，以箴言進諫來規勸他，使禍亂之人的地位安定穩固而不可撼動，忠臣孝子的冤恨也無從洗刷，這是以良治來助長禍亂，它的罪過實在很大啊。

當初如果魯桓公聽從臧哀伯的話，任何行動都遵守法律和道義，把自己的統治歸附到逆取順守的說法上，那麼最終就不會遭遇彭生之禍，而在地下的魯隱公的眼睛也將永遠不會閉上了。臧哀伯的罪難道不大

不大耶？吾嘗謂：「羽父之請，為桓公畫篡國之謀；哀伯之諫，為桓公建保國之策。始亂者，羽父也；成亂者，哀伯也。正名定罪，不當置哀伯于羽父之下。」

［注釋］［一］逆取順守：意思是靠篡國奪取天下，遵循常理治理國家。《漢書・陸賈傳》：「且湯、武逆而以取順守之，文武並用，長久之術也。」［二］彭生之禍：魯桓公十八年夏四月，齊侯派公子彭生殺死了魯桓公。

嗎？我曾經說：「羽父請求為魯桓公籌劃了篡國的計謀，臧哀伯則勸諫魯桓公建立保全國家的策略。開始策動禍亂的是羽父，後來完成禍亂的是臧哀伯。要正名或者定罪，不應當把臧哀伯放在羽父的後面。」

【古評】

朱字綠曰：忠於寇仇，罪不可逭。立論嚴正，文排宕而出，層折不窮。〇哀伯世臣，不能討賊而事之，罪固難免，然隱、桓皆吾君之子也，與敵國外寇不同。既已儼然君魯，敬不能死，又不能逃，則守位於朝，亦無不進忠謀之理。以為無彭生之禍，便不足報隱公，此是曲說。信如所言，必顛覆魯之社稷，而滅於齊人。乃為忠於隱公乎？哀伯之罪，與羽父自不可同年而語也。建成死而唐臣不可不忠於太宗，建文亡而明臣不可不忠於成祖。若謂明皇敗於祿山，乃足以快建成；英宗敗於土木，乃足以快建文。恐建成、建文有知，亦不出此。

張明德曰：祇就哀伯所處地位立論，攻詰無餘。士君子不幸而值此等時勢，只有一死，聊可塞責耳。先生為萬世君臣立防，故借他人酒杯，澆自己塊壘，勿得以太宗、成祖諸臣例哀伯，而於斯文，尚有遺議也。

【今評】

呂理胡：呂祖謙以大罪包含小罪的道理，責備臧哀伯諫魯桓公的行為，好比刑法的「吸收犯」及「幫助犯」，重罪吸收輕罪、主罪吸收從罪為「吸收犯」，已知他人犯罪，仍幫助他人達成更好的犯罪結果為「幫助犯」。魯桓公已犯下篡權奪取國家的重罪，自不再論奪取一隻鼎的輕罪。而臧哀伯季親眼見證魯桓公竄權，仍諫言幫助魯桓公，無怪乎呂祖謙將其與羽父之輩列於同等地位了！

左傳原文

臧哀伯諫納郜鼎 桓公・二年

夏，四月，取郜大鼎于宋。戊申，納于大廟，非禮也。臧哀伯諫曰：「君人者，將昭德塞違以臨照百官，猶懼或失之，故昭令德以示子孫。是以清廟茅屋，大路越席，大羹不致，粢食不鑿，昭其儉也。袞冕黻珽，帶裳幅舄，衡紞紘綖，昭其度也。藻率鞞鞛，鞶厲游纓，昭其數也。火龍黼黻，昭其文也。五色比象，昭其物也。鍚鸞和鈴，昭其聲也。三辰旂旗，昭其明也。夫德，儉而有度，登降有數。文、物以紀之，聲、明以發之，以臨照百官。百官於是乎戒懼，而不敢易紀律。今滅德立違，而寘其賂器於大廟，以明示百官。百官象之，其又何誅焉？國家之敗，由官邪也。官之失德，寵賂章也。郜鼎在廟，章孰甚焉？武王克商，遷九鼎于雒邑，義士猶或非之，而況將昭違亂之賂器於大廟，其若之何？」公不聽。周內史聞之曰：「臧孫達其有後於魯乎？君違，不忘諫之以德。」

晉穆侯命二子名及晉封曲沃　桓公・二年

千萬世之爭端，非人力之所能塞也。凡有血氣之屬，利小則爭亦小，利大則爭亦大。國者，其千萬世之大爭端乎？集人之所同欲聽而不可得者，以奉吾之耳；集人之所同欲視而不可得者，以奉吾之目；集人之所同欲嗜而不可得者，以奉吾之口；集人之所同欲享而不可得者，以奉吾之身。聚天下之大利而萃之於此。有國者雖欲絕爭奪之禍，然傳諸後世，其子孫以謂均襲先君之業，均出先君之胄，年相若也，貌相若也，材氣相若也，智力相若也，彼何為而獨尊？我何為而獨卑？彼何為而獨強？我何為而獨弱？爭心一起，是豈人力之所能禦乎？

昔之聖人知人力之不能禦也，於是反

〔譯文〕

千萬世的爭端，並非人力所能遏止。凡是有血氣的種類，利益小則爭奪也小，利益大則爭奪也大。國家，大概就是那千萬世的大爭端了。集中眾人都想要聽而聽不到的，供我的耳朵聽；集中眾人都想要看而看不到的，供我的眼睛看；集中眾人都想要吃而吃不到的，供我的嘴巴吃；集中眾人都想要享受而享受不到的，供我的身體享受。聚集天下的最大利益而薈萃於此。一國之主雖然想要斷絕爭奪的禍端，然而傳位到後世，他的子孫會以為，都是要繼承先君的大業，都是先君的後代，年紀相近，相貌相似，才能相仿，智力相當，他為什麼就獨自尊貴？我為什麼就獨自卑下呢？他為什麼就獨自強大？我為什麼就獨自弱小呢？爭奪之心一旦產生，這難道是人力所能抵擋的嗎？

從前的聖人，知道人力不能抵擋爭奪，於是就

求諸天，而得塞之之術。曰「嫡庶長幼」之分。是分既立，而爭奪之門始閉矣。嫡與長，天之所生，而非人之所能使為嫡為長也；庶與幼亦天之所生，而非人之所能使為庶為幼也。嫡者，天實嫡之；庶者，天實庶之；長者，天實長之；幼者，天實幼之。

今聖人制為定分，傳於長嫡。為支子[一]者，咸知其出於天，而不出於人。命當為庶，初非人之賤我也；命當為幼，初非人之後我也。仰視嫡長之貴，如垤[二]之於嶽，如瀆[三]之於海，如石之於玉，如魚之於龍，如鳥之於鳳，如獸之於麟，邈然超軼[四]，非吾流輩。其自然之尊，蓋判於有生之初，天既命之，豈人之所敢干哉！由開闢以來，所以共守是分而不敢變者，非專畏聖人也，畏

反求於（人力所不能勝過的）天，從而得到了遏止爭奪的方法。這就是「嫡庶長幼」的名分。這個名分定下了以後，爭奪的門戶纔關閉了。嫡子和長子，是天生的，並非人力能夠使得他們成為嫡子或成為長子；庶子和幼子，也是天生的，而並非人力能夠使得他們成為庶子或成為幼子的。嫡子，實際上是天讓他成為嫡子，庶子，實際上是天讓他成為庶子；長子，實際上是天讓他成為長子；幼子，實際上是天讓他成為幼子。

現在聖人制定了這種固定的名分，傳位於長子嫡子。作為庶子的，全都知道這是出於天命而不出於人為。命裏應當成為庶子，原本不是別人要輕賤我；命裏應當成為幼子，原本不是別人要把我排在後面。仰視嫡子長子的尊貴，如同土堆對山嶽，如同水溝對大海，如同石頭對美玉，如同魚對龍，如同凡鳥對鳳凰，如同群獸對麒麟，遙遠而不可企及，不是我們這些人的同類。他那自然的尊貴，是一出生時就判定了的，老天既然命定了，難道是人所敢冒犯的嗎？從制定規範以來，人們之所以要共同遵守這種名分而不敢變動的原因，並非是畏懼聖人，而是畏懼蒼天。

天也。

［注釋］［一］支子：即庶出之子。［二］垤（ㄉㄧㄝˊ）：土堆。［三］瀆（ㄉㄨˊ）：水溝。［四］軼（ㄧˋ）：超越。

是故微子不敢代紂［一］；目夷不敢代襄公［二］，子西不敢代昭王［三］；季札不敢代諸樊［四］。以數子之賢，苟承祀繼統，可以大前人之業，可以啟無窮之基，然終逡巡卻避者，豈非不忍以一國之私欲利害，而啟千萬世爭奪之禍乎？

［注釋］［一］微子不敢代紂：微子開是商紂王的庶兄，見紂王無道，多次進諫無效，後出走。詳見《史記・宋微子世家》。［二］目夷不敢代襄公：目夷字子魚，殷微子一七世孫，宋襄公庶兄。宋襄公即位前曾有意讓位給目夷。詳見《史記・宋微於世家》。［三］子西不敢代昭王：子西，楚國公子，擔任令尹，楚平王庶弟。平王卒，令尹子常欲立子西，不從，乃立昭王。［四］季札不敢代諸樊：季札，吳國公子。諸樊，

所以微子不敢取代紂王，目夷不敢取代襄公，子西不敢取代昭王，季札不敢取代諸樊。以這些人的賢良，倘若繼承正統，可以光大前人的功業，可以開啟無窮的基業，然而他們始終退避不前，難道不是不忍心因為一國的私欲和利益，而開啟千萬世爭奪的禍亂嗎？

吳王。季札為諸樊弟。季札賢，其父壽夢欲立之，季札讓不可。詳《史記·吳大伯世家》。

嫡庶長幼之定分，歷聖歷賢，歷古歷今，不敢輕變。晉穆侯何人也？乃敢首亂之。溺於私愛，命名之際，妄有輕重，馴致[一]曲沃之禍[二]，卒覆宗國。為周王者又從而寵秩[三]之。自古聖人所恃以塞千萬世之爭端者，至是皆壞。世始知人可勝天，庶可奪嫡，幼可凌長。篡奪之禍，史冊相望。納中國於戎狄夷貊[四]之域者，未必非晉與周啟之也。

[注釋][一]馴致：逐漸達到。[二]曲沃之禍：見本篇《左傳》原文。[三]寵秩：寵愛而授以官秩。[四]戎狄夷貊（ㄇㄛˋ）：古代中原地區對各方少數民族之稱。西稱戎，北稱狄，東稱夷，東北稱貊或貉。

噫！至貴之無敵，至富之無倫，染指

嫡庶長幼這種定立的名分，歷代聖賢之人，從古到今，不敢輕易改變。晉穆侯是什麼人，竟敢首先擾亂這種制度。沉溺於一己的偏愛，給兒子命名時，妄自有所輕重，逐漸導致了曲沃侯的禍亂，最終使宗國覆滅。周天子又任其所為而且給以寵愛與爵位。自古聖人所倚仗用來遏止千萬世爭端的制度，這樣一來就都敗壞了。世人這纔開始知道人力可以勝天，庶子可以奪取嫡子的地位，幼子可以凌駕在長子之上。篡奪的禍患，史書記載都沒有中斷。將中國納入戎狄夷貊的區域範圍，未必不是晉和周開始的啊。

唉！至尊至貴無人可以抗衡，富有充裕無人可

垂涎者至眾也。使勇者守之，遇勇之倍者，則奪之矣；使智者守之，遇智之尤者，則奪之矣。守以盟誓，則有時而渝[一]；守以法度，則有時而廢；守以城郭，則有時而隳；守以甲兵，則有時而衂[二]；惟守之以天，然後人莫敢與之較。是則嫡庶長幼定分之出於天，乃有國者之所恃也。民恃吏，吏恃國，國恃天。為國而無故亂天之定分，是自伐其恃也。嗚呼！殆哉！

［注釋］［一］渝：改變。［二］衂（ㄋㄩˋ）：同衄。挫敗。

以匹敵，但對此垂涎想要染指的人卻極其眾多。讓勇敢的人來守衛，遇到更勇敢的人就被奪走了；讓聰明的人來守衛，遇到更聰明的人就被奪走了；用盟約誓言來守衛，則有改變的時候；用法律制度來守衛，則有廢弛的時候；用城郭來守衛，則有毀壞的時候；用甲兵來守衛，則有挫敗的時候；只有用天命來守衛，纔沒有人敢與它較量。這樣說來，嫡庶長幼的固定名分出自於天命，是擁有國家的人的倚靠。人民倚仗官吏，官吏倚仗國家，國家倚仗天命。治理國家而無緣無故破壞天命已確定的名分，這是自己砍伐自己的倚靠啊。唉，多危險啊！

【古評】

王鳳洲曰：嫡庶長幼，歸之於天，令人恨不得，急不得，爭不得，自是文章得力主腦處。末一段精采陸離，更見力厚。

朱字綠曰：借晉穆命名之異，為古今定嫡庶之分，是有關係文字。以一天字貫串到底，入後排奡宕折，如風迴水勢，更成巨觀。

張明德曰：曲沃之封，在惠之二十四年，後以庶奪嫡，真有莫可如何之勢。然其端則啟自穆侯命名之始，坤之初六日，履霜堅冰至，蓋言慎也。篇中以天字作主，歸罪穆侯，千萬世簒弒之禍，自此弭矣。真是絕大文字。

左傳原文

晉穆侯命二子名及晉封曲沃 桓公・二年

晉穆侯之夫人姜氏以條之役生太子，命之曰仇。其弟以千畝之戰生，命之曰成師。師服曰：「異哉，君之名子也！夫名以制義，義以出禮，禮以體政，政以正民，是以政成而民聽，易則生亂。嘉耦曰妃，怨耦曰仇，古之命也。今君命大子曰仇，弟曰成師，始兆亂矣。兄其替乎？」惠之二十四年，晉始亂，故封桓叔于曲沃。靖侯之孫欒賓傅之。師服曰：「吾聞國家之立也，本大而末小，是以能固。故天子建國，諸侯立家，卿置側室，大夫有貳宗，士有隸子弟，庶人、工、商，各有分親，皆有等衰。是以民服事其上，而下無覬覦。今晉，甸侯也，而建國。本既弱矣，其能久乎？」

曲沃晉莊伯伐翼 隱公・五年

曲沃莊伯以鄭人、邢人伐翼，王使尹氏、武氏助之。翼侯奔隨。

王伐曲沃 隱公・五年

曲沃叛王。秋，王命虢公伐曲沃，而立哀侯于翼。

曲沃武公伐翼 桓公・三年

春，曲沃武公伐翼，次于陘庭。韓萬御戎，梁弘為右。逐翼侯于汾隰，驂絓而止，夜獲之，及欒共叔。

曲沃伯殺小子侯 桓公・七年

冬，曲沃伯誘晉小子侯，殺之。

王命曲沃伯為晉侯 莊公・十六年

冬，王使虢公命曲沃伯以一軍為晉侯。

楚侵隨 桓公・六年

昔之傾人之國者，匿其機而使人陰墮其計，非受害之後莫能悟，何其深也？方始墮其計，終日奔走馳驅，聽其所役，投於禍患而不自知。及師已喪，國已破，回視前日之所蹈者，無非陷穽，然後噬臍頓足[一]，有不可追之悔。吁！亦晚矣。謀之深者，豈復有加於此耶？曰：「有。使敵人既敗，而識吾之機，猶未足為深也。天下固有奇權密機，非特敵人既敗尚不知其所以然，雖至於數千百年之後，亦不知其所以然，可謂極天下之至深矣。」吾觀鬬伯比之謀隨，未嘗不三嘆其深也。

［注釋］［一］噬臍頓足：啃肚臍和頓雙腳，後悔

［譯文］

以前傾覆別人國家的人，隱匿自己的心機，使別人不知不覺地墮入他的計謀，如果不是受害之後，沒有人能醒悟，隱藏得多麼深啊！當別人剛開始墮入他的計謀時，每天積極奔走，聽任他的役使，自投禍患卻不自知。等到軍隊已敗，國家已亡，回想以前所經歷的，沒有不是陷阱，然後纔頓足後悔，但已經無可挽回了。唉！太晚了。像這樣深藏的計謀，難道還有超過它的嗎？回答是：「有。假如敵人在已經失敗之後，識破了我的心機，這還不算是深謀。天下還有奇特的權術和隱密的心機，不但敵人失敗之後尚且不知其緣由，即使是過了幾千幾百年後，也沒有人知其緣由，可以說是天下隱藏得最深的了。」我看鬬伯比圖謀隨國這一事件，未嘗不多次感歎他的計謀之深。

莫及之貌。

世之論鬬伯比之謀者，不過謂季梁之正，終不能勝少師之寵。季梁之諫，必有時而不用也；少師之說，必有時而用也。吾之謀雖未行於今，終必行於後。嗚呼！是何足以窺鬬伯比之機乎？

人見隨侯初拒少師追楚之請，從季梁修政之諫，以為伯比之謀未行也，而不知其謀已深行乎其間矣。市中有虎，曾參殺人[一]，必三至而後信。其始告之者，明知其不信也；其再告之者，亦明知其不信也。明知其不信而瀆[二]告之者，何耶？蓋有一則有二，有二則有三，無兩人之說居其前，雖有善譖者，無以成三至之說也。其始之不信，所以成其後之信也。知此則可以窺伯比

世人議論鬬伯比的計謀，不過說鬬伯比認為季梁是正直的，但終究不能勝過少師的寵幸。季梁的進諫，必定有時候會不被採納；而少師的說法，必然有被採納的時候。我的計謀雖然沒有在現在施行，終究會在以後施行。唉！這怎麼可以算是窺見鬬伯比的心機呢？

人們看到隨侯當初拒絕了少師追逐楚國軍隊的請求，聽從了季梁關於修治內政的勸諫，於是認為鬬伯比的計謀沒有獲得施行，卻不知道他的計謀已經暗中深深地施行了。說街市上有老虎，說曾參殺了人，必定要再三有人相繼來告說，纔會讓人相信。那個剛開始來告訴的人，明知道別人是不會相信的；第二個來告訴的人，也明知道別人是不會相信的；明知道別人不會相信卻輕率地告訴人家，為什麼呢？大概是有了第一個人就會有第二個人，有了前兩個人就會有第三個人。沒有兩個人在前面說，那麼即使有善於進讒言的人，也不可能成就三人成騙之說的效果。開始時的不相信，就是為了成就以後的相信。瞭解到這一點纔

之機矣。

［注釋］［一］市中有虎，曾參殺人：分別見《韓非子・內儲說上》：「今一人言市有虎，王信之乎？曰：不信。二人言市有虎，王信之乎？曰：不信。三人言市有虎，王信之乎？王曰：寡人信之。」《戰國策・秦策》：「昔者曾子處費，費人有與曾子同名者而殺人。人告曾子母曰：『曾參殺人。』曾子之母曰：『吾子不殺人。』織自若。有頃焉，人又曰：『曾參殺人。』其母尚織自若也。頃之，一人又告之曰：『曾參殺人。』其母懼，投杼踰牆而走。」這二個典故說明：說謊言的人多了，人們就相信了。［二］瀆：輕率。

隨侯之始拒少師，所以成其後之從；隨侯之始從季梁，所以成其後之拒。季梁者，隨之望，其君素所畏者也。伯比以謂：吾苟欲一舉而成功，彼少師雖愛，豈能使其君遽違素所畏者之諫乎？今先示弱以誘少師，則少師必有伐楚之請，季梁必有修政之諫。隨侯迫於平日之所畏，必勉從季梁而拒

可以窺見鬬伯比的心機。

隨侯剛開始拒絕聽從少師，是造成他以後聽從少師的原因；隨侯剛開始聽從季梁，是造成他以後拒絕季梁的原因。季梁是隨國很有威望的人，他的國君向來很敬畏他。鬬伯比認為，我如果想一舉成功，他少師雖然獲得了隨侯的寵愛，但難道能夠使他的國君突然違背向來所敬畏的人的勸諫嗎？如果現在先示弱去引誘少師，那麼少師必定會有討伐楚國的請求，季梁必定會有修治內政的勸諫。隨侯迫於平時的敬畏，必定會勉強聽從季梁而拒絕少師。假如季梁的勸諫只是

少師。使季梁之諫虛用於無事之時，及其有事而又諫，其君必以為瀆矣。隨之所恃者，獨一季梁而已。季梁之術既窮，則吾他日之舉兵，誰復齟齬[二]於其間哉！蓋人之情，迫於不得已，而勉從所畏者之言，不過能一從之耳，至於再，豈肯復從之乎？迫於不得已，而勉拒所愛者之說，不過能一拒之耳，至於再，豈能復拒之乎？

[注釋][二]齟齬（ㄐㄩˇ ㄩˇ）：本指牙齒不合，比喻互相牴觸。

不待至於再也。其勉從所畏之時，雖曰從之，而已有不平之心矣；其勉拒所愛之時，雖曰拒之，而已有不忍之心矣。隨侯一念之不平，發於始從季梁之諫，積而至數年，其不平日增。當楚再駕[二]之際，季梁之諫安得而不廢乎？一念之不忍，發於始

在無事的時候起到了虛假的作用，等到有事的時候季梁又來勸諫，他的國君必定會認為他不恭敬了。隨國所依靠的人，僅僅是季梁一個人而已。季梁的策略已經窮盡了，那麼我以後興兵討伐，誰又會再在其中表示異議呢？人之常情，迫不得已而勉強聽從自已所敬畏的人的話，只不過是可以聽從一次而已，至於第二次，難道還會再聽從嗎？迫不得已而勉強拒絕聽從所寵愛的人的話，只不過能拒絕一次而已，至於第二次，難道還會再拒絕嗎？

其實不用等到第二次。隨侯勉強聽從所敬畏的人的時候，雖說是聽從了，但已經心有不平了；勉強拒絕所寵愛的人的時候，雖說是拒絕了，但已經心有不忍了。隨侯微微不平的念頭，萌生於開始聽從季梁的勸諫之時，積聚好幾年之後，他內心的不平在與日俱增。當楚國再次興師出兵的時候，季梁的勸諫怎麼能夠不被廢止呢？隨侯微微不忍心的念頭，萌生於開始

拒少師之說，積而至數年，其不忍日深。當楚再駕之際，少師之說安得而不入乎？是拒生於從，而從生於拒也。想隨侯恐懼修政之時，舉國交賀，頌其君納諫之明，而不知伯比欣然獨笑，已入於吾之機矣。兆［二］破隨之機於數年之前，收破隨之功於數年之後。伯比之機微矣哉！

［注釋］［一］再駕：再次興師。［二］兆，預示。

吾嘗深考伯比之謀，既假毀軍之詐，而中少師之欲；復假少師之請，而激季梁之諫；復假季梁之重，而致隨侯之懼；復假隨侯之止，而增少師之慚；復假少師之寵，而沮［一］季梁之策。置毫末之毒於少師之心，而一國君臣展轉薰染，自勝自負，自起自仆，自予自奪，如輪如機，不得少息。吾端

拒絕聽從少師的勸說之時，積聚了好幾年之後，他的不忍之心在與日俱增。當楚國再次興師出兵的時候，少師的勸說怎麼能夠不被聽從呢？這就是後來的拒絕是從以前的聽從中產生，後來的聽從又是從以前的拒絕中產生。我想，當隨侯戒慎恐懼地修治內政的時候，全國人都互相慶賀他們國君納諫的英明，卻不知道鬬伯比獨自在欣然發笑，他們早已經墮入我的機謀了。預示攻破隨國的機謀下在多年之前，而收到攻破隨國的功效卻在多年之後。鬬伯比的機謀太隱秘了。

我曾經深入地考察過鬬伯比的機謀。既借助弱化軍隊的詐術，去迎合少師的欲望；又借助少師的請求，去刺激季梁的勸諫；又借助季梁的重望，使得隨侯敬畏季梁；又借助隨侯不聽從少師，增加了少師的羞愧；又借助少師的得寵，來阻止季梁的計策。在少師的心中置入很小的毒素，則全國君臣被反復薰染，讓他們自己勝利、自己失敗，自己起來、自己跌倒，自己給予、自己奪去，就像車輪和機杼一樣轉動，得不到稍微的休息。我端正地坐在一邊拱著手，不動聲

坐拱手，不動聲色，而徐制其弊焉。雖事往迹陳，書之簡牘，讀者猶不知其端倪，況於當時自墮其網者乎？

［注釋］［一］沮：同阻。阻止。

然則將何以自免？曰：無受焚之地，則烈火不能焚玉；無受病之地，則癘氣［二］不能病人。鬬伯比謀隨累年，不乘其潰敗之餘，一舉平之，反以敵遺子孫，勇於伐隨，而怯於滅隨。非前工而後拙也，以少師既死，則隨無受病之地也。

嗚呼！小人之根未去，則雖從諫不足喜；小人之根既去，則雖軍敗不足憂。為國者其務去小人之根也哉！

［注釋］［二］癘氣：具有強烈傳染性的疫毒。

色，慢慢地控制他們的弊端。雖然事情已經過去成為歷史陳跡，事跡記載在簡牘上，讀者還是不能知曉其中的端倪，何況在當時自甘墮入他的羅網中的人呢？

既然如此，那麼怎樣做纔能自免呢？回答是：如果沒有可供燃燒的地方，那麼烈火就不能焚毀美玉；如果沒有可供病源滋生之處，那麼疫毒就不能使人生病。鬬伯比圖謀隨國數年，不趁隨國潰敗的時候一舉平定隨國，反而把敵人遺留給自己子孫。討伐隨國時很勇敢，消滅隨國卻很膽怯。這並非以前厲害而後來拙劣，是因為少師死了以後，那麼隨國就沒有接受病害的地方了。

唉！小人的禍根如果沒有除去，那麼即使國君聽從了勸諫也不值得高興；小人的禍根如果除去了，那麼即使軍隊潰敗了也不值得憂慮。當政的人務必要除去小人的禍根啊！

左傳原文

楚侵隨 桓公·六年

楚武王侵隨，使薳章求成焉，軍於瑕以待之。隨人使少師董成。鬭伯比言于楚子曰：「吾不得志於漢東也，我則使然。我張吾三軍而被吾甲兵，以武臨之，彼則懼而協來謀我，故難間也。漢東之國，隨為大。隨張，必棄小國。小國離，楚之利也。少師侈，請羸師以張之。」熊率且比曰：「季梁在，何益？」鬭伯比曰：「以為後圖。少師得其君。」王毀軍而納少師。少師歸，請追楚師，隨侯將許之。季梁止之曰：「天方授楚。楚之羸，其誘我也。君何急焉？臣聞小之能敵大也，小道大淫。所謂道，忠於民而信於神也。上思利民，忠也；祝史正辭，信也。今民餒而君逞欲，祝史矯舉以祭，臣不知其可也。」公曰：「吾牲牷肥腯，粢盛豐備，何則不信？」對曰：「夫民，神之主也，是以聖王先成民而後致力於神。故奉牲以告曰『博碩肥腯』，謂民力之普存也，謂其畜之碩大蕃滋也，謂其不疾瘯蠡也，謂其備腯咸有也；奉盛以告曰『絜粢豐盛』，謂其三時不害而民和年豐也；奉酒醴以告曰『嘉栗旨酒』，謂其上下皆有嘉德而無違心也。所謂馨香，無讒慝也。故務其三時，脩其五教，親其九族，以致其禋祀，於是乎民和而神降之福，故動則有成。今民各有心，而鬼神乏主；君雖獨豐，其何福之有？君姑脩政而親兄弟之國，庶免於難。」隨侯懼而修政，楚不敢伐。

楚敗隨 桓公·八年

隨少師有寵，楚鬭伯比曰：「可矣。讎有釁，不可失也。」夏，楚子合諸侯于沈鹿。黃、隨不會。使薳章讓黃。楚子伐隨，軍於漢、淮之間。季梁請下之，「弗許而後戰，所以怒我而怠寇也」。少師謂隨侯曰：「必速戰！不然，將失楚師。」隨侯禦之，望楚師。季梁曰：「楚人上左，君必左，無與王遇。且攻其右，右無良焉，必敗。偏敗，眾乃攜矣。」少師曰：「不當王，非敵也。」弗從。戰于速杞，隨師敗績。隨侯逸，鬬丹獲其戎車，與其戎右少師。秋，隨及楚平。楚子將不許，鬬伯比曰：「天去其疾矣，隨未可克也。」乃盟而還。

天下之事，有當為者，有不當為者。凡當為者，皆常也；凡不當為者，皆過也。曰「是」、曰「正」、曰「善」，皆所當為也；曰「非」、曰「邪」、曰「惡」，皆所不當為也。事雖有萬而不同，豈有出於此兩端之外者哉！

古今以驕矜為通患，抑亦未之思也。盍反觀吾之所行：果不當為耶？方且愧懼之不暇，何敢誇人？果當為耶？則亦飢食渴飲之類耳，何足誇人？是天下本無可誇之事，彼驕矜之心亦何自而生乎？目當視而反盲，耳當聽而反聵，則為殘疾人矣。苟目能視、耳能聽，始可謂之無疾之人。豈有持此以誇世者哉！雖舜之孝、禹之功、皋陶之謨、稷

〔譯文〕

天下的事情，有的應當去做，有的不應當去做。凡是應當做的，都是常理之中的，凡是不應當做的，都是超出常理的。若是正確的、公正的、善良的，都是應當做的；若是錯誤的、偏邪的、罪惡的，都是不應當做的。事情雖然有千差萬別，難道還會超出這兩種情況之外的嗎？

古今的人都把傲慢無禮視為通病，但卻沒有對其深入思考。何不反過來看看自己的行為：果真是不應當做的嗎？剛要慚愧惶恐都還來不及，怎麼敢向人誇耀呢？果真是應當做的嗎？那麼也只是渴了喝、餓了吃之類的尋常之事，又怎麼敢向人誇耀呢？這就是說，天下本來就沒有可以誇耀的事情。那傲慢無禮之心是從哪裏產生的呢？如果眼睛本應當看見卻反而瞎了，耳朵本應當聽到卻反而聾了，那麼就成了身體有殘疾的人。如果眼睛能夠看見，耳朵能夠聽到，纔可以稱作沒有疾病的人。難道有以此來向世上誇耀的

契之忠、夷齊之清、孔孟之學，冠萬世而絕出者，其實皆人之所當為也。世之人僅有一善如毛髮，遽自衒[一]以為過人之行，亦惑矣。人之為人，非聖人莫能盡也。今受人之形，而反自謂過人，豈將翼而飛鬣[二]而馳耶？甚矣！其惑也。

[注釋][一]自衒：即自炫，自我炫耀。[二]鬣（ㄌㄧㄝˋ）：獸之鬃毛。

鄭太子忽之救齊，雖曰有功，然救災卹鄰，亦諸侯之所當為耳。遽軒然[一]伐其功，輕周室之爵祿，而欲躐[二]之。又從而加忿兵於魯。嗚呼！使小國有功而可躐處於大國之上，則臣有功可陵其君，子有功可傲其父矣。曾不如無功之為愈也。

[注釋][一]軒然：驕傲貌。[二]躐（ㄌㄧㄝˋ）：

人嗎？即使是舜的孝道，禹的功勞，皋陶的謀略，后稷、契的忠誠，伯夷、叔齊的清廉，孔、孟的學問，這些超出了千秋萬代人的行為，其實也都是人應當做的事。世人僅僅有一點像毛髮那麼小的善行，就自我炫耀，認為這是過人的善行，這也太昏惑了吧！人作為一個人，如果不是聖人就沒有誰能做到盡善盡美。如今擁有作為一個人的形體，卻反而自以為有過人之處，難道是有翅膀會飛了，有鬃毛能奔馳了嗎？也太昏惑了啊！

鄭國太子忽救助齊國的禍難，雖然說有功勞，但是救災難撫恤鄰國，也是諸侯應該做的事情而已。突然高調地誇耀自己的功勞，輕視周朝王室封賜的爵位和俸祿，想要超出其上。還進一步惱怒地向魯國用兵。唉！假如小國有了功勞就可以越級處於大國之上，那麼臣子有了功勞也可以凌駕國君之上，兒子有了功勞也可以傲視父親了。這樣的話，還不如沒有功勞要好一些。

踐踏，越級。

吾嘗觀鄭忽始敗戎師之時，囚二帥，陳俘馘，振旅而獻乎齊。氣吞諸侯，邈視王爵。餼饋之際，暫為人所先，亟連三國之兵而伐之，何其壯也！及其嗣位，微弱不振，為國人所賤。其出奔，其復歸，斥其名；而赴諸侯，曾不以君視之，甚者，詆以「狡童[一]」「狂童」之稱。其受侮受辱一至於此，前日之壯氣安在耶？

[注釋][一]狡童：見《詩・鄭風・狡童》，《詩序》：「刺忽也。」

蓋忽之為人，得志則氣盈，而自視其身不勝其大，人少慢之，已不能平；失志則氣涸，而自視其身不勝其小，人共賤之，反不能較。其中初無所主，惟視外物以為輕

我曾經考察鄭太子忽剛打敗北戎軍隊的時侯，他俘獲兩個將帥，展示俘虜與被殺敵人的左耳，帶著士氣高昂的軍旅回來獻給齊國。當時的氣勢可吞掉諸侯，藐視王爵。在接受犒勞饋賞的時候，一時被別人搶了先，就急切地聯合三國的軍隊來討伐，這場面是何等的壯觀啊！但是，等到他繼位的時候，卻微弱不振，被國人所輕視。他離國出奔，當他回來時，國人直呼他的名字；到諸侯國赴會，別人竟然不把他當國君看待，甚至以「狡童」、「狂童」來責罵他。他受到的侮辱，竟然到了這樣的境地，以前的雄壯氣概到哪裏去了呢？

大概鄭太子忽的為人是這樣的，如果得志了就氣勢很旺，因而把自己看得無比的偉大，人們稍稍怠慢了他，已經不能心平下來；不得志就氣餒了，從而把自己看得無比的渺小，人們一同輕賤他，反而就不計較了。他的內心本來就沒有一定的主張，只是隨著外

重，隨物而盈，隨物而涸，隨物而大，隨物而小，終身為物所驅。乍驕乍沮，乍勇乍怯，己亦不能自必也。一身且不能自主，況欲主人之國哉！

物來看待自己的輕重，隨著外物而自滿，隨著外物而自輕，隨著外物而自大，隨著外物而自卑，終身被外物所驅使。一會兒驕傲，一會兒沮喪，一會兒勇敢，一會兒怯弱，自己也不能有一定的堅持。自己的身體尚且不能自己做主，何況替一個國家的人民做主呢？

【古評】

朱字綠曰：開手以盡所當為，無足誇人立論，所謂中有所主，外物不能為輕重者也。入鄭忽小善而驕一層，頓住，接入何其壯也、壯氣安在兩層。伏氣盈氣涸，然後透闢言之，歸到一身無主，不能復主一國。前後線索一串，後幅尤警策動人。

張明德曰：當為與不當為二意，持論甚正。鄭忽之始而驕，繼而怯，已見其中無一定主見矣。要之東萊先生非刻於論古也。援古戒今，讀其文而不能知其意，使稍有得而輒自矜焉，我斷不許其讀是書。

左傳原文

魯為班後鄭 桓公・六年

北戎伐齊，齊使乞師于鄭。鄭大子忽帥師救齊。六月，大敗戎師，獲其二帥大良、少良，甲首三百，以獻於齊。於是諸侯之大夫戍齊，齊人饋之餼，使魯為其班，後鄭。鄭忽以其有功也，怒，故有郎之師。

齊衛鄭戰於郎 桓公・十年

冬，「齊、衛、鄭來戰于郎」，我有辭也。初，北戎病齊，諸侯救之。鄭公子忽有功焉。齊人餼諸侯，使魯次之。魯以周班，後鄭，鄭人怒，請師於齊。齊人以衛師助之，故不稱侵伐。先書齊、衛，王爵也。

鄭太子忽辭昏 桓公・六年

為國者當使人依己，不當使己依人。己不能自立，而依人以為重，未有不窮者也。所依者不能常盛，有時而衰；所依者不能常存，有時而亡。一旦驟失所依，將何所恃乎？嗚呼！此特論依之不可常耳。抑有甚者焉。

使所依者常盛而不衰，常存而不亡，可謂得所依矣。然猶未足恃也。晉方主盟諸夏，宋深結而謹事之，倚以自固。想其心必自以為善擇所依矣。及阨於楚師之圍，析骸而炊，易子而食，晉迫於狄，坐視而莫能救也[一]。當時諸侯之強盛者莫如晉，諸侯之可依者亦莫如晉。晉猶不可依，而況其他乎？嗚呼！此特論人之不足依耳。抑又有甚者焉。

［譯文］

當政的人應該使別人依靠自己，不應該使自己依靠別人。自己不能自立，而去依靠別人來自重的人，沒有不走向窮途末路的。所依靠的不可能長久昌盛，會有衰落的時候；所依靠的不可能長久存在，會有消亡的時候。一旦突然失去了所依靠的，那麼將依靠什麼呢？唉！這只是討論依靠的東西不能長久而已。但還有更嚴重的呢。

如果所依靠的能夠長盛不衰，長存不亡，可以說是獲得了依靠。但這還是不足以仗恃。晉國正成為中原各諸侯國盟主的時候，宋國深深地結交晉國，並小心地侍奉它，依靠它來加強自己。想來宋國心裏必定認為自己善於選擇靠山了。等到遭受被楚國所包圍的困阨時，只能以屍骨當柴燒，交換子女為食，而當時晉國因迫於北狄來犯的壓力，只能坐在一邊看著而不能來救助宋國。當時沒有比晉國更強大的諸侯國，也沒有比晉國更值得依靠的諸侯國。晉國尚且不可以依靠，何況其他國家呢？唉！這只是討論不可以僅依靠別人而已。但還有更進一步的。

[注釋][一]此句：見《左傳・宣公・十五年》。

西魏孝武[一]脅於高歡，日有篡奪之憂，所恃以為依者，宇文泰耳。一旦脫身虎口，杖策入關，捨所畏而得所依，天下之樂有過於是乎？然孝武之禍，不在於所畏之高歡，而在於所依之宇文泰。以是論之，非惟人之不可依，而禍實生於所依也。外物之變，不可勝窮。恃外以為安者，其患夫豈一端耶？

[注釋][一]西魏孝武：西魏孝武帝元脩，本在關東為帝，被高歡所脅迫。後逃往關中，依靠宇文泰，後北魏分為東魏和西魏，而且宇文氏最終篡奪了西魏政權，建立了北周。

人皆咎鄭忽之辭齊女，不能依大國以自固。殆非也。使忽不辭而取文姜，則彭生之禍移於鄭矣。豈有禍魯而福鄭者耶？自古小國連姻[二]於大國，得其所依者蓋無幾，

西魏孝武帝被高歡所脅迫，每天都有被篡奪的憂慮，所能仗恃成為依靠的人只有宇文泰而已。一旦脫離虎口，騎馬入關，捨棄了自己所畏懼的，得到了自己所依靠的，天下還有比這更快樂的事嗎？但是孝武帝的禍患，不是在於所畏懼的高歡，而是在於所依靠的宇文泰。照此說來，非但別人是不可以依靠的，而且禍患實際上也是從依靠的人那兒萌生的。外物的變化是無法窮盡的，依靠外物作為安全保障的人，他的禍患根由難道只是一種嗎？

人們都怪罪鄭太子忽謝絕齊國的聯姻，不能依靠大國來加強自己。這恐怕是錯誤的。如果太子忽不辭退婚事而娶了文姜，那麼像公子彭生這樣的禍害就會轉移到鄭國了，難道只會禍害魯國而福祐鄭國嗎？自古和大國聯姻的小國，大概沒有幾個得到了依靠，而

而啟釁[二]召兵，如銅斗摩笄[三]之禍者，皆是也。然則忽之辭昏，固亦未可厚非也。後世徒見其終以微弱致禍，遂並與辭昏譏之，殊不知忽前得之於辭昏，後失之於微弱。一是一非，兩不相掩，烏得以後之非廢前之是哉！

[注釋][一]連姻：聯姻。[二]釁：爭端。[三]銅斗摩笄：見《史記．趙世家》：「（趙）襄子姊前為代王夫人。簡子既葬，未除服，北登夏屋，請代王。使廚人操銅料以食代王及從者，行斟，陰令宰人各以料擊殺代王及從官，遂興兵平代地。其姊聞之，泣而呼天，摩笄自殺。代人憐之，所死地名之為摩笄之山。」銅料即銅斗。

忽之言曰：「自求多福，在我而已，大國何為？」斯言也，實先王之法言，古今之篤論也。在我之福，以堯為父，而不能與丹朱；以周公為兄，而不能與管蔡；以周宣為子，而不能與厲王。彼大國亦何有於我

開啟爭端，招來戰爭，像「銅斗摩笄」這樣的禍患，到處都是。既然如此，那麼鄭太子忽辭婚一事，本來就沒有什麼可以大加指責的了。後世的人僅僅看到他最後因為國力微弱而招致禍害，於是把辭婚之事一同拿來責備他。根本不知道鄭太子忽先前辭婚一事是做對了，後來犯錯是由於太過微弱。一對一錯，兩者並不相關，怎麼可以因為後來的錯誤而廢棄先前的正確呢？

鄭太子忽說：「自求多福，在我一人而已，大國能做什麼呢？」這樣的話，正是先王的格言，古今的定論。屬於自己的福分，堯作為父親，不能傳給丹朱；周公作為兄長，不能傳給管叔和蔡叔；周宣王作為兒子，不能分給周厲王。那些大國能給予我什麼呢？如果鄭太子忽能充實這些話，那麼《洪範》中的「五

哉！苟忽能充是言，則《洪範》[一]之五福，周《雅》[二]之百祿，皆我有也。尚何微弱之足患乎？

[注釋][一]洪範：《尚書·商書》篇名。[二]周雅：指周代《詩經·小雅》。

論者不識忽之不能蹈其言，而反譏其言之失，亦惑矣！後之君子苟不以人廢言，而深味其言，釋然[一]深悟：天下之福皆備於我，無在我之外者。攀援依附，一掃俱除。天下無對，制命在內。忽言之於千載之上，我用之於千載之下。是忽雖不能自用，適所以留為我之用也。豈曰小補之哉？

[注釋][一]釋然：豁然明白的樣子。

福」，周《雅》中的「百祿」，都將為我所有，又有什麼微弱能夠擔心的呢？

議論的人不識笑太子忽不能履行他說的話，反而譏笑他的話是錯的，也太分辨不清了！後世的君子如果不因人廢言，而深深體味他的話，就會豁然領悟：天下的福分都具備在我本身，沒有在我之外的。這樣，攀援他人、依附權勢，就能一併掃除。天下並沒有對手，掌控命運全在於自己。太子忽在千年前說的話，我把它用在千年之後。這些話太子忽雖然不能自己運用，恰好留給我來運用。難道說這補益還算小嗎？

【古評】

朱字綠曰：前半極言依人之不可恃，入鄭忽辭婚事，亟取在我而已。「大國何為」兩言，為自立者勸。末復推廣言之，使人震心動魄，文陣一氣卷舒，真有杼軸由心之樂。〇因不失其親，士大夫皆然，國君亦何獨不然。夏后相依斟灌斟鄩以興，晉文依秦穆以霸，亦視其人可親與否耳。若開國之君，依人起事者尤眾，沛公依義帝，光武依更始，明祖依滁陽王，尤其彰彰者。要之能自立則依人可藉其資，不能自立則依人反授之柄，故自立一說，無論依人不依人，皆不可以不勉也。

張明德曰：人生天地，貴於自立，然後可以操之在我，徒依人成事，未免無主。先生持定此意，先言依人之不足恃，後復引伸觸類而言之，說得淋漓盡致，情事透闢，真有把柄文字。

左傳原文

鄭太子忽辭昏 桓公·六年

齊侯欲以文姜妻鄭大子忽。大子忽辭。人問其故，大子曰：「人各有耦，齊大，非吾耦也。《詩》

云：『自求多福。』在我而已，大國何為？」君子曰：「善自為謀。」及其敗戎師也，齊侯又請妻之。固辭。人問其故，大子曰：「無事於齊，吾猶不敢。今以君命奔齊之急，而受室以歸，是以師昏也。民其謂我何？」遂辭諸鄭伯。

鄭昭公之敗北戎止昭公奔衛 桓公．十一年

鄭昭公之敗北戎也，齊人將妻之，昭公辭。祭仲曰：「必取之！君多內寵，子無大援，將不立。三公子，皆君也。」弗從。夏，鄭莊公卒。初，祭封人仲足有寵於莊公，莊公使為卿。為公娶鄧曼，生昭公，故祭仲立之。宋雍氏女於鄭莊公，曰雍姞，生厲公。雍氏宗有寵於宋莊公，故誘祭仲而執之，曰：「不立突，將死！」亦執厲公而求賂焉。祭仲與宋人盟，以厲公歸而立之。秋，九月，丁亥，昭公奔衛。己亥，厲公立。十五年，鄭伯突出奔蔡，鄭世子忽復歸於鄭。

桓公問名於申繻　桓公・六年

名子者，當為孫地［一］，世所共守也。

生而名，沒而諱。子之始生，嬰孩耳，幾年而免乳，又幾年而成童，又幾年而冠昏，又幾年而有孫，又幾年而老，又幾年而沒。由命名之日，而遐想諱名之時，茫昧荒遠，若存若亡，若滅沒而不可知也。

［注釋］［一］孫地：可能是「孫子及其後代福地」之意。一說為「世」之訛字，與後一「世」連讀，恐非是。

今乃預料於百年之外，恐其廢名，恐其廢職，恐其廢主，恐其廢祀，恐其廢禮，博詢詳擇，精思熟慮，俾不為後世之累。當始生之初，而思既沒之後，可謂遠也已矣。

［譯文］

給兒子命名，應當成為孫子及其後輩的福地，這是世上共同遵守的一條規則。

出生而命名，死後而諱名。孩子剛出生，嬰兒而已，幾年後斷奶，再幾年後成為兒童，再幾年後成年、結婚，再幾年後有兒孫，再幾年後就老了，再幾年後就死了。從命名的那天，就遙想到避諱名字的時候，那麼渺茫久遠，好像存在又好像不在，就像湮滅消失而不可預知。

如今卻預料到百年之後的事，恐怕它廢棄了名分，恐怕它廢棄了職位，恐怕它廢棄了神主，恐怕它廢棄了祭祀，恐怕它廢棄了禮法。於是廣泛徵詢，細加選擇，精思熟慮，使它不會成為後世的拖累。在開始生下來的時候，就想到了死後的事情，可以說是考慮得很深遠啊！

名子之際，其遠慮蓋如此，至於餘事，則每不然。法度苟以趨一時之便，未嘗憂他日之弊也；政事苟以濟一時之欲，未嘗憂他日之害也；財用苟以供一時之求，未嘗憂他日之匱也；兵革苟以快一時之忿，未嘗憂他日之危也。名子且為百年計，況於創業垂統以遺子孫者，反不能為後日計乎？

大而國，小而家，苟以名子之心推之，則「貽厥孫謀」[一]之理盡矣，奚必他求哉！抑嘗稽《禮》之所載[二]，子見於父，「父執子之右手，咳[三]而名之」。庶子則「撫其首，咳而名之」。是知命名特咳唾[四]之頃耳。

[注釋][一]貽厥孫謀：為子孫的將來作好安排。見於《詩經・大雅・文王有聲》：「豐水有芑，武王

給兒子命名的時候，其思慮是如此的深遠，至於其他的事情，卻每每不如此考慮。法度只是為了一時的便利，未曾考慮以後的弊端；政事只是為了滿足一時的慾望，未曾考慮以後的害處；財用只是供一時的需求，未曾考慮以後的匱乏；軍隊征伐只是為了報復一時的憤恨，未曾考慮以後的危亡。給兒子命名時尚且要為百年後籌劃，何況是開創基業，確立世統，把它們留給子孫後代，這些怎麼反而不能為今後考慮呢？

大到國家，小到家庭（的所有事情），如果按照給兒子命名的心理來推斷，那麼只要「貽厥孫謀（為子孫的將來作好安排）」的道理就盡在其中了，何必去尋求其他呢？我又曾經考察《禮記》的記載：兒子在父親面前，父親握著兒子的右手，在咯咯的笑聲中給兒子命名；如果是庶子，父親就摸著兒子的頭，在咯咯的笑聲中給兒子命名。於是我知道命名只不過是片刻工夫而已。

豈不仕？貽厥孫謀，以燕翼子。武王烝哉！」〔二〕《禮》之所載：見《禮記・內則》：「父執子之右手，咳而名之。」又：「庶子見於外寢，撫其首，咳而名之。」〔三〕咳（ㄏㄞ）而名之：小孩笑聲。指在小孩笑聲中給命名。或說父親模仿小孩笑聲並給命名，以示父愛。〔四〕咳（ㄎㄜ）唾：咳嗽吐唾沫。此說明呂氏解前引《禮記》「咳」為「咳嗽」義，恐非是。

一有不審，遂流患於無窮。晉名僖侯以司徒，豈知終晉之世易中軍〔一〕之名乎？宋名武公以司空，豈知終宋之世易司城〔二〕之名乎？魯名獻公、武公以具、敖，豈知終魯之世易二山之名〔三〕乎？失之於咳唾之間，而其患乃與國相終始。信矣！始之不可不審也。

〔注釋〕〔一〕此句：晉僖侯名司徒，廢為中軍。〔二〕此句：宋武公名司空，廢為司城。〔三〕此句：二山，具、敖也。魯獻公名具，武公名敖，更以其鄉名山。

若命名稍有不慎，就會留下無窮禍患。晉國僖侯命名為「司徒」時，難道知道晉國此後要將「司徒」這一官名改為「中軍」嗎？宋國武公命名為「司空」時，難道知道宋國此後要將「司空」這一官名改為「司城」嗎？魯國獻公和武公分別命名為「具」和「敖」時，難道知道魯國以後要將這兩座山的名字都改變了嗎？在命名的片刻之間有了疏失，但其帶來的禍患卻和國家相始終。的確，開始命名的時候不可不慎重啊！

然名子之不審，不過後世以諱廢事耳。孰知有一嚬[一]一笑而開子孫萬世之禍者乎？觀名子之遠慮，可以為有國家者之大法；觀名子之不審，可以為有國家者之大戒。申繻之言有鑒有規，固不可以易心讀之也。

[注釋][一]嚬（ㄆㄧㄣˊ）：皺眉。

但是給孩子命名不慎重，不過是後世因為要避諱而壞了事情而已。誰知道還有一皺眉、一微笑的功夫，而給子孫後代留下了萬世的禍患呢？考察前人給孩子命名時的深遠考慮，可以成為擁有國家之人的一大法則；考察前人給孩子命名的不慎重，可以成為擁有國家之人的一大警戒。申繻說的話有借鑒作用也有規勸作用，本來就不可以漫不經心地輕易讀過去。

左傳原文

桓公問名於申繻 桓公・六年

「九月，丁卯，子同生」。以大子生之禮舉之：接以大牢，卜士負之，士妻食之，公與文姜、宗婦命之。公問名於申繻。對曰：「名有五：有信，有義，有象，有假，有類。以名生為信，以德命為義，以類命為象，取於物為假，取於父為類。不以國，不以官，不以山川，不以隱疾，不以畜牲，不以器幣。周人以諱事神，名，終將諱之。故以國則廢名，以官則廢職，以山川則廢主，以畜牲則廢祀，以器幣則廢禮。晉以僖侯廢司徒，宋以武公廢司空，先君獻、武廢二山，是以大物不可以命。」公曰：「是其生也，與吾同物，命之曰同。」

王師伐虢

桓公・十年

屈天下之理，以信[一]天下之分，非善持名分者也。世之持名分者，皆曰「分可勝理，理不可勝分」。不幸而聽上下交爭之訟，寧使下受抑，勿使上受陵。所屈者，一夫之理；所信者，萬夫之分。屈尺寸而信尋[二]丈，亦何為而不可哉！嗚呼！分固不可屈也，理其可屈乎？宜人之滋[三]不服也。

[注釋][一]信：讀伸。伸張。[二]尋：古代長度單位，八尺為一尋。[三]滋：更加。

虢公譖其大夫詹父於桓王，詹父有辭，王為之伐虢，而逐虢公。以臣逐君，固可罪矣。然人之咎周者，不過曰「虢公雖曲，君也；詹父雖直，臣也。桓王之失，不當以曲直之理，而廢上下之分耳」。其罪桓王則是

[譯文]

歪曲天下的道理，來伸張天下的名分，這不是善於持守名分的人。世上持守名分的人，都說「名分可以勝過道理，道理不可以勝過名分」。如果不幸要斷決上級與下級之間的訴訟，寧可使下級受到壓制，也不應當使上級受到凌辱。所歪曲的，不過是一個人的道理；所伸張的，卻是萬人的名分。歪曲了尺寸之短卻伸張了尋丈之長，這有什麼不可以做的呢？唉！名分固然不可以歪曲，但道理就可以歪曲嗎？難怪人們會更加不服氣了。

虢公向周桓王說自己大夫詹父的壞話，詹父講了道理，周桓王於是討伐虢國，把虢公驅逐了。以臣子的名分而驅逐國君，本來就應該譴責。但是人們怪罪周王，不過是說；「虢公雖然理虧，但畢竟是國君；詹父雖然有理，但畢竟是臣子。周桓王的過失在於不應當用有理和無理來廢棄上下的名分。」責備周桓王

也，其所以罪桓王則非也。數傳而至於襄王，晉文公以元咺執衛侯〔一〕而請殺之，襄王曰：「夫君臣無獄，今元咺雖直，不可聽也。為臣殺其君，將安庸刑。」襄王之意，豈非欲矯桓王之失乎？所謂「君臣無獄」者，固可以為萬世訓；至若「元咺雖直」之一語，猶未免墮世俗之見也。苟如襄王之說，是元咺之理未嘗不直，所以不可聽者，恐亂君臣之分焉耳。

〔注釋〕〔一〕晉文公以元咺執衛侯：事在僖公二十八年。

有所謂理，又有所謂分，是理與分判然二物也。捨理而言分，是分孤立於理之外也。分孤立於理之外，則分者特一虛名耳。天下之亂臣賊子，豈虛名所能束縛耶？人情

是對的，但責備周桓王的理由卻是不對的。（周桓王）傳了幾代，到了周襄王。晉文公因為元咺之事拘捕了衛侯，並請求殺死他。周襄王說：「君臣之間沒有訴訟。如今元咺雖然有理，也不可以聽從。為了臣子而殺害國君，那麼刑法將如何施行？」周襄王的意思，難道不是想糾正周桓王的過失嗎？所謂「君臣之間沒有訴訟」的道理，本來就可以作為萬世的訓言；至於「元咺雖然有理」這句話，還是未免墮入了世俗之見。如果像周襄王那樣說的話，那麼元咺不是沒有理，之所以不能聽從他，是因為害怕亂了君臣之間的名分而已。

有所謂的道理，又有所謂的名分，這樣是把道理和名分截然分為兩種東西。若捨棄道理來說名分，這樣是把名分孤立在道理之外了。若名分孤立在道理之外，那麼名分只不過是一個虛名罷了。天下的亂臣賊子難道還會被虛名所束縛嗎？人情所容易感到不平

所不平者，莫甚於理直而受屈。今告之以汝理雖直，姑為名分屈。是導之爭也。彼亦安能鬱鬱受屈，久為虛名之所壓乎？必將不勝其忿，決壞名分而不暇顧。是吾之持名分，適所以喪名分也。

君子言分必及理，言理必及分。分不獨立，理不虛行，得則俱得，失則俱失，豈有既犯分而不犯理者乎？子之證父者，先有證父之曲，不必復問其所證之事也；弟之紾[一]兄者，先有紾兄之曲，不必復問其所紾之由也；臣之訴君者，先有訴君之曲，不必復問其所訴之辭也。

[注釋][一]紾（ㄓㄣˇ）：扭，擰。

當詹父元咺未訴君之時，其理固直；

的，莫過於有理卻受到委屈。現在卻告訴他，你雖然有理，還是要為名分而受委屈。這是把人引向爭鬥。他們怎麼能抑鬱地接受委屈，長久地被虛名壓制呢？必定會無比憤恨，毀壞名分，無所顧忌了。這樣一來，表面上我是持守了名分，但實際上恰是喪失了名分。

君子說到名分必定要顧及道理，論述道理必定要顧及名分。名分不是獨立的，道理也不是空虛地存在，得到了就一起得到，喪失了就一起喪失，難道有冒犯了名分卻不冒犯道理的事情嗎？兒子證明父親犯罪，首先兒子證明父親犯罪就是無理的，不必再詢問他所證明的具體事情；弟弟扭住哥哥，首先弟弟扭住哥哥就是無理的，不必再問他扭住哥哥的原因；臣子控訴國君，首先臣子控訴國君就是無理的，不必再詢問他控訴國君的理由。

當詹父、元咺還沒有控訴他們國君的時候，他們固然是有理的；當張開了控訴國君的口以後，就已經

既啟訴君之口，則已陷於滔天之惡矣。尚安得有所謂直哉！是詹父之直，因訴虢公而曲也；元咺之直，因訴衛侯而曲也。二人之理已曲，吾從而治之，亦治所當治而已。彼本自不直，復何所屈哉！周王苟以是正其罪，則二人者釋然內省其理之曲，沒齒[一]無憾矣。

[注釋][一]沒（ㄇㄛˋ）齒：牙齒掉光了，意為終身。

非特可服二人之心也，凡當時諸侯之臣，有欲犯上而訴其君者，必以謂訴所以求直，今訴君而反變為不直，曷若不訴以全吾直乎？勞而不怨，虐而不叛，益所以彰[二]吾之直也。又推而上之，則知君臣之際，本非較曲直之地。臣之理雖直，其敢自謂直以

陷入了滔天的罪惡，怎麼還算得上有理呢？所以說，詹父是有理，但因為控訴虢公而變得沒有理了；元咺是有理，但因為控訴衛侯而變得沒有理了。這兩個人已經沒有理了，我接著懲治他們，這也是應當懲治的。他們本來就沒有道理，又有什麼委屈呢？周王如果照此來定罪，那這兩個人就會豁然反省自己沒有理，終身也就沒有遺憾了。

不僅僅可以使這兩個人心服，凡是當時諸侯的臣子，那些想要犯上而控訴國君的人，必定會認為控訴是因為有理，現在控訴國君反而變得沒有理了，哪裏比得上不去控訴國君以便保全我的有理呢？辛勞而沒有怨恨，被虐而沒有背叛，這更加顯示我是有理的。再往上推論，就會知道君臣之間，本來就不是計較有理無理的地方。臣子雖然有理，怎麼敢自認為有理而凌駕在國君之上呢？早上朝晚退朝，謹慎小心，對

加吾君乎？蚤朝[二]晏退，戰戰兢兢，上不知君之曲，下不知我之直，所知者盡臣道而已。為人臣者，皆懷是心，雖極天地窮古今，安得有犯上之釁耶？

惜夫！桓王昧之而不知，襄王知之而不盡。此分與理所以終離而不可復合者也。後之為治者，非合分與理為一，亦安能洗犯上之習而還於古哉！

［注釋］［一］彰：彰顯，顯示。［二］蚤朝：蚤通「早」。上早朝。

上我不知道國君是無理的，對下我不知道自己是有理的，我所知道的只是盡自己的臣子之道而已。作為臣子的人，如果都懷有這樣的心，那麼即使是天南地北、古往今來，怎麼會有犯上的嫌隙呢？

可惜啊！周桓王對此暗昧而不知道，周襄王知道一些卻不完全。這就是道理和名分終究分離而不能再合到一起的原因。後來當政的人，如果不把名分和道理合到一起，又怎麼能洗刷犯上的習性而退回到古人的心性中去呢？

【古評】

孫月峰曰：所謂分者理之分也，犯分即犯理。字字名言。

朱字綠曰：前半俱用反擊，後半說到理分合一，方是正論。雖無甚警動處，意亦透闢。〇天下無不是底的父母，亦無不是底君，故曰臣罪當誅兮。天王聖明，雖以紂之虐，而文王不敢懈其服事之心，此其所以為至德也。然則面折廷爭，得毋見君有不是處乎？曰平居有陳善閉邪之忠，則臨難有百折不回之氣。若讒諂面諛者，方其希寵求榮，事事以君為是，及其事敗勢去，反事事以君為不是矣。故亡國之君，多咎其臣；亡國之臣，亦多咎其君。

張明德曰：犯分即所以犯理一語，斷盡上下千古許多疑案。豈直為詹父元咺云爾哉？純儒學識，高踞絕頂，俯視塵世，皆蠅聲耳。

左傳原文

王師伐虢 桓公・十年

春，虢仲譖其大夫詹父於王。詹父有辭，以王師伐虢。夏，虢公出奔虞。

虞叔伐虞公 桓公．十年

虞公以貪失國，虞叔以吝逐君。貪與吝遇，此禍之所以成也。貪者，惟恐不得人之物；吝者，惟恐失己之物。貪者，雖得萬金而不能滿；吝者，雖失一金而不能忘。虞之君臣，上貪而下吝。貪者求之，吝者守之，亂安得而不作乎？然貪與吝，非二法也。視人之物則貪，視己之物則吝；未得而求之則貪，既得而守之則吝。名雖不同，其心則同，出於嗜貨焉。

使虞公思吾求劍之心即虞叔守劍之心，必不至於貪矣；使虞叔思吾守劍之心，即虞公求劍之心必不至於吝矣。惟其不能交相恕，而反相責，此其所以釀莫大之釁也。由古而暨今，人所以相戕、相賊、相刃、相靡

［譯文］

虞公因為貪婪而丟掉國家，虞叔因為吝嗇而驅逐國君。貪婪和吝嗇碰到了一起，這是造成禍害的原因。貪婪的人惟恐得不到別人的東西，吝嗇的人惟恐失去自己的東西。貪婪的人即使得到了萬金也不能滿足，吝嗇的人即使失去了一金也不能忘懷。虞國的君臣，在上者貪婪，在下者吝嗇。貪婪的人索求，吝嗇的人固守，禍亂怎麼能不爆發呢？但是貪婪和吝嗇的本質是一樣的。想要別人的東西就是貪婪，不捨得自己的東西就是吝嗇；沒有得到而去索求就是貪婪；得到了而固守就是吝嗇。名目雖然不同，卻同樣是出自嗜好錢財的慾心。

如果虞公當時想到自己索求寶劍的心思，就是虞叔固守寶劍的心思，就必定不至於貪婪了；如果虞叔想到自己固守寶劍的心思，就是虞公索求寶劍的心思，就必定不至於吝嗇了。正因為他們不能互相寬恕，反而互相責備，這就是釀成莫大禍端的原因。自古至今，人們之所以相互戕害、相互殘殺、相互削弱、相

〔一〕者，職此之由。吾將告貪者以廉，告吝者以施，庶幾其有瘳〔二〕乎？

〔注釋〕〔一〕相刃相靡：相互削弱，相互消磨。靡，同磨。〔二〕瘳（ㄔㄡ）：疾病痊癒。這裏是救的意思。

嗚呼！彼方貪而吾告之以廉，是教餓虎之不求肉也；彼方吝而吾告之以施，是將求肉於餓虎也。無益於彼，祇取辱焉。信如是，則果無術以救之乎？曰：「此固不必他求也，不過以貪治貪，以吝治吝而已。」

至理之中，無一物之可廢；人心之中，無一念之可除。貪吝之念，苟本無邪，安從而有？苟本有邪，安得而無？是貪吝固不可強使之無，然亦不必使之無也。吾心一旦渙然冰釋，則曰「貪」曰「吝」，孰非至理哉！

互消磨，都是因為這個緣故。我如果告訴貪婪的人要廉潔，告訴吝嗇的人要施予，他們的毛病差不多就可以痊癒了吧？

唉！當他們正貪婪的時候，我卻告訴他們要廉潔，這是在教餓虎不要索求肉食；當他們正吝嗇的時候，我卻告訴他們要施予，這是在向餓虎索求肉食。對他們沒有好處的說教，只會招惹侮辱。果真這樣，那麼就沒有辦法挽救了嗎？回答是：這本來就不必尋求其他方法，不過是用貪婪來懲治貪婪，用吝嗇來懲治吝嗇而已。

在至高的道理當中，沒有一件東西是可以廢棄的；在人心之中，沒有一個念頭是可以廢除的。貪婪和吝嗇的念頭如果本來就沒有，那麼又到哪裏去擁有呢？如果本來就有，又怎麼會變得沒有了呢？所以貪婪和吝嗇本來就不可以強行使之消失，而且也沒有必要使它們消失。我的內心一旦渙然冰釋，那麼所謂貪婪、所謂吝嗇，哪個不是至高之理？

蓋事有善惡，而念無善惡。是念加於事之善者，則名善念；是念加於事之惡者，即名惡念。所謂念者，初無二也。譬之於火，用之爨釜〔一〕則為善，用之燎原則為惡，然曷嘗有二火哉；譬之於水，用之溉田則為善，用之灌城則為惡，然曷嘗有二水哉。自人觀之，雖若為二，而其一未嘗不卓然獨存於二之中也。

〔注釋〕〔一〕爨（ㄘㄨㄢˋ）釜：灶，燒。釜，鍋。

世所以指虞公為貪者，以其求財常不厭耳。苟用是念以求道不厭：立而不已，必求與權；賢而不已，必求為聖。則與夫子「學而不厭」何以異乎？世所以指虞叔為吝者，以其守財欲不失耳。苟用是念以守道不失：與生俱生，欲不能遷；與死俱死，威不

一般說來，事情有善和惡，而念頭是沒有善和惡。念頭如果加在善事上，就叫做善念；念頭如果加在惡事上，就叫做惡念。所謂的念頭，本來就沒有區別。就像是火，用來燒煮食物是善的，用來燒燬林原就是惡的，然而何嘗有兩種火呢？就像是水，用來灌溉田地是善的，用來淹沒城池就是惡的，然而何嘗有兩種水呢？從人來看，雖然像是兩種，但其中任何一種未嘗不是明顯地存在於二者之中。

世人之所以指責虞公是貪婪的人，是因為他索求財物總是不知滿足而已。如果虞公能利用這種念頭，不知滿足地追求道德：卓然自立而不停止，一定要求達到權重的境界；成為賢人而不停止，必定要求達到聖人的境界。那麼這和孔夫子的「學而不厭」有什麼區別呢？世人之所以指責虞叔是吝嗇的人，是因為他固守財物而不願失去而已。如果虞叔能利用這一念頭，固守道德而不墜失：與生命一同生存，欲望不

能奪。則與顏子「服膺弗失」〔一〕何以異乎？求財與求道，相去遠矣，而所謂不厭者，其念未嘗加損也；守財與守道，相去遠矣，而所謂不失者，其念未嘗加損也。向之惡，今之善，特因物而改其名耳。吾之念曷嘗改哉！人徒見其嘗名「貪」、嘗名「吝」，遂疑而惡之，乃欲求道於是念之外，是猶惡焚而廢火食，惡溺而廢水飲也。誤矣！

〔注釋〕〔一〕顏子「服膺弗失」：顏回信從孔子之道，雖處貧乏而未變。

能改變心志；與生命一同死去，威權不能奪取心志。那麼和顏回的「服膺弗失」有什麼區別呢？索求錢財與追求道德相差很遠，但所謂「不滿足」這一念頭是沒有區別的；固守錢財和堅守道德相差很遠，但所謂「不墜失」這一念頭是沒有改變的。以前是惡的，現在是善的，只不過是因為外物而改變了它們的名稱而已。我的念頭何嘗發生了改變呢？人們只是看見它曾經叫做「貪婪」，曾經叫做「吝嗇」，於是產生了懷疑而厭惡它們，還想在這樣的念頭之外去尋求道理，這就像是厭惡火災而廢除用火燒煮食物，厭惡溺水而廢除飲水一樣，錯了！

【古評】

朱字綠曰：移貪貨之念以求道，移吝貨之念以守道，亦尋常議論，卻用吞吐之筆，使人驚疑，急欲看其如何用貪、如何用吝。作文須有如此騰挪，始足動人。

張明德曰：作文先要主意，主意拿得定，橫衝直撞，都是有著落語，非同影響又之妙處，不在用貪、吝二字，在於用貪、吝二字，吞吞吐吐，一步緊一步，此善於騰挪者。

左傳原文

虞叔伐虞公 桓公．十年

初，虞叔有玉，虞公求旃。弗獻，既而悔之，曰：「周諺有之：『匹夫無罪，懷璧其罪。』吾焉用此？其以賈害也。」乃獻之。又求其寶劍。叔曰：「是無厭也。無厭，將及我。」遂伐虞公。故虞公出奔共池。

楚屈瑕敗蒲騷　桓公·十一年

楚人有習操舟者，其始折旋疾徐，惟舟師之是聽。開帆擊楫，雲興鳥逝，一息千里。雖未知操舟之術，而動於操舟之利，既不能自制，亦不能自決也。於是小試於洲渚[一]之間，平瀾淺瀨[二]，水波不興，投之所向，無不如意。不知適有天幸，遂以為盡操舟之術矣。遽謝遣舟師，傲然自得。沼視溟渤[三]，而杯視江湖，椎鼓徑進，亟犯大險。吞天沃日之濤，排山倒海之風，轟豗[四]澎湃，奔鯨駭虬，乃傍徨四顧，膽落神泣，墮槳失柁，身膏魚鱉之腹，為世大戒。然則召今日之危者，豈非前日之幸乎？使其自試之時已遇風濤之變，則將知難而悔，終身不敢言舟楫矣。屈瑕之禍，不幸類是。

[譯文]

楚國有人練習撐船，剛開始時，掉頭或轉圈，快與慢，都是聽從船師的。打開風帆，劃動船槳，如輕雲興起，像鳥兒飛逝，瞬息千里。他雖然還不知道撐船的技術，但已心動於撐船的便利，既不能克制自己的衝動，也不能作出自己的決定。於是在有沙洲或小島的水上稍作嘗試，波平灘淺，水波不興，船行所向，無不如意。他不知道這只是恰巧碰上的一絲幸運，於是認為自己已經完全掌握了撐船的技術，就突然辭謝遣走了船師，傲慢而自得。於是在他眼裏，大海是池沼，江湖是水杯，擊鼓直進，屢犯大險。當吞天浸日的波濤，排山倒海的大風，轟鳴激蕩，洶湧澎湃，使鯨魚逃奔，讓虬龍駭走之時，他於是傍徨四顧，膽落心驚，涕泣無門，墜槳失舵，葬身魚腹，為世人所警戒。這樣說來，那麼召來現在的危險的，難道不是以前的僥倖嗎？如果他在自己嘗試的時候，就已經遇上了風濤的變化，那麼就會知道困難而後悔，終身都不敢談論舟楫了。屈瑕所遭的禍患，很不幸地和這事類似。

［注釋］［一］洲渚（ㄓㄨˇ）：洲，水中之島；渚，水中小塊陸地。［二］瀨（ㄌㄞˋ）：流於沙上之水。［三］溟渤：滄溟、渤海，泛指大海。［四］轟豗（ㄏㄨㄟ）：水流激蕩之聲。

當屈瑕與鄖師相距於蒲騷，自知將略非長，委計鬬廉。教以次郢禦四邑者，鬬廉也；教以銳師宵加於鄖者，鬬廉也；教以師不在眾、不疑何卜者，又鬬廉也。無小無大，惟鬬廉之謀是從，以成厥功，豈不猶操舟者其始惟舟師之聽乎？屈瑕徒見用奇之功，而欲竊效焉。伐絞之役，是身試於洲渚之時也，幸而絞人偶入其計，志滿氣揚，自謂算無遺策。凡天下之言兵者，無出我之右矣。彼區區之羅人，政須折箠笞之耳。削規破矩，任意直前，變出不圖，軍僨［一］身蹶。其得禍，蓋與操舟者無以異也。

當屈瑕和鄖國的軍隊在蒲騷對抗的時候，自認為打仗和謀略不是自己的特長，因而問計策於鬥廉。教他駐軍在郢地以抵禦四個小國的，是鬥廉；教他以精銳部隊晚上襲擊鄖軍的，是鬥廉；教他軍隊不在於眾多，沒有疑惑就不必占卜的，又是鬥廉。無論事情大小，惟鬥廉計謀是從，因而成就了他的功勞，這難道不像是學撐船的人在剛開始時一切都聽從船師的指導嗎？屈瑕只看到用奇計的功效，因而偷偷地仿傚。討伐絞的戰役，就像是在有沙洲或小島的水上親自嘗試的時候，恰巧絞人偶然陷進他的計策中，於是他滿懷鬥志，趾高氣揚，以為自己的算計沒有遺漏，天下所有論軍事的人沒有比我高超的，那小小羅國的人民，只需要折取鞭子來抽打他們而已。於是破壞規矩，肆意前進。形勢發生變化卻未有應變的圖謀，軍隊被打敗而自身喪命。屈瑕所遭禍患，大概和那個撐船的人沒有什麼區別。

〔注釋〕〔一〕僨（ㄈㄣˋ）：倒下，失敗。

鄧曼推其禍端，歸之蒲騷之役。吾以為成屈瑕之禍者，在絞而不在蒲騷。方伐絞之初，屈瑕雖欲自用，尚未敢自信也。苟受挫於絞人，必謂昔以用人言而勝，今以自用而敗，將益求其所未至，不敢以兵為戲矣。彼既見其謀之驗，忘其幸而矜其能，心口相語：疇昔蒲騷之勝，借曰鬬廉之謀；今采樵誘敵之策，豈亦鬬廉教我乎？此所以堅其自用之意，而趣〔一〕其荒谷之縊也。屈瑕之死生，在於伐絞之勝敗，驕之於先，而蹈之於後，庸非天欲斃之乎？

〔注釋〕〔一〕趣：同趨。

苻堅〔一〕之治秦，一則王猛，二則王猛。

鄧曼推究屈瑕的禍因，把它歸到蒲騷之役。我認為造成屈瑕禍患的，在於絞之役而不在蒲騷之役。當討伐絞的時候，屈瑕雖然想自用計謀，但還不敢自信。如果在絞之役時受到挫敗，必定會認為過去是用別人的計謀而打勝了，現在用自己的計謀而被打敗了。他就會進一步尋求自己計謀不足的地方，不敢把軍事當作是兒戲了。當他看到自己的謀略很靈驗之後，就忘記了那只是僥倖而炫耀起自己的才能。自己滿心以為：以前蒲騷之役的勝利，靠的是鬥廉的計謀；現在派人砍柴以引誘敵人的計謀，難道也是鬥廉教給我的嗎？這就是讓屈瑕堅持用自己的計謀，從而促成了他最終自縊於荒野山谷的原因。屈瑕的死與生，在於討伐絞的勝與敗。因先前的驕傲，而後來走向覆滅，難道不是上天要他敗亡的嗎？

苻堅統治前秦，第一靠王猛，第二還是靠王猛。王猛死後，苻堅曾下詔說：因為新近失去了丞相，所

猛之死，下詔以新失丞相，置觀以聽訟，其辭至兢兢也。繼踵而張掖西域之捷交至，其心始縱。謂：「天下之事，止此耳！猛雖亡，吾豈不能獨辦乎？」迄自用而致淝水之辱。向若猛死之後，其鋒嘗小挫，必不敢遽輕天下。堅之喪國，即屈瑕之喪師也。

〔注釋〕〔一〕苻堅：前秦開創者。曾一度攻克西北的張掖、西域等地，統一北方，但在揮師南下攻打東晉之時，敗於淝水，北方隨即陷入混亂。王猛是他的主要謀臣。

由天子至於庶人，免於師傅之嚴，而驟欲獨行其志：遇事之易者，未足喜；遇事之難者，未足憂。蓋先遇其易，則以易為常，是禍之原也；先遇其難，則以難為常，是福之基也。世固有以一勝累一國，以一能敗一身者矣。豈不甚可畏耶？

以設置台觀來聽取訴訟。他的言辭極其小心謹慎。隨著張掖、西域的勝利接連傳來，他的內心就開始驕縱。認為：「天下的事情，只不過如此而已。王猛雖然死了，我難道就不能獨自做事嗎？」於是剛愎自用而導致淝水之戰的恥辱。假如之前王猛死後，他的鋒芒哪怕曾受到小小的挫折，那麼必定不敢突然輕視天下。苻堅喪失國家，就和屈瑕喪失軍隊一樣。

從天子到百姓，在免除了老師的嚴格指導後，而急於想單獨施展自己的抱負（的人應牢記）：遇到容易的事情，不值得高興；遇到困難的事情，也不值得憂慮。因為先遇到了容易的事情，就會以容易為常事，而成為禍害的根源；先遇到困難，就會以困難為常事，而成為幸福的基礎。世上本來就有因為一次勝利而牽累了一個國家，因為一點才能而丟掉生命的情況，這難道不是很可怕的嗎？

【古評】

鍾伯敬曰：前借操舟為喻論定，末以天子庶人一段繳結，大有關係，且文氣波瀾洋溢。

朱字綠曰：一層用人者常勝，一層自用者必敗，一層不用人而自用之初，敗為幸，勝為不幸。祇此三層，處處綰定本題，既用三層應，引苻堅亦以三層應，推到天子庶人，俱於不用人而自用之初，寧難於先，而有所懲以基福，毋易於先，而有所輕以召禍。真能暢所欲言。

張明德曰：引喻處說得親切入情，始知蒲騷之役，以自用而招殃禍，伏於得志之先。文能層層剝發。

左傳原文

楚屈瑕敗蒲騷 桓公．十一年

楚屈瑕將盟貳、軫。鄖人軍於蒲騷，將與隨、絞、州、蓼伐楚師。莫敖患之。鬭廉曰：「鄖人軍其郊，必不誡，且日虞四邑之至也。君次於郊郢，以禦四邑。我以銳師宵加於鄖。鄖有虞心，而恃其城，莫有鬭志。若敗鄖師，四邑必離。」莫敖曰：「盍請濟師於王？」對曰：「師克在和，不在眾。商、周之不敵，君之所聞也。成軍以出，又何濟焉？」莫敖曰：「卜之。」對曰：「卜以決疑。不疑何卜？」遂敗鄖師於蒲騷，卒盟而還。

楚伐絞 桓公・十二年

楚伐絞，軍其南門。莫敖屈瑕曰：「絞小而輕，輕則寡謀，請無扞采樵者以誘之。」從之。絞人獲三十人。明日，絞人爭出，驅楚役徒於山中。楚人坐其北門，而覆諸山下，大敗之，為城下之盟而還。

屈瑕大敗 桓公・十三年

楚屈瑕伐羅，鬭伯比送之。還，謂其御曰：「莫敖必敗，舉趾高，心不固矣。」遂見楚子曰：「必濟師。」楚子辭焉。入告夫人鄧曼，鄧曼曰：「大夫其非眾之謂，其謂君撫小民以信，訓諸司以德，而威莫敖以刑也。莫敖狃於蒲騷之役，將自用也，必小羅。君若不鎮撫，其不設備乎？夫固謂君訓眾而好鎮撫之，召諸司而勸之以令德，見莫敖而告諸天之不假易也。不然，夫豈不知楚師之盡行也？」楚子使賴人追之，不及。莫敖使徇于師曰：「諫者有刑。」及鄢，亂次以濟。遂無次，且不設備。及羅，羅與盧戎兩軍之，大敗之。

祭仲立厲公 桓公・十一年

告君子以理，告眾人以事。所謂眾人者，見形而後悟，按迹而後明，非遽可理曉也。

孟子曰：「所欲有甚於生者，所惡有甚於死者。」君子於處死生之際，固自得於言意之表矣。由眾人觀之，則天下之可惡者，孰有甚於死乎？雖申告以義之重，然彼不知義果何物。口誦心惟〔一〕，淡乎若大羹、明水〔二〕之無味也。以無味之言而驅之就其所惡之死，吾知其難也。曷若告之以事，因其素所曉者而入之乎？

〔注釋〕〔一〕惟：思維。〔二〕大羹、明水：古代

〔譯文〕

告訴君子可用道理，告訴眾人須用事實。被稱為眾人的人，見到形象後纔曉悟，尋到痕跡後纔明瞭，不是可以馬上用道理讓他們明白的。

孟子說：「想要的有比生命更寶貴的東西，不想要的有比死亡更可怕的東西。」君子在處於生死交關的時候，固然能從這些話中通達生命的大義，而安定自若。但由眾人看來，普天之下最可怕的，還有什麼能超過死亡嗎？雖然反復向眾人解釋「義」的重要，但他們不知道「義」究竟是什麼東西。口上誦說的，心裏念想的，像祭祀用的大羹和明水一樣清淡無味。用無味的言語來驅使他們走向所害怕的死亡，我知道這是很難的了。何不用事實來告訴他們，憑藉他們平常所知道的事情而讓他們進入大義之門呢？

祭祀所用之湯水。大羹，《儀禮·士虞禮》作「泰羹」，祭祀所用之肉羹。明水，祭祀所取用的露水。

祭仲當宋人之執而不能死，必以所惡者莫甚於死也。故寧受逐君之名。然不數年而有雍糾之謀，使仲弗先知，則陷厲公之機[一]矣。向之死以殉國，今之死以怙權，其榮辱天淵也。當是時，雖欲復死於宋，其可得乎？其後當昭公之弒而又不能死，亦必以所惡者莫甚於死也。故寧縱弒君之賊。不數月而有首止之會，使仲弗先知，則隨渠彌之戮矣。向之死以討亂，今之死以從逆，其榮辱天淵也。當是時，雖欲復死於昭公，其可得乎？

[注釋][一]機：捕鳥獸的機檻，引申為圈套。

人之所不可復得者，生耳。今反思死

祭仲被宋人擒住，而沒能赴死，必定是因為沒有什麼比死亡更讓他害怕，所以寧願忍受驅逐國君的罪名。但是沒過幾年，就有了雍糾要殺他的陰謀，假如祭仲不是提前知道，那麼就陷入鄭厲公的圈套了。先前若死的話是為國家而犧牲；現在若死的話是因為倚勢專權而死，兩者的光榮和恥辱真是天壤之別啊。此時，即使想再死於宋人之手，又怎麼可能呢？後來，當鄭昭公被弒殺時，祭仲又沒能赴死，也必定是因為沒有什麼比死更讓他害怕的了，所以寧願放縱弒殺國君的賊人。沒過幾個月就有了首止的盟會，假如祭仲不是提前知道，那麼也隨著高渠彌被殺掉了。先前若死的話是因為討伐叛亂而死；現在若死的話是因為順從逆臣而死，兩者的光榮和恥辱真是天壤之別啊。此時，即使想再為昭公而死，又怎麼可能呢？

人不可能再次得到的，是生命。現在反而是想死

不可復得，則孟子「所惡有甚於死」之論非矯情也。既達者觀其理，未達者觀其事，處死之道思過半矣。然祭仲之處死，猶未足為難也，臣之死於君，死於國，職也。

乃若雍糾將殺祭仲而謀於其女，楚子將殺子南而告於其子，為其女、為其子者，將若之何？父也、君也、夫也，鼎立為三綱[一]，而世未有能輕重之者也。全彼則害此，全此則害彼，豈非天下之至難處而君子所當先講乎？

[注釋][一]三綱：古代的禮教規範。即父為子綱，君為臣綱，夫為妻綱。

曰：「是不必講也」。有是事，則有是理；無是事，則無是理。若雍姬、棄疾之事，君子之所必不遇也。伐國不問仁人，對

也不可能再次得到，那麼孟子「不想要的有比死亡更可怕的東西」的議論並非違背常情啊。已經通達的人看道理，尚未通曉的人看事實，關於如何對待死亡的考慮就已經明白過半了。但是祭仲對待死亡的態度，還不算是很困難的事，因為臣子為國君而死，為國家而死，是他的職責。

至於像雍糾將要殺祭仲，卻和祭仲的女兒商量；楚王將要殺子南，卻告訴了子南的兒子。那麼，做祭仲女兒的、做子南兒子的，將要怎麼辦呢？父親、國君、丈夫是鼎足而立的三大綱紀，世上沒有哪個能把它們分出輕重的。保全了那個就傷害了這個，保全了這個就傷害了那個，這難道不是天下最難處置，而君子應當最先加以討論的嗎？

回答：「這是個不必討論的問題。」有這事，就有這理；沒這事，就沒這理。像雍姬和棄疾的事情，做君子的一定不會遇上。攻伐別國必定不會詢問仁厚的人，當著孝子的面，卻公開揚言要殺害他的父母，

孝子而公言將殺其親，世之所無也。君子之深愛婉容[一]，見者意消，雖欲微詆其親，猶忸怩而不能出口，矧[二]曰「殺」之云乎？聞君子死親之難矣，不聞人敢以殺其親之謀告君子也。里閭[三]之相毀訾者，遇其所厚在席，必為之止。父子間豈朋友比哉！

[注釋][一]婉容：和順的樣子。[二]矧（ㄕㄣˇ）：何況，況且。[三]里閭：鄉里。

雍糾不以雍姬為可忌而謀之，楚子不以棄疾為可憚而告之，固可占知二人之為人矣。平居暇日，誠不足以動人，禍已至此，告者殺夫，不告者殺父，左右皆坑谷也。果君子，則必不至聞此言；果聞此言，則必非君子。兩者烏可並立耶？吾之所憂者，不能造君子之域耳，未有既為君子，而復遇此變

世上是沒有這種事的。君子深愛其親而和悅的面容，看見的人意氣就會消解，即使想稍微指責他的父母幾句，尚且不自在而說不出口，何況說「殺」這一類的話呢？我聽說過君子為父母的禍難而死的事情，而沒有聽說過人家敢於把殺他父母的計謀告訴君子的。鄉里間有互相譭謗指謫的，如遇到與他們所詆毀的對象有交情深厚的人同在席上，一定會因此停止詆毀。父子之間的感情，難道是朋友可比得上的嗎？

雍糾不以雍姬為應當忌諱的人而和她商量殺害她父親的事，楚康王不以棄疾為應當忌憚的人而告訴他要殺害他父親的事，本來就可以判斷這兩個人的為人了。若是平居暇日，這實在不能夠感動人，當禍已至此，告密就害了丈夫，不告密就害了父親，左右都是深坑大谷。如果真是君子，就一定不至於聽到這樣的話；如果真聽到了這樣的話，就一定不是君子。這兩種情況，怎麼可能同時存在呢？我所擔憂的是，不能達到君子的境界罷了，不可能有已經成為了君子，卻又遇到這種變故的情況存在。

者也。

今緩於為君子，而急於講二人之得失；不欲消此變，而欲當此變。抑末矣。故曰：雍姬、棄疾之事，非君子所當講也。

現在不急於成為君子，卻急於討論兩人的得失；不打算消除這種變故，卻設想遭遇這種變故。這也太不入流了吧！所以說；雍姬、棄疾的事情，不是君子所應當談論的。

【古評】

朱字綠曰：主意貴消變而賤當變，卻不呆講消變方略，祇說君子不必講，而其事可決其必不遇，文勢便離奇動目。要知君子何以必不遇，有其平日之消之者在也。消之之法，不專是人不忍告，以戕殺其親，其事祭仲也。早消其專，其事子南也。早消其覬起之寵，有幾諫之法，有涕泣道之之法，內有以回其親心，外有以結其君心，庶幾上下交安而禍可免也。文卻不肯犯實做，祇說必不遇，其意悠然可思。孫執升以為見識高，又以為避難，以為含蓄，殆得之矣。

張明德曰：消禍於未萌，此有道者之定職，未可以責之碌碌輩也。篇中君子必不遇一語，可謂善握靈符，至其文勢開拓，猶其餘事。

【今評】

呂正鐘：「平居暇日，誠不足以動人，禍已至此，告者殺夫，不告者殺父，左右皆坑谷也……。」正如台灣諺語中：媳婦對待姑嫂要謹慎，一邊是溝，一邊是圳。對待翁姑和丈夫亦是，左右皆坑谷也。以現代人而言，兩性講求平等，作丈夫的對待父母與妻子亦復如是，您說是嗎？

左傳原文

祭仲立厲公 桓公・十一年

（註見四卷）

祭仲殺雍糾 桓公·十五年

祭仲專。鄭伯患之，使其壻雍糾殺之。將享諸郊，雍姬知之，謂其母曰：「父與夫孰親？」其母曰：「人盡夫也，父一而已，胡可比也？」遂告祭仲曰：「雍氏舍其室而將享子於郊。吾惑之，以告。」祭仲殺雍糾，尸諸周氏之汪。公載以出，曰：「謀及婦人，宜其死也。」

高渠彌殺昭公 桓公·十七年

初，鄭伯將以高渠彌為卿。昭公惡之，固諫，不聽。昭公立，懼其殺己也。辛卯，弒昭公而立公子亹。君子謂昭公知所惡矣。公子達曰：「高伯其為戮乎？復惡，已甚矣。」

齊人殺子亹 桓公·十八年

秋，齊侯師于首止。子亹會之，高渠彌相。七月戊戌，齊人殺子亹而轘高渠彌，祭仲逆鄭子于陳而立之。是行也，祭仲知之，故稱疾不往。人曰：「祭仲以知免。」仲曰：「信也。」

楚殺子南 襄公·二十二年

楚觀起有寵於令尹子南，未益祿而有馬數十乘。楚人患之，王將討焉。子南之子棄疾為王御士，王每見之，必泣。棄疾曰：「君三泣臣矣，敢問誰之罪也？」王曰：「令尹之不能，爾所知也。國將討焉，爾其居乎？」對曰：「父戮子居，君焉用之？洩命重刑，臣亦不為。」王遂殺子南於朝，轘觀起於四竟。子南之臣謂棄疾：「請徙子尸於朝。」曰：「君臣有禮，唯二三子。」三日，棄疾請尸，王許之。既葬，其徒曰：「行乎？」曰：「吾與殺吾父，行將焉入？」曰：「然則臣王乎？」曰：「棄父事讎，吾弗忍也。」遂縊而死。

盜殺伋壽 桓公・十六年

和氣致祥，乖氣[一]致異，二氣之相應，猶桴鼓[二]也。物之祥不如人之祥，故國家以聖賢之出為佳祥，而景星矞雲、神爵甘露[三]之祥次之；物之異不如人之異，故國家以邪佞之出為大異，而彗孛飛流[四]、龜孽牛禍[五]之異次之。是以王季、文王迭出於古公[六]之裔，武庚、祿父[七]實育於商紂之門，亦各從其類也。

[注釋][一]乖氣：乖戾、不順之氣。[二]桴鼓：鼓槌與鼓。[三]景星矞雲、神爵甘露：景星，為德星。出現於農曆月始第一日或月終最後一日，可以增月輝。古人以為，國君有德政，景星即現。矞雲，即彩雲。神爵，即神雀。甘露，甜美之雨露。[四]彗孛飛流：彗孛，彗星。飛流，流星；一說飛星和流星。兩者微異，飛星焱去而跡絕，流星跡存而不滅。[五]龜孽牛禍：龜孽，古人迷信，謂水滂即龜多出為孽。牛禍，

[譯文]

和順的氣招致祥瑞，乖戾的氣招致災異。二氣相感應，猶如鼓槌和鼓一樣。物的祥瑞不如人的祥瑞，所以國家以聖人賢者的出現為最佳的祥瑞，而景星、彩雲、神雀、甘露等祥瑞則是其次的了；物的災異不如人的災異，所以國家以邪惡奸佞之人的出現為最大的災異，而彗星、飛流、龜孽、牛禍等災異則是其次的了。所以古公的後裔相繼出現了王季與文王，而商紂的家門也確實育出了武庚和祿父，這也是各從其類了。

指牛多怪胎，古人認為象徵災禍，故云。[六]此句：古公亶父，王季之父，文王之祖。[七]武庚，祿父：紂之後也。後與管、蔡作亂，周公誅之。

衛宣公之無道，昏縱悖亂，腥聞於天，乖戾之氣所召者，宜其為凶、為姦、為逆、為惡，而伋、壽二子並生其家，然則天理有時而舛乎？曰：「是所以為天理也。」世皆以人欲滅天理，而天理不可滅。彼衛公之家，三綱壞矣，五典[一]隳矣，凡生民之常性，皆剝喪而無餘矣，而二子之賢，忽生於至醜至污之地焉。是知上帝之降衷[二]，雖在昏縱悖亂之中，未嘗不存也。二子自幼至長，所聞者，何語；所見者，何事？而介然[三]自守，習不能移，豈得之於人乎？是天以二子而彰此理之未嘗亡也。嗚呼！天理固然矣。

衛宣公不行德政，昏庸放縱，違背倫常，穢臭的氣味，一直上達於天，這是被乖戾之氣所招致的人，也應該是他為兇、為奸、為逆和為惡的原因，但伋、壽兩個兒子卻同時出生在衛宣公家，那麼，這是天理有時也會出現的舛誤嗎？回答：「這正是天理存在的原因啊。」世人都以為個人的欲望可以滅除天理，但天理是不能被滅除的。那衛宣公的家裏，三綱已經被破壞了，五典也已經墜落了，凡是存活人的本性，都喪失盡了再無剩餘。然而這兩個賢良的人子，卻忽然出生在這最醜惡、最污穢的地方。由此可知，上天降福施善，雖然在昏庸放縱，違背倫常之中，也是未嘗不存在的。這兩個人從小到大，他們所聽到的是些什麼言論啊？所見到的是些什麼事情啊？卻能堅定地自守節操，習俗不能改變他們的心志，這難道是得力於人嗎？這是上天以這兩個人來彰顯天理還沒有消亡啊。唉！天理本來是這樣的啊！

［注釋］［一］五典：這裏指五種倫常，即父慈、子孝、兄友、弟悌、夫婦合和。［二］降衷：降福，施善。［三］介然：專一、獨特的樣子。

若宣公之無道，天反以賢子孫遺之，世亦有乖氣而或致祥者乎？曰：「二子之賢，君子之所謂祥，而衛國之所謂妖也。」彼以其邪，我以其正，彼以其濁，我以其清，每若鑿枘［一］之不相合。自淫朋惡黨視之，豈不猶妖孽哉！讒譖交作，致二子之死，又致惠公之逐，又致黔牟之放，又致左右公子之誅，其為變異，孰大焉！吾是以知天道之不誣，乖氣之果致異也。天雖降祥，人無以承之，則祥變而為異。使宣公因二子之賢，一念悔悟，而復於正：正宮闈以正朝廷，正朝廷以正百官，正百官以正萬民，風驅雷動，萬惡皆消。固可以移《匏葉》《桑中》

像衛宣公這樣無道的君主，上天反而以賢良的子孫賜給他，世上也有乖戾之氣卻招致祥瑞的情況嗎？回答是：「這兩人賢良，正是君子所認為的祥瑞，而衛國所認為的妖孽。」他們認為邪惡的，我們認為是正義的；他們認為污濁的，我們認為是潔淨的，每每像圓鑿和方枘一樣不相合。從淫朋惡黨看來，他二人怎麼不是像妖孽一樣呢？讒毀與誣陷交相發生，致使二人丟了性命，又致使衛惠公被驅逐出去，又致使黔牟被放逐，又致使左公子洩、右公子職被殺害，這種禍亂，還有什麼能比它嚴重呢？我由此可知天道不虛妄，乖戾之氣果然會招致災異了。上天雖然降下祥瑞，卻沒有人來承受它，那麼祥瑞就會變為災異。假如衛宣公能因為這二子的賢良，一念之間悔悟而回到正道，宮廷走上了正道就會讓朝廷走上正道，朝廷走上了正道就會讓百官走上正道，百官走上了正道就讓百姓走上正道。這樣，就會像風驅雷動一樣，把所有的罪惡都消解了，本來是可以把《匏葉》、《桑中》這

[二]之詩而為《漢廣》《行露》[三]之章矣。變災為瑞，變乖氣為和氣，特反覆手耳，此豈宣公之所及哉！

[注釋][一]鑿枘：「圓鑿方枘」省稱，圓孔難以插進方的榫頭，比喻兩不相合。[二]《匏葉》《桑中》：《詩經》篇名，《邶風·匏有苦葉》和《鄘風·桑中》。前者諷刺衛宣公之淫亂，後者諷刺衛國宮室之風氣敗壞。[三]《漢廣》《行露》：《詩經》篇名，《周南·漢廣》和《召南·行露》。前者歌頌文王德政廣大，後者讚美周賢臣召公。

宣公固不足責，以二子之賢，受之於天者如此，反不能已衛國之亂者，何歟？曰：黍、稷、穜、稑[一]之種，受於天也；如是而播，如是而植，如是而耘，如是而穫者，人也；鹵莽滅裂而坐待倉箱[二]之盈，可乎？二子之受於天者，大舜之資也。其處

樣的諷刺詩篇，改換成為《漢廣》、《行露》這樣的讚美詩篇的。變災異為祥瑞，變乖戾之氣為祥和之氣，只不過像翻轉手掌一樣簡單罷了。這些難道是衛宣公所能做得到的嗎？

宣公固然不值得責備，但以伋、壽二子的賢良，上天賦予他們這麼好的稟賦，卻不能阻止衛國的禍亂，這是什麼緣故呢？回答是：黍、稷、穜、稑的種子，都是上天賜予的，要這樣播種，要這樣栽培，要這樣除草，要這樣收割，都是人力做成的。如果把這些種子鹵莽粗暴地破壞了，卻安坐著等待倉房充實起來，可能嗎？二人稟受於上天的是舜帝那樣的資質。他們處在頑劣而愚蠢的父母之間，最終被抵消了；即使守著一己的堅貞，卻仍不明不白地死去。之所以成

頑父嚚〔三〕母之間，終至格姦〔四〕；雖守區區之介，死於無名。成父母之惡者，無他焉，所以充養而廣大之者，不如舜耳。觀二子之生，則知天理之不可滅；觀二子之死，則知天資之不可恃。是道也，非洞天人之際、達性命之原，何足以知之哉！

〔注釋〕〔一〕黍、稷、穜（ㄊㄨㄥˊ）、稑（ㄌㄨˋ）：黍，黍子。稷，穀子。《周禮・天官・內宰》鄭玄注引鄭　：「先種後熟謂之穜，後種先熟謂之稑。」〔二〕倉箱：貯藏穀物之倉房與載運糧食之車箱。〔三〕嚚（ㄧㄣˊ）：愚蠢而頑固。〔四〕格姦：即扞格之倒文，抵觸。

全了父母的罪惡，沒有別的原因，用來充養與推廣他們賢德的條件不如舜帝罷了。看到這兩個人的存在，便可知道天理是不可消滅的；看到這兩個人的死亡，便可知道天資是不可憑靠的。這一道理，如果不是洞察了天與人之間的關係，並通曉了性命的本源，怎麼能夠知道呢？

【古評】

瞿昆湖曰：前後有擒有縱，有結有伏，甚有理趣。

朱履安曰：乖風致異，誰不解道，不能說得奇快若此。

朱字綠曰：乖氣致異，邪亂之家，異固異，即祥亦異，推到天生善人於不善之家，以見天理之常存，不善之家，雖有善人，而亦不能化其不善，以見天資之不可恃。愈出愈奇，越奇越正。

張明德曰：伋壽之賢，卻生於宣公，天道其可問耶？構此題吾幾欲閣筆。文妙在偏以此為天理未滅絕處，不有二子，則衛宣之惡不彰，不致惠公之逐，不致黔牟之放，又不致有左右公子之誅。此天之所以明目張膽顯示其禍於宣公也。天道其可問耶？其不可問耶？先生洞見本源，為此千古創論，真所謂愈出愈奇，愈奇愈正。

左傳原文

盜殺伋壽 桓公・十六年

初，衛宣公烝於夷姜，生急子，屬諸右公子。為之娶於齊，而美，公取之。生壽及朔，屬壽於左公子。夷姜縊。宣姜與公子朔構急子。公使諸齊，使盜待諸莘，將殺之。壽子告之，使行。不可，曰：「棄父之命，惡用子矣！有無父之國則可也。」及行，飲以酒。壽子載其旌以先，盜殺之。急子至，曰：「我之求也，此何罪？請殺我乎。」又殺之。二公子故怨惠公。十一月，左公子洩、右公子職立公子黔牟。惠公奔齊。

衛侯放公子黔牟 莊公・六年

夏，衛侯入，放公子黔牟于周，放甯跪于秦，殺左公子洩、右公子職，乃即位。君子以二公子之立黔牟為不度矣。夫能固位者，必度於本末而後立衷焉。不知其本，不謀。知本之不枝，弗強。《詩》云：「本枝百世。」

魯及齊師戰於奚 桓公・十七年

邊境，非有國者所當憂也。民之死生，國之安危，皆繫於邊境，聞其有警，焉得而不憂？嗚呼！是所以不當憂也。

民之死生，國之安危，皆繫於邊境，聞其有警而始憂之，則未有警之前所講者何事耶？平居暇日，審形勢、定規模、簡[一]將帥、明斥候[二]者，為此時也；烽舉塵起[三]，按吾素定之畫，次第而行之，何憂之有？是故聞警而憂者，可以占知其無備也；聞警而不憂者，可以占知其有備也。

[注釋][一]簡：檢定，選拔。[二]斥候：偵查之人。[三]烽舉塵起：烽，古代邊境報警之煙火；塵，征塵，指敵塵。

漢丙吉為相，其馭吏見驛騎持赤白囊，

[譯文]

邊境，不是國君所應當擔憂的。百姓的生死，國家的安危，都和邊境息息相關，聽到邊境有警報，怎能不擔憂呢？唉！這本是不應當擔憂的啊！

百姓的生死，國家的安危，都和邊境息息相關，聽到邊境有警報，纔開始為之擔憂，那麼在沒有警報之前，所做的是些什麼事情呢？平居暇日無事之時，審度形勢，制定規模，選拔將帥，明布斥候，正是在此時所做的準備；烽火燃起，敵蹤出現，按照自己平時制定的計劃，有次序地施行，有什麼可擔憂的呢？所以，聽到警報而擔憂的，可以推知他平時沒有防備；聽到警報卻不擔憂的，可以推知他平時是有防備的。

漢朝丙吉做丞相時，為他駕車的小吏看到傳遞文

知虜入雲中代郡[一]，遂歸府白吉：「恐寇所入邊郡，長吏有老病不任兵馬者，宜可豫視[二]。」吉善其言，召東曹[三]科條[四]其人，吉以是得憂邊思職之褒。當是時，吉為相久矣，邊吏之壯老材否，謾不加省，見驛騎羽檄[五]之來，始科條其人，一何晚耶！自雲中至長安，凡幾里？自虜入至聞警，凡幾日？兩陣相望，呼吸勝敗，使果有老病不任兵馬者，吾恐汰斥之詔未下，而覆敗之報已聞矣。雖憂，亦奚以為善乎？

[注釋][一]雲中代郡：漢代的邊郡，在雁門關一帶。[二]豫視：即預視，預先審察。[三]東曹：漢代官署名。[四]科條：分類整理成條目。[五]羽檄：古代軍事文書，插鳥羽以示緊急，須速遞。

魯桓公之言曰：「疆埸之事，謹守其一，而備其不虞，姑盡所備焉。事至而戰，

書的驛使手持紅白顏色的袋子，知道有敵寇入侵雲中代郡，於是回到府中對丙吉說：「恐怕敵寇已侵入了邊郡，長官中如果有年老病弱不能打仗的，要預先審察。」丙吉重視小吏說的話，召集相關部門，分門別類地登記相關人員，丙吉因此得到盡職守邊的褒獎。那時，丙吉做丞相很久了，如果邊境官吏的強壯老弱、勝任與否，都怠慢地不加省察，等看到驛使送來緊急公文後，纔開始分門別類地登記相關人員，多麼晚了啊！從雲中到長安，總共有幾里？從敵寇入侵到聽到警報，總共要幾天？戰場上，兩陣相對，呼吸之間就能分出勝敗，假如果真有年老病弱不能打仗的，我恐怕淘汰斥退他們的詔令尚未下達，而失敗的消息就已經傳來了。即使擔憂，又有什麼用呢？

魯桓公的話是這樣的：「邊境上的事情，謹慎守衛是其中的一個方面，而要準備處置意外之事，姑

又何謁焉？」桓公之意以謂：為備，當在於無事之時。苟事之已至，汝雖謁之，吾雖憂之，城戍保障，非一日二日所能築也；矛戟車徒，非一日二日所能繕也；餽餉芻茭[一]，非一日二日所能儲也。亦不過拱手待斃而已。桓公之責成疆吏亦嚴矣，猶有說焉。

[注釋][一]餽餉芻茭：饋餉，糧餉；芻茭，草料。

桓公之責疆吏則是，而所任以守疆場者，不知其何人也。賢耶，其責成固宜；不賢耶，徒委其責而不問，吾懼其階禍[一]也。付吳起以西河，則魏不知有秦[二]。付李廣以北平，則漢不知有狄[三]。付羊祜以襄陽，則晉不知有吳[四]。是數公者，固不以邊警煩君父；為其君者，亦可以委其責而高枕矣。人非數公，而苟弛其銜轡[五]，則掌北門

且竭盡全力地加以準備就是了。戰事來臨迎戰就是，又來報告什麼呢？」魯桓公的意思是說，做好準備，應當在沒有戰事的時候進行。假如戰事已經來臨，你雖然來報告，我雖然憂慮，但城防和保障，不是一天兩天就能築好的；兵器戰車，不是一天兩天就能修繕的；糧餉草料，不是一天兩天就能儲備的。也不過是束手待斃而已。魯桓公對邊疆官吏的責求也算是嚴格的了，但還是有須要說明的方面。

桓公對邊疆官吏的責求是對的，但所任命以守衛邊疆的，卻不知道是什麼樣的人。如果賢能，那麼要求他完成職責本來是應該的；如果不賢能，只把責任交付給他而不過問，我擔心這將招致禍患。將西河交付給吳起守衛，魏國便不用憂慮秦國；將北平交付給李廣，漢朝便不用憂慮狄人；把襄陽交付給羊祜，晉便不用憂慮吳國。這幾個人，本來就不會以邊疆告警來煩擾國君；做國君的，也可以把責任交給他們而高枕無憂了。如果不是這幾位，而一旦放鬆法令管束，那麼那些協助守衛邊關的人，未必不會招來敵寇而引起爭端啊。這一點又是做國君所應當警戒的。

之管［六］者，未必不召寇而起釁也。此又人君之當戒。

［注釋］［一］階禍：招致禍患，惹禍。［二］此句：吳起，魏文侯時為將。擊秦拔五城，文侯以起善用兵，乃以為西河守？以拒秦。今天陝西省東部，黃河西岸地區。［三］此句：漢李廣為右北平太守，匈奴號曰「飛將軍」，避之，數歲不敢入。［四］此句；晉武帝有滅吳之志，以羊祜鎮襄，祜綏懷遠近，甚得江漢之心。［五］銜轡：馬嚼子和馬韁繩，指法令管束。［六］管：鑰匙。

左傳原文

魯及齊師戰于奚 桓公・十七年

「夏，及齊師戰于奚」，疆事也。於是齊人侵魯疆，疆吏來告。公曰：「疆場之事，慎守其一，而備其不虞，姑盡所備焉。事至而戰，又何謁焉？」

桓公與文姜如齊　桓公・十八年

天下同知畏有形之寇，而不知畏無形之寇。

兵革[一]者，有形之寇也。寇環吾城，人之登陴[二]者，冒風雨、犯雪霜、窮晝夜、親矢石，而不敢辭者，豈非一失此城則立為齏[三]粉乎？迫大害者，固不敢辭小勞。

[注釋][一]兵革：兵器和甲冑。這裏指武裝的兵士。[二]陴（ㄆㄧˊ）：城牆，城垛。[三]齏（ㄐㄧ）：細，碎。

欲之寇人，甚於兵革；禮之衛人，甚於城郭。而人每不能守禮者，特以欲之寇人，無形可見，故狎而翫之耳。殊不知有形之寇，其來有方，其至有時，猶可禦也。至於無形之寇，游宴之中，有陷穽焉；談笑之

[譯文]

天下人都知道懼怕有形的寇賊，而不知道懼怕無形的寇賊。

全副武裝的士兵，是有形的寇賊。當寇賊圍攻我們的城池時，那些登上城垛的士兵，冒風雨，犯霜雪，晝夜不息，準備弓箭和壘石，而不敢推辭，難道不是因為一旦失去這座城池，就會立即化為齏粉了嗎？被大的禍害逼迫著的人，必定不敢推辭小的辛勞。

私欲侵擾人，比武器還要厲害；禮法保衛人，比城郭還要堅固。但人們往往不能遵守禮法，正是因為私欲侵擾人，看不到形跡，所以就親近而輕忽了它！卻不知道有形的寇賊，它的到來是有方向的，它的到達是有時間的，還是可以防備的。至於那無形的寇賊，在遊玩宴樂之中，設有陷阱；在言談笑語之中，備有

中，有戈矛焉；堂奧[一]之中，有虎豹焉；鄉鄰之中，有戎狄焉。藏於杳然冥然之間，而發於卒然忽然之際。非聖人以禮為之防，則人之類滅久矣。

[注釋][一]堂奧：房屋的深處。

國君夫人父母沒[一]，則使大夫寧於兄弟，禮也；姑姊妹已嫁而反，兄弟弗與同席，亦禮也。是二禮者，人不過以為別嫌明微耳，亦未知其為甚急也。魯桓公及文姜犯是禮以如齊，轉盼而罹拉幹[二]之禍，身死異國為天下笑。一失於禮而禍遽至此，人其可斯須[三]去禮耶？

[注釋][一]沒：去世。[二]拉幹：催折。[三]斯須：片刻，一會兒。

戈矛；在房屋的深處，藏有虎豹，在鄉里鄰居之中，窩有戎狄。無形的寇賊隱藏在幽暗不可見的地方，而發生在沒有意料的時侯。如果不是聖人用禮法來防備它，那麼，人類很久就已經滅亡了。

國君夫人的父母亡故了，就派遣大夫到她兄弟那裏去問安，這是禮節；姑姑、姐姐、妹妹出嫁以後，回到娘家探望，兄弟不和她同坐一席，這也是禮節。這兩種禮節，人們只不過以為是避開嫌疑，表明隱微罷了，並不知道它是很緊要的。魯桓公和文姜違犯了這種禮法而到齊國去，轉眼間就遭到了被殺害的災禍，死在異國他鄉被天下人恥笑。一旦失去禮節，災禍就忽然到了這種地步，人們難道可以片刻離開禮法嗎？

君子視欲如寇，視禮如城。彼其左右前後，伺吾之失守，而將肆其吞噬者，不可勝數。稍怠，則墮其手矣。吾之所以孤立於爭奪陵犯之場，得保其生者，非天、非地、非父、非母，實恃禮以生也。無此禮，則無此身。升降俯仰[一]之煩，豈不勝於屠戮戕殺之酷；弁冕環佩[二]之拘，豈不勝於刀鋸斧鉞之加。人徒見君子常處於至勞之地，而不知君子常處於至安之地也。世俗所以厭其煩，而惡其拘者，亦未見其害耳。

[注釋][一]升降俯仰：指紛繁複雜的各式禮儀。

[二]弁冕環佩：帽子佩玉。

城之圍於寇者，樓櫓[一]雖密，猶恐其疏；隍塹[二]雖險，猶恐其平。豈有厭樓櫓之太密，惡隍塹之太險者哉！苟人果能真見

君子把私欲看作寇賊，把禮法看作城牆。那些私欲在左右前後等待著我的失守，然後將肆意吞噬，不可勝計。我稍微有些懈怠，就將墜落在私欲之手。我孤零零地立於搶奪侵犯的場地，之所以能夠得以保全性命，不在於天、不在於地、不在於父、不在於母，其實是依靠禮法而生存下來的。沒有這種禮法，就沒有這個身體。各式紛繁複雜的禮儀的確煩瑣，難道不好於殘酷的戕害和殺戮嗎？各種服飾穿戴與佩玉確實拘束，難道不好於刀鋸斧鉞的加身嗎？人們只看到君子常處於最辛苦的境地，卻不知道君子常處於最安全的境地。世俗之人厭惡禮法的麻煩與拘束的原因，也是沒有看到不遵禮法的害處罷了。

被寇賊包圍的城池，用於偵察的樓櫓雖然稠密，還恐怕它稀疏；用於禦敵的隍塹雖然深險，還恐怕它平淺。難道有厭嫌樓櫓太稠密、隍塹太深險的人嗎？假如人們真能看到這無形的寇賊，那麼一日百拜還恐

無形之寇，則終日百拜猶恐其逸，《曲禮》[三]三千猶恐其簡也，況敢厭惡其煩與拘耶？

［注釋］[一]樓櫓：古代用以偵查、攻守之望樓。
[二]隍塹：城池。塹，繞城之護城河；隍，無水之壕溝。[三]《曲禮》：《儀禮》別名。《禮器》：「經禮三百，曲禮三千。」

怕太安逸，《曲禮》三千還擔心太簡略，還敢厭惡它的麻煩與拘束嗎？

【古評】

鍾退谷曰：以城寇為喻，立意高而格局奇。

孫執升曰：提禮字作一篇主意，虛神幻筆，不迂不腐，變化千端，可為時文堆垛之藥。

朱字綠曰：守禮遠欲，本是老生陳言，卻從有形之寇說起。前一段說無形之寇，已是十分警動，入題一段，止以談折頓宕了之，復以君子執禮以遠寇，暢快言之。然後以城高衛嚴作結。結構嚴密，文氣郁勃，奇情警思，往往溢於行間。

張明德曰：先王之定為禮數，所以杜漸防微，以範圍於大中至正之內，使不可踰越，非以苦人也。至於國君夫人父母沒，則使大夫寧於兄弟，姑姊妹已嫁，而反品兄弟之國，弗與同席，此太彰明較著，知其所以別嫌明微也。桓公見不及此，而身死異國，為天下口實，此誠不知禮之甚者。文提禮字作通身線索，如明珠走盤，變化萬狀。彼時文以堆垛為能者，對此當色沮。

【今評】

呂理胡：呂祖謙說明「禮法」的重要，好比今日的「法」之於「眾人」，「法」保障眾人的「自由權」，使眾人有自由選擇生活的權利，然該「自由」並非無所限制，「法」亦限制眾人，避免因毫無顧忌濫用「自由權」而造成社會亂象，因「自由是不妨礙他人的自由」，只有在規則限制之下，纔能真正享受自由，正與呂祖謙的思想相呼應。

左傳原文

桓公與文姜如齊 桓公・十八年

春，公將有行，遂與姜氏如齊。申繻曰：「女有家，男有室，無相瀆也，謂之有禮。易此必敗。」公會齊侯于濼，遂及文姜如齊。齊侯通焉，公謫之。以告。夏，四月，丙子，享公。使公子彭生乘公，公薨于車。魯人告于齊曰：「寡君畏君之威，不敢寧居，來脩舊好。禮成而不反，無所歸咎，惡於諸侯。請以彭生除之。」齊人殺彭生。

辛伯諫周公黑肩 桓公・十八年

萬乘之君，犯之者，未必皆得禍。士君子之一言，雖千百載之後，稍犯之，則其禍立至。何其嚴也？

辛伯之諫周公，而謂「並后，匹嫡，兩政，耦國」[一]，纔八字耳，總古今亂亡之樞，而莫能移焉。漢高帝犯之，而有人彘之禍[二]；唐高宗犯之，而有武氏之篡[三]；晉獻公犯之，而有里克之釁[四]；隋文帝犯之，而有張衡之逐[五]；齊簡公犯之，而有田闞之亂[六]。齊王芳犯之，而有曹馬之爭[七]；晉元帝犯之，而有武昌之叛[八]；唐明皇犯之，而有范陽之變[九]。小犯則小受禍，大犯則大受禍。影隨形，響隨聲，未有如是之速也。

［譯文］

大國的國君，觸犯他的人未必都會得到災禍；士人君子的一句話，即便是千百年之後稍微觸犯到它，災禍便立刻降臨了。君子的話是多麼嚴格啊！

辛伯向周公進諫，所說「並后、匹嫡、兩政、耦國」，雖然只有八個字，卻總結了從古到今國家動亂、衰亡的重要癥結，而成為無可變動的法則。漢高祖觸犯了它，便有人彘的禍亂；唐高宗觸犯了它，便有武則天的篡政；晉獻公觸犯了它，便有里克的挑釁；隋文帝觸犯了它，便有張衡放逐太子之變；齊簡公觸犯了它，便有田成子和闞止的禍亂；齊王芳觸犯了它，便有曹馬政權的相爭；晉元帝觸犯了它，便有王敦在武昌的叛亂；唐明皇觸犯了它，便有安祿山在范陽的兵變。小觸犯，便遭受小禍亂，大觸犯，便遭受大禍亂。就是影子跟隨形體，回響跟隨聲音，也沒有這樣迅速的啊。

〔注釋〕〔一〕並后、匹嫡、兩政、耦國：寵妾和王后居於同等地位，庶子和嫡子等量齊觀，權臣和卿士互相爭權，邑都和國都規模一樣大。〔二〕此句：戚姬有寵於高帝，生趙王如意，上以太子仁弱，欲廢而立趙王，大臣爭之。及惠帝即位，晨出射，趙王少不能蚤起，太后使人持酖飲之。黎明帝還，趙王已死。太后遂斬戚夫人手足，去眼熏耳，飲瘖藥，使居廁中，命曰「人彘」。居數日，乃召帝觀「人彘」。帝見，問知其戚夫人，乃大哭，因病，歲餘不能起。〔三〕此句：唐高宗之為太子也，入侍太宗，見武氏而悅之。太宗崩，武氏為尼。忌日，上詣寺行香，見之，納之後宮，拜為「昭儀」。后及淑妃寵皆衰，後廢后及妃為庶人，命司空李勣齎綬冊皇后武氏，委以政事，權與人主侔。上欲有所為，動為后所制。自是政無大小皆預聞之，天下大權悉歸中宮。黜陟生殺，決於其口，天子拱手而已。史臣贊曰：武氏之亂，唐之宗室，戕滅殆盡。高宗溺愛，衽席不戒，履霜之漸，而毒流天下。嗚呼！父子夫婦之間，可謂難矣。〔四〕此句：《左傳・僖公四年》：「晉獻公立驪姬為夫人，生奚齊，其娣生卓子。及將立奚齊，既與中大夫成謀，姬謂大子曰：『君夢齊姜，必速祭之。』大子祭于曲沃，歸胙于公。公田，姬寘諸宮六日，公至，毒而獻之。

公祭之地，地墳。與犬，犬斃。與小臣，小臣亦斃。姬泣曰：『賊由大子。』大子奔新城。五年，春，晉侯殺其世子申生。姬遂譖二公子曰：『皆知之。』重耳奔蒲，夷吾奔屈。九年晉獻公卒。里克、丕鄭欲納文公，故以三公子之徒作亂。冬，十月，里克殺奚齊於次，荀息立公子卓。十一月，里克殺公子卓於朝，齊隰朋帥師會秦師，納晉惠公。」［五］此句：初，上使太子勇參決軍國政，時有損益，上皆納之。勇性寬厚，率意任情，無矯飾之行。上性節儉，勇嘗女飾蜀錦，上見而不悅。後遇冬至日，百官皆詣勇，勇張樂受賀。上知之，自是恩寵始衰，漸生猜阻。晉王廣知之，彌自矯飾，后由是數稱廣賢。楊素揣后意，因盛言太子不才，后使素贊上廢勇立晉王廣，私賂東宮幸臣，令伺太子動靜，密告楊素。於是內外喧謗，過失日聞。楊素舞文巧詆，鍛鍊以成其獄。廢勇及其男女為庶人，立晉王廣為太子。四年，上疾寢於仁壽宮，召王太子入，居大寶殿。夫人平旦出更衣，為太子所逼，夫人拒之，得免。歸於上所，上怪其神色有異，問其故，夫人泫然曰：「太子無禮！」上恚，抵牀曰：「畜生！何足付大事？獨孤誤我。」乃呼柳述、元巖曰：「召我兒勇。」述、巖出閤為敕書。楊素聞之，以白太子，矯詔執述、巖，繫大理獄；追東宮兵士帖上臺宿衛，門禁出入；並取宇文逑、郭衍節度，令右庶子張衡入寢殿侍疾，盡遣後宮出就別室；俄而上崩。故中外頗有異論。〔六〕此句：齊簡公之在魯也，闞止有寵焉。及即位，使為政。陳成子憚之，驟顧諸朝。諸御鞅言於公曰：「陳、闞不可並也，君其擇焉。」弗聽。初，陳豹欲為子我臣，使公孫言己，已有喪而止。既而言之，使為臣。他日，與之言政，說，遂有寵。謂之曰：「我盡逐陳氏，而立女，若何？」對曰：「我遠於陳氏矣。且其違者不過數人，何盡逐焉？」遂告陳氏。夏，五月，壬申，成子兄弟四乘如公。子我在幄，出逆之。遂入，閉門。侍人禦之，子行殺侍人。公與婦人飲酒于檀臺，成子遷諸寢。公執戈，將擊之。大史子餘曰：「非不利也，將除害也。」成子出舍于庫，聞公猶怒，將出，曰：「何所無君？」子行抽劍曰：「需，事之賊也。誰非陳宗？所不殺子者，有如陳宗！」乃止。子我歸，屬徒攻闈與大門，皆不勝，乃出。陳氏追之，失道於弇中，適豐丘。豐丘人執之以告，殺諸郭關。庚辰，陳恒執公于舒州。公曰：「吾早從鞅之言，不及此。」〔七〕此句：三國魏齊王芳，明帝養子也，立為太子。景初三年正月，明帝崩，太子即位。八年，大將軍曹爽用何晏、鄧颺等謀，遷太后於永寧宮，專擅朝政，多樹親黨，屢改制度。太傅司馬懿遂與爽有隙，稱疾不與政事。嘉平元年，太傅司馬懿以皇后令收爽、羲、晏、颺、謐等，皆下獄，劾以大逆不道，夷三族。[八]此句：晉元帝之始鎮江東也，王敦與從弟導同心翼戴，帝亦推心任之。敦總征討，導專機政。羣從子弟，布列顯要。時人為之語曰「王與馬共天下」。後敦自恃有功，且宗族強盛，情益驕恣，帝畏而惡之，乃引劉隗、刁協以為腹心，稍抑損王氏之權。而敦益懷不平，遂舉兵叛於武昌。[九]此句：唐明皇寵安祿山。及出，而祿山專制三道，陰蓄異志，殆將十年。以上待之厚，欲俟晏駕，然後作亂。會楊國忠為相，與祿山不相悅，屢言其且反，上不聽。國忠數以事激之，欲其速反，以取信於上。祿山以十一月舉兵反，詐為敕書，召諸將示之曰：「有密旨，令祿山將兵入朝，討楊國忠。」發所部十五萬眾反於范陽。

辛伯曷嘗有厭勝詛盟[一]之術，而必其驗哉！亦因理而言耳。天下之甚可畏者，莫大於理。惟言出於理，故凜然列八字於千百載之上，非雷霆而震，非雪霜而嚴，非山嶽

辛伯哪裏有厭勝、詛盟的法術，而必定使他的話得到驗證呢？也是據理而說罷了。天下最可畏懼的，沒有大於理的。因為言出於理，所以辛伯所言這八個字凜然存列至於千百年之久，不是雷霆卻震怖，不是霜雪卻嚴酷，不是山嶽卻高峻，不是江海卻危險，不

而峻，非江海而險，非師旅而威，非碪質〔二〕而慘。尊之者，王；畏之者，霸；慢之者，危；棄之者，亡。上林夫人之席〔三〕，由此而正也；青蒲涕泣之諫〔四〕，由此而發也；太傅獸睡之讖〔五〕，由此而識也；尾大不掉之譬〔六〕，由此而生也。世儒之文詞愈多，而理愈寡。蓋有書五車，而無片言之中理者矣。辛伯之言，如是之約，而古今有國之大戒咸在焉，非所謂文中之欹器〔七〕歟？嗚呼！辛伯之言，真有國者坐右銘也。

〔注釋〕〔一〕厭勝詛盟：厭勝，以巫術詛咒制勝；詛盟，盟約，誓約。〔二〕碪質：即砧鑕。古代斬頭或腰斬時所用砧板。〔三〕上林夫人之席：漢文帝寵愛慎夫人，宮中慎夫人與皇后常平起平坐。時文帝遊上林苑，皇后、慎夫人同，僅皇后正席，慎夫人忿而勿坐。〔四〕青蒲涕泣之諫：漢元帝病，寵妃傅昭儀狡言善辯，哄元帝廢黜太子而立其子陶，元帝頗動搖。老臣史丹

是軍隊卻威武，不是砧板卻慘烈。尊重它的，稱王；畏懼它的，稱霸；輕慢它的，危險；拋棄它的，滅亡。漢文帝遊上林時慎夫人的席位，因為它而擺正；漢元帝時史丹伏於青蒲的諫諍，因為它而發出；漢司馬懿佯病如猛獸之睡的徵兆，因為它而識別；春秋時申無宇尾大不掉的譬喻，因為它而生發。世上儒生的議論越多，所包含的道理就越少。大凡有五車的書，也沒有隻言片語能中理的。辛伯的話如此之簡約，而從古到今國君應當引為大戒的都包括在內了，這難道不是文字中的欹器嗎？唉！辛伯的話，實在是國君的座右銘啊！

聞之而急趨入寢宮，伏青蒲涕泣諫止。青蒲，青色畫地，近御牀，向惟皇后能近青蒲。［五］太傅獸睡之譏：指司馬懿佯病如猛獸之睡。譏通幾，徵兆。［六］尾大不掉：尾巴大了擺不動。見《左傳‧昭公十一年》：「末大必折，尾大不掉。」比喻屬下勢強，不聽從指揮調度。［七］欹（ㄑㄧ）器：古代一種傾斜易覆的盛水器。水少則傾，中則正，滿則覆。人君可置於座右以為戒。

為國者誠能朝覽夕思，奉以周旋，則未讀《詩》而已知上僭［一］之譏，未讀《易》而已知洊震［二］之象，未讀《書》而已知威福之權，未讀《禮》而已知畿甸［三］之制，未讀《春秋》而已知一統之義矣，固可配《無逸》之屏［四］，而代《千秋》之鑑［五］也。故吾以謂獻丹扆之《六箴》［六］者，不如獻辛伯之八字。

［注釋］［一］上僭（ㄐㄧㄢˋ）：越禮，超越本分冒用在上者之禮儀。［二］洊（ㄐㄧㄢˋ）震：洊，再次，重

做國君的果真能早晚閱讀思考，用它來處理人員事務，那麼，不用讀《詩》就已經知道僭越悖亂將受到譏諷，不用讀《易》就已經知道接連不斷的雷聲震動所包含的君子應自我修身省過的卦象，不用讀《書》就已經知道威嚴尊貴會帶來的權變，不用讀《禮》就已經知道邦國封地應有的制度，不用讀《春秋》就已經知道大一統的義理，（辛伯所言這八個字）本來就能夠配得上宋璟圖寫的《無逸》屏風，能夠替代張九齡撰寫的《千秋》明鑑。所以，我認為進獻《丹扆六箴》，還不如進獻辛伯所言的這八個字。

復。洊震，指接連不斷地雷聲震動。君子由此惶恐驚懼，自我修身省過。[三]畿（ㄐㄧ）甸：指京城五百里內之地，泛指京城地區。[四]《無逸》之屏：唐《崔植傳》曰：「元宗即位，宋璟嘗手寫《無逸圖》獻，帝置於內殿，勸帝出入觀省，以自戒。」[五]《千秋》之鑑：唐元宗千秋節，王公並獻寶鑑。張九齡上《事鑒》十章，號「千秋金鑑錄」，以伸諷諭。[六]丹扆（ㄧˇ）之《六箴》：扆，古代戶牖間畫斧屏風。唐文宗昏荒，數遊幸狎比羣小，聽朝簡忽。李德裕上《丹扆六箴》，其一曰《宵衣》，諷視朝希晚也；二曰《正服》，諷服御非法也；三曰《罷獻》，諷斂求珍怪也；四曰《納誨》，諷侮棄忠言也；五曰《辨邪》，諷任用羣小也；六曰《防微》，諷偽遊輕出也。帝不能用。

左傳原文

辛伯諫周公黑肩 桓公・十八年

周公欲弒莊王而立王子克。辛伯告王，遂與王殺周公黑肩。王子克奔燕。初，子儀有寵於桓王，桓王屬諸周公。辛伯諫曰：「並后，匹嫡，兩政，耦國，亂之本也。」周公弗從，故及。

楚武王心蕩 莊公·四年

氣聽命於心者，聖賢也；心聽命於氣者，眾人也。凡氣之在人，逸則肆，勞則怠，樂則驕，憂則慴[一]，生則盈，死則涸。氣變則心為之變，有不能自覺焉。志者，氣之帥也。今心隨氣變，是志不能為氣之帥，而氣反為志之帥矣。氣反為志之帥，而吾心志之盛衰，惟氣之為聽，則心者氣之役也。

[注釋][一]慴：屈服。

聖賢君子以心御氣，而不為氣所御；以心移氣，而不為氣所移。歷山之耕[一]，南風之琴[二]，勞逸變於前，而舜之心未嘗變也；羑里之囚[三]，虞芮之朝[四]，憂樂變於前，而文王之心未嘗變也；避席之時[五]，易簀之際[六]，死生變於前，而曾子之心未

[譯文]

氣聽命於心的，是聖賢；心聽命於氣的，是眾人。大凡氣在人體，安逸時放縱，勞頓時懈怠，快樂時驕亢，憂慮時懾服，活著時充盈，死亡時枯竭。氣變動了心也隨著變動，人卻往往不能自己覺察到。意志，是氣的統帥。如果心隨著氣變動了，那就是意志不能成為氣的統帥，而氣反倒成為意志的統帥了。氣反倒成為意志的統帥後，那麼我的心志的充盛和衰弱，只有聽命於氣，心就成為氣的僕役了。

聖賢君子用心來駕馭氣，而不是為氣所駕馭；用心來改變氣，而不是為氣所改變。在歷山耕種的時候，在歌唱《南風》的時候，勞頓和安逸雖然改變在眼前，但舜的心卻從來沒有改變；在羑里被囚禁的時候，在虞、芮兩國前來朝覲的時候，憂慮和快樂雖然改變在眼前，但文王的心卻從來沒有改變；在避開席位的時候，在更換牀墊的時候，生存和死亡雖然改變在眼前，

嘗變也。自勞自逸，自憂自樂，自死自生，吾心曷嘗不自若哉！

［注釋］［一］歷山之耕：相傳舜曾耕種於歷山。指勞頓。［二］南風之琴：《史記・樂書》：「昔者舜作五弦琴，以歌南風。」指安逸。［三］羑（ㄧㄡˇ）里之囚：商紂王曾把周文王囚禁在羑里。指憂慮。［四］虞芮之朝：虞、芮兩國為爭奪土地而朝周請文王評判。指快樂。［五］避席之時：曾參生前曾謙稱自己愚鈍不敏而避席。指活著。［六］易簀（ㄗㄜˊ）之際：簀，牀墊。曾參臨終前，認為自己睡的牀墊華美不合乎禮制，命兒子換掉纔死去。指死去。

楚武王憑陵［一］諸夏，兵行中國，雖臨大敵，其心初不為之蕩也。迨其季年［二］，以堂堂之楚師伐蕞爾［三］之隨，將授兵而心蕩焉。蓋武王初未嘗知治心之理，所恃者，血氣之剛耳。平時臨敵，而心不蕩者，非真能不動也，氣方剛也；死期將至，血氣既蕩，心安得不隨之而蕩乎？

但曾子的心卻從來沒有改變。我自勞頓、我自安逸、我自憂慮、我自快樂、我自生存、我自死亡，我的心何嘗不是泰然自若、依然如故呢？

楚武王侵犯華夏各國，當兵行中原，即使面臨強敵，他的心起初並沒有為此動搖過。而等到他晚年時，他以強大的楚國軍隊去攻打一個小小的隨國，就在分發兵器時竟然心中動搖起來了。大概楚武王開初根本不知道治心的道理，所依靠的只不過是血氣的旺盛而已。平時面臨敵軍而心不動搖，不是他真的能夠不動搖，而是他的血氣正旺盛；如今死亡的期限就快到了，血氣已經搖動起來了，心怎能不跟著一起搖動

［注釋］［一］憑陵：侵犯，欺辱。［二］季年：晚年。［三］蕞（ㄗㄨㄟˋ）爾：小貌。

彼鄧曼者，方且謂：「盈而蕩，天之道也。先君其知之矣。故臨大事，將發大命，而蕩王心焉。」嗚呼！所以蕩王心者，豈一女子所能知乎？

鄧曼惟不能知，既歸之於天，又歸之於鬼神。抑不知心即天也，未嘗有心外之天；心即神也，未嘗有心外之神。烏可捨此而他求哉！心由氣而蕩，氣由心而出。蟊［一］生於稼，而害稼者，蟊也；蚋［二］生於醯［三］，而敗醯者，蚋也；氣出於心，而蕩心者，氣也。

［注釋］［一］蟊（ㄇㄠˊ）：吃苗根之害蟲。［二］蚋（ㄖㄨㄟˋ）：似蚊之蟲。［三］醯（ㄒㄧ）：醋。

起來呢？

那個鄧曼，還要說「滿了就動搖，這是合乎天道的事情。先祖大概知道這些，所以在您面臨征伐大事，將要頒佈重大命令時，動搖您的心神。」唉！動搖武王的心的原因，難道是一個女子所能知道的嗎？

鄧曼正因為不能知道，所以就把原因既歸於天，又歸之於鬼神。卻不知道心就是天，並沒有心外之天；心就是神，並沒有心外之神。怎麼可以捨棄這心而向別處尋求呢？心由氣而動搖，氣由心而產生。蟊從莊稼生出，而毀壞莊稼的，正是蟊蟲；蚋從醋裏生出，而壞了醋的，正是蚋蟲；氣從心中產生，而動搖心的，正是氣。

鄧曼區區四顧而外求，猶賊在同室，反執市人而訊之，愈訊而愈失矣。使楚武王而悟此，則賊吾心者，豈他在耶？將不得而遁矣。賊既不得而遁，善養氣者，盍亦鋤治是氣，絕其本根，以去心之賊乎？吁！又非也。

浩然之氣，與血氣初無異體，由養與不養，二其名爾。苟失其養，則氣為心之賊；苟得其養，則氣為心之輔。亦何常之有哉！憤亂散越，臨死生而失其正者，是氣也；泰定精明，臨死生而得其正者，亦是氣也。淩煙圖繪之功臣［一］，誰非前日之勍敵耶！

［注釋］［一］淩煙圖繪之功臣：貞觀十四年，唐太宗命令繪製唐代開國功臣的圖像，並懸掛于淩煙閣上，以示表彰。

鄧曼匆忙四顧向外尋求，就好像是賊在同一個房間，卻反要捉住街上的人來審訊，那麼越是審訊就越發的錯誤了。假使楚武王能夠覺悟到這一點，那麼傷害我心的，不會在別的地方，也將無法逃脫了。心賊既然無法逃脫，善於養氣的人，何不也剷除這種氣，斷絕它的根本，以除掉心中的寇賊呢？唉！這樣又錯了。

浩然之氣，和血氣本來沒有什麼不同，只是由於培養與不培養，而使它有了兩個名稱。如果失去培養，那麼氣就是心的寇賊；如果培養得當，那麼氣就是心的輔佐。又哪裏會有一定的呢？煩悶心亂、情緒激昂，面臨生死而失去正道的，是這個氣；鎮定自若、精細明察，面臨生死而得到正道的，也是這個氣。在淩煙閣上繪有圖像的功臣們，哪個不是往日的勁敵呢？

【古評】

鍾伯敬曰：論治心養氣，精微透徹，深得天人合一之旨。然鄧曼一婦人，既前知莫敖之必敗，今又知王祿之且盡，其慧心明眼，自不可掩。

孫執升曰：前篇說理，此篇說氣，俱是大關頭，大原委，卻每於弄筆處有嫋嫋婷婷之致。江上峰青，秋波臨去，使吾低徊不能已。

朱字綠曰：亦祇是老生常談，而文致斐亹，令人把玩不置。○前篇君子守禮意，用在後；此篇君子治心意，用在前。前篇結處以城不厭高作波，此篇以賊不可去作波。文家變化，隨處不同，學者知此，可不走入死路矣。

張明德曰：語語透宗，而文致更縹緲委折，令人尋味不盡，前篇說理，此篇說氣，將治心意闡發得痛快直截，而結處又以養氣為關鍵。文入妙來無過熟，此為得之。

左傳原文

楚武王心蕩 莊公・四年

楚武王荊尸，授師孑焉，以伐隨。將齊，入告夫人鄧曼曰：「余心蕩。」鄧曼歎曰：「王祿盡矣。盈而蕩，天之道也。先君其知之矣。故臨武事，將發大命，而蕩王心焉。若師徒無虧，王薨於行，國之福也。」王薨於行，不死於敵。王遂行，卒於樠木之下。令尹鬬祁、莫敖屈重除道梁溠，營軍臨隨。隨人懼，行成。莫敖以王命入盟隨侯，且請為會於漢汭而還。濟漢而後發喪。

鄧三甥請殺楚文王 莊公・六年

陰、陽、風、雨、晦、明，天之六氣也。陰淫寒疾，陽淫熱疾，風淫末[一]疾，雨淫腹疾，晦淫惑疾，明淫心疾，人之六疾也。有以醫自業者語人曰：「六氣者，致疾之源。必使無陰陽，無風雨，無晦明，然後疾可除。」世寧有是理耶？不歸咎於人，而歸咎於天，此天下之拙醫也。

[注釋][一]末：四肢。

守身在我，而疾不在於六氣；守國在我，而患不在於四鄰。何人而不受六氣？其獨致疾者，必非善守身者也；何國而不接四鄰？其獨被患者，必非善守國者也。端汝視履[一]，嗇汝精神，時汝飲食，審汝藥石[二]，六氣雖

[譯文]

陰、陽、風、雨、晦、明，這是天的六種氣象。陰氣太過易患寒疾，陽氣太過易患熱疾，風氣太過易患風疾，雨氣太過易患腹疾，晦氣太過易患迷病，明氣太過易患心病，這是人易患的六種疾病。有醫生對人說：「六氣是導致疾病的根源。必須使得沒有陰、陽、風、雨、晦、明，然後疾病就可以除去了。」世上難道有這種道理嗎？不歸罪於人，卻歸罪於天，這是天下的庸醫啊。

保養身體在於自己，而且疾病也不在於有六氣；守衛國家在於我方，而且禍患也不在於四周有鄰國。哪個人不承受六氣呢？那單單得了疾病的，必定不是善於保養身體的人；哪個國家不和鄰國領土相接呢？那單單遭到戰爭危害的，必定不是善於守衛國家的人。端正你的觀瞻行為，少用你的精神氣力，隨時調整你的飲食起居，檢查核對你的藥物針石，六氣雖然

沴[三]，於汝身何有哉！豐汝德澤，明汝政刑，固汝封疆，訓汝師旅，四鄰雖暴，於汝國何有哉！

[注釋][一]端汝視履：端正你的觀瞻行為。[二]藥石：治病的藥和石針。也泛指藥物。[三]沴（ㄌㄧˋ）：傷害。

鄧之三甥[一]，不知國之存亡繫於我之治亂，反謂繫於楚子之死生，汲汲然欲殺之，忘內而憂外，何其疎也！抑不知亡鄧之原，曷嘗專在於楚耶？

環楚而國者，如陳，如蔡，如鄭，如許，下至於江、黃、道、柏[二]之屬，不可一二數也。楚不先加兵，而唯急於滅鄧者，豈非見鄧有可乘之釁[三]乎？吾國有可乘之釁置而不憂，顧以鄰敵為憂，雖楚子可得而殺，猶有

厲害，對你的身體又有什麼妨礙呢？擴大你道德所施及的範圍，明察你的政策刑罰，鞏固你的封土邊疆，訓練你的軍隊士眾，四周鄰國雖然強大，對你的國家又有什麼威脅呢？

鄧國的三個大夫，不知道國家的存亡在於自己的安定與動亂，反而說在於楚文王的死生上，急切地想殺掉他，忘掉內患卻擔憂外敵，多麼的粗疏啊！竟然不知道將使鄧國滅亡的原因，又何嘗專在一個楚國呢？

環繞楚國的國家，有陳國、有蔡國、有鄭國、有許國，往下數有江、黃、道、柏等小國，不是略數一二就可以數完的。楚國不先對這些國家用兵，卻只急於消滅鄧國，難道不是看見鄧國有隙可乘嗎？自己的國家有可乘之隙卻放在一邊不去擔憂，卻去擔憂敵對的鄰國，即使可以殺掉楚文王，還有楚國存在呢；即使可以消滅楚國，還有各國諸侯存在呢。讓我憂慮

楚國存焉；雖楚國可得而滅，猶有諸侯存焉。為吾憂者，未始有極也。當是時，強凌弱、眾暴寡之風偏於天下，今日齊人滅譚，書於諸侯之策[四]矣；明日晉人滅虢，又書於諸侯之策矣。國有釁可乘，諸侯將爭欲滅之。亡鄧豈獨一楚哉？必若三甥之計，非盡吞四鄰不能奠枕。亦迂矣！

[注釋][一]三甥：鄧國三大夫騅甥、聃甥、養甥。[二]江、黃、道、柏：皆當時小國。[三]釁：漏縫，縫隙。[四]策：史書。

嗚呼！四鄰固不可盡吞。縱使盡吞，亦未可恃以為安也。秦不亡於六國未滅之前，而亡於六國既滅之後；隋不亡於南北未一之前，而亡於南北既一之後。亡國之釁，夫豈在於鄰敵耶？三甥之謀，謬戾明甚，而世猶有追恨鄧侯不用其言者，蓋小人之情，咎人

的，不可能有盡頭。在當時，以強凌弱、以多欺少的風氣遍於天下，今天齊人滅掉譚國，記載到諸侯的史冊裏了；明天晉人滅掉虢國，又記載到諸侯的史冊裏了。如果一個國家有隙可乘，諸侯都將爭著去滅亡它。想滅掉鄧國的，難道只有一個楚國嗎？如果一定要依照三個大夫的計策行事，那麼，不把四周的鄰國吞併完，是不能高枕無憂的。這也實在太愚蠢啊！

唉！四周鄰國固然不可能都吞併完。即使都吞併完了，也不能仗恃它以為國家安定了。秦朝沒有滅亡在六國尚未被消滅之前，卻滅亡在六國已經被消滅之後；隋朝沒有滅亡在南北尚未統一之前，卻滅亡在南北已經統一之後。致使亡國的縫隙，難道在於鄰國的敵人嗎？三個大夫的計謀，荒謬乖戾，十分明顯，而世上還是有為鄧祁侯不用他們的計謀而感到遺憾的

而不咎己也。用此心以觀古人，宜其咎楚而不咎鄧也。

桀既放於南巢[一]，語人曰：「吾悔不殺湯於夏臺[二]。」吁！桀雖偶能殺湯，天下豈能無放桀者耶？桀之誣上天、虐萬方、誅龍逢[三]、嬖末喜[四]，可以取亡者，擢髮不能盡數也。桀皆不之悔，而獨悔於不殺湯，可謂咎人而不咎己矣。桀之為人，非惡不視，非惡不聽，非惡不言，非惡不動，造次顛沛，無非罪惡，僅有不殺湯之一善耳。反自悔以為失，是恥一善之尚存，欲萬惡之皆備也。哀哉！

[注釋][一]南巢：古地名，在今安徽巢縣。[二]夏臺：夏初監獄名，在今河南鞏縣西南。桀曾囚湯於夏臺，後釋之。[三]龍逢：夏桀時賢臣。[四]末喜：夏桀寵妃。

人，大概小人的想法，總是怪罪別人卻不怪罪自己吧。如果用這樣的心來觀察古人，難怪他們要怪罪楚國而不怪罪鄧國了。

夏桀被放逐到了南巢，他對人說：「我後悔沒有在夏臺殺掉湯。」唉！夏桀即使幸而能夠殺掉湯，天下難道就沒有能放逐夏桀的人嗎？夏桀欺罔上天，虐待萬方百姓，誅殺龍逢，寵幸末喜，可以被滅亡的罪名，就是將頭髮拔盡也數不清楚。這些夏桀都不後悔，卻惟獨後悔沒有殺湯，可說是怪罪別人卻不怪罪自己的了。夏桀為人，不是罪惡的不看，不是罪惡的不聽，不是罪惡的不說，不是罪惡的不動，顛沛流離之時，也都做盡了壞事，只有不殺湯的一件善事罷了。反而自己後悔以為這是過失，這是把生平唯一做的善事看作恥辱，想要把所有的罪惡都包攬了。可悲啊！

【古評】

朱字綠曰：縱殺楚子，尚有楚國；縱滅楚國，尚有四鄰；縱吞盡四鄰，亦未可恃以為安。總要在己無可乘之釁。主意祇此數語，卻寫得曲折變化，不可端倪。是篇文氣疏古，絕無排比之習，又進一格。

張明德曰：借古人之迷謬，伸吾道久安長治之策。炳炳烺烺，遠則賈山之至言，近則宣公之奏議。庶幾可與方駕齊驅，至其文氣疏古，絕去排比之習，又其餘事。

左傳原文

鄧三甥請殺楚文王 莊公・六年

楚文王伐申，過鄧。鄧祁侯曰：「吾甥也。」止而享之，騅甥、聃甥、養甥請殺楚子，鄧侯弗許。三甥曰：「亡鄧國者，必此人也。若不早圖，後君噬齊，其及圖之乎？圖之，此為時矣。」鄧侯曰：「人將不食吾餘。」對曰：「若不從三臣，抑社稷實不血食，而君焉取餘？」弗從。還年，楚子伐鄧。十六年，楚復伐鄧，滅之。

魯莊公圍郕　莊公・八年

事之相反者，莫如勇怯；而相近者，亦莫如勇怯。奮然勁悍，與怯相反者，小勇也；退然溫克[一]，與怯相近者，大勇也。小勇名滿天下，大勇名不出家。曷謂小勇？勝小敵者是已。曷謂大勇？勝大敵者是已。寇敵之來，雖多至於百萬，知兵者談笑而麾之，猶摧枯振槁然，豈足為大敵哉！

[注釋][一]退然溫克：退然，謙卑貌；溫克，溫和貌。

大莫大於心敵。忿欲之興，鬱勃熾烈，內焚肺腑，劍不能擊，戟不能撞，車不能衝，騎不能突。自古賁、育、韓、白[二]之徒，戰必勝，攻必取者，未嘗不受屈於是敵也。賁、育、韓、白，冠古今之勇者也。今勝

[譯文]

相反的事情，沒有像勇敢和怯懦這樣顯著的；而相近似的，也沒有像勇敢和怯懦這樣顯著的。奮激強悍，與怯懦相反，這是小勇；謙遜溫和，與怯懦相近，這是大勇。小勇的名聲遍布天下，大勇的名聲卻不出家門。什麼叫做小勇呢？能夠戰勝少數敵人的就是了；什麼叫做大勇呢？能夠戰勝眾多敵人的就是了。寇敵來犯，人數雖然多達百萬，而懂得用兵的人，在談笑之間挫敗它，就像折斷枯枝朽木一樣容易，這樣難道算得上大敵嗎？

沒有什麼敵人比心敵更大的了。忿恨和私欲這些心敵發作起來，盛大熾烈，在裏面焚燒著肺腑，刀劍不能擊打，戈戟不能撞擊，戰車不能衝擊，騎兵不能突破。自古以來孟賁、夏育、韓信、白起這些人，開戰必定勝利，攻城必定奪取，卻未嘗不受制於這一心敵。孟賁、夏育、韓信、白起，都是古往今來最勇敢

賁、育、韓、白之所不能勝，得不謂之大勇乎？然戰勝於一心之間，非有攻城略地之可紀也，非有伏尸流血之可駭也，非有獻俘奏凱之可誇也。內克莫大之敵，而功無毫髮見於世，豈識其為勇乎？不特不識其為勇，既勝忿慾之敵，則忍人之所不能忍，容人之所不能容，平人之所不能平，其犯而不校[二]，與怯者相去不能以寸，世又將以怯名之矣。以勇怯相近而難辨者也。

［注釋］［一］賁、育、韓、白：皆古時著名將領，即孟賁、夏育、韓信、白起。［二］犯而不校：別人獨犯自己也不計較。

魯莊公及齊師圍郕[一]，郕降於齊師，仲慶父請伐齊。公曰：「我實不德，齊師何罪？罪我之由。姑務修德以待時乎？」

的人了。現在卻戰勝了孟賁、夏育、韓信、白起所不能戰勝的心敵，能不說它是大勇嗎？但是，在一個人的心裏取得勝利，沒有攻城略地的軍功可以記載，沒有伏屍流血的慘象讓人恐怖，沒有進獻俘虜奏凱還朝的榮譽可以誇耀。在內心戰勝了莫大的敵人，卻沒有絲毫的功績顯現在世上，世人難道能認識到這是勇敢嗎？世人不僅不能認識到這是勇敢，由於他在心中戰勝了忿恨私欲的大敵，那麼就忍受了別人所不能忍受的，容忍了別人所不能容忍的，平息了別人所不能平息的，別人獨犯自己也不計較，這些都和怯懦相去不到一寸的距離，世人又將要以怯懦去稱呼他了！這是因為勇敢和怯懦兩相近似而難以分辨啊。

魯莊公和齊國的軍隊一起圍攻郕國，郕國向齊國軍隊投降了，魯國大夫仲慶父請求討伐齊國。魯莊公卻說：「確實是我沒有德行，齊國的軍隊有什麼罪過呢？罪過是由我引起的。姑且致力於修德以等待時機

且齊、魯同伐郕，而齊專有其功，人情之所必校也。莊公斂兵不校，罪己而不罪齊，抑不知莊公勇者歟？怯者歟？吾斷之曰：「莊公蓋怯者也。」大勇不校，大怯亦不校。勇者不校，是不欲校也；怯者不校，是不能校也。勇者以義不當校，故勝其私心而不校。心敵且能勝之，況區區之外敵乎？使遇義所當校者，出其餘勇，天下已不能當矣。不校者，勇士之所難也；校者，勇士之所易也。

〔注釋〕〔一〕郕：古國名。周武王封其弟叔武於此。在今山東省甯陽縣內。

彼魯莊之視齊襄，乃君父不戴天之讎〔二〕，義所必校者也，反巽懦畏怯，俛首為讎人之役，坐視其取郕而不校者，特畏其強而不敢校耳。姑託罪己修德之辭，以自解於

吧？」但是，齊魯兩國一同攻打郕國，而齊國卻獨佔這份功勞，依人情常理是一定要計較的。魯莊公卻收了兵不再計較，責備自己而不責備齊國，不知道魯莊公是勇敢的人呢？還是怯懦的人呢？我判斷說：「魯莊公大概是個怯懦的人啊。」大勇敢者不和人計較，大怯懦者也不和人計較。勇敢者不計較，是不願意去計較；怯懦者不計較，是不能夠去計較。勇敢者因為大義而不應當去計較，所以便戰勝了自己的私心而不去計較。心敵尚且能夠戰勝，何況是小小的外敵呢？假使遇到了大義上應當計較的，只要使出他多餘的勇氣，天下已經不能夠抵擋了。所以，不計較，是勇敢者所難以辦到的；計較，卻是勇敢者所容易辦到的。

那魯莊公看待齊襄公，正是弒君殺父不共戴天的仇人，在大義上是一定要計較的，他反而卑順畏怯起來，俯首順從仇人的驅使，眼睜睜地看著齊襄公收取了郕國卻不去和他計較，這不過是害怕齊國的強大而不敢去計較罷了。姑且假託「罪己修德」的言辭來向

眾，豈其本心哉！故不校者，莊公之所易也；校者，莊公之所難也。莊公之不校，與勇者難易正相反，烏得比而同之耶？

［注釋］［一］君父不戴天之讎：魯莊公父魯桓公，於桓公十八年被齊襄公陰謀害死。

或曰：「世固有以弱犯強，以小犯大，不量力而取斃者。莊公雖不得為勇，亦庶幾善量力者也。」曰：「論義者，不論力。君父之讎，義所必討，不幸而力不勝，死於讎敵，亦足以自獻於先王矣。以仇牧［二］之怯，豈能勝南宮萬之勇哉！閔公之難，忘其怯而直前。雖斃於南宮萬之手，世未有以不量力罪之者也。」「若是，則莊公當與齊爭歟？」曰：「莊公忘君父之讎，而與齊通，又與之連兵而伐郕，及不得郕而爭，則是爭利之

眾人解脫自己，難道會是他的本心嗎？所以說，不計較，是莊公所容易做到的；計較，卻是莊公所難以辦到的。莊公的不計較，和勇敢者的難易正好相反，怎能夠把他們放在一起而看成一樣呢？

有人說：「世上本來就有以弱犯強，以小犯大，自不量力而自取滅亡的人。莊公雖然稱不上勇敢，卻也差不多是善於量力而行的人了。」我回答說：「講大義的不論力量。國君父親的仇恨，大義上是一定要討回的，若是不幸而力量不能勝過他，即使死在仇敵的手裏，也可以向先王交待了。像仇牧那樣怯懦，怎能勝過南宮萬的勇猛呢？宋閔公遭受禍患時，他忘記自己的怯懦而勇往直前，雖然死在南宮萬之手，世上沒有人拿自不量力的話來責備他的。」「如果照這樣說，那麼莊公應當與齊國相爭嗎？」我回答說：「莊公忘記了國君父親的仇恨，而與齊國通好，又與齊國聯兵討伐郕國，等到得不到郕國而起來相爭，就變成了爭奪私利的軍隊，而不再是復仇的軍隊了。這樣說來，魯莊公在這場戰爭中，相爭是錯的，不相爭也是

師，而非復仇之師也。然則莊公之是役，爭亦失，不爭亦失，失在於通齊之始耳。一失其始，進退上下何往而非罪哉！故曰『君子作事謀始』。」

［注釋］［一］仇牧：春秋時宋閔公的大夫，南宮萬弒君，仇牧急步趕到，抽劍而斥南宮萬，被南宮萬所殺。

錯的，一開始與齊國通好的時候就已經錯了。一旦在開始就已經錯了，那麼，進退上下，任憑到哪裏去，哪裏不是錯誤呢？所以我說：『君子做事在開始就要審慎謀劃。』」

【古評】

茅鹿門曰：大凡貶題文字，須要反覆下難，使他分疏不得，方為有體。此文深得之。

孫執升曰：勇者不欲校，怯者不能校，莊公不敢校耳。讀之發笑。兩段設難，層層折倒，真令入地三尺。

朱字綠曰：前半言懲忿之為大勇，見怯有可以為勇者。後半辨明莊公實怯，託懲忿之詞自飾，而非真勇。結歸忘君父之仇，而從之連兵伐人，當勇不勇，為不能自克其心，則爭讓莫非罪。議論聳拔，波瀾老成。

張明德曰：心敵二字，直透紙背。更妙在以義字作關紐，則大勇小勇，不辨自知。君父之讐不報，而復通於齊，駁得倒。末一結更為後人開一救失法門，傳世行遠，夫復何疑？

【今評】

呂理胡：德國的法學家耶林的大作「法律的鬥爭」裏提到「法律的目的是和平，而達到和平的手段則為鬥爭……正義之神，一手執衡器以權正義，一手執寶劍，以實現正義，寶劍而無衡器，不過暴力。衡器而無寶劍，只是有名無實的正義……。」說明法律與鬥爭間的關係就好比呂祖謙所言勇敢與懦弱的關係，既是相反又相似。又說「法律鬥爭…這由一方要侵害法益，他方又欲保護法益而引起的。不問個人的權利或國家的權利，其對侵害，無不盡力防衛。」若說懦弱與勇敢的中心是「大義」，則法律與鬥爭的中心是「權利」，這裏的「大義」又和「權利」極其相似，左傳稱讚魯莊公謙虛，呂祖謙卻責備魯莊公違背了大義，不過是懦弱而已。耶林又說「甲國侵略乙國，雖然不過荒地數里，而乙國往往不惜對之宣戰…被害人提起訴訟，往往不是因為實際上的利益，而是基於『權利感情』。」今日魯莊公面對齊國的侵害，不與其鬥爭，反而祇念自己的權利情感、而置魯國臣民的權利情感於不顧，如何不懦弱呢？

左傳原文

魯莊公圍郕 莊公・八年

「夏，師及齊師圍郕。郕降于齊師」。仲慶父請伐齊師。公曰：「不可！我實不德，齊師何罪？罪我之由。《夏書》曰：『皐陶邁種德，德，乃降。』姑務脩德以待時乎？」「秋，師還」，君子是以善魯莊公。

齊侯見豕

莊公・八年

怪生於罕，而止於習。赫然當空者，世謂之日；粲然徧空者，世謂之星；油然布空者，世謂之雲；隱然在空者，世謂之雷；突然倚空者，世謂之山；渺然際空者，世謂之海。如是者，使人未嘗識而驟見之，豈不大可怪耶？其所以舉世安之，而不以為異者，何也？習也。

君蒿悽愴〔一〕之妖，木石鱗羽之異，世爭怪而共傳之者，以其罕接於人耳。天下之理，本無可怪。吉有祥，凶有祲〔二〕；明有禮樂，幽有鬼神。是猶有東必有西，有晝必有夜也。亦何怪之有哉！夫子之不語怪者，非懼其惑眾也，無怪之可語也。

〔譯文〕

怪異之所以產生是因為罕見，一旦經常遇見就不覺得奇怪了。赫然地懸掛在空中的，世人稱之為太陽；燦爛地佈滿夜空的，世人稱之為星星；濃厚地密佈在上空的，世人稱之為雲；隱隱響在天空中的，世人稱之為雷；突兀地聳立在空際的，世人稱之為山；渺遠地連接天際的，世人稱之為海。像這樣的東西，假使人們不曾認識而忽然看見了，難道不會感到非常奇怪嗎？這些東西，之所以全世界的人都不感到奇怪，這是為什麼呢？因為常見而習慣了。

百物之精的妖怪，木石鱗羽的異物，世人爭相驚異而互相流傳，因為它們和人們很少接觸罷了。依理而言，天底下本沒有什麼可奇怪的。吉祥的時候就佈祥瑞，兇險的時候就有妖氣；光明正大的時候有禮樂，幽暗不明的時候有鬼神。這就像有東方就必定有西方，有白天就必定有黑夜一樣。又有什麼值得奇怪的呢？孔夫子不談論怪異，並不是怕它惑亂民眾，而

〔注釋〕〔一〕君（ㄒㄩㄣ）蒿悽愴：君，熏烤。君蒿，熏烤蒿草，則香氣四散。悽愴，悲涼。語出《禮記．祭義》：「君蒿悽愴，此百物之精也。」〔二〕祲（ㄐㄧㄣ）：妖氣。

左氏嗜怪，時神怪之事多出其書。范甯〔一〕闢〔二〕之以誣，說者是之；吾謂載之者非，闢之者亦非也。載之者，必以為怪而駭其有；闢之者，必以為怪而意其無。一以為有，一以為無，至於心以為怪，則二子之所同病也。

〔注釋〕〔一〕范甯：《春秋》之《穀梁傳》作者。

〔二〕闢：駁斥。

人不知道〔一〕，則所知者不出於耳目之外。耳目之所接者，謂之「常」；耳目之所不接者，謂之「怪」。凡所謂「怪」者，共辨而競爭之；至於耳目之所常接者，則輕之

是本沒有什麼怪異可以談論。

左丘明嗜好怪異，當時神奇鬼怪的事情大多出於他的書。范甯駁斥它荒誕不實，論者認為他是對的。我認為記載神怪的人不對，駁斥的人也不對。記載神怪的人必定是認為奇怪而驚駭它的存在，駁斥的人必定是認為奇怪而覺得它不存在。一個人認為有，一個人認為無，至於內心都認為奇怪，那是兩個人犯了同樣的毛病。

人們不明白事理，那麼所知道的不會超出眼睛和耳朵的感知範圍之外。耳朵和眼睛所接觸到的，稱之為「常」；耳朵和眼睛不曾接觸到的，稱之為「怪」。凡是被稱為「怪」的東西，人們一起辨別並競相爭論

曰「是區區[二]者」。吾既飫[三]聞而厭見之矣，何必復論哉！抑不知耳之所聞，非真聞；目之所見，非真見也。耳之所聞者，聲爾；而聲聲[四]者，初未嘗聞。目之所見者，形爾；而形形[五]者，初未嘗見。日星也，雲雷也，山海也，皆世俗飫聞而厭見者也。至於日星何為而明，雲雷何為而起，山何為而峙，海何為而渟[六]，是孰知其所以然者乎？

[注釋][一]知道：明白事理。[二]區區：細小瑣碎。[三]飫（ㄩˋ）：飽，厭。[四]聲聲：發出聲音。[五]形形：顯現外形。[六]渟：水停滯。

其事愈近，其理愈遠；其迹愈顯，其用愈藏。人之所不疑者，有深可疑者存焉；人之所不怪者，有深可怪者存焉。吾日用飲

它；至於耳朵和眼睛所常接觸到的，就輕視它說「這是很細小瑣碎的」。我已經聽膩了，看膩了，何必再去爭論呢！但人們不知道耳朵聽到的，並不是真正聽到了；眼睛看見的，並不是真正看見了。耳朵所聽到的，聲音而已；但是發出聲音的，本不曾聽見。眼睛所看到的，外形而已；但是顯現外形的，本沒有看見。太陽，星星，雲氣，雷電，高山，海洋，都是世俗之人聽膩了或看膩了的。至於大陽和星星為什麼明亮，雲氣和雷電為什麼出現，高山為什麼隆起，海洋為什麼蓄積，這些有誰知道它形成的原因呢？

事情越是切近，道理越是遙遠；形跡越是明顯，作用越是隱藏。人們所不懷疑的，有很可疑之處存在；人們不感到奇怪的，有很可怪之處存在。我們在平日的起居飲食中，踐行著卻不明白，習慣了而不覺

食之間，行不著，習不察，尚莫知其端倪，反欲窮其辭於荒忽茫昧[一]之表，何其舛[二]於先後也？天下皆求其所聞，而不求其所以聞；皆求其所見，而不求其所以見。使得味於飫聞厭見之中，則彼不聞不見者，亦釋然[三]而無疑矣。

子路學於夫子，以事鬼神為問，又以死為問。子路之心：蓋以人者，吾所自知；所不知者，鬼神而已。生者，吾所自知；所不知者，死而已。

[注釋][一]荒忽茫昧：漫無邊際，渺茫昏暗。[二]舛：逆，反，錯亂。[三]釋然：疑慮消除貌。

吁！至理無二。知則俱知，惑則俱惑，安有知此而不知彼者哉！果知人，則必無鬼神之問；果知生，則必無死之問矣。觀其鬼

察，尚且不能知道其中的頭緒，反而想在漫無邊際而又渺茫昏暗的日常之外費盡言辭，怎麼會如此顛倒先後順序呢？天下人都探求他所聽見的，但不深求他是如何聽見的；都探求他所看見的，但不探求他是如何看見的。假如在聽膩了看膩了的事物中，還能夠細細品味有所體悟，那麼他聽不到看不到的東西，也是很容易知道而沒有什麼可懷疑的了。

子路向孔子問學，以事奉鬼神的事情問孔子，又問死亡的事。子路的心裏大概認為，人是我自己所瞭解的，所不瞭解的，鬼神而已；生存是我所瞭解的，所不瞭解的，死亡而已。

吁！終極真理沒有兩樣。知道則全部知道，疑惑則全部疑惑，哪裏會有知道這個而不知道那個的？果真知道人，那麼必定不會問鬼神之事；果真知道生存，那麼必定不會問死亡之事了。看他問鬼神的事情，

神之問，可以占〔一〕知其未知人也；觀其死之問，可以占知其未知生也。夫子答之曰：「未能事人，焉能事鬼？未知生，焉知死？」〔二〕此蓋夫子提耳而誨〔三〕子路，無非真實語。世儒乃或以為拒子路之問，豈不哀哉！子路深省於一言之下，故白刃在前，結纓正冠不改其操〔四〕，則死生鬼神之際，子路其自知之矣。

〔注釋〕〔一〕占：占測，推測，推論。〔二〕此句：見《論語・先進》篇。〔三〕提耳而誨：提擰著耳朵來教導。形容教導心切，用心良苦。〔四〕此句：子路勇武剛正，在衛國一次暴亂中，臨死不懼，謹守禮節。事詳《史記》卷六十七《仲尼弟子列傳》。

在《睽》之《歸妹》曰「睽孤」：「見豕負塗，載鬼一車。先張之弧，後說之弧。匪寇，婚媾。往遇雨，則吉。」其《象》曰：

可以推知他不知道人；看他問死亡的事情，可以推知他不知道生存的事。孔夫子回答說：「不會事奉人，怎麼會事奉鬼？不知道生，怎麼知道死？」這是孔夫子當面懇切教導子路的話，沒有一句不是真切實在的。有的俗儒卻以為是孔夫子拒絕回答子路的提問，這難道不悲哀嗎？子路在聽到這一句話之後也能深深地反省，所以在亮晃晃的刀刃前．他還要繫好帽帶，戴正帽子纔就死，不改變自己的操守，那麼死與生、人與鬼神的界限，子路大概已經明白了。

在《睽》卦變為〈歸妹〉卦的上九爻叫作「睽孤」，爻辭說：「看見豬背上滿是泥巴，看見滿載著一車鬼，於是先張開弓箭要射，但後來又放下了。不是來搶婚的盜寇，而是來婚媾的。繼續前往，若遇上

「遇雨之吉，群疑亡也。」[一]幽、明實相表裏。幽鄰於明，明鄰於幽，初未嘗孤立也。是爻居《睽》之終，孑然孤立[二]，睽幽明而為兩塗。睽生疑，疑生怪。故負塗之豕，載車之鬼，陰醜詭幻，無所不至。然至理之本同然者，終不可睽。疑則射，解則止；疑則寇，解則婚。向之疑以為怪者，特未能合幽明為一耳。猶陽之發見[三]，陰之伏匿，陽明陰幽，常若不通。及二氣和而為雨，則陽中有陰，陰中有陽，孰見其異哉！陰陽和而為雨，則群物潤；幽明合而為一，則群疑亡。融通灌注，和同無間，平日所疑，蕩滌而不復存矣。

[注釋][一]此二句：《睽》、《歸妹》，皆《周易》卦名。睽，兌下離上；歸妹，兌下震上。《睽》之《歸妹》，指《睽》卦變為《歸妹》之卦。睽孤，

雨，則一切順利。」其《象》說：「遇雨就吉利，各種懷疑都沒有了。」幽暗和光明實際上是互為表裏，幽暗緊挨著光明，光明緊挨著幽暗，本來就不曾孤立存在。「睽孤」是《睽》卦的最後一爻，孑然獨存，將幽暗和光明隔離成了兩種不同的路途。因隔離而產生懷疑，因懷疑而產生怪異。所以背上滿是泥巴的豬，載滿了一車的鬼，陰暗醜陋，詭異奇幻，無所不在。但是終極真理本來相同，終究不可被隔離。有疑慮就射箭，疑慮解開就放下弓箭；有疑慮則以為是搶婚的盜寇，疑慮解開則是迎娶的。原先懷疑是鬼怪的，只是沒有把幽暗與光明融合在一起罷了。就像陽氣宣發顯現，陰氣蟄伏隱匿，陽氣光明而陰氣幽暗，平常好像是不能相通。等到陰陽二氣調和後化作雨，那麼陽氣中有了陰氣，陰氣中有了陽氣，誰又能看見什麼怪異呢？陰陽調和變化作雨，則萬物獲得滋潤；幽暗和光明融合為一體，就沒有了各種疑慮。融會貫通，調和為一，沒有間隙，平日所懷疑的，就都會被沖洗清除而不復存在了。

《睽》卦上九爻（卦符最上面一橫）之名稱。豕，豬。張，張開弓箭。說，同脫，脫開。匪，同非。寇，強盜。媾，婚。《象》，《周易》於爻辭之解釋。在這裏，東萊先生是借用字面義以資論證，非闡發其深奧義理。參見《周易・睽》。［二］孑然孤立：單獨存在。［三］發見：同發現，這裏為顯現、呈現之意。

子路之問人鬼死生，睽而不合；既聞夫子之言，豈非遇雨而群疑亡乎？左氏與子路而同遊夫子之門者也，猶不能除嗜怪之習，然則夫子之雨亦擇地而降歟？曰：非也。五日霏微，十日霢霂［一］，而枯荄［二］槁木，不能沾涓滴之澤焉。非雨之有所吝，我無以受之也。我無以受之，則日見降雨，猶為不遇雨；日見聖人，猶為不遇聖人。左氏遇聖人而蒙蔽，是誰之罪耶？

［注釋］［一］霢霂：小雨。［二］荄（ㄍㄞ）：草根。

子路問人與鬼、死與生之事，彼此互相違背而不能相合；當聽了老師的話以後，難道不是像遇到了一場雨而使各種疑慮都消失了嗎？左丘明和子路都是在孔夫子門下遊學的人，卻不能掃除嗜好怪異的習氣，這難道是孔夫子的雨也選擇降落的場所嗎？回答是：並非如此。五天的毛毛細雨，十天的微微小雨，但枯萎的草根和乾枯的樹木卻不能沾得一點一滴水的潤澤。這不是因為雨有所吝惜，是因為我沒有什麼可以去接受。我沒有什麼去接受，那麼每天看到下雨，還是像沒有遇到雨；每天看見聖人，還是像沒有遇到聖人。左丘明遇到聖人而蒙昧閉塞，這是誰的過錯呢？

【古評】

邱瓊山曰：引《睽》之文以贊子路，文字恍然惚然，一似左氏，一似莊子。

朱字綠曰：正意止是吉有祥、凶有祲、明有禮樂、幽有鬼神，猶晝之必夜數語盡之，卻以習罕二意為首，以見聞不見聞為腹，以死生人鬼陰陽合一為尾，文字便怪怪奇奇不可端倪。

張明德曰：識踞題巔，理超象外，黃鐘大呂之音，不似錚錚細響。

左傳原文

齊侯見豕 莊公・八年

冬，十二月，齊侯游于姑棼，遂田于貝丘。見大豕，從者曰：「公子彭生也。」公怒曰：「彭生敢見！」射之，豕人立而啼。公懼，隊于車，傷足，喪屨。反，誅屨於徒人費，弗得，鞭之，見血。走出，遇賊于門，劫而束之。

蛇鬬於鄭 莊公・十四年

初，內蛇與外蛇鬬於鄭南門中，內蛇死。六年而厲公入。公聞之，問於申繻曰：「猶有妖乎？」對曰：「人之所忌，其氣燄以取之。妖由人興也。人無釁焉，妖不自作。人棄常，則妖興，故有妖。」

神降於莘 莊公・三十二年

秋，七月，有神降于莘。惠王問諸內史過曰：「是何故也？」對曰：「國之將興，明神降之，監其德也；將亡，神又降之，觀其惡也。故有得神以興，亦有以亡，虞、夏、商、周皆有之。」王曰：「若之何？」對曰：「以其物享焉。其至之日，亦其物也。」王從之。

卜偃童謠 僖公・五年

晉侯復假道於虞以伐虢。……八月，甲午，晉侯圍上陽。問於卜偃曰：「吾其濟乎？」對曰：「克之。」公曰：「何時？」對曰：「童謠云：『丙之晨，龍尾伏辰；均服振振，取虢之旂。鶉之賁賁，天策焞焞，火中成軍，虢公其奔。』其九月、十月之交乎？丙子旦，日在尾，月在策，鶉火中，必是時也。」冬，十二月，丙子，朔，晉滅虢，虢公醜奔京師。

狐突遇申生 僖公・十年

秋，狐突適下國，遇大子。大子使登僕，而告之曰：「夷吾無禮，余得請於帝矣，將以晉畀秦，秦將祀余。」對曰：「臣聞之：『神不歆非類，民不祀非族。』君祀無乃殄乎？且民何罪？失刑、乏祀，君其圖之。」君曰：「諾。吾將復請。七日，新城西偏，將有巫者而見我焉。」許之，遂不見。及期而往，告之曰：「帝許我罰有罪矣，敝於韓。」

城鄫有夜登邱 僖公・十六年

十二月，會于淮，謀鄫，且東略也。城鄫，役人病。有夜登丘而呼曰：「齊有亂。」不果城而還。

柩有聲如牛 僖公・三十二年

冬，晉文公卒。庚辰，將殯于曲沃，出絳，柩有聲如牛。卜偃使大夫拜，曰：「君命大事，將有西師過軼我，擊之，必大捷焉。」

蛇出泉宮 文公・十六年

有蛇自泉宮出，入于國，如先君之數。秋，八月，辛未，聲姜薨，毀泉臺。

魏顆見老人 宣公・十五年

魏顆敗秦師于輔氏。獲杜回，秦之力人也。初，魏武子有嬖妾，無子。武子疾，命顆曰：「必嫁是！」疾病，則曰：「必以為殉！」及卒，顆嫁之，曰：「疾病則亂，吾從其治也。」及輔氏之役，顆見老人結草以亢杜回，杜回躓而顛，故獲之。夜夢之曰：「余，而所嫁婦人之父也。爾用先人之治命，余是以報。」

鳥鳴亳社 襄公・三十年

或叫于宋大廟，曰：「譆譆！出出！」鳥鳴于亳社，如曰「譆譆」。甲午，宋大災。

鄭伯有 昭公・七年

鄭人相驚以伯有，曰「伯有至矣」，則皆走，不知所往。鑄刑書之歲二月，或夢伯有介而行，曰：「壬子，余將殺帶也。明年壬寅，余又將殺段也。」及壬子，駟帶卒。國人益懼。齊、燕平之月，壬寅，公孫段卒，國人愈懼。其明月，子產立公孫洩及良止以撫之，乃止。

石言於晉 昭公・八年

春，石言于晉魏榆。晉侯問於師曠曰：「石何故言？」對曰：「石不能言，或馮焉。不然，民聽濫也。抑臣又聞之曰：『作事不時，怨讟動于民，則有非言之物而言。』今宮室崇侈，民力彫盡，怨讟並作，莫保其性。石言，不亦宜乎？」

當璧而拜 昭公・十三年

初，共王無冢適有寵子五人，無適立焉。乃大有事于羣望，而祈曰：「請神擇於五人者，使主社稷。」乃徧以璧見於羣望曰：「當璧而拜者，神所立也，誰敢違之？」既乃與巴姬密埋璧於大室之庭，使五人齊，而長入拜。康王跨之。靈王肘加焉。子干、子皙皆遠之。平王弱，抱而入，再拜，皆厭紐。鬬韋龜屬成然焉，且曰：「棄禮違命，楚其危哉。」

鄭龍鬬 昭公・十九年

鄭大水，龍鬬于時門之外洧淵。國人請為禜焉，子產弗許，曰：「我鬬，龍不我覿也。龍鬬，我獨何覿焉？禳之，則彼其室也。吾無求於龍，龍亦無求於我。」乃止也。

玉化為石 昭公・二十四年

王子朝用成周之寶珪于河。甲戌，津人得諸河上。陰不佞以溫人南侵，拘得玉者，取其玉。將賣之，則為石。王定而獻之，與之東訾。

鸜鵒來巢 昭公・二十五年

夏，「有鸜鵒來巢」，書所無也。師己曰：「異哉！吾聞文、武之世，童謠有之，曰：『鸜之鵒之，公出辱之。鸜鵒之羽，公在外野，往饋之馬。鸜鵒跦跦，公在乾侯，徵褰與襦。鸜鵒之巢，遠哉遙遙，稠父喪勞，宋父以驕。鸜鵒鸜鵒，往歌來哭。』童謠有是。今鸜鵒來巢，其將及乎？」

龍見於絳 昭公・二十九年

秋，龍見於絳郊。魏獻子問於蔡墨曰：「吾聞之，蟲莫知於龍，以其不生得也，謂之知，信乎？」對曰：「人實不知，非龍實知。古者畜龍，故國有豢龍氏，有御龍氏。」

齊公孫無知弒襄公 莊公・八年

咎既往者易為說，扶將傾者難為功。樂論病而憚治病，此人之通患也。齊公孫無知之弒襄公，論者本其禍端歸之僖公。其說曰：「國無二統，禮無二嫡〔一〕，基〔二〕於衣服禮秩之微，而成於簒弒戕奪之酷。齊之禍，庸非僖公為之乎？」嗚呼！此論病也，非治病也。

〔注釋〕〔一〕嫡：長子。〔二〕基：始。

當僖公之時，獻此言可矣；及襄公之時，始為此言，何其晚耶？追論前日之失，而不能已今日之禍，君子不貴也。君子不幸而立襄公之朝，寧肯徒咎既往，一無規畫，拱手而待禍耶？

〔譯文〕

責怪已經發生的事，很容易找到說辭；扶持即將傾頹的，卻很難有功勞。喜歡議論疾病但是害怕治病，這是人的通病。齊國的公孫無知弒殺了齊襄公，議論的人追究其禍端，歸到齊僖公身上。他們的說法是：「國家不能有兩個正統，禮制沒有兩個嫡長子，開始是在衣服禮儀制度等細小方面，後來發展成簒奪君位、弒殺國君的殘酷場面。齊國的禍患，難道不是齊僖公造成的嗎？」唉！這是議論疾病，不是治療疾病。

當齊僖公在位的時候，進上這種話是可以的；等到齊襄公在位的時候纔說這樣的話，難道不會太晚嗎？追討原先的過失，但不能制止現在的禍害，這不是君子所看重的。君子如果不幸身處在襄公的朝廷，寧願只責怪已經發生的事情，而沒有任何行動謀劃，拱手待在一邊等著禍害到來嗎？

天下無不可為之時，而無不可除之患。未然之前，吾則有防患之術；已然之後，吾則有救患之術。唯所遇何如耳。

在襄公世，禍患已成，防患之術，既往而不必論。請獨論救患之術。恩與怨、親與讎，人皆以為不可並也。殊不知易恩者，莫如怨；易親者，莫如讎。公孫無知雖託於公族[一]，而僖公假以非分之寵，上偪正嫡。方襄公居東宮之時，以人情度之，豈能不忌且恨哉！僖公一旦捐[二]賓客而不立朝，想無知之心，自知襄公必償其宿忿[三]，投於廢絀疏棄之域矣。使襄公釋然，待之加厚，則無知必謂：本當見怨，反得恩焉；本當見讎，反得親焉。吾何以得此於彼哉！始以為虎，今乃吾之父；始以為狼，今乃吾之兄。

天下沒有不可作為的時候，也沒有不可解除的禍患。還沒有發生之前，我有防止禍患的方法；發生之後，我有解救禍患的方法。只看遇到的情況怎樣而已。

在齊襄公的時候，禍患已經形成，防止禍患的方法，已經過去的就不必再去討論了。我們只討論解救禍患的方法。恩義和怨恨，親情和仇恨，人們都以為不可以並存。卻不知道，沒有比懷恨的人更容易施予恩惠；沒有比有仇的人更容易親近的了。公孫無知雖然依託在公族裏面，然而齊僖公給予其不恰當的恩寵，向上直接威脅著太子。當襄公住在東宮的時候，以人之常情來推測，他怎麼能夠不忌妒而怨恨呢？當齊僖公一旦棄身而去不再過問朝政後，我猜公孫無知的心思，自己知道齊襄公必定會償還他的宿怨，把自己投放到被廢棄、疏遠的地方。假使齊襄公開懷大度，對他更加厚待，那麼公孫無知必定認為本該被怨恨，反而得到恩寵，本該被仇恨，反而被親近，我憑什麼從那裏得到這樣的結果？開始以為是老虎，現在卻是我的父親一般；開始以為是豺狼，現在卻是我的兄長。既然得到了意料之外的恩施，肯定會想著有意料

既得望外之施，亦必思望外之報矣。然則向之怨，所以彰[四]今日之恩也；向之讎，所以彰今日之親也。襄公果知出此，則變無知悖逆之心為忠義之心，非徒可以除患，抑又可以召福矣。

[注釋][一]公族：與國君同宗之族。[二]捐：捐棄，放棄。喻指死亡。[三]宿忿：過夜的怨恨，指久已過時的怨恨。[四]彰：顯示，顯現。

昔漢定陶王[一]，少而愛，長多材藝，元帝奇之。母昭儀[二]又幸，幾代皇后、太子。成帝即位，緣先帝意，厚遇異於他王。元帝開其隙，而成帝能合其隙，此所以有僖公之失，而無襄公之禍也。成帝之心：思吾親不可得而見，見吾親之所愛者，猶見吾親焉。吾親既沒，無所致其孝，今厚吾親之所

之外的報答。那麼以前的怨恨，正可以彰顯現在的恩寵；以前的仇恨，正可以彰顯現在的親近。齊襄公果真知道這樣而去做，就可以把公孫無知的叛逆之心變成忠誠仁義之心，不只是可以除去禍害，甚至還可以招來福氣。

過去漢代的定陶王年少時就很得寵愛，長大後多才多藝，漢元帝很看重他，母親傅昭儀又被寵幸，幾乎要取代皇后、太子的地位了。漢成帝即位，順著先帝的意願，豐厚地對待他，不同於別的王侯。漢元帝打開仇怨的縫隙，但漢成帝彌合了這個縫隙，這就是為什麼會有齊僖公的過失，但沒有齊襄公的禍患。漢成帝心想，想念我父親但已經見不著了，見到我父親所喜愛的人，就好像見到我父親一樣。我父親既已逝世，沒有什麼可以表達孝心，現在厚待我父親所厚待的人，就是厚待我的父親。愛念父親的心情正篤誠，

厚，是亦厚吾親也。愛親之心方篤，萬慮皆不能入其胸次，自親之外，無復他念，何暇省記吾一身之嫌隙乎？茍微見疇昔[三]之隙，必吾愛親之心已少弛矣。忘親之愛而思己之隙，先己後親，固已墮於不孝，矧[四]又報之乎？如意之於諸呂，植之於魏，攸之於晉，死亡相尋[五]，吾未嘗不恨惠、文、武三帝之愆[六]於孝也，安得以成帝之風警之乎？

雖然，先君之所愛從而愛之孝也，茍欲而不制馴，致叔段州吁之亂，則將奈何？曰：「愛之，必欲全之。授之以權，而長其惡，是致之於死地也。焉得愛？」

[注釋][一]定陶王：西漢元帝之子，成帝之弟。下文如意、植、攸等，皆為皇子，即漢朝之劉如意、

任何思慮都不能進入我的心裏，除父親之外，沒有別的念頭，怎麼會有閒暇記得我個人的前嫌怨恨呢？只要稍微出現了往昔的怨恨，必定是我愛父親的孝心已經減少放鬆了。忘記了愛父親，卻想著自己的怨恨，把自己放在父親的前面，本來就已經墮落到不孝的境地了，更何況又是報怨雪恨呢？劉如意之不容於諸呂，曹植之不容於魏朝，司馬攸之不容於晉朝，相繼死亡，我未嘗不遺憾於漢惠帝、魏文帝、晉武帝在孝道上犯下的罪過。怎麼纔能用漢成帝的風範來警戒他們呢？

雖然如此，對於先君所愛的人，從而愛他，這是孝。但如果放任他們的欲求而不加以節制，而導致共叔段、州吁那樣的叛亂，那將怎麼辦呢？回答是：「愛他必定想法保全他，把權力交給他而助長他的惡行，這是致他於死地，怎麼算得上愛呢？」

曹魏之曹植、晉朝之司馬攸，他們分別為漢惠帝劉盈、魏文帝曹丕、晉武帝司馬炎之弟，其下場皆無定陶王幸運，或被猜忌，或被謀害。諸呂，指漢高祖皇后呂氏家族，他們謀害劉邦之子，危及劉氏社稷。〔二〕昭儀：皇帝妃子名稱之一，地位次於皇后。〔三〕疇昔：過去。〔四〕矧（ㄕㄣˇ）：何況。〔五〕尋：繼，依舊。〔六〕愆：過錯，犯錯。

左傳原文

齊公孫無知弒襄公 莊公・八年

齊侯使連稱、管至父戍葵丘。瓜時而往，曰：「及瓜而代。」期戍，公問不至。請代，弗許。故謀作亂。僖公之母弟曰夷仲年，生公孫無知，有寵於僖公，衣服禮秩如適，襄公絀之。二人因之以作亂。

齊桓公入齊 莊公・九年

魯莊公忘父之讎，而納子糾；管敬仲忘主之讎，而事桓公；齊桓公忘身之讎，而用管仲。不可忘者，父讎也；忘其不可忘，莊公之罪也。可忘者，身讎也；忘其可忘者，桓公之義也。獨管仲之事，論者疑焉。子糾，其主也；桓公，其主之讎也。不死其主，而相其讎，宜若得罪於名教[一]，今反見稱於孔子，此論者之所共疑也。

〔注釋〕[一]名教：即儒教。

競駑驥[二]者，至伯樂而定；競是非者，至孔子而定。既經孔子，豈復容異同之論乎？

雖然，無所見而苟異聖人者，狂也；

〔譯文〕

魯莊公忘記了殺父之仇而接納齊國公子糾，管敬仲忘記殺主之仇而侍奉齊桓公，齊桓公忘記自身的仇恨而任用管仲。不可以忘記的仇是父仇，忘記那不可以忘記的仇，這是魯莊公的罪過；可以忘記的仇是個人的仇，忘記那可以忘記的仇，這是桓公的道義。惟獨管仲的事情，議論的人有所懷疑。子糾是他的主子，齊桓公是他主子的仇人。不為自己的主子而死，而去輔佐他的仇敵，本該在名教中獲得罪名，而今反而得到孔子稱道，這是議論的人所共同疑惑不解的。

爭論馬的優劣，到了伯樂那裏就定下來了；爭論人的是非，到了孔子那裏就定下來了。既然經過孔子的評定，難道還能再有不同的議論嗎？

雖然如此，沒有什麼見解而不同於聖人的，是

無所見而苟同聖人者，愚也。已則無所見，徒假聖人以為重，曰：「伯樂所譽，其馬必良；孔子所譽，其人必賢。」使有問其所以良，其所以賢者，必錯愕吃訥［二］，左右視而不知所對矣。隨伯樂而譽馬者，未免為不知馬；隨孔子而譽人者，未免為不知人。天下之事，知當自知，見當自見。伯樂之鑒，初無與於吾之鑒也；孔子之智，初無與於吾之智也。

［注釋］［一］駑驥：劣馬與良馬。［二］錯愕吃訥：吃驚而說不出話。

管仲之是非，聖人固有定論矣。抑不知反求吾心，果定歟？不定歟？吾之心不知所定，而苟隨聖人以為定，是以名從聖人，而非以實從聖人也。君子之學，從實而不從

狂妄；沒有什麼見解而苟同於聖人的，是愚昧。自己沒有什麼見解，只會跟著借重於聖人，說伯樂所稱讚的，那馬必定很好；孔子所稱讚的，那人必定賢能。如果有人問他為什麼是良馬，為什麼是賢能之人，必定會驚慌錯愕而張口結舌，環顧左右而不知道如何回答了。跟隨伯樂而讚賞馬匹的人，不能算作知道馬；跟隨孔子而讚賞人的人，不能算作瞭解人。天下的事，知道應當是自己知道，見解應當是自己有見解。伯樂的鑒定，本來和我的鑒定就不相干；孔子的智慧，本來和我的智慧也不相干。

管仲的對與錯，聖人固然有定論，卻不知道反省自己的內心，真的有定論嗎？還是沒有？如果自己的心尚沒有定論而姑且信從聖人以為定論，這是按照名聲來信從聖人，而不是按照實際情況來信從聖人。君子做學問，信從事實而不信從名聲，自己的心沒有定論，即使是聖人的話，也不能使我就此下定論，這難

名。吾心未定，雖聖人之言不能使之定，是豈妄疑聖人之言者哉！其從聖人，以心不以貌，此真從聖人者也。是故聞孔子稱管仲之言，必當求孔子稱管仲之意。孔子之意，豈以管仲所枉[一]者寡，而所直者眾耶？所詘[二]者小，而所伸者大耶？

[注釋][一]枉：彎曲。[二]詘：同屈，彎曲，退縮。

嗚呼！枉尺直尋[一]，在聖門[二]中無是事也，又況事讎之枉不得為寡；詘道信身，在聖門中無是事也，又況事讎之詘不得為小。然則孔子之意果安在耶？糾之與桓公，均非正嫡也，均非當立也。然《春秋》書「納糾」而不繫以「子」，薄昭[三]言「殺弟」而不謂之「兄」，是糾少而尤不當立者

道是狂妄地懷疑聖人的話嗎？那些按照自己的內心而不是以名聲信從聖人的人，是真正地信從聖人。所以聽見孔子稱讚管仲的話，一定要推求孔子稱讚管仲的本意。孔子的本意，難道是因為管仲所犯的過錯少而所行的正直多嗎？所屈曲的小而所伸展的大嗎？

唉！扭曲一尺而伸直八尺，在聖門中沒有這樣的事，又何況所扭曲的是事奉仇敵，不得算作扭曲得少；屈曲道義而伸展自身，在聖門中沒有這樣的事，又何況所屈曲的是事奉仇敵，不得算作屈曲得小。既然如此，孔子的本意果真在哪裏？子糾和齊桓公，都不是嫡長子，都不應當立為國君，這樣說來，《春秋》記為「納糾」，而不繫加「子」稱，薄昭說「殺弟」，而不說是殺「兄」，這是因為子糾年少而更不應當立為國君。假如齊桓公在還沒有進入齊國之前殺掉子糾，那麼這是兩位公子爭奪國君之位而互相殘殺，管

也。向若桓公殺糾於未入齊之前，則是兩公子爭國而相殺者耳；管仲讎桓公可也。當乾時之戰，桓公之位已定，社稷既有奉矣，民人既有歸矣。是桓公者，齊之君也；糾者，齊之亡公子也。以亡公子而欲干國之統，桓公以君拒臣，糾以臣犯君，曲直主客之勢判然矣。桓公既得鹿〔四〕，而追治逐鹿之罪，滅親親〔五〕之恩，固可深責，然以齊君而殺齊之亡公子，非兩下相殺者也。君之殺其臣，雖非其罪，為臣之黨者敢以為讎乎？此管仲所以事桓公，孔子所以許管仲也。

〔注釋〕〔一〕尋：古代長度單位，八尺為一尋。〔二〕聖門：聖人門下，即儒家思想之中。〔三〕薄昭：西漢文帝母薄太后之弟，即文帝娘舅。薄昭《與淮南王書》謂齊桓公殺弟。〔四〕鹿：古代常比作政權，逐鹿比作爭奪政權。〔五〕親親：親近親人，這裏特指愛弟。

仲仇恨齊桓公是可以的。當在乾時和魯國作戰的時侯，齊桓公的君位已經定了下來，社稷已經有所供奉，老百姓已經有所歸依了。這時的齊桓公，是齊國的國君；子糾，是齊國的流亡公子。以流亡公子的身分而想冒犯國家的正統，齊桓公以國君身分抵擋下臣，子糾以下臣的身分冒犯國君，是非曲直和主客地位的形勢很明顯了。齊桓公已經得到政權，而追究爭奪政權的人，滅絕了關愛兄弟的情意，本應受到深深的責備。但以齊國國君的身分而殺害齊國的流亡公子，這並不是兩者互相殺害。國君殺害他的臣子，即使不是臣子的過錯，跟臣子同一夥的人，難道敢以國君為仇敵嗎？這是管仲事奉齊桓公，而孔子稱讚管仲的原因。

人第知管仲之事讎耳，孰知仲之不當讎桓公哉！知仲之不當讎桓公，則知仲實未嘗事讎也。苟徒信孔子之言，而不復深考其所以言，則反君事讎，皆將自附於管仲矣。噫！仲果反君事讎，則雖萬善不足以贖，況區區之伯功[一]耶！

[注釋][一]伯功：同霸功，即稱霸天下之功業。

人們只知道管仲奉事仇敵而已，誰知道管仲本不應當仇恨齊桓公呢？知道管仲不應當仇恨齊桓公，那麼就知道管仲不曾事奉仇敵了。如果只是信奉孔子的話，而不深深思考他為什麼這麼說，那麼反叛國君事奉仇敵的罪名，都將自然歸附到管仲身上了。唉！管仲如果真是反叛國君事奉仇敵，那麼即使他有一萬個善行也是不足以贖罪的，何況小小的輔佐霸業之功呢！

左傳原文

齊桓公入齊 莊公・九年

雍廩殺無知。公伐齊，納子糾。桓公自莒先入。秋，師及齊師戰於乾時，我師敗績。鮑叔帥師來言曰：「子糾，親也，請君討之。管、召，讎也，請受而甘心焉。」乃殺子糾于生竇，召忽死之。管仲請囚，鮑叔受之，及堂阜而稅之。歸而以告曰：「管夷吾治於高傒，使相可也。」公從之。

齊魯戰長勺

莊公・十年

迂儒之論，每為武夫所輕。鉦［一］鼓震天，旌旄［二］四合，車馳轂擊，百死一生，而迂儒曲士，乃始緩視闊步，誦詩書、談仁義於鋒鏑矢石之間，宜其取踞床溺冠［三］之辱也。

［注釋］［一］鉦（ㄓㄥ）：一種打擊樂器，這裏指戰鼓。［二］旌旄（ㄇㄠˊ）：戰旗。［三］踞床溺冠：指漢高祖劉邦取笑儒士，他桀驁地坐著洗腳接待儒士，甚至把尿倒進儒士的帽子裏。事見《史記・高祖本紀》。

魯莊公與齊戰於長勺，兩軍相望，此為何時，而以聽獄用情對曹劌之問戰，何其迂闊而遠於事情耶？是言也，持以語宋襄、陳餘［一］，則見許矣；持以語孫武、吳起，則見侮矣。彼曹劌遽以一戰許之，意者，劌

［譯文］

迂闊儒士的議論常常被武夫所輕視。當戰鼓擂起，響聲震天，戰旗飄揚，四面圍合，驅車飛馳，輪轂相擊，戰士百死一生之時，而迂闊的儒士纔開始慢慢地踏著闊步觀察，在刀刃和矢石之間誦讀詩書，談論仁義，他們真應該得到踞床溺冠的侮辱。

魯莊公和齊國在長勺作戰，兩國軍隊互相對峙，這是什麼時候了，還以聽訟斷案按情理處置這類的話來回答曹劌憑藉什麼作戰的問題，怎麼如此的迂闊而遠離事實啊！這樣的話，拿去告訴宋襄公、陳餘，那是會被他們稱道的；拿去告訴孫武、吳起，那就會被侮辱了。他曹劌居然可以憑藉這樣的一句話同意開始一戰。人們猜測，曹劌也是迂闊的儒士之輩嗎？看他

亦迂儒曲士之流歟？觀其從莊公戰，以我之盈，乘齊之竭；以我之整，逐齊之亂。機權韜略，與孫武、吳起並驅爭先，初非宋襄、陳餘儕〔二〕匹也。使莊公之言誠迂闊而不切事情，豈足以動劌之聽耶？其所以深賞而亟許之者，殆必有說也。

〔注釋〕〔一〕宋襄、陳餘：宋襄公，春秋時宋國君主。宋與楚泓水之戰因其墨守成規而慘敗。陳餘，秦魏地名士，曾參與秦漢之戰，後為韓信殺害。二人皆史上以迂闊而導致兵敗之人。〔二〕儕（ㄔㄞˊ）：輩。

馬之所以不敢肆〔一〕足者，銜轡束之也；臣之所以不敢肆意者，法制束之也。銜轡敗，然後見馬之真性；法制弛，然後見民之真情。困之不敢怨，虐之不敢叛者，劫於法制耳。大敵在前，搶攘駭懼，平日之所謂法制者，至是皆渙然而解散矣。法制既散，

跟從魯莊公一塊作戰，憑藉我方的士氣旺盛襲擊士氣衰竭的齊國，依據我方的整齊，攻擊齊國的混亂。他的機變權宜和文韜武略，可以和孫武、吳起並駕齊驅，互較高下了，原本不是宋襄公、陳餘等人可以比的。假使魯莊公的話確實迂闊而不切合事實，怎麼能夠打動曹劌的耳朵呢？他之所以深深讚賞並且很快許諾一戰，大概應該有個說法。

馬之所以不敢放開蹄子，是因為勒口和繮繩束縛著它；臣下之所以不敢任意而行，是因為有法律和制度束縛他。勒口和繮繩鬆斷了然後纔見到馬的真性，法律和制度鬆弛了然後可以見到百姓的真情。使他們困頓而不敢怨恨，虐待他們而不敢反叛，是因為被法律和制度威逼而已。大敵當前，搶奪攘取，驚慌恐懼，平日所謂的法律和制度，到這個時候都渙然鬆散了。法律和制度已經鬆散，真情就出現了。有食馬之恩，

真情乃出：食馬之恩[二]，羊羹之怨[三]。恩恩怨怨，各肆其情，以報其上。苟非暇豫[四]之時，深感固結於法令之外，亦危矣哉！

[注釋][一]肆：放肆，放縱。[二]食馬之恩：《史記・秦本紀》：「秦穆公亡善馬，岐下野人共得而食之者三百人。吏逐得，欲法之。公曰：『君子不以畜產害人。吾聞食善馬肉，不飲酒，傷人。』乃皆賜酒而赦之。後，三百人聞秦擊晉，皆求從。推鋒爭死，以報食馬之恩，遂虜晉君。」[三]羊羹之怨：《戰國策》卷三十三：「中山君饗都士，大夫司馬子期在焉。羊羹不遍，司馬子期怒而走楚。說楚王伐中山。中山君亡，喟然仰嘆曰：『與不期眾少，其於當阨；怨不期深淺，其於傷心。吾以一杯羊羹亡國。』」[四]暇豫：悠閒逸樂。

凡人之易感而難忘者，莫如窘辱怵迫之時。子羔為衛政，刖人之足。衛亂，子羔走郭門，刖者守門。曰：「於此有室。」子羔入，追者罷。子羔將去，謂刖者曰：「吾

有羊羹之怨，有恩報恩有怨報怨，都發洩自己的感情，來回報他們的主上。假如不是在悠閒無事的時候，用深厚的恩惠感動人民，堅結民心在那法律制度之外，就會很危險啊！

大凡人們容易感動而難以忘記的，沒有比得上受到窘迫侮辱和威嚇迫害的時候。子羔在衛國為政的時候，砍斷了一個人的腳。後來衛國變亂，子羔從城門逃跑，砍斷腳的那個人守城門，說：「這裏有個房間可躲。」子羔進去了。追的人退去後，子羔將離去，

親刖子之足，此乃子報怨之時也，何故逃我？」刖者曰：「君之治臣也，先後臣以法，欲臣之免於法也，臣知之；獄決罪定，臨當論刑，君愀然不樂，見於顏色，臣又知之。此臣之所以脫君也。」蓋人方在縲絏[一]之中，錙銖[二]之施，視若金石；毛髮之惠，視若邱山。子羔，一有司耳，徒有哀矜之意，初無哀矜[三]之實，其遇寇難，人猶且報之若是，況莊公君臨一國，小大之獄，皆必以情，及其遇寇人之思報，豈子羔比耶？

[注釋][一]縲絏：古時捆綁犯人的黑色繩索。[二]錙銖：古代重量單位，六銖為一錙，四錙為一兩。形容細小。[三]哀矜：哀憐。

獄，死地也；戰，亦死地也。昔居死地，嘗受其賜，今安得不赴死地以答其賜哉！民既樂為之死，則陷堅卻敵，特餘事

對砍斷腳的那個人說：「我親自砍斷了你的腳，這正是你報仇的時機，為什麼幫我逃走？」斷足者回答：「您懲治我，曾先後對我依法處理，是想要使我免於刑法的追究，這我知道；案情已經判決，罪行裁定了，臨到施刑的時候，你悶悶不樂，從臉色上可以看出來，這我又是知道的。這就是為什麼我要幫助你逃脫的原因。」大概人們在牢獄中的時候，給他一點點施捨，就看作是金子一樣寶貴；毛髮一樣輕微的恩惠，看作是山丘一樣重大。子羔只不過是一個官吏而已，只有哀憐的想法，本沒有哀憐的實際行動，他遭到盜寇的禍難，人家還如此報答他。更何況魯莊公是一個國家的國君，處理大大小小的案件，都必定合乎情理；等到他遇到寇讎，人們想著報答他的，難道是子羔能夠比得上的嗎？

監獄是死亡之地，戰場也是死亡之地。過去在死亡之地曾受過他的恩賜，現在怎能不捨生忘死地報答他的恩賜呢？百姓既然樂意為他犧牲，那麼攻陷堅固

耳。

莊公之言，吾見其切，而不見其迂也。吾嘗論古人之言兵與後人之言兵，邈[一]然不同。曹劌問「何以戰」，公始對以「惠民」；劌不以為然，則對以「事神」；劌又不以為然，則對以「聽獄」。三答曹劌之問，略無片言及於軍旅形勢者，何耶？蓋有論戰者，有論所以戰者。軍旅形勢者，戰也；民心者，所以戰也。二者猶涇渭之不相亂，河濟之不相涉。問所以戰，而答之以戰，是問楚而答燕也。

〔注釋〕〔一〕邈：遠。

晉士蔿諫晉侯伐虢，亦曰：「虢公驕，若驟勝，必棄其民。夫禮、樂、慈、愛，戰

的城池，打退入侵的敵人，都只不過是小事而已。

魯莊公的話中，我感受到他的真實懇切，而不認為他迂闊。我曾經議論過古人論兵和後人論兵有很大的不同。曹劌問：「憑什麼作戰？」魯莊公開始以對百姓有恩惠應對，曹劌不以為然，就以侍奉鬼神的事來應對，曹劌又不以為然，於是以決斷案情來應對。三次回答曹劌的問題，沒有片言隻語談到軍隊和作戰形勢上，這是為什麼？大概有討論戰爭本身的人，有討論以什麼作戰的人。軍隊和作戰形勢，這是戰爭本身；民心，則是用來作戰的根據。這二者就像涇水和渭水一樣分明，不相混亂，像黃河與濟水一樣不相牽涉。問以什麼作戰，而以戰爭本身來回答，這是問楚國卻回答燕國了。

晉國士蔿勸諫晉侯討伐虢國，也說：「虢公驕傲，如果突然贏了，必定會厭棄他的百姓。」而禮樂和慈愛是作戰應當儲備的，虢國不去儲備，屢次作戰

所畜也。虢弗畜也，亟戰，將饑。」當時之論兵者，每如此。魯莊公、晉士蔿在春秋時未嘗以學術著名，而所論鉤深致遠，得戰之本，豈非去古未遠，人人而知此理耶？唐柳宗元號為當代儒宗，其論長勺之役，乃謂徒以斷獄為戰之具。吾未之信，乃歷舉將臣士卒地形之屬。宗元之所言，皆所謂戰，而非所以戰也。

吾是以知春秋之時，雖不學之人，一話一言，有後世文宗巨儒所不能解者也，況當時所謂有學術者耶？況上而為三代為唐虞者耶？新學小生，區區持私智之蠡[一]，而欲測古人之海，妄生譏評，聚訟不已，多見其不知量也。

[注釋][一]蠡（ㄌㄧˊ）：用瓠所做之瓢。

就會有饑荒。當時談論戰爭的人，都是這樣的。魯莊公、晉國士蔿在春秋的時候，不曾以學術聞名，但所談論的很深刻高遠，得到了作戰的根本，難道不是離上古不遠，人人都知道這個道理嗎？唐代的柳宗元號為當時的儒學宗師，他議論長勺之役，卻說：「只以審訟斷案作為作戰的根據，我不相信這事。」於是歷舉將帥、功臣、士兵和地形之類。柳宗元所說的都是所謂的戰鬥，不是作戰的憑藉。

我因此知道春秋的時候，即使不是很有學問的人，所說的一言一語，都有後世文宗巨儒所不能理解的智慧，更何況當時所謂有學術的人呢？更何況上推到夏、商、周三代，上推到唐堯虞舜時代呢？那些新學晚輩，拿著裝有自己一點點智慧的瓢，卻想去測定古人智慧之海，狂妄地加以批評，不停地聚集爭論，可見是多麼地不自量力。

【古評】

孫執升曰：戰，刑之大者也，折獄自可通於戰勝，無論宋、陳、孫、吳，何足知之？如此論戰，王道存焉，故以得民心結之。

朱字綠曰：前路頓宕而入，逼題至必有說也。其勢漸緊，仍用喻意宕開，再引子羔反復論之，然後合題數語，歸到用樂死之民，於必死之地，所以取勝。復引士蔿之言為證，而斷柳宗元之非以結之。大開大合，文勢舒展。○戰，有戰本、有戰術，得民心本也。將臣、士卒、地形之屬，及曹劌所謂以我之盈乘彼之竭，以我之整逐彼之亂，皆法也。不講夫戰法，率樂死之民，徒相與就白起長平之坑，是夫子所謂棄之者也，是故禮樂慈愛，機權韜略，二者相須，缺一不可以戰。

張明德曰：王道以得民心為本，非獨論戰然也。然古今長勝之策卒不出此，先生之文能於小中見大，字字皆廟堂勝算，不當以應試小技目之。

左傳原文

齊魯戰長勺 莊公・十年

春，齊師伐我。公將戰，曹劌請見。其鄉人曰：「肉食者謀之，又何間焉？」劌曰：「肉食者鄙，未能遠謀。」乃入見，問：「何以戰？」公曰：「衣食所安，弗敢專也，必以分人。」對曰：「小惠未徧，民弗從也。」公曰：「犧牲玉帛，弗敢加也，必以信。」對曰：「小信未孚，神弗福也。」公曰：「小大之獄，雖不能察，必以情。」對曰：「忠之屬也，可以一戰，戰則請從。」公與之乘。戰于長勺，公將鼓之。劌曰：「未可。」齊人三鼓。劌曰：「可矣。」齊師敗績。公將馳之，劌曰：「未可。」下，視其轍；登，軾而望之。曰：「可矣。」遂逐齊師。既克，公問其故。對曰：「夫戰，勇氣也。一鼓作氣，再而衰，三而竭。彼竭我盈，故克之。夫大國難測也，懼有伏焉。吾視其轍亂，望其旗靡，故逐之。」

士蔿諫晉侯伐虢 莊公・二十七年

晉侯將伐虢，士蔿曰：「不可。虢公驕，若驟得勝於我，必棄其民。無眾而後伐之，欲禦我，誰與？夫禮、樂、慈、愛，戰所畜也。夫民，讓事、樂和、愛親、哀喪，而後可用也。虢弗畜也，亟戰，將饑。」

禹湯罪己桀紂罪人　莊公・十一年

近禹、湯者，莫如桀、紂。禹、湯，大聖也；桀、紂，大惡也。其相去之遠，不啻[一]天淵，何為其相近也？

禹、湯善之極，桀、紂惡之極。善、惡，二也；其所以行之者，一也。禹、湯歸功於人，桀、紂亦歸罪於人。禹、湯功冠天下，皆推而歸之人，曰「此左右之功，此群臣之功，此諸侯之功，此萬姓之功」，自視不見有一毫之功焉。桀、紂罪冠天下，皆推而歸之人，曰「此左右之罪，此群臣之罪，此諸侯之罪，此萬姓之罪」，自視不見有一毫之罪焉。然則禹、湯歸功之心，豈非即桀、紂歸罪之心乎？禹、湯歸罪於己，桀、紂亦歸功於己；禹、湯引天下之罪而歸之己，曰

[譯文]

接近禹、湯的，沒有誰比得上桀、紂。禹、湯是大聖人，桀、紂是大惡人，他們相差的距離，無異於上天和深淵，為什麼他們還會相近呢？

禹、湯善到了極點，桀、紂惡到了極點。善、惡兩分，但善、惡的施行是一樣。禹、湯歸功於別人，桀、紂也歸罪於別人。禹、湯功勞是天下第一，都推讓給別人，說：「這是我身邊人的功勞，這是群臣的功勞，這是諸侯的功勞，這是天下百姓的功勞。」不認為自己擁有一絲一毫的功勞。桀、紂的罪惡是天下第一，都把罪惡推向別人，說；「這是我身邊人的罪惡，這是群臣的罪惡，這是諸侯的罪惡，這是天下百姓的罪惡。」不認為自己有一絲一毫的罪惡。這樣，禹、湯歸功於人的想法，難道不是桀、紂歸罪於人的想法嗎？禹、湯把罪過歸於自身，桀、紂也把功勞歸於自身。禹、湯把天下的罪惡都引向自己，說：「這是我的過錯，不是你的過錯；這是我的責任，不是你的責任。」想要以一個人來替天下人擔待罪責。桀、

「此我之愆，非汝之愆；此我之責，非汝之責」，欲以一身盡代天下之罪焉。桀、紂引天下之功而歸之己，曰「此我之謀，非汝之謀；此我之力，非汝之力」，欲以一身盡攘天下之功焉。然則禹、湯歸罪之心，豈非桀、紂歸功之心乎？由是觀之，禹、湯之所以為善，乃桀、紂之所以為惡者也。

［注釋］［一］不啻（ㄔˋ）：不只，不止。

使禹、湯移歸功之心為歸罪之心，則桀、紂矣；使桀、紂移歸罪之心為歸功之心，則禹、湯矣。惟聖罔［一］念作狂，惟狂克［二］念作聖。旦聖暮狂，特翻覆手耳。

人之所甚尊而不敢仰望者，禹、湯也；人之所甚賤而不足比數者，桀、紂也。平居

紂把天下的功勞都奪為己有，說：「這是我的謀略，不是你的謀略；這是我的力量，不是你的力量。」想要以一個人攘取天下的功勞。既然如此，禹、湯的歸罪之心豈不是桀、紂的歸功之心嗎？從這看來，禹、湯所賴以行善的，乃是桀、紂所賴以作惡的。

假使禹、湯把讓功之心換作歸罪之心，那麼就成桀、紂了；假使桀、紂把歸罪之心換作讓功之心，那麼就成禹、湯了。聖人有誣妄的念頭就成狂人，狂人能克服誣妄的念頭就成聖人。早上是聖人晚上就成狂人，只是像把手反過來一樣容易而已。

人們非常尊敬而不敢仰望的，是禹、湯；人們非常鄙視而不願意與之比肩的，是桀、紂。平時自我期許，以為我即使自我奮發，必定不能成為禹、湯；我

自期以謂：吾雖自奮，必不能為禹、湯；吾雖自畫，必不至為桀、紂。今觀自狂入聖如此之易，則吾有時為禹、湯矣，安得而不喜？自聖入狂亦如此之易，則吾有時而為桀、紂矣，安得而不懼？一念之是，咫尺禹、湯；一念之非，咫尺〔三〕桀、紂。誘於前，迫於後，則善豈待勉、惡豈待戒哉！

〔注釋〕〔一〕罔：同「惘」。〔二〕克：能夠。〔三〕咫尺：形容距離短。

凡人之學，太高則驕，太卑則怠，二者，學者之大病也。苟思去禹、湯為甚近，怠烏乎〔一〕生？又思去桀、紂為甚近，驕烏乎生？聖狂二法，更相懲勸；驕怠二病，更相掃除。或輓之，或推之〔二〕，此顏子〔三〕所以欲罷不能也歟？久矣！世之不知此理也，

即使替自己謀劃，必定不至於成為桀、紂。現在看來，從狂妄進入聖賢是如此容易，那麼我有時候也會成為禹、湯了，為何不感到高興呢？從聖賢進入狂妄也是如此容易，那我有時候也會成為桀、紂，為何不感到恐懼呢？一個念頭對了，則接近禹、湯；一個念頭錯了，則接近桀、紂。引誘在前，逼迫在後，那麼，善難道還需要勉勵嗎？惡難道還需要警戒嗎？

一般人學習，資質高就驕傲，資質低就懈怠，這二者是學習者的大病。如果想著離禹、湯很近，懈怠怎麼會產生？又想著離桀、紂也很近，驕傲怎麼會產生？聖與狂這兩種法則相互地懲罰和勸誡，驕傲和懈怠這兩種病就會相繼掃除。或在前面牽引，或在後推動，這便是顏回想停止而不能夠的原因吧？已經很久了！世人不知道這個道理。然而惟獨臧文仲知道，他說：「禹、湯把罪過歸給自己，很快就興盛起來；桀、

而臧文仲獨知之，曰「禹、湯罪己，其興也勃焉；桀、紂罪人，其亡也忽焉」，判禹、湯與桀、紂以「人」「己」之兩語意者，古之遺言歟？至其論公子御，說之宜為君，則流入於瞽史之學。惜乎！狐裘而羔褏[四]也。

[注釋][一]烏乎：怎麼。[二]或輓之，或推之：前牽曰輓，後送曰推。語見《左傳．莊公十四年》。[三]顏子：顏回，孔子弟子，以道德稱名。[四]狐裘而羔褏：珍貴的狐狸皮做的襖卻用了不好的羊羔皮做袖子，比喻美玉有瑕疵，深為遺憾。褏同袖。

吾又嘗論之，禹、湯能收天下之惡，桀、紂能長天下之惡。天下之人，忿爭貪暴，眾惡蔓延，徧布海內，禹、湯皆斂之於己，以為己罪。人見禹、湯之罪己，忿者平，爭者息，貪者愧，暴者悔。禹、湯一罪己，而盡收天下之惡使歸於善；天下皆歸於善，

紂把罪過推給別人，很快就滅亡了。」評判禹、湯與桀、紂，只用怪罪自己和怪罪別人這兩句話。我想這是古時候遺留下來的格言吧？至於他評論公子御，說他應當做國君，就墮入瞽史的淺妄之學了。可惜呀，狐皮的襖子卻縫了一雙羊羔皮的袖子！

我又曾經推論，禹、湯能收納天下的罪惡，桀、紂能增加天下的罪惡。天下的人，怨恨爭鬥，貪婪兇暴，眾多的罪惡在蔓延，遍佈到整個天下，禹、湯都能收納到自己這裏來，把它當作自己的罪惡。人們看見禹、湯把罪過歸於自己，怨恨和爭鬥的人平息停止了，貪婪和兇暴的人愧疚後悔了。禹、湯一歸罪於自己，而收盡天下的惡，使天下都歸於善；天下都歸於善，這也是禹、湯的善。雖然說是歸罪於己，但天下

是亦禹、湯之善也。雖曰「罪己」，然天下功孰有居禹、湯之右[一]者哉！禹、湯所收者惡，所得者善；所引者罪，所得者功；何耶？蓋既除稂莠[二]，何必復求稼之茂？既除塵垢，何必復求鏡之明？但收其惡，不必求善。惡既盡，則善將焉往哉！此所以收惡而得善也，引罪而得功也。

[注釋][一]居禹、湯之右：超過禹、湯的。居……之右，表示超過某某，通常古以右為尊。[二]稂莠：指對禾苗有害的雜草。

桀、紂安於為惡，不自咎而咎人，天下亦從而相咎。本所犯者，一惡耳。諱其惡而不自咎，詐也；嫁其惡而咎人，險也。變一惡，而數惡日滋月長，自十而百，自百而千，自千而萬，覆國亡身，遺臭後世，由不

的功勞有誰超過禹、湯的呢？禹、湯所收納的是惡，所得到的卻是善；所引向自己的是罪，所獲得的卻是功。為什麼能這樣呢？因為雜草既除，何必再去苛求莊稼茂盛？塵垢已經除去，何必再去苛求鏡子明亮？只要收納惡，不必去要求善。惡已經收盡，那麼善又會跑到哪裏去呢？這就是為什麼收納惡而得到善，把罪引向自己卻得到功的原因。

桀、紂安於作惡，不怪罪自己而怪罪別人，天下也跟著互相怪罪。本來所犯的只是一種罪惡而已，隱藏自己的惡而不怪罪自己，這是欺詐；轉移自己的罪惡怪罪別人，這是陰險。把一種惡變為幾種惡，日滋月長，從十變為百，從百變為千，從千變為萬。國滅身亡，遺臭後世。這是由於不能收納天下的罪惡，反而滋長天下的罪惡造成的。禹、湯收納罪惡，但終究

能收天下之惡，而長天下之惡也。禹、湯受其罪，而終不能汙；桀、紂辭其罪，而終不能逃。一興一亡，邈然遼絕[一]，揆厥本原[二]，不過差之辭受之間而已。

[注釋][一]邈然遼絕：邈然，悠遠貌。遼絕，指相隔很遠。[二]揆厥本原：揆，度、量。厥，其。本原，根本。

吾是以益知其相近。雖然，大聖大惡，相近若此，屠酤盜賊[一]，翻然為善者，尚多有之，未聞有既聖而復為惡者，何也？曰「河之險，入則死，出則生」，死生之分纔跬步，人固有陷其中而得脫者矣，豈有既出而復肯入者哉！

[注釋][一]屠酤盜賊：屠，屠夫。酤，賣酒者。盜，偷竊者。賊，搶劫者。

沒有被罪惡沾污；桀、紂推辭罪惡，但終究不能逃脫罪惡。一是興盛，一是滅亡，相差十萬八千里。推測其中的根本，不過是收納和推辭之間的差別而已。

我於是更加認為他們是相近的。雖然大聖和大惡如此的相近，那些殺豬的、賣酒的、偷竊的、搶劫的人忽然醒悟而為善，這樣的例子還有很多，但沒有聽說有已經達到聖賢又再作惡的人，為什麼呢？回答是：「河流很兇險，進去了就會喪命，出來了就可活命。」死與生的分別只差半步。固然有陷在裏面而掙脫出來的人，難道還有已經逃出來了又要再陷進去的嗎？

【今評】

呂理胡：禹、湯行善，是將善的結果推向眾人；桀、紂行惡，卻將惡的結果推向眾人，以「因果關係論」分析，行為及結果間，結果的發生必有原因行為存在，故桀、紂將惡行推向別人，將善行歸於自己，怎會有善果呢？呂祖謙說「一念之是，咫尺禹、湯；一念之非，咫尺桀、紂。」，常人以為自己不能如禹、湯之善；如桀、紂之惡，殊不知「善惡一念間」，心念既動，已與善惡之結果脫不開關係了。

左傳原文

禹湯罪己桀紂罪人 莊公・十一年

秋，宋大水。公使弔焉，曰：「天作淫雨，害於粢盛，若之何不弔？」對曰：「孤實不敬，天降之災，又以為君憂，拜命之辱。」臧文仲曰：「宋其興乎！禹、湯罪己，其興也悖焉；桀、紂罪人，其亡也忽焉。且列國有凶，稱孤，禮也。言懼而名禮，其庶乎！」既而聞之曰：「公子御說之辭也。」臧孫達曰：「是宜為君，有恤民之心。」

宋萬弑閔公

莊公・十二年

陛戟警蹕，公孫述之待馬援也；岸幘迎笑，光武之待馬援也[一]。以述之肅，反取井蛙之譏，光武之嫚，而援委心焉。然則樸遬[二]小禮，果非所以待豪傑耶。英雄豪悍之士，磊落軼蕩[三]，出於法度之外，為君者亦當以度外待之，破崖岸[四]，削邊幅。拊背握手，以結其情；箕踞盛氣，以折其驕；嘲誚謔浪[五]，以盡其懽；慷慨歌呼，出肺肝相示，然後足以得其死命。是非樂放肆也，待豪傑者法當如是也。

[注釋][一]此二句：陛，階下。戟，一種長兵器。蹕：清道。岸幘：掀開頭巾。事見《後漢書》馬援本傳。[二]樸遬：小貌。[三]軼蕩：超脫、坦蕩。[四]

[譯文]

階下有兵士守護警戒，這是公孫述接待馬援；掀開頭巾，笑嘻嘻地迎接，這是光武帝接待馬援。公孫述以其肅穆，反而被人譏笑為井中之蛙；光武帝以其輕慢，反而讓馬援推心置腹於他。如果這樣，那麼細微之禮節，真的不能用來接待豪傑之士嗎？英雄豪傑，驃悍之士，光明磊落，心胸坦蕩，超脫於法度禮節之外，作為君主，也應當以法度之外的禮節，破除嚴肅端莊，以不修邊幅的態度來接待他們。拍拍肩，握握手，以結交其感情；箕踞忘形，盛氣凌人，以挫滅其驕氣；嘲弄譏誚，戲謔放蕩，以盡享其歡娛；慷慨激昂，歌唱歡呼，肺腑之交，肝膽相照，這樣纔可以獲得其死心塌地的效力。這不是喜歡肆意放蕩，對待豪傑之士，方法就應當是這樣的。

崖岸：矜莊、孤高。喻人嚴肅端莊。〔五〕謔浪：戲謔放蕩。

南宮萬之勇，聞於諸侯，宋閔公靳侮〔一〕之者，豈非欲略去細謹，自謂得待豪傑之法耶？然終召萬之怨，至於見弒。何也？袒裼暴虎〔二〕，必馮婦而後可；怯夫而試馮婦之術，適足以劘〔三〕虎牙耳。古之嫚侮〔四〕者，莫如漢高帝。高帝之嫚侮，豈徒然哉！踞洗以挫黥布，隨以王者之供帳；嫚罵以挫趙將，隨以千戶之侯封。用不測之辱，用不測之恩，降霜霰於炎蒸之時，轟雷霆於閉蟄之際，顛倒豪傑，莫知端倪〔五〕。此高帝所以能鼓舞一世也。無鼓舞豪傑之術，拘則為公孫述，縱則為宋閔公，何往而不敗哉！

〔注釋〕〔一〕靳侮：譏笑侮辱。〔二〕暴虎：徒手

南宮萬的勇猛聞名於諸侯，宋閔公譏笑侮辱他，難道不是想略去細小而謹慎的禮節，自以為得到了接待豪傑之士的方法了嗎？然而終於召來了南宮萬的怨恨，以致被殺。為什麼會這樣呢？袒胸露背去打老虎，只有馮婦可以這樣做，懦夫卻想試試馮婦的方法，只夠給老虎磨牙而已。古時候輕蔑侮辱人的人，沒有誰比得上漢高帝。但漢高帝輕蔑侮辱人，難道只是偶然的嗎？傲慢坐著洗腳接見黥布是為了挫磨黥布的銳氣，接著又給予他王侯一般的陳設鋪排；大聲辱罵是為了挫滅趙將的威風，接著又封給他一千戶的侯爵。使用不可預測的侮辱，使用不可預測的恩賜，就像在炎熱的天氣裏降下霜雪，在蟄伏冬眠時聽到轟鳴的雷聲，讓豪傑之士顛來倒去，不知道頭緒。這就是漢高帝為什麼能鼓舞當時一代英雄的原因。倘若沒有鼓舞豪傑之士的方法，一旦拘謹就會像公孫述那樣，一旦放縱就會像宋閔公那樣，怎麼能不失敗呢？

搏虎。〔三〕劘：同磨。〔四〕嫚侮：輕蔑侮辱。〔五〕端倪：頭緒，原委。

噫！此不足論也。若高帝鼓舞豪傑之術，其至矣乎？曰：「未也。術必有時而窮。」高帝嫚侮之患，卒見於暮年。此所以厭拔劍擊柱之爭，而俯就叔孫通之儀也〔一〕。高帝豈不欲早用叔孫通之儀哉！彼見其所謂儀者，拘綴〔二〕苛碎〔三〕，決非武夫悍將所能堪，天下未定而遽行之，必失豪傑之心，故寧蔑棄禮法而不顧。殊不知名教之中，自有樂地，豈叔孫輩所能測哉？

〔注釋〕〔一〕此句：事見《史記・叔孫通列傳》。〔二〕拘綴：羈絆、牽制。〔三〕苛碎：苛刻煩瑣。

《采薇》、《出車》、《東山》〔一〕之詩，雨雪寒燠，草木禽獸，僕馬衣裳，室家婚姻

唉！這樣的人是不足稱道的。但像漢高帝這樣的鼓舞豪傑的方法，它是至善至美的了嗎？回答是：「還不是。這方法也一定有不適用的時候。」漢高帝輕蔑侮辱人的禍患，最後在晚年出現了，這就是為什麼他討厭投劍擊柱的爭鬥，而聽從叔孫通的禮儀設計。漢高帝難道不想早點施行叔孫通的禮儀制度嗎？他看見那些所謂的禮儀制度羈絆相牽，苛刻煩瑣，絕對不是武夫和驍將所能忍受的，天下還沒有安定下來，就突然施行這種禮儀制度，必定會失去豪傑之士的心，所以寧可放棄禮儀法度而不顧。竟然不知道在儒家制度裏面，自有快樂的地方，叔孫通這樣的人又怎能揣測得到呢？

《采薇》、《出車》、《東山》所表現的時代，雨天雪天，嚴寒酷暑，草木禽獸，僕人戰馬，上衣下

，曲盡人情，昵昵如兒女語。文、武、周公之待將帥，開心見誠蓋如此，初未嘗如陋儒之拘，亦不至如後世之縱也。高帝明達，最易告語。惜乎！無以是詩曉之。

〔注釋〕〔一〕《采薇》、《出車》、《東山》：皆《詩經》詠戰爭之詩，儒家視為讚頌詩篇。

裳，家庭婚姻等等，委婉而詳盡地表達出了人的感情，昵昵如兒女私語，文王、武王和周公對待他們的將帥，敞開心扉，真誠相待，應當是這個樣子，開始不曾像淺陋的儒士那樣拘謹，也不至於像後世那樣放縱。漢高帝明白通達，很容易勸告。可惜啊！沒有用這樣的詩來讓他曉悟。

【古評】

李本甯曰：落筆操縱如意。

孫執升曰：蘇家作文，自誇縱橫如意，行乎不得不行，止乎不得不止，果是妙境。而談理處往往排宕，如此等文精警細密，一線不走，有老泉之謹嚴，無東坡之軼蕩，鬌翁喝善誰，不得以道學先生易之也。○通篇以鼓舞豪傑立論，以拘縱二字作骨子，此不過漢高帝以術籠絡天下，每為豪傑覷破。王者之禦將，開心見誠之妙，猶未夢見，莫謂儒者之言迂闊，不近情事。

朱字綠曰：宋閔以戲謔召禍，本無足道，卻生出駕馭豪傑意。一為公孫述之拘而敗，一為光武之縱而興。劈空接往高帝，使轟天動地，似駕馭豪傑，莫過於縱之一法。忽又轉到擊柱之爭，覺縱不如拘。又進到《采薇》、《出車》、《東山》之詩，則別開一境，如往蓬萊三島，知塵凡之不足道也。文必湛深經術，乃可高出古今，觀此篇歸宿，可知窮經為要矣。○後世將帥，與君門闊絕，或終身不得相見，其患大拘；至專兵閫外，淫掠自如，而君不能問，則其患又在縱。崇禎之朝，孫承宗從都城夜半穿敵營，入通州，因而招潰師，復灤永四城，固守榆關，其功昭昭耳目，宜為烈皇所洞知。乃讒人構之而歸，閱七、八年竟不得入國門一見，遂舉家殉難以死。左良玉不聽督師節制，擁兵自恣，竟莫可如何？所以然者，皆不知《采薇》、《出車》、《東山》之義也。使君臣時時相見，得呢呢如兒女語則承宗必不為讒夫所拘，良玉必不比驕軍自縱。言乎為國以禮，有天下者無論有事無事，所當亟講也。

張明德曰：轉折明快，落墨如獅子踞地，通身有跳擲之勢。

左傳原文

宋萬弒閔公 莊公・十二年

宋萬弒閔公于蒙澤。遇仇牧于門，批而殺之。遇大宰督于東宮之西，又殺之。立子游，羣公子奔蕭，公子御說奔亳。南宮牛、猛獲帥師圍亳。冬十月，蕭叔大心及戴、武、宣、穆、莊之族，以曹師伐之。殺南宮牛于師，殺子游于宋，立桓公。猛獲奔衛；南宮萬奔陳，以乘車輦其母，一日而至。宋人請猛獲于衛。衛人欲勿與，石祁子曰：「不可！天下之惡一也，惡於宋而保於我，保之何補？得一夫而失一國，與惡而棄好，非謀也。」衛人歸之。亦請南宮萬于陳，以賂。陳人使婦人飲之酒，而以犀革裹之。比及宋，手足皆見。宋人皆醢之。

息嬀過蔡 莊公・十年

一息嬀而產三國之禍，一夏姬而合四國之爭。甚矣！色者，禍之首也。吾嘗攷息嬀、夏姬之終始，憫之未已，而有所疑焉；疑之未已，而有所感焉。

譽女之色者，必曰「傾城傾國」。嗚呼！此何等不祥語也。有士於此，嘗傾人之城，嘗傾人之國，世必指為不祥之人矣，必畏而惡之矣。至於女則反夸其傾城傾國，求之唯恐不及焉。在士，則為醜名；在女，則為美名。如息嬀、夏姬，亡人之身，亡人之國，不可一二數。前車覆，後車隨；前舟溺，後舟進。明知其禍而競逐之，彼碌碌者，猶不足道也；以巫臣之智、叔向之賢，亦皆甘心焉。此吾之所疑也。

［譯文］

一個息嬀製造了三個國家的禍患，一個夏姬而使四個國家捲入爭鬥。太厲害了！有姿色的女人是禍患的魁首啊！我曾經考察過息嬀、夏姬的開始和結局，憐憫不止，又有所懷疑；懷疑不止，又有所感想。

誇讚女人姿色的人，都說「傾城傾國」。唉！這是怎樣的不吉祥的話呀！如果這裏有一個士人，曾使人家的城邦傾塌，使人家的國家傾覆，世人必定指責為不祥的人了！必定害怕而且厭惡他了！至於女子，卻反而誇讚她傾城傾國，追求她還害怕來不及。在士人是惡名，在女子卻為美名。像息嬀、夏姬使他人的性命滅亡，使他人的國家滅亡，不是一兩個例子可以數過的。前面的車翻了，後面的車又跟上；前面的船沉了，後面的船又跟進。明明知道那是禍害還競相追逐，那些庸碌的人，不值得去說；憑藉巫臣的智慧，叔向的賢能，也都心甘情願。這是我所懷疑的。

既而思之，意有所重，則愛有所移。莫親於身，莫厚於族，莫大於國；一念昏惑，醉於聲色之美，尚能棄平日之所甚重者猶敝屣，況醉於理義之味者乎？其見危致命，以碪質［一］為枕席，以鼎鑊［二］為池沼，固無足怪。世之求生害仁者，特未知為善之味爾。此吾之所感也。

［注釋］［一］碪質：古代斬首或腰斬用之墊板。［二］鼎鑊：炊器。

抑吾又有所深感者焉。申公巫臣諫莊王、子反納夏姬，而終挾夏姬以出走，陽［一］以正義拒之而陰取之。其險譎，人之所共惡，宜子反欲錮之於晉也。共王則曰：「其自為謀也，則過矣。其為吾先君謀也，則忠。」一人皆以為險，共王獨以為忠，何耶？共王之心

後來又想，心意如果有所偏重，那麼愛好就會有所轉移。沒有什麼比身體更親近的，沒有什麼比家族更厚重的，沒有什麼比國家更重大的；一念之下，昏亂迷惑，沉醉於聲色之美，尚且能像丟棄破鞋一樣放棄平日十分看重的東西，何況那些沉醉於義理滋味之中的人呢？那些人看見危險還要送命，把肉砧斧質當作枕頭，把滾燙的鼎鑊當作池沼，本沒有什麼奇怪的。世上追求生命戕害仁義的人，只是不如道善的味道而已。這是我所感觸的。

但對此我又有更深的感慨。申公巫臣諫阻楚莊王和子反收納夏姬，但最後自己卻挾持夏姬而出走，表面上用正義的言辭加以拒絕，而背地裏卻娶了她。他的陰險狡詐，人們都很厭惡，子反想把他禁錮在晉國是恰當的。楚共王卻說；「他替自己謀劃，是錯了；他為我的先君謀劃，卻是忠誠的。」人們都認為他陰險，楚共王獨以為他忠誠，為什麼？楚共王的心裏認為：因為他的假話成就了我的真善，我蒙受他的好處很多了。他行騙足以損壞自己，我為什麼要干預呢？

以謂：因彼偽言，成吾真善，吾蒙其益足矣。彼之行詐，足以自損，吾何預焉？在我，則益；在彼，則損。哀之，可也；怨之，不可也。深味其言，廣大寬博，凡猜阻忌刻之心，冰解凍釋，蕩然不留。人君誠佩是言以納諫，則但采葑菲，何恤下體[二]？但薦蘋藻，何嫌澗濱[三]？吾能納規諫，則為君之責塞矣。其誠其偽，其狂其訐，皆諫者之事也，非吾事也。吾方急於聽納，求免吾之責，亦何暇憂人之憂哉！雖堯之稽於眾，舜之取諸人以為善，不能加毫末於此矣。

［注釋］［一］陽：表面、正面。［二］但采葑菲，何恤下體：典出《詩經．邶風．谷風》：「采葑采菲，無以下體。」表示要注重其實質。［三］但薦蘋藻，何嫌澗濱：典出《詩經．召南．采蘋》：「于以采蘋？南澗之濱。于以采藻？于彼行潦。」表示祭祀之整潔嚴肅。

在我這邊有好處，在他那邊卻有壞處。可憐他是可以的，怨恨他卻是不可以的。深深地體味他的話，寬廣浩大，博愛仁慈，所有因猜測而隔閡、因忌恨而刻薄的心理都會像冰凍一樣融化消失，蕩然無存。如果人君真能感佩這話而採納諫言，那麼就像是《詩經》所述只管採摘蔓菁的葉子，為何要顧念它下面的果實？只管祭獻浮萍綠藻，為何要嫌棄它是產自水澗河邊？我能採納規勸，那麼做君主的就可以敷衍塞責了。其中的真誠、虛偽、狂妄、奸詐等都是進諫者的事，不是我的事。我正急於聽從採納進言，以求免去我的責任，怎麼有空去憂慮別人的憂慮呢？即使是堯帝稽查眾人、舜帝求取諸人來修養善行，也不能再在這裏增加一分一毫了。

噫！人心之取舍有大不同者。想巫臣之在晉，必竊笑楚國受吾之欺，而夏姬為吾之所得，是楚失計，而我得計也。共王之在楚，亦必竊笑巫臣能解先君之惑，而自不免於惑。是巫臣失計而楚得計也。巫臣之笑，共王之笑，孰得孰失，必有能辨之矣。攷之於《傳》，巫臣以陽橋之役奔晉，實共王即位之三年也。共王生十年而即位，當巫臣之出奔，其齒纔十有三耳。以十有三齡之童子，其發言可為萬代納諫之法，非有大過人之資，能之乎？共王有大過人之資，不能充養，威權下移，雖知巫臣之無罪，坐視子反之徒屠戮其族，曾莫能制，召怨生敵，為國大患。聰敏之不足恃如此，吾未嘗不慨然深感也。共王雖不能踐是言，然其言實典、謨、訓、誥[一]之所未發，聽言者，當寶之以為元龜[二]。蓋天欲

唉！人心的取向與捨棄有很大的不同。料想巫臣在晉國，必定會竊笑楚國受到我的欺騙，而夏姬也被我得到了，這是楚國失策而我得逞。楚共王在楚國，也必定會竊笑巫臣能解除先君的昏惑，然而自己卻不能免除昏惑，這是巫臣失策而楚國得逞。巫臣的竊笑，楚王的竊笑，誰對誰錯，必定有可以辨別的地方。考察《左傳》，巫臣因陽橋之役逃奔晉國，實際上是楚共王即位的第三年。楚共王出生十年後即位，當巫臣出奔的時候，他的年齡只不過是十三歲而已。憑一個十三歲大的孩子，他說的話卻可以作為千秋萬代采納諫言的法則，沒有非常過人的資質，能這樣嗎？楚共王有非常過人的資質，但不能供養它，致使威信與權力都下移了，雖然知道巫臣沒有罪，但只能坐在一旁看看子反的黨羽屠殺巫臣的家族，竟不能制止，致使招來怨恨和仇敵，成為國家的大害。聰敏也是如此地不足以憑恃，我怎能不深深感慨。楚共王雖然不能履行他的話，但他的話確實是典、謨、訓、誥所沒有說過的，聽到的人應當珍視它，當作靈驗的大神龜。大概是上天把這樣的寶訓留給後世，不過是借楚共王的口說出而已。後世的君主何不也說：楚共王替自己謀劃，是錯了；他為後世謀劃，卻是忠誠的。

以是寶遺後世，借共王之口而發之耳。後世之君，盍亦曰：共王自為謀也，則過矣；其為後世謀也，則忠。

[注釋][一]典、謨、訓、誥：古代告誡警示類文體。

[二]元龜：大龜，古人用以占卜。

左傳原文

息嬀過蔡 莊公・十年

蔡哀侯娶于陳，息侯亦娶焉。息嬀將歸，過蔡。蔡侯曰：「吾姨也。」止而見之，弗賓。息侯聞之，怒，使謂楚文王曰：「伐我，吾求救於蔡而伐之。」楚子從之。秋九月，楚敗蔡師于莘，以蔡侯獻舞歸。

楚滅息入蔡 莊公・十四年

蔡哀侯為莘故，繩息嬀以語楚子。楚子如息，以食入享，遂滅息，以息嬀歸。生堵敖及成王焉，未言。楚子問之，對曰：「吾一婦人而事二夫，縱弗能死，其又奚言？」楚子以蔡侯滅息，遂伐蔡。秋七月，楚入蔡。君子曰：「《商書》所謂『惡之易也，如火之燎于原，不可鄉邇，其猶可撲滅』者，其如蔡哀侯乎？」

子元振萬 莊公・二十八年

楚令尹子元欲蠱文夫人，為館於其宮側，而振《萬》焉。夫人聞之，泣曰：「先君以是舞也，習戎備也。今令尹不尋諸仇讎，而於未亡人之側，不亦異乎！」御人以告子元。子元曰：「婦人不忘襲讎，我反忘之！」秋，子元以車六百乘伐鄭，入于桔柣之門。

鬬班殺子元 莊公・三十年

楚公子元歸自伐鄭，而處王宮。鬬射師諫，則執而梏之。申公鬬班遂殺子元。

陳夏徵舒殺靈公 宣公・十年

陳靈公與孔寧、儀行父飲酒於夏氏。公謂行父曰：「徵舒似女。」對曰：「亦似君。」徵舒病之。公出，自其廄射而殺之。二子奔楚。十一年，冬，楚子為陳夏氏亂故，伐陳。謂陳人「無動！將討於少西氏」。遂入陳，殺夏徵舒，轘諸栗門。

申公巫臣聘夏姬 成公・二年

楚之討陳夏氏也，莊王欲納夏姬，申公巫臣曰：「不可。君召諸侯，以討罪也。今納夏姬，貪其色也。貪色為淫，淫為大罰。《周書》曰：『明德慎罰。』文王所以造周也。明德，務崇之之謂也。慎罰，務去之之謂也。若興諸侯，以取大罰，非慎之也。君其圖之！」王乃止。子反欲取之，巫臣曰：「是不祥人也。是夭子蠻，殺御叔，弒靈侯，戮夏南，出孔、儀，喪陳國，何不祥如是？人生實難，其有不獲死乎！天下多美婦人，何必是？」子反乃止。王以予連尹襄老。襄老死於邲，不獲其尸。其子黑要烝焉。巫臣使道焉，曰：「歸，吾聘女。」又使自鄭召之，曰：「尸可得也，必來逆之。」姬以告王，王問諸屈巫。對曰：「其信！知罃之父，成公之嬖也，而中行伯之季弟也。新佐中軍，而善鄭皇戌，甚愛此子。其必因鄭而歸王子與襄老之尸以求之。鄭人懼於邲之役而欲求媚於晉，其必許之。」王遣夏姬歸。將行，謂送者曰：「不得尸，吾不反矣。」巫臣聘諸鄭，鄭伯許之。及共王即位，將為陽橋之役，使屈巫聘于齊，且告師期，巫臣盡室以行。申叔跪從其父，將適郢，遇之，曰：「異哉！夫子有三軍之懼，而又有《桑中》之喜，宜將竊妻以逃者也。」及鄭，使介反幣，而以夏姬行。將奔齊，齊師新敗，曰：「吾不處不勝之國。」遂奔晉，而因郤至。以臣於晉。晉人使為邢大夫。子反請以重幣錮之，王曰：「止！其自為謀也，則過矣。其為吾先君謀也，則忠。忠，社稷之固也，所蓋多矣。

且彼若能利國家，雖重幣，晉將可乎？若無益於晉，晉將棄之，何勞錮焉？」

子重子反殺巫臣之族 成公．七年

楚圍宋之役，師還，子重請取於申、呂以為賞田，王許之。申公巫臣曰：「不可。此申、呂所以邑也，是以為賦，以御北方。若取之，是無申、呂也，晉、鄭必至于漢。」王乃止。子重是以怨巫臣。子反欲取夏姬，巫臣止之，遂取以行，子反亦怨之。及共王即位，子重、子反殺巫臣之族子閻、子蕩及清尹弗忌及襄老之子黑要，而分其室。

叔向取申公巫臣氏 昭公．二十八年

初，叔向欲娶於申公巫臣氏，其母欲娶其黨。叔向曰：「吾母多而庶鮮，吾懲舅氏矣。」其母曰：「子靈之妻殺三夫，一君、一子，而亡一國、兩卿矣，可無懲乎？吾聞之：『甚美必有甚惡。』是鄭穆少妃姚子之子，子貉之妹也。子貉早死，無後，而天鍾美於是，將必以是大有敗也。昔有仍氏生女，黰黑，而甚美，光可以鑑，名曰玄妻。樂正后夔取之，生伯封，實有豕心，貪惏無饜，忿纇無期，謂之封豕。有窮后羿滅之，夔是以不祀。且三代之亡、共子之廢，皆是物也。女何以為哉！夫有尤物，足以移人。苟非德義，則必有禍。」叔向懼，不敢取。平公強使取之，生伯石。伯石始生，子容之母走謁諸姑，曰：「長叔姒生男。」姑視之。及堂，聞其聲而還，曰：「是豺狼之聲也，狼子野心。非是，莫喪羊舌氏矣。」遂弗視。

鄭厲公殺傅瑕原繁　莊公・十四年

國不亡於外寇，而亡於內寇；惡不成於有助，而成於無助。

國家之難，攻其外而無應於內，則攻者亦將窮而自止。無宰嚭，則越不能亡吳[一]；無郭開，則秦不能亡趙[二]；無鄭譯、劉昉，則隋不能亡周[三]；無裴樞、柳燦，則梁不能亡唐[四]。是數國者，非其人之內叛，人孰能取之？故曰：「國不亡於外寇，而亡於內寇。」

[注釋][一]此句：越王勾踐伐吳，吳王敗之。越王以餘兵五千保，棲於會稽。吳王追而圍之，越王乃令大夫種行成於吳，請為臣。吳王將許之，子胥言曰：「天以越賜吳，勿許也。」種還以報勾踐，勾踐欲殺妻子，燔寶器，觸戰以死。種止勾踐曰：「吳太宰嚭貪，可誘以利。請間行言之於是。」勾踐乃以美

[譯文]

國家不是被外敵滅亡的，而是被內賊滅亡的；罪惡不是由協助的人造成的，而是由不協助的中立的人造成的。

國家有禍害，從外面進攻而裏面沒有響應的人，那麼進攻的人也將窮途末路而自動停止。沒有大宰嚭那麼越國就不能滅掉吳國，沒有郭開那麼秦國就不能滅掉趙國，沒有鄭譯、劉昉那麼隋朝就不能滅掉北周，沒有裴樞、柳燦那麼梁國就不能滅掉唐朝。這幾個國家，不是它們自己人從內部叛亂，別人誰能攻取呢？所以說：國家不是被外敵滅亡，而是被內賊滅亡。

女寶器間獻太宰嚭，嚭乃見大夫種於吳王。言曰：「願赦勾踐之罪。不幸不赦，勾踐率五千人觸戰，必有當也。」嚭因說吳王曰：「越王以服為臣，若赦之，此國之利也。」吳王將許之，子胥諫曰：「今不滅越，後必悔之。」吳王不聽，卒赦越，罷兵而歸。後越卒滅吳。見《史記・越王句踐世家》。[二]此句：秦使王翦攻趙，趙使李牧司馬尚禦之。秦多與趙王寵臣郭開金，為反間，言李牧司馬尚欲反趙王，乃使趙忽及齊將顏聚代李牧，李牧不受命，趙使人微捕得李牧，斬之。後三月，秦遂滅趙。見《史記・李牧傳》。[三]此句：《北史》：「周天元不預，召劉昉、顏之儀入臥內，欲屬後事。天元瘖不能言，昉見靜帝沖幼，以楊堅后父有重名，遂與鄭譯等謀，引堅輔政，從之。是日帝殂，秘不發喪。昉、譯矯詔，以堅總知中外兵馬事。靖帝立，以堅為相國，進爵為隋王，大定。元年，遜位於隋。」[四]此句：昭宗天祐元年，朱全忠殺崔胤，請帝遷都洛陽。帝未及下樓，宰相裴樞已得全忠，移書促百官東行，驅士民，號泣滿路。二年，裴樞罷政事。初，柳燦及第，不四年為宰相，時天子左右皆全忠腹心，燦曲意事之。同列裴樞皆朝廷宿望，意輕之。燦以為憾，譖於全忠，故罷。四年，帝禪位於梁。事見新舊《唐書》。

天下未有皆助惡者也，為惡者未有皆得天下之助者也。彼為惡者，惟欲人皆中立，無所偏助，如里克之於驪姬[一]，王祥之於司馬[二]，馮道之於五季[三]。陰拱默居，坐觀成敗，則吾事濟矣。故曰：「惡不成於有助，而成於無助。」

[注釋][一]此句：出《國語・晉語》。[二]此句：見《晉書・王祥傳》。[三]此句：見《舊五代史・馮道傳》。

是故禍莫甚於內叛，姦莫甚於中立。二者之罪，孰為大？曰：「中立之罪為大。」是何也？內叛之罪易見，中立之罪難知。人臣之叛君即讎者，五尺童子皆知疾之。雖所謂讎敵者，資之以集事，亦未嘗不賞其功而疑其心。何者？以其叛君而趨我也。君且

天下沒有都去幫助惡人的，惡人也沒有都得到天下幫助的。那些作惡的人只是希望人們都保持中立，沒有偏護協助，像里克對待驪姬，王祥對待司馬，馮道對待五季那樣，暗中垂手，沉默閒居，坐觀成敗，那麼我的事情就成功了。所以說：罪惡不是由協助的人造成的，而是由不協助的中立的人造成的。

所以沒有比內叛的禍患更嚴重的了，沒有比保持中立更為奸詐的了。這兩者的罪惡哪個更大？回答：「中立的罪惡更大。」這是為什麼呢？內叛的罪惡更容易發現，中立的罪惡卻難以知曉。人臣內叛他的君主，就是仇敵了，五尺高的小孩都知道痛恨他。雖然仇敵借助他而成功，亦未必不獎賞他的功勞，卻懷疑他的用心。為什麼？因為他背叛君主而投奔我。國君尚且可以背叛，何況他人呢？今天被我誘惑而背叛國君，怎麼知道他日後不被別人引誘而背叛我呢？我的

叛之，而況於人乎？今日為我所誘而叛君，安知他日不為人所誘而叛我乎？吾位未定，則借之以成功；吾位既定，則除之以防患。此傅瑕叛子儀而納厲公，終不免於厲公之誅也。

乃若原繁之自為謀，可謂密矣。自莊公之世，用事於朝，歷忽、亹、儀、突之變，國四易主，汎然[一]中立，舉無所助。入則事之，出則捨之。視君如傳舍[二]，不置欣戚於其間，依阿取容，優游卒歲，既不為人所愛，亦不為人所憎，固可以獨全於艱危之時。自古之持位保祿者，率用此術，雖遇明主亦未易察其為姦也。厲公以私憾殺之，固非其正，天其或者假手於厲公，以大警為臣者歟？

位置還不穩固，於是借助他而成功；我的位置一旦穩固，就除掉他以防止禍患。這就是傅瑕內叛子儀而被厲公接納，但終究逃不掉被厲公誅殺的原因。

至於原繁為自己謀劃，可以說是很周密了。從莊公的時代被朝廷任用，經歷忽、亹、儀、突的事變，國家四次更換君主，他泛泛然地保持中立，對誰也不協助。君主即位就臣事他們，退位了就捨棄他們，把君主在位視同驛館，不在當中表現自己的欣喜與悲傷，依附隨順以取悅於人，悠閒度日，既不被人愛戴，也不被人憎惡，所以可以在艱難危險的時候獨立保全。自古保持祿位的人，都是用這種方法，即使遇上了聖明的國君，也不容易覺察他們的奸詐。厲公因為私人怨恨殺了傅瑕，固然不是正當的，但上天或許正是假借厲公的手來大大地警告那些為臣子的人吧？

[注釋][一]汎然：隨便、漫不經心貌。[二]傳舍：驛館，古時供行人休息或住宿的處所。

觀繁對厲公之辭曰：「苟主社稷，國內之民其誰不為臣？」信如是說，則苟據君位者，皆奉之無所擇：篡亦君也，僭亦君也，盜亦君也，讎亦君也。為臣者，皆操此心，則人君將安所恃乎？甚矣！繁之姦也。

嗚呼！論人臣之罪者，至叛逆而極。然事克則卿，不克則烹，成敗猶居其半也。至於中立者，自謂無往而不得志。國有存亡，君有廢興，時有治亂，民有安危，吾之爵秩常自如也。彼何預於我哉！其用心可謂姦之尤者矣。中立如原繁，有時而干厲公之誅，則世之取容者，果可以長無禍乎？吾故表原繁之誅，以風中立之士云。

且看原繁回答厲公所說的話：「只要社稷有主，國內的老百姓，哪個人不是他的臣子？」若信從這一說法，那麼只要是占得君位的人就得侍奉他而沒有了選擇：篡位的也是國君，僭越的也是國君，偷盜的也是國君，仇敵也是國君。做臣子的都持有這一想法，那麼作為君主的還有什麼可以依靠的呢？太厲害了！原繁真奸詐啊。

嗚呼！論斷臣子的罪行，到了叛逆罪就是極點了。但是事情成功了就是卿大夫，事情不成功就會被烹殺，成功與失敗還是各居一半。至於保持中立的人，自認為不論怎樣都可以得志。國家有存有亡，國君有興有廢，時代有治有亂，人民有安有危，我的爵位官秩如往常而不變。那些和我有什麼干係呢？這樣的用心可以說過於奸詐了。像原繁一樣保持中立的人，到一定時侯還會招來厲公的殺害，那麼世上討好別人以求自已安身的人真的可以長久地沒有禍害嗎？我特意討論原繁的被殺，是為了教化那些保持中立的人而已。

【古評】

王鳳洲曰：立論正大，吐詞雄渾，有學之文也。

朱字綠曰：重發中立之姦，論定其罪，以為大於內叛，此誅以之法也。內叛之罪易見，中立之罪難知，自是確不可易，文推勘入微，真不減老吏斷獄。○危邦不入，亂邦不居，君子立身之大節。至見危授命，亦有或死或不死者，故微、箕、比干同謂之仁，管仲不死，反仁於能死之召忽。原繁謂子儀君國十四年，不可舍之而外召君，自是正論，未可厚非也。但其所以事子儀者，未知若何耳。繁貴戚之臣，不能內治其國，外禦其侮。又其權重，故厲公以無里言為憾，是則食其食而死其事，固其所也。若位在下僚，不幸而國家值骨肉之變，以宗臣之故，而又未可以去，則亦不得遽以中立之罪加之，所當原情以定罪也。

張明德曰：後世召馮道輩，便是原繁榜樣，此中立之罪，所以不容於聖世也。文能推勘隱微，擢筋敲髓，然犀懸鏡，不足喻其明也。

【今評】

呂理胡：德國牧師馬丁・尼莫拉在二次世界大戰後的啟示：「對邪惡沉默不是中立，是犯同謀罪」，他在美國波士頓猶太人屠殺紀念碑上留下短詩，大意是「起初他們（指納粹）追殺共產主義者，而我不是共產主義者，我不說話；接著他們追殺猶太人，而我不是猶太人，我不說話；後來他們追殺工會成員，而我不是工會成員，我不說話；此後他們追殺天主教徒，而我是基督徒，我不說話；最後，他們追殺我，而那時沒人能為我說話了。」，呂祖謙認為中立的罪惡遠大於行惡而說：「中立之罪為大。」，又說「至於中立者，自謂無往而不得志。國有存亡，君有廢興，時有治亂，民有安危，吾之爵秩常自如也。彼何預於我哉！」，其評論原繁的奸詐作為，恰符合馬丁・尼莫拉的啟示，原繁的「中立」最終促成了自己的死亡，早好幾個世紀就有此評論，呂祖謙的學識實在卓越！

左傳原文

鄭厲公殺傅瑕原繁 莊公・十四年

鄭厲公自櫟侵鄭，及大陵，獲傅瑕。傅瑕曰：「苟舍我，吾請納君。」與之盟而赦之。六月，甲子，傅瑕殺鄭子及其二子，而納厲公。初，內蛇與外蛇鬬於鄭南門中，內蛇死。六年而厲公入。公聞之，問於申繻曰：「猶有妖乎？」對曰：「人之所忌，其氣燄以取之。妖由人興也。人無釁焉，妖不自作。人棄常，則妖興，故有妖。」厲公入，遂殺傅瑕。使謂原繁曰：「傅瑕貳，周有常刑，既伏其罪矣。納我而無二心者，吾皆許之上大夫之事，吾願與伯父圖之。且寡人出，伯父無裏言。入，又不念寡人。寡人憾焉！」對曰：「先君桓公命我先人典司宗祏。社稷有主，而外其心，其何貳如之？苟主社稷，國內之民其誰不為臣？臣無二心，天之制也。子儀在位十四年矣，而謀召君者，庸非二乎？莊公之子猶有八人，若皆以官爵行賂勸貳而可以濟事，君其若之何？臣聞命矣。」乃縊而死。

王賜虢公晉侯玉馬

莊公・十八年

吏之守帑[一]者，以財假人謂之盜；將之守邊者，以地假人謂之叛。財之在帑者，非吏之財也；地之在邊者，非將之地也。財非其財而擅施焉，地非其地而擅棄焉，其排抵譴訶也，宜哉！

[注釋][一]帑（ㄊㄤˇ）：財庫，國庫。

為官守帑者，吏也；為國守邊者，將也；為天守名分者，君也。專財與地，得罪於人，則專禮以假人者，豈不得罪於天耶？天未嘗以名分與人君，特寄之人君俾守之耳。輿地[二]廣輪之博，版籍生齒之繁，甲兵卒乘之雄，象犀金繒之富，皆君之有，獨名分者，非君之有也。

[譯文]

掌管財庫的官吏，把資財借給別人，叫做偷盜；守衛邊疆的將士，把土地借給別人，叫做叛賊。在庫房裏的資財，不是官吏的財產；在邊疆的土地，不是將士的私有土地。資財不是他的財產卻擅自施捨給別人，土地不是他的私地卻擅自放棄，他們被排斥抵制和譴責痛罵都是應該的。

替官府掌管財庫的人，是官吏；替國家守衛邊疆的人，是將士；替天下守護名分的人，是國君。專有資財和土地，這便得罪了主人；那麼專有禮儀卻借給別人，難道不會得罪上天嗎？上天不曾把名分分給國君，只不過是寄託在國君那裏，使他守護住。廣博的土地面積，眾多的戶籍人口，強大的軍備將士，富足的象牙犀角、金銀綢緞，這些都是國君所擁有的，惟獨名分，並不為國君所擁有。

［注釋］［一］輿地：地理，土地。

天以四海九州，全付人君，惟吝於名分，何耶？蓋名分者，四海九州之所自立，人之所輕，天之所重也。周惠王不知天之所重，誤視名分為己物，輕以假人，而不甚惜。當虢公、晉侯之來朝，惠王謂：「公侯相去一間耳，賜賚之際，有所厚薄，吾心慊然。」於是等其玉與馬之數，不為之隆殺［二］。殊不知天秩有禮，多多寡寡，不可亂也。假天之秩以為私惠，何以繼天而子元元［三］乎？

［注釋］［二］隆殺：猶尊卑、厚薄、高下。［三］元元：老百姓。

人心無厭，侯而可假公之禮，則公亦思假王之禮。惠王既假晉以公禮矣，後數十年，而晉文有請隧［一］之舉，果欲假王之禮。非惠

上天把九州四海全交付給國君，只吝惜名分，這是為什麼呢？因為名分是九州四海之所以成立的根本，人們輕視它，上天卻很重視。周惠王不知道上天重視它，錯誤地把名分看作是自己的東西，輕率地借給別人，而不怎麼愛惜它。當虢公和晉侯來朝覲的時候，周惠王說：「公爵和侯爵相距極近，賞賜的時候，卻有一定的差別，我心裏感到很遺憾。」於是賞賜的玉和馬都一樣，沒有尊卑差別。卻不知上天給予秩位是有一定禮節的，多是多，少是少，是不可以亂套的。把上天的秩位借作自己的私人恩惠，怎麼能繼承上天而做百姓的父母？

人心不能滿足，侯爵可以借公爵的禮儀，那麼公爵也可以借君王的禮制。周惠王既已借給晉侯公爵一級的禮制，幾十年後就有晉文公要求墓道與周天子

王啟其僭心，晉文遽敢爾耶？剝[二]廬則及牀，剝牀則及膚。庶人而僭士禮，是僭大夫之漸也；士而僭大夫禮，是僭諸侯之漸也；大夫而僭諸侯禮，是僭天子之漸也。聖人欲上全天子之尊，必先下謹士庶人之分。守其下，所以衛其上也。況公侯之近且貴乎？

[注釋][一]隧：天子的墓道，是天子所獨有的禮制。

[二]剝：剝蝕。

吾觀儒者之議禮，每力爭於毫釐尺寸之間，非特較公侯璧馬之多寡也。如天子之席五重，諸侯之席三重，所爭者纔再重耳；天子之堂九尺，諸侯之堂七尺，所爭者纔二尺耳。由庸人而觀天子諸侯之分，豈再重之席、二尺之堂所能抑揚？何儒者之迂耶？

大隄雲橫，屹如山嶽，其視尺寸之土，

規格一樣的舉動，果然想借君王的禮制。周惠王如果不開啟他們的僭越之心，晉文公敢突然這樣做嗎？房屋剝落就會危及床第，床第剝落就會危及身體皮膚。老百姓如果僭越士人的禮制，這便是僭越大夫禮制的前兆；士人僭越大夫的禮制，這便是僭越諸侯禮制的前兆；大夫僭越諸侯的禮制，這便是僭越天子禮制的前兆。聖人想保全上層天子的尊嚴，必定要先在下層使人們謹守士人百姓的名分。守護下面是用來保護上面。何況公侯離天子近而且尊貴呢？

我看儒士議論禮制，每每在很細小的地方大力爭論，不只是在比較公、侯的玉璧和馬匹的多少。如天子五層席，諸侯三層席，所爭論的只不過纔兩層席而已；天子的殿堂九尺，諸侯的殿堂七尺，所爭論的不過纔二尺而已。由常人看來，天子諸侯的名分，難道是兩重席子、二尺殿堂所能判別高下的嗎？為何儒士如此迂腐呢！

大堤像雲一樣橫著，屹立如山嶽，它看待尺寸高

若不能為隄之損益也。然水潦暴至，勢與隄平，苟猶有尺寸之土未沒，則瀕水之人可恃無恐。當是時，百萬生靈之命係於尺寸之土焉。尺寸之土，可以遏昏墊[一]之害；尺寸之禮，可以遏僭亂之源。然則，儒者力爭於毫釐尺寸之間，非迂也，勢也。

[注釋][一]昏墊：陷沒，指水災。

的土，好像不能對自己有什麼增損。但當洪水暴發的時候，水勢與堤壩齊平，如果有尺寸高的土沒有被淹沒，那麼面臨洪水的人就可以依仗它而不恐慌了。這個時候，百萬生靈的性命就係在這尺寸高的土上了。尺寸高的土可以遏制水災；尺寸差別的禮制可以遏止僭越的根源。這樣的話，那麼儒士在細微的地方爭論並不是迂腐，而是勢所必然的。

【古評】

朱字綠曰：名分非君有，上全天子之尊，必先下謹士、庶人之分，皆是特色至論。後言尺寸必爭，忽引河堤為喻，氣象萬千，真能推陳出新，可悟行文無死法也。

張明德曰：起首謹嚴，末段引喻，有波搖石動之致，出奇制勝，是文之有意驚人者。

左傳原文

王賜虢公晉侯玉馬 莊公．十八年

虢公、晉侯朝王，王饗醴，命之宥。皆賜玉五瑴，馬三匹。非禮也。王命諸侯，名位不同，禮亦異數，不以禮假人。

原莊公逆王后于陳　莊公・十八年

天下之事，遠近隱顯之所在，初未嘗有定名。古，非遠也；今，非近也。古之事，非隱也；今之事，非顯也。惟吾心之所見如何耳。今之所謂甚近而易見者，莫如身之所親歷也。

惠王身被子頹篡奪之禍，而復寵子帶；鄭伯身見子頹偏舞之僭，而復奏備樂；襄王身經子帶召戎之變，而復親戎狄。身遇之而復身蹈之，何耶？人心蔽於此者怠於彼。惠王蔽於愛，故雖近被篡奪之害，已如異世而忘之矣；鄭伯蔽於侈，故雖近見偏舞〔二〕之僭，已如異世而忘之矣；襄王蔽於忿，故雖近經召戎之變，已如異世而忘之矣。是三君者，心一有所蔽，雖耳目之所親接者，視之

〔譯文〕

天下的事情，遠與近，隱晦與顯明，它們的存在，開始本沒有固定的名稱。古代並不遠，現在也不近，古代的事並不隱晦，現在的事並不顯明。只看我心裏感覺的是怎樣而已。現在所謂很近而容易看見的事，沒有比得上自己親身經歷過的。

周惠王親身遭受子頹篡位奪國的禍害，卻又寵愛子帶；鄭伯親自看見子頹僭越禮制樂舞，卻又給他進獻並預備樂舞；周襄王親身經歷了子帶招來戎狄的變亂，卻又親近戎狄。親身經歷卻又重蹈前轍，這是為什麼呢？人心在一處被蒙蔽了，在另一處就會懈怠。周惠王被自己的寵愛蒙蔽，所以雖然最近經歷了被篡奪的禍害，卻已經像隔了一個世代一樣而忘記了；鄭伯被自己的侈華蒙蔽，所以雖然看見子頹僭越禮制樂舞，卻已經像隔了一個世代一樣而忘記了；周襄王被自己的忿怒蒙蔽，所以雖然近來經歷過招來戎狄的變亂，卻已經像隔了一個世代一樣而忘記了。這三位君主，心一旦被蒙蔽了，雖然耳聞目睹，看看卻茫然不

惘然如異世事，況欲責紂使鑒數百年前之桀，責幽、厲使鑒數百年前之紂？難矣哉！

［注釋］［一］徧舞，超過禮制的樂舞。

故嘗論之：心有所蔽，則以今為古；心無所蔽，則以古為今矣。是何也？心有所蔽，則觸情縱欲，釁［二］在前而不見，戮在後而不知。身所親歷，曾未踰時，若醉若夢，視之猶太古鴻荒之世，不復省錄。此以今為古也。惠、襄、鄭伯之類是也。心無所蔽，則六通四闢，合千載為一朝，合萬代為一世，與古聖賢更相授受，更相酬酢於無聲無臭之中，和同無間。此以古為今也。舜、文若合符節之類是也。以古為今，以今為古，特在吾心之通與蔽耳，曷嘗有定名哉！

知，像不同時代的事情一樣，更何況想責求商紂以數百年前的夏桀為借鑒，責求周幽王、周厲王向數百年前的商紂借鑒呢？很難呀！

所以我上面說，心如果被蒙蔽了，那麼會把現在視為古代；心如果沒有蒙蔽，那麼就會把古代視為現在。這是為什麼呢？因為心一旦被蒙蔽了，那麼接觸一定的情境就會放縱欲望，有縫隙在前面也看不見，有殺戮在後面也不知道。親身經歷的事情，還沒有過多長時間，就像喝醉了又像在做夢，看看好像是久遠的太古洪荒時代的事情，不再記得了。這就是把現在視為古代。周惠王、周襄王、鄭伯之輩就是這樣的人。心沒有被蒙蔽，那麼上下六合、四面八方，聚合一千年為一天，聚合一萬代為一世，和古時候的聖賢相互學習，相互往來，在無聲無聞中，和諧同一，沒有間隙。這就是把古代視為現在。舜與周文王像符節一樣契合的人就是這樣的。把古代當作現在，把現在當作古代，只不過在於我的心通透或蒙蔽而已，何嘗有固定的名稱？

〔注釋三一〕釁：縫隙、裂痕。

嗚呼！人心不可有所蔽也。處當世之事，而蔽於私情，則雖易見之禍，有不能見焉；論異世之事，而蔽於陳迹，則雖易見之理，有不能見焉。惠、襄、鄭伯既蔽於私情，而不能見其禍矣。後世論之，亦未免蔽於陳迹也。

自其迹觀之，則鄭伯，首倡納惠王者；虢公，從鄭伯而納惠王者。鄭功大而惠王反薄之，虢功小而惠王反厚之，世皆疑惠王待鄭之薄也。襄王以狄伐鄭，富辰固諫之；襄王召子帶，富辰實導之。能見狄之禍，而不見子帶之禍，世皆悔富辰導子帶之失也。惠王失位於齊桓伯諸侯之時，襄王失位於晉文伯諸侯之時。納襄王者在晉，而納惠王者

嗚呼！人心是不可以有蒙蔽的。辨察當世的事情，但被私情所蒙蔽，那麼雖然是容易覺察的禍患，也有不能看見的；議論不同時代的事情，但被陳舊的事蹟所蒙蔽，那麼雖然是容易看得見的通理，也有不能覺察的。周惠王、周襄王、鄭伯既然被私情所蒙蔽，也就不能看見他的禍害了。後世之人議論此事，也不免被陳舊的事蹟所蒙蔽。

從這些事蹟看來，那麼鄭伯是第一個接納周惠王的人；虢公是協從鄭伯接納周惠王的人。鄭伯的功勞大但周惠王反而待他較薄，虢公的功勞小周惠王反而待他較厚，世人都懷疑周惠王對待鄭伯很薄。周襄王以戎狄討伐鄭國，富辰堅決地諫阻；周襄王招來子帶，實際是富辰引導的。能看見戎狄的禍害卻看不見子帶的禍害，世人都悔恨富辰引導子帶的過失。周惠王在齊桓公稱霸諸侯的時候失掉王位，周襄王在晉文公稱霸諸侯的時候失掉王位。接納周襄王的事是在晉國，而接納周惠王的事卻不是在齊國。世人都怪罪齊桓公接納周惠王過於緩慢。按此道理來推論，那麼周

不在齊。世皆咎齊桓之納王緩也。揆之以理，則惠王之待鄭薄，本無可疑；富辰之召子帶，本無可悔；齊桓之緩於納王，本無可咎。是豈有難見之理哉！

兩人交訟，其行賂多出於理之曲者。蓋恃直則不必賂也。鄭恃功之大，而守其常；虢慊功之小，而獻其諂。功已往而易忘，諂方至而易惑。此惠王之所以厚虢而薄鄭歟！劉文靜、裴寂俱唐室功臣，然首建大義，皆文靜之謀，非寂敢望也。高祖厚寂而薄文靜者，文靜以其功，寂以其諂耳。人情豈相遠哉！故曰「惠王之待鄭薄，本無可疑」。

兄弟當親，戎狄當疎。子帶之不可絕政，如戎之不可通也。富辰教襄王親其所

惠王薄待鄭伯，本來就沒有什麼可以懷疑的；富辰招來子帶，本來沒有什麼可以悔恨的；齊桓公緩慢地接納周惠王，本來也沒有什麼可以責怪的。這難道是很難覺察的道理嗎？

有兩個人互相起訴，其中行賄的大多是出於那個理虧的人。因為倚仗理直就不必賄賂了。鄭伯依仗功勞很大而謹守常道；虢公擔心功勞小而獻諂媚。功勞過去了就容易忘記，諂媚剛來則容易迷惑人。這就是周惠王之所以厚待虢公而薄待鄭伯的原因吧？劉文靜、裴寂都是唐朝的功臣，但一開始建立大義都是文靜的謀劃，不是裴寂能比的。唐高祖厚待裴寂而薄待文靜，文靜憑藉他的功勞，裴寂憑藉他的諂媚而已。人情難道會相差很遠嗎？所以說「周惠王薄待鄭伯本來就沒有什麼可以懷疑的」。

對待兄弟應當親近，對待戎狄應當疏遠。子帶不可以被排除在政事之外，就像戎狄不可以相通一樣。

親，疏其所疏，本無二說。使襄王納其諫而不與狄通，則子帶何自而成其惡乎？苟與狄通，雖無子帶猶不免於亂也。自古與戎狄共功者，未有不為其反噬〔一〕。唐之回紇〔二〕，晉之契丹〔三〕，始借其力，終罹其患。彼二國者，亦豈有子帶之釁召之耶？為襄王者，當以與狄通為悔，不當以召子帶為悔也。故曰「富辰之召子帶，本無可悔」。

〔注釋〕〔一〕噬：齧，咬。〔二〕唐之回紇：回紇本匈奴高車部也。安祿山反，肅宗藉其兵力收復兩京。自是恃功，時入寇邊。〔三〕晉之契丹：五代，晉高祖以河東節度使假契丹，援舉兵滅唐而據其位，割幽、燕十六州之地與契丹而臣事之。出帝即位不肯稱臣於契丹，契丹大怒，遣使責讓後大舉入寇，出帝北遷。

天子，猶父也；諸侯，猶子也。父有難，一子居近，而能救之；為諸子者，幸其

富辰教周襄王親近他應當親近的，疏遠他應當疏遠的，本來沒有什麼可以再說的。假使襄王接納他的勸諫而不與戎狄相通，那麼子帶從哪裏成就自己的罪惡呢？只要與戎狄相通，即使沒有子帶，還是不能免於變亂。自古和戎狄一同舉事成功的人沒有不被他們反咬一口的。唐朝與回紇，後晉與契丹，開始借他們的力量，最終遭受他們的禍患。這兩國難道也有子帶的挑釁而召來外敵嗎？作為周襄王，應當為與戎狄相通而悔恨，不應當為招來子帶而悔恨。所以說「富辰招來子帶本來沒有什麼可以悔恨的」。

天子就像父親，諸侯就像兒子。父親有難，一個兒子住得近而能夠營救，各位兒子慶倖父親免難就可以了，何必去爭這事的功勞呢？齊桓公當時是霸主，

父之免足矣；何必競其功耶？齊桓伯天下，鄭、虢納王，而齊桓未嘗爭其功。當是時，風俗猶厚也。及襄王之出，晉與秦俱欲納王，晉文辭秦師，而獨擅其功。《外傳》[一]記子犯之言曰：「君盍納王？若不納，秦將納之，則失周矣，何以求諸侯？」是猶一子欲專救父之名，拒諸子使不得前，其心不在於父，而在於名，安得為孝乎？吁！亦薄矣。然則齊桓、晉文孰為咎耶？故曰「齊桓之緩於納王，本無可咎」。

後世之論，疑其所不當疑，悔其所不當悔，咎其所不當咎。

[注釋][一]《外傳》：指《國語》，學者認為它和《左傳》都是左丘明所著，把它和《左傳》相對，稱為《春秋外傳》。

鄭伯、虢公接納周惠王而齊桓公並沒有爭他們的功勞。因為這個時候，風俗還很淳厚。等到周襄王出奔的時候，晉國與秦國都想接納周王，晉文公辭卻秦國的軍事援助而獨自佔有這個功勞。《外傳》記載子犯的話說：「國君何不接納周襄王？如果不接納，秦國將接納他，那麼就失去了周了！又拿什麼去求取諸侯呢？」這如同一個兒子想專有營救父親的美名，拒絕其他兒子，使他們不能前來。他的心不在於父親而在於美名，怎麼能是孝子？咳！世道也薄呀。既然這樣，那麼齊桓公、晉文公誰犯了錯呢？所以說「齊桓公緩慢地接待周惠王本來沒有什麼可以怪罪的」。

後世的議論，卻懷疑那些不應當懷疑的，悔恨那些不應當悔恨的，怪罪那些不應當怪罪的。

左傳原文

原莊公逆王后于陳 莊公・十八年

虢公、晉侯、鄭伯使原莊公逆王后于陳。陳嬀歸于京師，實惠后。

蔿公奉子頹 莊公・十九年

初，王姚嬖于莊王，生子頹。子頹有寵，蔿國為之師。及惠王即位，取蔿國之圃以為囿。邊伯之宮近於王宮，王取之。王奪子禽、祝跪與詹父田，而收膳夫之秩，故蔿國、邊伯、石速、詹父、子禽、祝跪作亂，因蘇氏。秋，五大夫奉子頹以伐王，不克，出奔溫。蘇子奉子頹以奔衛。衛師、燕師伐周。冬，立子頹。

王處櫟 莊公・二十年

鄭伯和王室，不克。執燕仲父。夏，鄭伯遂以王歸，王處于櫟。秋，王及鄭伯入于鄔。遂入成周，取其寶器而還。冬，王子頹享五大夫樂及徧舞。鄭伯聞之，見虢叔，曰：「寡人聞之：哀樂失時，殃咎必至。今王子頹歌舞不倦，樂禍也。夫司寇行戮，君為之不舉，而況敢樂禍乎？姦王之位，禍孰大焉？臨禍忘憂，憂必及之。盍納王乎？」虢公曰：「寡人之願也。」

鄭伯虢公納王 莊公・二十一年

春，胥命于弭。夏，同伐王城。鄭伯將王自圉門入，虢叔自北門入，殺王子頹及五大夫。鄭伯享王于闕西辟，樂備。王與之武公之略，自虎牢以東。原伯曰：「鄭伯效尤，其亦將有咎。」

會於首止 僖公・五年

會于首止，會王大子鄭，謀寧周也。

惠王崩 僖公・七年

冬，閏月，惠王崩。襄王惡大叔帶之難，懼不立，不發喪，而告難于齊。

盟于洮 僖公・八年

春，王正月，公會王人、齊侯、宋公、衞侯、許男、曹伯、陳世子款盟于洮。《左氏》云：謀王室也。

王子帶召戎 僖公・十一年

夏，揚、拒、泉、皐、伊、雒之戎，同伐京師，入王城，焚東門。王子帶召之也。秦、晉伐戎以救周。秋，晉侯平戎于王。

王子帶奔齊 僖公・十二年

王以戎難故，討王子帶。秋，王子帶奔齊。

仲孫湫言王子帶 僖公・十三年

春，齊侯使仲孫湫聘于周，且言王子帶。事畢，不與王言。歸復命曰：「未可。王怒未怠，其十年乎？不十年，王弗召也。」

滑人叛鄭 僖公・二十年

滑人叛鄭而服於衛，夏，鄭公子士、洩堵寇帥師入滑。

富辰請召王子帶 僖公・二十二年

富辰言於王曰：「請召大叔。《詩》曰：『協比其鄰，昏姻孔云。』吾兄弟之不協，焉能怨諸侯之不睦？」王說。王子帶自齊復歸于京師，王召之也。

襄王以狄伐鄭以狄女為后大叔以狄師攻王王使告難 僖公・二十四年

鄭之入滑也，滑人聽命。師還，又即衛。鄭公子士洩、堵俞彌帥師伐滑。王使伯服、游孫伯如鄭請滑。鄭伯怨惠王之入而不與厲公爵也，又怨襄王之與衛、滑也，故不聽王命而執二子。王怒，將以狄伐鄭。富辰諫曰：「不可。臣聞之，大上以德撫民，其次親親以相及也。昔周公弔二叔之不咸，故封建親戚以蕃屏周。管、蔡、郕、霍、魯、衛、毛、聃、郜、雍、曹、滕、畢、原、酆、郇，文之昭也。邘、晉、應、韓，武之穆也。凡、蔣、邢、茅、胙、祭，周公之胤也。召穆公思周德之不類，故糾合宗族于成周而作詩，曰：『常棣之華，鄂不韡韡，凡今之人，莫如兄弟。』其四章曰：『兄弟鬩于牆，外禦其侮。』如是，則兄弟雖有小忿，不廢懿親。今天子不忍小忿以棄鄭親，其若之何？庸勳，親親，暱近，尊賢，德之大者也。即聾，從昧，與頑，用嚚，姦之大者也。棄德崇姦，禍之大者也。鄭有平、惠之勳，又有厲、宣之親，棄嬖寵而用三良，於諸姬為近。四德具矣。耳不聽五聲之和為聾，目不別五色之章為昧，心不則德義之經為頑，口不道忠信之言為嚚，狄皆則之，四姦具矣。周之有懿德也，猶曰『莫如兄弟』，故封建之。其懷柔天下也，猶懼有外侮。扞禦侮者莫如親親，故以親屏周。召穆公亦云。今周德既衰，於是乎又渝周、召以從諸姦，無乃不可乎？民未忘禍，王又興之，其若文、武何？」王弗聽，使頹叔、桃子出狄師。

夏，狄伐鄭，取櫟。王德狄人，將以其女為后。富辰諫曰：「不可。臣聞之曰：『報者倦矣，施者未厭。』狄固貪惏，王又啟之，女德無極，婦怨無終，狄必為患。」王又弗聽。

初，甘昭公有寵於惠后，惠后將立之，未及而卒。昭公奔齊，王復之。又通於隗氏。王替隗氏，頹叔、桃子曰：「我實使狄，狄其怨我。」遂奉大叔以狄師攻王。王御士將禦之，王曰：「先后其謂我何？寧使諸侯圖之。」王遂出。及坎欿，國人納之。

秋，頹叔、桃子奉大叔，以狄師伐周，大敗周師，獲周公忌父、原伯、毛伯、富辰。王出適鄭，處于氾。大叔以隗氏居于溫。

冬，王使來告難曰：「不穀不德，得罪于母弟之寵子帶，鄙在鄭地氾，敢告叔父。」臧文仲對曰：「天子蒙塵于外，敢不奔問官守？」王使簡師父告于晉，使左鄢父告于秦。

晉侯納王 僖公・二十五年

春，秦伯師于河上，將納王。狐偃言於晉侯曰：「求諸侯，莫如勤王。諸侯信之，且大義也。繼文之業而信宣於諸侯，今為可矣。」使卜偃卜之，吉。晉侯辭秦師而下。三月，甲辰，次于陽樊。右師圍溫，左師逆王。夏，四月，丁巳，王入于王城，取大叔于溫，殺之于隰城。戊午，晉侯朝王。王饗醴，命之宥。

鬻拳兵諫 莊公・十九年

古今以人君拒諫為憂，吾以為未知所憂也。

首人君之惡者，拒諫居其最，置是而不憂，將何憂？曰：「君之拒諫可憂，而非人臣之所當憂也。」君臣同體，君陷於惡，臣不為之憂，將誰憂？曰：「君有君之憂，臣有臣之憂，未聞舍己之憂而憂人之憂者也。」

人臣之憂，在於諫之未善，不在於君之未從。諫之道難矣哉！誠之不至，未善也；理之不明，未善也；辭之不達，未善也；氣之不平，未善也；行之不足以取重於君，未善也；言之不足以取信於君，未善也。坐以待旦，夜以繼日，其所憂者，惟恐吾未盡諫

［譯文］

古往今來的人臣如果擔憂國君拒絕接納自己的勸諫，我以為這是不知道應該憂慮什麼。

標舉國君的罪惡，拒諫是其中最大的罪；捨棄這個而不憂慮，將憂慮什麼呢？回答：「國君拒絕納諫值得憂慮，但不是臣子所應當憂慮的。」君臣本是一個共同體，國君陷入罪惡，臣子不為此憂慮，將為誰憂慮？回答：「國君有國君的憂慮，臣子有臣子的憂慮，沒有聽說捨棄自己的憂慮而去憂慮別人的憂慮的人。」

臣子的憂慮，在於進諫不完善，不在於國君不聽從。進諫之道是很難的啊！誠心不至不算完善，道理不明白不算完善，辭氣不暢達不算完善，心氣不平和不算完善，行為不被國君看重不算完善，言語不被國君取信不算完善。坐以待旦，夜以繼日，所憂慮的是惟恐還沒有窮盡進諫的方法，怎麼可能有工夫去憂慮他的國君聽從還是拒絕？不憂慮醫術不精湛，而只

之之道，亦何暇憂其君之從與拒乎？不憂術之未精，而徒憂病之難治，天下之拙醫也；不憂算之不多，而徒憂敵之難勝，天下之庸將也。臣之納諫者，苟尤君而不尤己，不能導君而使自從，徒欲強君而使必從，其流弊終至於鬻拳脅君而後止耳。

鬻拳豈欲脅君哉！告而不聽，故出於強；強而不聽，故出於脅。君愈不聽，而愈求之於君，曾不知反求吾納諫之道盡歟不盡歟？諫，吾職也；聽，君職也。吾未能盡其職，乃欲越其職以必君之聽，其可乎？祭在人，饗在神；諫在臣，聽在君。有孔子而魯不治者，諫在孔子而聽在魯侯也；有孟子而齊不治者，諫在孟子而聽在齊王也。孔、孟急於救世，豈在鬻拳下乎？然寧坐視齊、魯

憂慮病人的病難治，這是天下的拙醫；不憂慮謀劃不夠，而只憂慮敵人難以戰勝，這是天下的庸將。進諫的臣子，如果只憂慮國君而不憂慮自己，就不能引導國君使他自願聽從自己，徒自想脅迫國君而使他一定要聽從自己，這種流弊最終到了在鬻拳脅迫國君這事以後纔停止。

鬻拳難道想威脅國君嗎？進諫後不聽從，所以就去強迫；強迫還不聽從，所以就去威脅。國君越不聽從卻越要求國君聽從，卻不知道反過來問自己進諫的方法有沒有盡善盡美。進諫，是我的職責；聽諫，是國君的職責。我不能盡自己的職責，卻想跳過這個職責來要求國君一定聽從我，這行嗎？祭祀在於人，享用與否在於神；進諫在於臣，聽不聽諫在於君。有孔子在但魯國卻未能達到治平，是因為進諫在於孔子而聽諫在於魯侯；有孟子在但齊國卻未能達到治平，是因為進諫在於孟子而聽諫在於齊王。孔子、孟子急於挽救世道之心難道會不及鬻拳？然而寧可坐視齊、魯失去治國之道，終究不肯強迫齊、魯的國君，盡到做臣子的職責而不敢越過作臣子的職責。鬻拳事奉國

之失道，終不肯強齊、魯之君者，盡臣之職而不敢越臣之職也。鬻拳之事君，其視孔、孟未能萬分之一，而遽欲脅君乎？當鬻拳臨楚子以兵，及其拒楚子不納也，幸楚子不以為忤耳。苟楚子之不從，吾不知鬻拳何術以繼之乎？

使是時不幸為楚子所誅，則陷於逆亂，其心迹終無以自見於後世矣。鬻拳亦知其不可繼，自謂吾心忠而迹逆，心順而迹悖，故以刖足之心，明吾兵諫之迹。後世欲學吾之兵諫，盍學吾之刖足？吾之刖足不可學，則吾之兵諫亦不可學也。聖人之道，欲後世之皆可學；鬻拳之道，欲後世之不可學。何其與聖人異耶？先之以稱兵，後之以刖足，壞於前而修於後，開於前而閉於後，隨作隨

君，與孔子、孟子相比不及萬分之一，卻迫不急待地要脅迫國君呢？當鬻拳用兵來諫楚文王時，以及拒絕給楚文王開城門時，幸虧楚文王不認為這是他忤逆。假如楚文王不這樣認為，我不知道鬻拳還有什麼辦法繼續？

假使鬻拳當時不幸被楚文王誅殺，則落下個逆反叛亂的名聲，他的真實心跡也沒有辦法顯現於後世了。鬻拳也知道自己的行為不可繼續，他自以為內心忠誠而行為叛逆，內心和順而行為違逆，所以用斷足的決心來表明其以武力相諫的行為。後世想學我的武力進諫，何不學我的斷足？如果我的斷足不可以學，那麼我的武力進諫也不可以學。聖人的道術，想讓後世都可以學習；鬻拳的道術，想讓後世不可以學習。鬻拳與聖人是多麼的不同啊！先用武力要挾，後又自己斷足，敗壞在先而修補在後，開口子在前而閉口子在後，隨時犯錯隨時挽救，憔悴不能安寧。我想恐怕聖人做事不像這樣煩心而勞神吧。道術有樞紐，言語有關鍵，舵撥動了船就運轉，輪子轉動了車就運行。

救，焦然不寧。吾恐聖人之舉事，不如是之煩且勞也。道有樞，言有會，柁移則舟轉，輪運則車行。夫豈在於用力耶？古之人固有廣廈細旃之上，從容片言，基治平之原者，固未嘗動聲色、費辭說也。牽裾折檻，已為下策，況動干戈於君側耶！

荀卿，儒之陋者也。其論諫諍輔拂[一]，乃曰「自能率群臣百吏相與強君，君雖不安，不能不聽」，遂以解國之大患謂之輔拂之說。即鬻拳之說，皆欲以力強其君者也。匹夫所恃以動萬乘者，道存焉耳，苟欲與君較力，是丐者與猗頓[二]較富也。危矣哉！

[注釋][一]輔拂：輔佐。[二]猗頓：戰國時大富商。

難道在於用力氣嗎？古時候本來就有在寬闊的大廈裏，坐在精工細織的毛氈上，從從容容只說一點話，而創立太平根基的人，本來就不曾動聲色費口舌。拉住衣服，折斷門檻，已經是下策了，何況在國君面前動用武力！

荀卿，是儒士中一個淺陋的人。他議論直言進諫輔佐國君，竟然說「只要能夠率領百官一同強迫國君，國君雖然不安，但是不能不聽從」，於是有了把解除國家的禍患叫做輔佐的說法。這就是鬻拳之說，都是一些想用力量強迫他的國君的人。個人所憑藉著說動萬乘之君的是道義而已，如果想和國君較量力氣，這是乞丐和猗頓較量財富。這很危險呀！

【古評】

朱字綠曰：諫君有道，在導之使自從，不可強使必從，此自是不易之論。蓋有不盡言之諫，亦有盡言之諫，從容片言，不費辭說，此不盡言者也。反覆之而不聽，則去，此盡言者也。要之，得諫之道，則盡言可，不盡言亦可；不得諫之道而強之，則盡言不可，不盡言亦不可。所謂吾盡吾職，君之職不可得而代耳。議論名通，非徒高談巧妙也。〇兵諫不可為訓，人皆知之，至荀子所謂率群臣百吏與強君，君雖不安，而不敢不聽，似亦諫中一法。然由之而敗者，比比也。若明嘉靖以後，用是術者凡三見：一爭大禮，一爭國本，一爭用魏忠賢；小之雖殺身，大之並亡國，較兵諫貽禍更烈。方楊大洪之上二十四罪疏也，相率請葉文忠力爭，文忠不可，以此幾得罪東林，至今猶有以模稜譏之者，殆未知東萊之說耳。

張明德曰：主腦只在結末一道字，通篇卻不說破，而層層變換，曲曲折折，都只為一道伏脈，蛛絲馬跡，草蛇灰線，不足以喻其妙也。

左傳原文

鬻拳兵諫 莊公・十九年

鬻拳強諫楚子，楚子弗從，臨之以兵，懼而從之。鬻拳曰：「吾懼君以兵，罪莫大焉。」遂自刖也。楚人以為大閽，謂之大伯，使其後掌之。君子曰：「鬻拳可謂愛君矣，諫以自納於刑，刑猶不忘納君於善。」

陳敬仲辭卿飲桓公酒　莊公・二十二年

人之嗜進，而不知止，未有不由子孫累者。一身之奉易足也，一身之求易供也。其所以嗜進而不知止者，特欲為子孫無窮之計耳。吾身不能常存，主眷不能常保。身未沒、眷未衰之時，厚集權寵，以遺後之人。一失此機，子孫將何所庇乎？此所以爵愈高而心愈躁，祿愈豐而心愈貪也。

陳氏之在齊，其子孫莫強焉。竊意敬仲入齊之始，其所以遺子孫者必甚厚。反覆攷之，則大不然。人皆求權位以遺子孫，齊桓公使之為卿，位既高矣，而敬仲辭之；人皆結眷寵以遺子孫，齊桓公飲其家，至欲繼之以燭，寵亦深矣，而敬仲又辭之。敬仲雖安於恬退，曷不少享齊公之美意，以為子

[譯文]

人嗜好進取而不知道停止，沒有不是由於受到子孫的牽累。一個人的俸祿容易滿足，一個人的需求容易供給。他們之所以嗜好進取而不知道停止，只不過想要為子孫後代作無窮無盡的謀劃而已！我個人不能長久地存在，君主眷愛不能永遠保有。人還沒有死、眷愛還未減弱的時候，厚厚地聚斂權利和恩寵來留給子孫後人。一旦失去這種機會，子孫將有什麼庇護！這是爵位越高而內心越躁動，俸祿越豐厚而內心越貪婪的原因。

陳氏在齊國，沒有比他的子孫更強盛的。我私下以為陳敬仲進入齊國之初，他所用來留給子孫的一定很豐厚。但反復考察，卻不是這樣的。人們都索求權力和爵位來留給子孫，齊桓公使他當卿相，位置已經很高了，但敬仲卻辭去了；人們都締結眷愛和恩寵來遺留給子孫，齊桓公在他家飲酒，以至想點蠟燭繼續下去，恩寵已很深厚了，但敬仲又辭謝了。敬仲雖然安於恬淡隱退，為何不稍微消受齊桓公的美意而作為子孫的依託呢？嗚呼！這正是敬仲將他的子孫長久地

孫之託耶？嗚呼！是乃敬仲深託其子孫於齊也。

人之所以求多位與寵者，不過欲子孫用之不盡耳。抑不知吾盡取其位，安得餘位以遺子孫乎？吾盡取其寵，安得餘寵以遺子孫乎？敬仲所以不處齊卿之位者，恐其位之盡也；不當夜宴之寵者，恐其寵之盡也。齊敬仲每有不盡之懷，故其子孫亦每有不盡之澤。是辭一卿之秩，而開一世之基；辭一夕之宴，而得數百年之眷。深矣哉！敬仲託其子孫於齊也。

至於田和席〔一〕敬仲之業，既滿而溢，篡竊齊國，六七傳而遂亡。以損而興，以滿而滅，豈非盈者天地鬼神之所共惡耶？君子之立朝，使君有慊心則可，使君有厭心則不

寄託在齊國所要做的。

人們之所以求取爵位和恩寵，不過是想子孫用之不盡而已。卻不知我如果求取了所有的爵位，怎麼會有剩下的爵位留給子孫呢？我取得了所有的恩寵，怎麼會有剩下的恩寵留給子孫？敬仲之所以不接受齊國卿相職位，是害怕他的爵位會從此而盡；不敢接受夜晚宴飲的恩寵，是害怕他的恩寵會從此而盡。敬仲每每懷有不盡占有的想法，所以他的子孫每每享有不盡的恩澤。這是辭卻一個卿位的爵祿而開創一世的基業；辭卻一晚上的恩寵而得到幾百年的眷顧。敬仲為寄託他的子孫於齊國，考慮很深遠啊！

至於田和憑藉敬仲的基業，已經盈滿之後就開始溢出，篡奪竊取齊國，傳了六七代就滅亡了。因減損而興起，因為盈滿而衰亡，盈滿難道不是天地鬼神所共同厭惡的嗎？君子處於朝廷，讓國君有不足之心是可以的，讓國君有滿足之心卻是不可以的。豐年的肉

可。樂歲之肉如藿〔二〕，凶歲之藿如肉；富家之帛如布，貧家之布如帛。貴生於不足，而賤生於既足也。勢盈位極，為君所厭，身且不保，而況子孫乎？宋劉湛之事文帝，其始帝與語，視日早晚，惟恐其去；其後亦視日早晚，惟恐其不去。文帝既厭湛，而湛獨冒寵，宜其不免於誅也。使湛當文帝惟恐其去之時，翻然引去，則文帝之與湛常有無窮之思。是知愛極則移，高極則危。由古至今，用過其量〔三〕，見險不止，未有能全者也。

〔注釋〕〔一〕席：憑藉，依仗。〔二〕藿：一種野菜。

〔三〕用過其量：才用超過了己之限量，即才智用過了頭。

用過其量者，固召釁而集禍矣。彼人與位相稱者，其可以無慮歟？曰「亦未可以

像藿菜，凶年的藿菜像肉；富貴人家的帛像布，貪困人家的布像帛。富貴產生於不足，而貧賤則產生於已經充足之後。權勢強盛，爵位尊貴，被國君所厭惡，自身尚且不保，何況子孫？宋時劉湛侍奉文帝，開始文帝與劉湛談話，觀看日影的早晚，生怕他離去；後來也看日影的早晚，生怕他不離開。文帝已經厭惡劉湛，而劉湛獨自受恩寵而不節制，他沒能免於被誅殺是應該的。假使劉湛當文帝生怕他離去的時候反而離去，那麼文帝對劉湛就常常會有無盡的思念。這纔是知曉了寵愛到極點就會轉移，位高到極點就會危險的道理。從古至今，凡才智用得過了頭，看見危險卻不停止的人，沒有一個能夠保全的。

才智用得過了頭的人，固然會招集禍患。那些與爵位相稱的人，大概沒有什麼可憂慮了吧？回答：「也不可以高枕無憂。」謝安隱退在東山，晉國仰慕

安枕而臥也」。謝安之隱東山也，晉國慕之，惟恐其不起也。及其既出，高崧謂之曰：「卿高臥東山，諸人每言安石不肯出，將如蒼生何？蒼生今將如卿何？」安有愧色。蓋天下望安之出久矣，一旦為蒼生而起，則寒者求衣，飢者求食，不獲者求得。今之責我者，皆昔之慕我者也。未出，則為人所慕；既出，則為人所責；未出，則人恐失我之賢；既出，則我恐失人之望。憂樂勞逸，豈可同日而語耶？然則，豈特用過其量者為不可？即人與位相稱者，亦未易處也。

他，生怕他不被起用。等到他出來以後，高菘告訴他：「你在東山高高地躺臥著，人們常說如果你安石不肯出來，將拿天下的老百姓怎麼辦？現在，天下老百姓將拿你怎麼辦？」謝安聽後有羞愧的臉色。大概天下盼望謝安出來已經很久了，一旦因為天下百姓而被起用，那麼受凍的人來索求衣物，挨餓的人來索求食物，沒有獲得的要求得到。現在責難我的人都是往日仰慕我的人。沒有出來，會被人所仰慕；出來以後，就被人責難；沒有出來，人們害怕失去我的賢能，出來以後，我又害怕失去眾人的期望。憂愁快樂和勞累安逸怎麼可以相提並論？既然如此，那麼難道只是才智用過頭的人不能這樣？即使人與位置相稱，也不容易自處啊。

左傳原文

陳敬仲辭卿飲桓公酒　莊公·二十二年

陳公子完與顓孫奔齊。顓孫自齊來奔。齊侯使敬仲為卿，辭曰：「羈旅之臣，幸若獲宥，及於寬政，赦其不閑於教訓，而免於罪戾，弛於負擔，君之惠也，所獲多矣。敢辱高位，以速官謗？請以死告。《詩》云：『翹翹車乘，招我以弓，豈不欲往？畏我友朋。』」使為工正。飲桓公酒，樂。公曰：「以火繼之。」辭曰：「臣卜其晝，未卜其夜，不敢。」君子曰：「酒以成禮，不繼以淫，義也；以君成禮，弗納於淫，仁也。」

懿氏卜妻敬仲　莊公・二十二年

物莫不有先。礎〔一〕先雨而潤，鐘先霽〔二〕而清，灰先律〔三〕而飛，蟄〔四〕先寒而閉，蟻先潦而徙，鳶〔五〕先風而翔。陰陽之氣，渾淪磅礴於覆載之間〔六〕，而一物之微，先見其幾，如券契符鑰，無毫釐之差，何也？通天地一氣，同流而無間者也。一物且然，而況聖人備萬物於我乎？

〔注釋〕〔一〕礎：柱子下面的基石。〔二〕霽（ㄐㄧˋ）：雨停。〔三〕律：律管。〔四〕蟄：指冬眠動物。〔五〕鳶：鳥名，即鴟。〔六〕覆載之間：古代有所謂地載天覆之說，覆載之間即指天地之間。

聖人備萬物於我，上下四方之宇，古往今來之宙，聚散慘舒〔一〕，吉凶哀樂，猶

〔譯文〕

事物都有先兆：石礎在下雨前就已濕潤，鐘在雨停之前就已清爽，葭灰在律管破封之前就已飛動，動物在寒冷來臨之前就已冬眠，螞蟻在水澇之前就已遷徙，鴟鳥在風來到之前就已飛翔。陰氣和陽氣，混同融合充滿在天地之間，然而，事物的預兆卻可以先從細微的跡象中看出來，就像債券契約兵符鎖鑰一樣契合，沒有絲毫的差錯。這是為什麼呢？因為天地之間是一氣相通的，共同流轉而沒有什麼間隙。一物尚且能這樣，何況聖人把世間萬物都齊備於己一身呢？

聖人把萬物備於一身，上下四方的空間，古往今來的時間，聚散盛衰，吉兇哀樂，這就像我身上的疾

疾痛疴癢之於吾身，觸之即覺，干之即知。清明在躬，志氣如神，嗜慾將至，有開必先。仰而觀之，榮光德星[二]，欃槍枉矢[三]，皆吾心之發見也；俯而視之，醴泉瑞石，川沸木鳴，亦吾心之發見也；玩而占之，方功義弓[四]，老少奇耦[五]，亦吾心之發見也。

〔注釋〕[一]慘舒：指憂樂、寬嚴、盛衰等。[二]榮光德星：榮光指五色雲氣，古以其為吉祥之兆。古以景星、歲星為德星，認為國有道有福或有賢人出現，則德星現。[三]欃（ㄔㄢˊ）槍枉矢：古代凶星名，指彗星和流星。[四]方功義弓：古占卜名。方卜方位，功卜功事，義卜事宜，弓卜射。[五]老少奇耦：老陽、少陽、老陰、少陰四象統稱。

未灼[一]之前，三兆已具；未揲[二]之前，三易[三]已彰。龜既灼矣，蓍既揲矣，是兆之吉，乃吾心之吉；是易之變，乃吾心

病疼癢一樣，一觸摸就能感覺到，一冒犯就能知曉。清察明審在自身，意志精神如神靈。嗜好和欲望將至，有所開啟，必定先動。抬頭仰望，吉兆如榮光、德星，凶兆如欃槍、枉矢，都是我內心所發現的；低頭俯看，祥物如醴泉、瑞石，祆物如沸川、木鳴，也都是我內心所發現的。玩習而占卜，不論是方、功、義、弓，還是老、少、奇、耦，也都是我內心的發現。

還沒有燒灼龜甲之前，各種先兆就已經具備了；還沒有拈蓍草之前，各種變數就已經顯明了。龜甲已灼後，蓍草已拈後，這兆象的吉利，是我內心的吉利；這易數的變化，是我內心的變化。內心問內心答，內心叩求內心酬應，名義上是龜甲占卜，實際是內心占

之變。心問心答，心叩心酬，名為龜卜，實為心卜；名為蓍筮，實為心筮。水中之天，即水上之天也；鑑中之面，即鑑外之面也；蓍龜之心，即聖人之心也。天天相對，面面相臨，心心相應，混融交徹，混然無際，敗甲朽株云乎哉！故曰：「聖人不須卜筮。」在聖人觀之，拂龜布蓍，已為煩矣，況區區推步揣摩之煩耶！

［注釋〔一〕灼：燒灼龜甲，用來占卜。〔二〕揲（ㄕㄜˊ）：拈蓍草占卜。〔三〕三易：古代有三《易》，分別為《歸藏》、《連山》和《周易》，傳之後世唯《周易》一種。這裏指各種變數。

卜筮之理，嘗見於大舜之訓矣，曰「卜不習吉」而已，一吉之外，無他語也。又嘗見於神禹之疇矣，曰「龜從，筮從」而已，一從之外，無他語也。又嘗見於武王之誓

卜；名義上是蓍草占卜，實際上是內心占卜。水中映照的天，就是水上面的天；鏡子裏面的臉，就是鏡子外面的臉；蓍草龜甲的心，就是聖人的心。天與天相對，臉與臉相臨，心與心相應，混合融和，交往會通，融為一體，沒有間隙，腐爛的龜甲和腐朽的蓍草能說什麼呢？所以說：「聖人不需要占卜。」在聖人看來，給龜甲拂去灰塵，或擺弄蓍草，已經很煩心了，何況瑣碎的推算和揣測更是煩心。

占卜的道理，曾經出現於大舜的訓話中，說「占卜不承襲吉利」而已，一句吉利之外就沒有其它的話了。又曾出現在神禹的大法中，說「龜卜聽從，蓍占聽從」而已，一句聽從之外沒有其它的話了。又曾出現在周武王的誓言中，說「我的夢符合我的占卜」而

矣，曰「朕夢協朕卜」而已，一協之外，無他語也。又嘗見於周公之誥矣，曰「卜澗水東、瀍水西，惟洛食」而已，一食之外，無他語也。

至於後世，始求吉凶於心外。心愈疑，而說愈鑿[一]；說愈鑿，而驗愈疎。附之以瞽史之習，雜之以巫覡之妄。千蹊百徑，庶幾一中。失之於心，而求之於事，殆見心勞而日拙矣，《左氏》之所載是也。

[注釋][一]鑿：穿鑿附會。

或曰：「《左氏》所載卜筮之事，巧發奇中，動心駭目，其驗若此，奚其疎？」曰：「《左氏》起隱迄哀，二百四十二年之間，若天子，若諸侯，若卿大夫，若士庶

已，一句符合的話之外沒有其它的話了。又曾出現在周公的誥語中，說「占卜了澗水以東、瀍水以西地區，結果僅有洛地顯兆吉利」而已，一句顯兆吉利之外沒有其它的話了。

到了後世，開始在內心之外求吉凶，內心越懷疑而說解越穿鑿，說解越穿鑿而應驗的就越少。用瞽史的習氣來比附，將巫師的虛妄混雜在一起，千方百計，很少應驗。在內心丟失，而向外事求取，恐怕只能是內心勞累而一天天拙劣了，《左傳》的記載就是這樣的。

有人說：「《左傳》所記載的占卜之事，善於判斷而每能應驗，讓人驚心駭目，其靈驗如此，怎麼能說是疏陋呢？」回答：「《左傳》開始於魯隱公，到魯哀公為止，共二百四十二年的時間，有天子，有諸侯，有卿大夫，有士人和老百姓，我認為其占卜的次數大略算來，又何止數萬次，左丘明將那些應驗

人，竊意其卜筮之數約而計之，猶不啻［一］數萬也，左氏載其驗於書者，纔數十事耳。是數十事者，聚於《左氏》之書，則多散於二百四十二年，則希闊［二］寂寥，絕無而僅有也。乃若誕謾無驗，不傳於時，不錄於書者，吾不知其幾萬矣，安得不謂之疎耶？

〔注釋〕［一］不啻：何止。［二］希闊：稀少，稀疏。

就《左氏》之所載，彼善於此者，如穆姜、荀罃、子服、惠伯之屬，猶庶幾焉。是雖未足少議聖人之卜筮，然類能信其心之所安，而不奪於瞽史之說近之矣。不信瞽史，是真信蓍龜者也，是心之外，豈復有所謂蓍龜者耶？

噫！桑林之見，妄也；僂句之應，僭

的記載在書上，纔只有幾十件事而已。這幾十件事，聚在一起，放在左丘明的書裏顯得很多，分散到兩百四十二年就很稀少了，顯得絕無而僅有。至於那些荒誕而不應驗，沒有在當時流傳下來，沒有在書上記載的，我不知道那該有幾萬次，怎麼能夠不認為疏陋呢？」

就《左傳》所記載的來說，那些善於占卜的人，像穆姜、荀罃、子服、惠伯之輩，是很少的幾個。這些人雖然還不能夠稍微談得上聖人的占卜，但都能相信自己內心所相信的，而不流於瞽史之說，接近聖人的占卜了。不信瞽史，這是真正地相信蓍草龜甲的人。但我們內心之外，難道又有所謂的蓍草龜甲嗎？

唉！在卜兆中看見桑林之神只是虛妄，寶龜僂句的應驗卻是不誠實，而占說為臺駘、實沈作祟則是妖

也；臺駘、實沈之祟，妖也。彼蓍龜之中，曷嘗真有是耶？妄者見其妄，僭者見其僭，妖者見其妖，皆心之所發見耳。蓍龜者，心之影也，小大修短，咸其自取。傴者曲，而躄[一]者跛，夫豈影之罪哉！

[注釋][一]躄（ㄅㄧˋ）：跛腳。

怪了，那些蓍草龜甲之中，哪裏真的有這些預示呢？虛妄的人看見的是虛妄，不誠實的人看見的是不誠實，妖人看見的就是妖怪，都是內心所發現的而已。蓍草龜甲，是內心的影子，大小長短，都是自己自取的。駝背彎腰，瘸子拐腿，這難道是他們的影子的過錯嗎？

【古評】

孫執升曰：吉凶禍福何憑？可憑者人心耳。可見洞見本原之談，掃盡瞽史之妄。

朱字綠曰：有平排處，有收鎖處，巒嶂重疊，門戶深幽，能使人覽不覺其盡。○見乎蓍龜，動乎四體，是敗甲朽株且與四體同重，故《易》以為定天下之吉凶，成天下之亹亹者，莫大乎蓍龜。古人自祀與戎，下至一事一物之細，無不取決於卜，非聖人之心有所蔽，而必藉敗甲朽株以為神也。孟子以為聖人既竭心思，必繼之以不忍人之政，而後仁覆天下，卜亦其一耳。自卜筮之法不傳，天下惘惘無所適從，釋氏之教，乃得以慧定之說煽動天下，於是冥心默悟，以為加於儒者之上。陸、王竊釋氏唾餘，舉凡先王制度名物，皆以為支離，一切止求之其心，謂吾自有良知，何必外求於物，天下遂相率而為外義之學。東萊謂心外無複著龜，其理亦是，而未免過高，使人有厭薄名物之意，孫執升乃謂：「朱子晚年，悔其格物支離之學，恨東萊不更與商榷。可謂惑於邪說，溺乎其旨者矣。」

張明德曰：眼大如箕，識高於頂，纔能作此等文字。今人局於拘虛之見，毋怪乎格物難吐。篇內引《周禮》卜師方、功、義、弓四兆，注方、功、義、弓之名未聞。按《困學紀聞》云：「鄭氏鍔以理推之，方兆占四方之事也；漢武帝發易占，知神馬從西北嚴。功兆占立功之事也；楚司馬子魚卜戰今龜。義兆占行義事也。惠伯曰：忠信之事則可。弓兆有射意，後世有射覆之法。」並附識於此。

左傳原文

懿氏卜妻敬仲 莊公・二十二年

初，懿氏卜妻敬仲。其妻占之，曰：「吉。是謂『鳳皇于飛，和鳴鏘鏘。有嬀之後，將育于姜。五世其昌，並于正卿。八世之後，莫之與京』。」陳厲公，蔡出也。故蔡人殺五父而立之。生敬仲。其少也，周史有以《周易》見陳侯者，陳侯使筮之，遇觀之否。曰：「是謂『觀國之光，利用賓于王』。此其代陳有國乎？不在此，其在異國；非此其身，在其子孫。光遠而自他有耀者也。坤，土也。巽，風也。乾，天也。風為天於土上，山也。有山之材而照之以天光，於是乎居土上，故曰：『觀國之光，利用賓于王。』庭實旅百，奉之以玉帛，天地之美具焉，故曰：『利用賓于王。』猶有觀焉，故曰：『其在後乎？』風行而著於土，故曰：『其在異國乎？』若在異國，必姜姓也。姜，大嶽之後也。山嶽則配天。物莫能兩大。陳衰，此其昌乎？」及陳之初亡也，陳桓子始大於齊；其後亡也，成子得政。

晉侯賜畢萬魏 閔公・元年

晉侯作二軍。公將上軍，大子申生將下軍，趙夙御戎，畢萬為右。以滅耿，滅霍，滅魏。還，為大子城曲沃，賜趙夙耿，賜畢萬魏，以為大夫。士蔿曰：「大子不得立矣。分之都城，而位以卿，先為之極，又焉得立？不如逃之，無使罪至。為吳大伯，不亦可乎？猶有令名，與其及也。且諺曰：『心苟無瑕，何恤乎無家！』天若祚大子，其無晉乎？」卜偃曰：「畢萬之後必大。萬，盈數也。魏，大名也。以是始賞，天啟之矣。天子曰兆民，諸侯曰萬民。今名之大，以從盈數，其必有眾。」初，畢萬筮仕於晉，遇屯之比。辛廖占之，曰：「吉。屯固比入，吉孰大焉？其必蕃昌。震為土，車從馬，足居之，兄長之，母覆之，眾歸之，六體不易，合而能固，安而能殺，公侯之卦也。公侯之子孫，必復其始。」

成季將生桓公使卜楚邱之父卜之 閔公・二年

成季之將生也，桓公使卜楚丘之父卜之。曰：「男也。其名曰友，在公之右；間于兩社，為公室輔。季氏亡，則魯不昌。」又筮之，遇大有之乾，曰：「同復于父，敬如君所。」及生，有文在其手曰友，遂以命之。

秦伯卜伐晉 僖公・十五年

晉饑，秦輸之粟；秦饑，晉閉之糴故秦伯伐晉。卜徒父筮之，吉。涉河，侯車敗。詰之。對曰：「乃大吉也，三敗必獲晉君。其卦遇蠱，曰：『千乘三去，三去之餘，獲其雄狐。』夫狐蠱，必其君也。蠱之貞，風也；其悔，山也。歲云秋矣，我落其實而取其材，所以克也。實落材亡，不敗何待？」三敗，及韓。

晉獻公筮嫁伯姬於秦 僖公・十五年

初，晉獻公筮嫁伯姬於秦，遇歸妹之睽。史蘇占之曰：「不吉。其繇曰：『士刲羊，亦無衁也。女承筐，亦無貺也。西鄰責言，不可償也。歸妹之睽，猶無相也。』震之離，亦離之震，為雷為火，為嬴敗姬，車説其輹，火焚其旗，不利行師，敗于宗丘。歸妹、睽孤，寇張之弧，姪其從姑，六年其逋，逃歸其國，而棄其家，明年其死於高梁之虛。」及惠公在秦，曰：「先君若從史蘇之占，吾不及此夫。」韓簡侍，曰：「龜，象也；筮，數也。物生而後有象，象而後有滋，滋而後有數。先君之敗德及，可數乎？史蘇是占，勿從何益？《詩》曰：『下民之孽，匪降自天。僔沓背憎，職競由人。』」

梁嬴孕過期卜招父卜之 僖公・十七年

惠公之在梁也，梁伯妻之。梁嬴孕，過期。卜招父與其子卜之。其子曰：「將生一男一女。」招曰：「然。男為人臣，女為人妾。」故名男曰圉，女曰妾。及子圉西質，妾為宦女焉。

晉侯卜納王 僖公・二十五年

秦伯師于河上，將納王。狐偃言於晉侯曰：「求諸侯，莫如勤王。諸侯信之，且大義也。繼文之業而信宣於諸侯，今為可矣。」使卜偃卜之，曰：「吉。遇黃帝戰于阪泉之兆。」公曰：「吾不堪也。」對曰：「周禮未改，今之王，古之帝也。」公曰：「筮之。」筮之，遇大有之睽，曰：「吉，遇『公用享于天子』之卦也。戰克而王饗，吉孰大焉？且是卦也，天為澤以當日，天子降心以逆公，不亦可乎？大有去睽而復，亦其所也。」晉侯辭秦師而下。

齊侯戒師期而有疾 文公・十八年

齊侯戒師期，而有疾。醫曰：「不及秋，將死。」公聞之，卜，曰：「尚無及期。」惠伯令龜。卜楚丘占之，曰：「齊侯不及期，非疾也；君亦不聞。令龜有咎。」二月，公薨。

晉楚遇於鄢陵晉侯筮之吉 成公・十六年

晉侯伐鄭，晉師濟河，遇楚王鄢陵。公筮之。史曰：「吉。其卦遇復，曰：『南國蹴，射其元王，中厥目。』國蹴、王傷，不敗何待？」公從之。

施氏卜宰 成公・十七年

施氏卜宰，匡句須吉。施氏之宰，有百室之邑。與匡句須邑，使為宰。以讓鮑國，而致邑焉。施孝叔曰：「子實吉。」對曰：「能與忠良，吉孰大焉？」鮑國相施氏忠，故齊人取以為鮑氏後。仲尼曰：「鮑莊子之知不如葵，葵猶能衛其足。」

穆姜薨於東宮 襄公·九年

穆姜薨於東宮。始往而筮之，遇艮之八，史曰：「是謂艮之隨，隨，其出也。君必速出。」姜曰：「亡！是於《周易》曰：『隨，元、亨、利、貞，无咎。』元，體之長也。亨，嘉之會也。利，義之和也。貞，事之幹也。體仁足以長人，嘉德足以合禮，利物足以和義，貞固足以幹事。然，故不可誣也，是以雖隨无咎。今我婦人，而與於亂，固在下位，而有不仁，不可謂元；不靖國家，不可謂亨；作而害身，不可謂利；棄位而姣，不可謂貞。有四德者，隨而無咎。我皆無之，豈隨也哉！我則取惡，能無咎乎？必死於此，弗得出矣！」

宋公享晉侯 襄公·十年

宋公享晉侯于楚丘，請以《桑林》。荀罃辭。荀偃、士匄曰：「諸侯宋、魯，於是觀禮。魯有禘樂，賓、祭用之。宋以《桑林》享君，不亦可乎？」舞師題以旌夏，晉侯懼而退入于房。去旌，卒享而還。及著雍，疾。卜，桑林見。荀偃、士匄欲奔請禱焉，荀罃不可。曰：「我辭禮矣，彼則以之。猶有鬼神，於彼加之。」晉侯有間，以偪陽子歸，獻于武宮，謂之夷俘。

鄭皇耳侵衛孫文子卜追之 襄公·十年

鄭皇耳帥師侵衛，楚令也。孫文子卜追之，獻兆於定姜。姜氏問繇，曰：「兆如山陵，有夫出征，而喪其雄。」姜氏曰：「征者喪雄，禦寇之利也。大夫圖之！」衛人追之，孫蒯獲鄭皇耳于犬丘。

崔子卜妻齊棠公之妻 襄公・二十五年

齊棠公之妻，東郭偃之姊也。東郭偃臣崔武子。棠公死，偃御武子以弔焉。見棠姜而美之，使偃取之。偃曰：「男女辨姓，今君出自丁，臣出自桓，不可。」武子筮之，遇困之大過。史皆曰：「吉。」示陳文子，文子曰：「夫從風，風隕，妻不可娶也。且其繇曰：『困于石，據于蒺梨，入于其宮，不見其妻，凶。』『困于石』，往不濟也。『據于蒺梨』，所恃傷也。『入于其宮，不見其妻，凶』，無所歸也。」崔子曰：「嫠也何害？先夫當之矣。」遂取之。莊公通焉，崔子因是稱疾不視事，公問，崔子遂從姜氏杼弒之。

盧蒲癸王何卜攻慶氏 襄公・二十八年

盧蒲癸、王何卜攻慶氏，示子之兆，曰：「或卜攻讎，敢獻其兆。」子之曰：「克，見血。」冬，十月，慶封田于萊，陳無宇從。丙辰，文子使召之。請曰：「無宇之母疾病，請歸。」慶季卜之，示之兆，曰：「死。」奉龜而泣。乃使歸。慶嗣聞之，曰：「禍將作矣。」謂子家：「速歸！禍作必於嘗，歸猶可及也。」子家弗聽，亦無悛志。子息曰：「亡矣！幸而獲在吳、越。」陳無宇濟水而戕舟發梁。盧蒲姜謂癸曰：「有事而不告我，必不捷矣。」癸告之。姜曰：「夫子愎，莫之止，將不出。我請止之。」癸曰：「諾。」十一月，乙亥，嘗于大公之廟，慶舍涖事。盧蒲姜告之，且止之。弗聽，曰：「誰敢者？」遂如公。麻嬰為尸，慶奊為上獻。盧蒲癸、王何執寢戈，慶氏以其甲環公宮。陳氏、鮑氏之圉人為優。慶氏之馬善驚，士皆釋甲束馬而飲酒，且觀優，至於魚里。欒、高、陳、鮑之徒介慶氏之甲。子尾抽桷，擊扉三，盧蒲癸自後刺子之，王何以戈擊之，解其左肩。猶援廟桷，動於甍，以俎、壺投，殺人而後死。

遂殺慶繩、麻嬰。公懼，鮑國曰：「羣臣為君故也。」

晉侯有疾問祟於子產 昭公・元年

晉侯有疾。鄭伯使公孫僑如晉聘，且問疾。叔向問焉，曰：「寡君之疾病，卜人曰『實沈、臺駘為祟』，史莫之知，敢問此何神也？」子產曰：「昔高辛氏有二子，伯曰閼伯，季曰實沈，居于曠林，不相能也。日尋干戈，以相征討。后帝不臧，遷閼伯于商丘，主辰。商人是因，故辰為商星。遷實沈于大夏，主參。唐人是因，以服事夏、商。其季世曰唐叔虞。當武王邑姜，方震大叔，夢帝謂己：『余命而子曰虞，將與之唐，屬諸參，而蕃育其子孫。』及生，有文在其手曰虞，遂以命之。及成王滅唐而封大叔焉，故參為晉星。由是觀之，則實沈，參神也。昔金天氏有裔子曰昧，為玄冥師，生允格、臺駘。臺駘能業其官，宣汾、洮，障大澤，以處大原。帝用嘉之，封諸汾川。沈、姒、蓐、黃，實守其祀。今晉主汾而滅之矣。由是觀之，則臺駘，汾神也。抑此二者，不及君身。山川之神，則水旱癘疫之災於是乎禜之。日月星辰之神，則雪霜風雨之不時，於是乎禜之。若君身，則亦出入飲食哀樂之事也，山川星辰之神，又何為焉？僑聞之，君子有四時：朝以聽政，晝以訪問，夕以脩令，夜以安身。於是乎節宣其氣，勿使有所壅閉湫底，以露其體。茲心不爽，而昏亂百度。今無乃壹之，則生疾矣。僑又聞之，內官不及同姓，其生不殖。美先盡矣，則相生疾，君子是以惡之，故《志》曰：『買妾不知其姓，則卜之。』違此二者，古之所慎也。男女辨姓，禮之大司也。今君內實有四姬焉，其無乃是也乎？若由是二者，弗可為也已。四姬有省猶可，無則必生疾矣。」叔向曰：「善哉！肸未之聞也。此皆然矣。」

穆子之生莊叔筮之 昭公・五年

初，穆子之生也，莊叔以《周易》筮之，遇明夷之謙，以示卜楚丘。曰：「是將行，而歸為子祀，以讒人入，其名曰牛，卒以餒死。明夷，日也。日之數十，故有十時，亦當十位。自王已下，其二為公，其三為卿。日上其中，食日為二，旦日為三。明夷之謙，明而未融，其當旦乎？故曰為子祀。日之謙當鳥，故曰『明夷于飛』。明之未融，故曰『垂其翼』。象日之動，故曰『君子于行』。當三在旦，故曰『三日不食』。《離》，火也。《艮》，山也。《離》為火，火焚山，山敗。於人為言，敗言為讒，故曰『有攸往，主人有言』。言必讒也。純《離》為牛。世亂讒勝，勝將適《離》，故曰其名曰牛。《謙》不足，飛不翔，垂不峻，翼不廣，故曰『其為子後乎』？吾子，亞卿也，抑少不終。」

孔成子卜立靈公 昭公·七年

衛襄公夫人姜氏無子，嬖人婤姶生孟縶。孔成子夢康叔謂己：「立元，余使羈之孫圉與史苟相之。」史朝亦夢康叔謂己：「余將命而子苟，與孔烝鉏之曾孫圉，相元。」史朝見成子，告之夢，夢協。晉韓宣子為政，聘于諸侯之歲，婤姶生子，名之曰元。孟縶之足不良，能行。孔成子以《周易》筮之，曰：「元尚享衛國，主其社稷。」遇屯。又曰：「余尚立縶，尚克嘉之。」遇屯之比。以示史朝。史朝曰：「元亨，又何疑焉。」成子曰：「非長之謂乎？」對曰：「康叔名之，可謂長矣。孟非人也，將不列於宗，不可謂長。且其繇曰『利建侯』。嗣吉何建？建非嗣也。二卦皆云，子其建之。康叔命之，二卦告之。筮襲於夢，武王所用也。弗從何為？弱足者居。侯主社稷，臨祭祀，奉民人，事鬼神，從會朝，又焉得居？各以所利，不亦可乎？」故孔成子立靈公。

南蒯將叛枚筮之示子服惠伯 昭公·十二年

季平子立而不禮於南蒯。南蒯謂子仲：「吾出季氏，而歸其室於公，子更其位，我以費為公臣。」

子仲許之。南蒯語叔仲穆子，且告之故。季悼子之卒也，叔孫昭子以再命為卿。及平子伐莒，克之，更受三命。叔仲子欲構二家，謂平子曰：「三命踰父兄，非禮也。」平子曰：「然。」故使昭子。昭子曰：「叔孫氏有家禍，殺適立庶，故婼也及此。若因禍以斃之，則聞命矣。若不廢君命，則固有著矣。」昭子朝而命吏曰：「婼將與季氏訟，書辭無頗。」季孫懼，而歸罪於叔仲子。故叔仲小、南蒯、公子慭謀季氏。慭告公，而遂從公如晉。南蒯懼不克，以費叛如齊。子仲還及衛，聞亂，逃介而先。及郊，聞費叛，遂奔齊。南蒯之將叛也，其鄉人或知之，過之而歎，且言曰：「恤恤乎，湫乎，攸乎。深思而淺謀，邇身而遠志，家臣而君圖。有人矣哉！」南蒯枚筮之，遇坤之比。曰：「黃裳元吉。」以為大吉也。示子服惠伯曰：「即欲有事，何如？」惠伯曰：「吾嘗學此矣，忠信之事則可，不然必敗。外彊內溫，忠也。和以率貞，信也。故曰『黃裳元吉』。黃，中之色也。裳，下之飾也。元，善之長也。中不忠，不得其色。下不共，不得其飾。事不善，不得其極。外內倡和為忠，率事以信為共，供養三德為善，非此三者弗當。且夫《易》，不可以占險，將何事也，且可飾乎？中美能黃，上美為元，下美則裳，參成可筮。猶有闕也，筮雖吉，未也。」

臧昭伯如晉臧會竊其寶龜僂句以卜 昭公·二十五年

初，臧昭伯如晉，臧會竊其寶龜僂句，以卜為信與僭，僭吉。臧氏老將如晉問，會請往。昭伯問家故，盡對。及內子與母弟叔孫，則不對。再三問，不對。歸，及郊，會逆。問，又如初。至，次於外而察之，皆無之。執而戮之，逸，奔郈。郈魴假使為賈正焉。計於季氏，臧氏使五人以戈楯伏諸桐汝之閭，會出，逐之，反奔，執諸季氏中門之外。平子怒，曰：「何故以兵入吾門？」拘臧氏老。季、臧有惡。及昭伯從公，平子立臧會。會曰：「僂句不余欺也。」

晉趙鞅卜救鄭 哀公．九年

晉趙鞅卜救鄭，遇水適火，占諸史趙、史墨、史龜。史龜曰：「是謂沈陽，可以興兵。利以伐姜，不利子商。伐齊則可，敵宋不吉。」史墨曰：「盈，水名也。子，水位也。名位敵，不可干也。炎帝為火師，姜姓其後也。水勝火，伐姜則可。」史趙曰：「是謂如川之滿，不可游也。鄭方有罪，不可救也。救鄭則不吉，不知其他。」陽虎以《周易》筮之，遇泰之需，曰：「宋方吉，不可與也。微子啟，帝乙之元子也。宋、鄭，甥舅也。祉，祿也。若帝乙之元子歸妹，而有吉祿，我安得吉焉？」乃止。

楚卜子良為令尹 哀公．十七年

秋，七月，己卯，楚公孫朝帥師滅陳。王與葉公枚卜子良，以為令尹。沈尹朱曰：「吉，過於其志。」葉公曰：「王子而相國，過將何為？」他日，改卜子國，而使為令尹。

巴人伐楚楚卜帥 哀公．十八年

巴人伐楚，圍鄾。初，右司馬子國之卜也，觀瞻曰：「如志。」故命之。及巴師至，將卜帥。王曰：「寧如志，何卜焉？」使帥師而行。請承。王曰：「寢尹、工尹，勤先君者也。」三月，楚公孫寧、吳由于、薳固敗巴師于鄾，故封子國於析。君子曰：「惠王知志。《夏書》曰：『官占，唯能蔽志，昆命于元龜。』其是之謂乎？《志》曰：『聖人不煩卜筮。』惠王其有焉。」

曹劌諫觀社
莊公・二十三年

百人醉而一人醒，猶可以止眾狂；百禮廢而一禮存，猶可以推舊典。春秋之時，王綱解紐，周官三百六十，咸曠其職，惟史官僅不失其守耳。

曹劌諫魯莊公觀社之辭曰：「君舉必書，書而不法，後嗣何觀？」當是時，人君之言動，史官未有不書者也。為君者，視以為當然而不怒；為史者，視以為當然而不疑。此三代之遺也。其後，齊桓將列鄭太子華於會，管仲曰：「作而不記，非盛德也。記姦之位，君盟替矣。」仲之言則是也。然味其言，已開作而不記之端。

視曹劌之時，風俗已少變矣。又其後，

〔譯文〕

一百個人醉了然而有一個人醒著，還是可以制止眾人的瘋狂；一百種禮儀廢棄了然而有一種禮儀保存著，還是可以推行以前的典制。春秋的時候，天子的綱紀廢馳了，周朝官職有三百六十種，都失去了他們的職守，只有史官還沒有失去他們的職守而已。

曹劌諫阻魯莊公觀看社禮的話說：「國君有所舉動必定會記載下來，記載了但卻是一些不合法度的行為，後代人將怎麼看待呢？」在這個時候，國君的言語行動，史官沒有不記載的。作為國君，把它看作是理所當然的並不感到憤怒；作為史官，也把它看作是理所當然的沒有什麼懷疑。這是上古三代的遺風啊。這之後，齊桓公想把鄭國的太子華加入會盟，管仲說：「有所作為但卻不記載下來，這不是盛美之事。若記載了奸邪之人居於會位，君王的會盟就會廢棄了。」管仲的話是正確的。但體味他的話，已經開啟了有所作為而不記載的始端了。

考察曹劌的時代，風俗已經稍稍變了。又晚些時候，晉侯向周天子報告齊國的勝利，周天子私下犒勞

晉獻齊捷於周，周私犒其使，而戒以勿籍。管仲所謂作而不記者，特設此辭以動桓公耳，未嘗直使史官之不記也。今周王既犯禮，而復使之勿籍，何其無忌憚也？然一時之史官，世守其職，公議雖廢於上，而猶明於下。以崔杼之弒齊君，史官直書其惡，殺三人而書者踵至。身可殺而筆不可奪，鈇鉞有弊，筆鋒益強，威加一國，而莫能增損汗簡之半辭。終使君臣之分，天高地下，再明於世。是果誰之功哉！

嗚呼！文、武、周公之澤既竭，仲尼之聖未生，是數百年間，中國所以不淪於夷狄者，皆史官扶持之力也。昧谷餞日之後，暘谷賓日之前〔一〕，暮夜晦冥，羣慝〔二〕並作，苟無燭以代明，則天下之目瞽矣。春秋

他的使者，而告誡不要記載。管仲所說的有所作為而不記載，只不過是假設的話，讓齊桓公聽了有所觸動而已，並沒有直接讓史官不記載。現在周王已經觸犯了禮制，而又讓人不要記載，怎麼這樣肆無忌憚呢！然而雖是一時的史官，卻世代謹守他們的職掌，公正的議論雖然被上面的君王廢棄了，但在下面的史官還是明白的。因為崔杼殺害了國君，史官公正地記載了他的罪惡，三個史官已被殺了，但是其他史官卻接踵而至。身體可以被殺害但筆卻不可被奪去，刀斧終會用壞，筆鋒卻更銳利，君王的權勢威罩全國，卻沒有誰能夠增損史書的半句話。最終使君臣的名分，猶如上天和下地，再次顯明於世。這究竟是誰的功勞呢？

嗚呼！周文王、周武王和周公的恩澤已經衰竭，孔子這樣的聖人還沒有誕生，這幾百年間，中國之所以沒有淪為夷狄，都是由於史官的力量在扶持。在昧谷送走太陽之後，在暘谷迎來太陽之前，夜晚陰沉昏暗，各種妖孽都興起了，如果沒有燈燭代為照明，那麼天下人的眼睛都如同瞎了。春秋的時候，如果沒有史官在其間掌管公正的議論，那麼人們互相殘害，人

之時，非有史官司公議於其間，則胥[三]戕胥虐，人之類已滅，豈能復待仲尼之出乎？史官非特有功於仲尼之未出也。使其阿諛畏怯，君舉不書，簡編失實，無所考信，則仲尼雖欲作《春秋》以示萬世，將何所因乎？無車則造父[四]不能御，無弓則后羿不能射，無城則墨翟不能守。大矣哉！史官之功也。

［注釋］［一］昧谷餞日之後，暘谷賓日之前：昧谷，古稱日入之處。餞日，為太陽送行。暘谷：古稱日出之處。賓日，為太陽引導。整句意為日落至日出之間，即整個夜晚。［二］慝：邪惡，妖孽。［三］胥：相互。［四］造父：古代善於駕車者。

類都已經滅絕了，難道還能再等到孔子出來嗎？史官不只是在孔子未出來之時纔有功勞。假使他們阿諛奉承，畏懼害怕，君王有所舉動卻不記載，史書失實，無所考信，那麼孔子即使想作《春秋》傳示給後代萬世，將依據什麼呢？沒有車那麼造父就不能駕禦，沒有弓那麼后羿就不能射箭，沒有城池那麼墨子就不能守衛了。偉大啊！史官的功績！

【古評】

孫執升曰：開口說破主客，不作承即斷結本題，以後暢論直史之功。

朱字綠曰：本意重齊太史書崔杼事，卻用題目引起，又接一層作而不記，再接一層勿籍，駸駸有史官失守之漸矣。然後渡到齊太史事，抑揚唱歎，悠然有神，復以有功春秋之時有功孔子兩層足之，真覺精彩百倍。

張明德曰：通篇揚扢史官，正喻夾發，言之亹亹，此先點題後發揮之法，擬之兵家可謂制勝之師。

左傳原文

曹劌諫觀社 莊公二十三年

公如齊觀社，非禮也。曹劌諫曰：「不可。夫禮，所以整民也。故會以訓上下之則，制財用之節；朝以正班爵之義，帥長幼之序；征伐以討其不然。諸侯有王，王有巡守，以大習之。非是，君不舉矣。君舉必書。書而不法，後嗣何觀？」

晉桓莊之族偪

莊公・二十三年

晉殺其世子申生，孰殺之？士蔿殺之也。殺申生者，實驪姬之譖，士蔿何與焉？士蔿開其隙，驪姬乘其隙也。

人有常言，皆曰「子弟」。子之與弟，相去一間耳。群公子之出於桓、莊者，豈他人哉！其尊者固不待言，其卑者猶獻公之從父昆弟[一]也。士蔿逢獻公之惡，反覆詭詐，陷之於死地。使獻公屠其宗族昆弟，如刈草菅，略無慘怛不忍之意。其於宗族昆弟之間既如此，何獨難於其子乎？此所以來驪姬之譖也。對伯夷者，不敢論賄賂；對比干者，不敢論阿諛。驪姬雖嬖，苟非習見獻公之殘忍，亦豈敢一旦遽譖其三子哉！

[注釋][一]從父昆弟：從父兄弟，即同一曾祖

[譯文]

晉國殺害太子申生，誰殺的？是士蔿殺的。殺害申生的，實際上是驪姬構譖陷害，士蔿哪裏參與了？士蔿開啟了漏洞，驪姬利用了這個漏洞。

人們平常說話，都說「子弟」。兒子與兄弟，相距極近。晉桓公和晉莊公生的諸公子，難道是別人？他們當中尊貴的固然不必去說，他們當中卑微的也是晉獻公同一曾祖父的同宗兄弟。士蔿迎逢晉獻公的罪惡，狡詐善變，陷害諸公子以致於死地，使晉獻公屠殺自己的宗族兄弟，像刈割茅草一樣，絲毫沒有憂傷不忍的心意。他對宗族兄弟之間既然如此，難道獨獨對自己的兒子下手時會感到為難嗎？這就是招來驪姬譖害的原因。面對著伯夷的人，不敢談論賄賂；面對著比干的人，不敢談論阿諛奉承。驪姬雖然深受寵愛，如果不是常常看見晉獻公的殘忍，怎麼敢一天突然譖害晉獻公的三個兒子呢？

父的兄弟。

彼士蔿憂申生之不得立，憂蒲屈之不可城，終日焦然。憂晉之禍，憂之誠是也，抑不知造是禍者果誰乎？驪姬之譖，即襲吾前日譖富子之術也；蒲屈之城，即襲吾前日城聚[一]之術也。使我不倡之，彼烏得而和之？使我不先之，彼烏得而繼之？是故開獻公殘忍之心者，士蔿也；教驪姬離間之術者，亦士蔿也。已開則不能復閉，已教則不可復悔。授賊以刃，而禁其殺人，世寧有是理耶？雖使一法吏蔽[二]是獄，亦必首士蔿而從驪姬也。

[注釋][一]城聚：城邑。這裏指修築城邑。[二]蔽：審斷，判決。

吾嘗攷觀晉國之本末，泝其流而尋其

那士蔿憂慮申生不能夠被立為太子，擔心守不住蒲城和屈城，整天焦慮。擔心晉國的禍害，憂慮確實是對的，但是不知道製造這個禍害的究竟是誰？驪姬的譖言，就是因襲我以前譖害富子的計謀；守蒲、屈二城的計謀，即是因襲我以前派人修築城邑的計謀。假使我不帶頭，她怎麼能附和我呢？假使我不先用，她怎麼能跟著我呢？所以開啟晉獻公殘忍之心的人是士蔿，教唆驪姬離間計的人也是士蔿。已經開啟了就不能再關閉了，已經教唆了就不能再後悔了。把兵器給了強盜，卻想禁止他殺人，世界上難道會有這樣的道理？即使讓一個執法的官吏來斷這個案子，也必定會把士蔿當作首犯而把驪姬當作從犯。

我曾經考察過晉國的始末，溯流追源，又知道

源，又知開禍端者，非獨士蔿，其所從來遠矣。晉穆侯之二子，長則文侯，而桓叔其季也。同出於穆侯，而自桓叔以來，視文侯之子孫不啻寇讎，必鋤其根而奪其國者，不過欲啟子孫之業耳。殊不思殺文侯之子孫，是殺吾之子孫也。吾私其子而殺其昆弟，則吾之子亦私其子而殺其昆弟矣。吾子所謂昆弟者，乃吾之子也。吾始欲私其子，而終至於殺其子，尚得為善謀耶？

然則桓、莊之族雖曰獻公殺之，其實桓、莊殺之也。桓、莊親其子而讎昆弟，於一族之中分親與讎，其私已甚。及獻公親奚齊而讎申生，又於諸子之中分親與讎，可謂私之私矣。私日勝則心日狹，心日狹則毒日深，其末流安得不至此哉！當桓、莊殄滅

開啟禍端的，並不僅僅是士蔿，其由來很久遠了。晉穆侯有兩個兒子，大的是晉文侯，而桓叔是小兒子。都是晉穆侯的兒子，但從晉桓叔以來，看待晉文侯的子孫，不異於仇敵，一定要斬草除根而且爭奪他的國家，不過是想為子孫開創功業而已。卻不知道想一想，殺害晉文侯的子孫就是殺害我的子孫。我偏愛兒子而殺兄弟，那麼我的兒子也偏愛他的兒子而殺害他的兄弟。我的兒子所謂的兄弟，乃是我的兒子。我本來想偏愛自己的兒子，然而最後卻殺害了自己的兒子，還算得上是好的謀劃嗎？

既然如此，那麼桓叔、莊伯的家族雖然說是晉獻公殺害的，但這實際上是桓叔、莊伯殺害的。桓叔、莊伯偏愛自己兒子而仇恨兄弟，在一個家族內部中區分親人和仇敵，他們已經很自私了。等到晉獻公偏愛奚齊而仇恨申生，又在各個兒子中區分親人和仇敵，可以說是自私中的自私了。自私日日增長那麼心胸日日變狹窄，心胸日日變狹窄那麼怨毒就逐日加深，到最後怎麼會不到這樣的境地呢？當桓叔、莊伯殄滅

文侯子孫之時，其心必謂：是害既除，則吾子孫可以享無窮之利也。豈自料害其子孫者乃吾子孫耶？當獻公滅桓、莊子孫之時，其心必謂：是害既除，則申生可以享無窮之安也。豈自料害申生者乃吾身耶？所防在外，而禍發於內；所防在人，而禍發於身。禍機在此而不在彼，是數君之戕殺其族，吾未嘗不憫其虛受邱山之惡，而實無錙銖之益也。哀哉！

嗚呼！私生於愛，而害愛者莫如私，天下未有私而能愛者也。獻公始私申生，至於盡滅桓、莊之族，以除其偪，愛之亦至矣。曾未閱時，嬖於驪姬，遽移其愛於奚齊。其為奚齊而殺申生，即為申生而殺桓、莊之族者也。向之愛申生之心，果何所在耶？申生

晉文侯子孫的時候，他們的內心必定會說：這個禍害已經除去，那麼我的子孫就可以享受無窮無盡的好處了。怎麼會想到謀害自己子孫的，卻是我自已的子孫呢？當晉獻公消滅桓叔、莊伯子孫的時候，他的內心必定會說：這個禍害已經除去，那麼申生就可以享受無窮的安定了。怎麼會想到謀害申生的就是我自己呢？所防範的在外面，然而禍害卻發生在內部；所防範的在別人，而禍害卻發生在自身。禍害的先機在這裏，而不在那裏，這數位君主殺害他們的族人，我未嘗不憐憫他們白白得到了山丘一樣厚重的罪惡，但實際上卻沒有得到絲毫的好處。可悲呀！

嗚呼！自私出於偏愛，而傷害所偏愛的沒有什麼比得上自私，天下未嘗有偏私而能真愛的。晉獻公當初偏愛申生，以至於把桓叔、莊伯的家族消滅掉，以免除他們的威脅，愛護申生可以說到了極點了。還沒經過多久，寵愛上了驪姬，迅速地把他的愛轉移到奚齊身上。為了奚齊而殺了申生，就相當於為申生而殺了桓、莊的家族。以前偏愛申生的心思，究竟到哪裏去了呢？對申生的愛既然可以轉移到奚齊身上，那麼

之愛既可移於奚齊，則異時嬖寵奚齊之愛，亦可移而之他矣。不惟昔之愛申生者不可保，今之愛奚齊者，亦未可保也。然則徇私者，豈能真有所愛哉！

果出於真則必不可移矣。林回棄千金之璧，負赤子而趨[一]，天性之愛，豈外物所能移耶？獻公苟能悟此愛之非真，一念之中，識天性之愛，則本根枝葉，與生俱生而不可離，何憂乎士蔿！何畏乎驪姬哉！

[注釋][一]此句：典出《莊子・山木》。

以後寵愛奚齊的愛也可以轉移到其他人了。不只是過去偏愛申生的人不可保全，現在偏愛奚齊的人也不可以保全。既然如此，那麼徇私情的人，難道真的有所愛的人嗎？

如果真的是出於愛，那麼必定不可以轉移了。林回拋棄價值千金的玉璧，背著自己的兒子而跑，出自天生的愛，難道是外界事物能夠改變的嗎？晉獻公如果能夠明白這種愛不是真愛，在一念之中，認識到天生的愛，那麼就像樹根與枝葉，一起生存不可以分離，士蔿有什麼擔心的呢？對驪姬有什麼可害怕的呢？

【古評】

汪南溟曰：名理之言，情詞俱切，穆、獻有知，亦當泣涕頷之。

孫執升曰：開隙乘隙，善於立論。究得到，斷得定，又推出私字、愛字、真字，總之滅其天性，故至此極。

朱字綠曰：前輩罪士蔿逢君之惡，謀殺群公子以為倡，後半極言殺人之子即自殺其子。雖截然兩段，總是一意貫穿，見人君當「老吾老以及人之老，幼吾幼以及人之幼」。骨肉之間不可先啟戒心也，語多驚切，可以垂戒萬世。

張明德曰：自古篡弒忌嫉之禍，未有不前後一轍。天道好還，而彼昏不知，猶日逞其私愛私憎，亦未嘗知有此等文，預為若輩作棒喝耳。

左傳原文

晉桓莊之族偪 莊公・二十三年

晉桓、莊之族偪，獻公患之。士蔿曰：「去富子，則羣公子可謀也已。」公曰：「爾試其事。」士蔿與羣公子謀，譖富子而去之。

晉士蔿殺游氏二子 莊公・二十四年

晉士蔿又與羣公子謀，使殺游氏之二子。士蔿告晉侯曰：「可矣。不過二年，君必無患。」

晉士蔿殺羣公子 莊公・二十五年

晉士蔿使羣公子盡殺游氏之族，乃城聚而處之。冬，晉侯圍聚，盡殺羣公子。

晉獻公使太子居曲沃重耳居蒲夷吾居屈 莊公・二十八年

晉獻公娶于賈，無子。烝於齊姜，生秦穆夫人及太子申生。又娶二女於戎，大戎狐姬生重耳，小戎子生夷吾。晉伐驪戎，驪戎男女以驪姬。歸，生奚齊。其娣生卓子。驪姬嬖，欲立其子，賂外嬖梁五與東關嬖五，使言於公曰：「曲沃，君之宗也。蒲與二屈，君之疆也。不可以無主。宗邑無主，則民不威；疆埸無主，則啟戎心。戎之生心，民慢其政，國之患也。若使大子主曲沃，而重耳、夷吾主蒲與屈，則可以威民而懼戎，且旌君伐。」使俱曰：「狄之廣莫，於晉為都。晉之啟土，不亦宜乎？」晉侯說之。夏，使大子居曲沃，重耳居蒲城，夷吾居屈，羣公子皆鄙。唯二姬之子在絳。二五卒與驪姬譖羣公子而立奚齊，晉人謂之二耦。

晉侯為太子城曲沃 閔公・元年

晉侯作二軍。公將上軍，大子申生將下軍，趙夙御戎，畢萬為右。以滅耿，滅霍，滅魏。還，為大子城曲沃，賜趙夙耿，賜畢萬魏，以為大夫。士蔿曰：「大子不得立矣。分之都城，而位以卿，先為之極，又焉得立？不如逃之，無使罪至。為吳大伯，不亦可乎？猶有令名，與其及也。且諺曰：『心苟無瑕，何恤乎無家！』天若祚大子，其無晉乎？」

晉侯使太子伐東山 閔公・二年

晉侯使大子申生伐東山皋落氏。里克諫曰：「大子奉冢祀、社稷之粢盛，以朝夕視君膳者也，故曰冢子。君行則守，有守則從。從曰撫軍，守曰監國，古之制也。夫帥師，專行謀，誓軍旅，君與國政之所圖也，非大子之事也。師在制命而已，稟命則不威，專命則不孝，故君之嗣適不可以帥師。君失其官，帥師不威，將焉用之？且臣聞皋落氏將戰，君其舍之！」公曰：「寡人有子，未知其誰立焉？」不對而退。見大子。大子曰：「吾其廢乎？」對曰：「告之以臨民，教之以軍旅，不共是懼，何故廢乎？且子懼不孝，無懼弗得立。脩己而不責人，則免於難。」

晉殺太子申生 僖公・四年

初，晉獻公欲以驪姬為夫人，卜之，不吉；筮之，吉。公曰：「從筮。」卜人曰：「筮短龜長，不如從長。且其繇曰：『專之渝，攘公之羭。一薰一蕕，十年尚猶有臭。』必不可。」弗聽，立之。生奚齊，其娣生卓子。及將立奚齊，既與中大夫成謀，姬謂大子曰：「君夢齊姜，必速祭之。」大子祭于曲沃，歸胙于公。公田，姬寘諸宮六日，公至，毒而獻之。公祭之地，地墳。與犬，犬斃。與小臣，小臣亦斃。姬泣曰：「賊由大子。」大子奔新城。公殺其傅杜原款。或謂大子：「子辭，君必辯焉。」大子曰：「君非姬氏，居不安，食不飽。我辭，姬必有罪。君老矣，吾又不樂。」曰：「子其行乎？」大子曰：「君實不察其罪，被此名也以出，人誰納我？」十二月，戊申，縊于新城。姬遂譖二公子曰：「皆知之。」重耳奔蒲，夷吾奔屈。

晉使士蔿築蒲與屈 僖公・五年

晉侯使士蔿為二公子築蒲與屈，不慎，寘薪焉。夷吾訴之。公使讓之。士蔿稽首而對曰：「臣聞之：無喪而慼，憂必讎焉；無戎而城，讎必保焉。寇讎之保，又何慎焉！守官廢命，不敬；固讎之保，不忠。失忠與敬，何以事君？《詩》云：『懷德惟寧，宗子惟城。』君其脩德而固宗子，何城如之？三年將尋師焉，焉用慎？」退而賦曰：「狐裘尨茸，一國三公，吾誰適從？」及難，公使寺人披伐蒲。重耳曰：「君父之命不校。」乃徇曰：「校者，吾讎也。」踰垣而走，披斬其袪。遂出奔翟。

晉侯使賈華伐屈 僖公・六年

晉侯使賈華伐屈。夷吾不能守，盟而行。將奔狄，郤芮曰：「後出同走，罪也。不如之梁，梁近秦而幸焉。」乃之梁。

莊公丹桓宮楹刻其桷使宗婦覿用幣

莊公・二十三年

驕者，亂之母也；疑者，奸之媒也；懦者，事之賊也；弱者，盜之招也。四者有一焉，皆足以亡其國。

魯莊、閔之際，合四者而兼之，篡弑之變，胡為而不交作哉！至嚴之地，宗廟是也；至嚴之防，男女是也。莊公以一哀姜之故，上侮宗廟而僭其飾，下亂男女而紊其幣。二者既不足憚，則天下舉無可憚者矣。使哀姜來歸之初，已傲然視天下，舉無足憚，宜其淫縱恣睢，朋慶父而敗魯國，敢於戕殺而不忌也。哀姜固死有餘罪，導之驕而納之於亂者，果誰歟？

〔譯文〕

驕傲，是變亂的根源；懷疑，是奸詐的誘因；怯儒，是事業的蟊賊；柔弱，是強盜的招幟。這四者只要有一種，就足以亡國。

魯莊公、魯閔公的時候，這四者一同兼有，篡奪和弑殺的變亂怎麼會不交相發生呢？最嚴肅的地方，是宗廟；最嚴肅的防範，是男女之情。魯莊公因為一個哀姜的緣故，於上，輕慢宗廟，使其外飾僭越禮制；於下，淫亂男女，使其見面亂贈禮品。這兩者還不足以害怕，那麼天下就沒有什麼可以害怕的了。使哀姜嫁到魯國的當初，已經高傲地看待天下，都沒有什麼可以害怕的，難怪她淫蕩放縱，暴戾恣睢，和慶父勾結而使魯國敗亂，敢於戕害殺伐而沒有忌憚。哀姜固然死有餘辜，但引導她驕縱而把她引向淫亂的，又究竟是誰呢？

問生於疑，未有問所不疑者也。子般之當為後，奚疑哉！莊公疾病反狐疑，而徧問後於大夫。此所以一問而起二奸也。未問之前，父沒子繼，誰敢干之；既問之後，慶父、叔牙知莊公之意猶未有所定，始動其覬覦之心矣。慶父、叔牙固死有餘罪，示人以疑而召奸者，果誰歟？慶父、叔牙，一體也。季友誅叔牙而置慶父，除惡而留其根，何耶？

五王黜武而興唐[一]，武三思在其掌握，縱而不殺，終死其手。懦之為害如此。然五王欲遺中宗自誅之，以強主威，雖失策，猶有說也。吾不知季友復何說耶？借曰：不忍一朝而尸二昆，盍亦宥之？以遠竄於裔土，則君臣、兄弟之間豈不兩全哉！一失此幾，

詢問是由於疑惑，沒有人詢問自已不疑惑的。子般應當為繼承人，這有什麼好懷疑的呢？魯莊公病重，居然猶疑不定，問遍了全部大夫。這就是所以一問而二奸人起的緣故。未問之前，父親死了兒子繼承，誰敢冒犯？已經問了，慶父、叔牙知道莊公的選擇還沒有決定，開始有了非分之想。慶父、叔牙本來死有餘辜，但向人展示疑惑而招來奸臣的，究竟是誰呢？慶父、叔牙是一夥的，季友誅殺叔牙而放掉慶父，除去罪惡而留下禍根，為什麼呢？

五王廢黜武氏而使唐朝興盛，武三思在他們的掌控中，五王放了他而不將其殺死，最終卻反被他殺害。怯懦的害處到了這種地步。然而五王是想留給中宗，讓中宗親自殺掉武三思，以使主上有權威，雖然是失策，還可以說得過去。我不知道季友又有什麼可說的呢？藉口說：不忍心在一天內殺害兩個兄弟，何不都放了呢？把他們遠遠地流放到偏遠的地方，那麼君臣、兄弟之間豈不是兩全其美麼？一旦失去這個

及子般之禍，奉頭鼠竄之不暇，非所謂當斷不斷反受其亂者耶？慶父既弒子般，凶威日熾。閔公還，季友以自輔，望之者厚矣。乃含垢忍恥，一無所為，意者示弱以有待歟？昔之智者，外雖示弱，而其中實有不可犯也。使季友以此全閔公，斯可謂之示弱矣。今俛首結舌，坐待篡弒之至，是真弱者耳，何名示弱哉！閔公幼而知倚季友，敬宗昏而知倚裴度，皆不免弒。吾未嘗不深悲二君之意，而深恨二臣之負其託也。二臣將何以見二君於地下耶？

〔注釋〕〔一〕此句：事見新舊《唐書》。

嗚呼！失之驕，失之疑，基禍於前者，莊公也；失之懦，失之弱，成禍於後者，季友也。總四惡而論之，君取其二焉，臣取其

機會，等到子般被殺害，抱頭鼠竄都來不及，這不是所謂的當斷不斷反受其亂嗎？慶父殺了子般以後，兇惡的威勢日益熾盛。魯閔公回來後，季友親自輔佐，人們對他的期望很高。他卻含羞忍辱，一無所為，人們猜測他所以示弱是為了等待什麼嗎？過去的智者，外表雖然示弱，但他內心其實有不可冒犯的地方。假使季友以此保全魯閔公，這纔可以說是示弱了。現在低著頭不說話，坐著等待篡權和弒殺的到來，這是真正的軟弱了，還能稱為示弱嗎？魯閔公幼小但知道依靠季友，唐敬宗昏庸但知道依靠裴度，但都不能免於被殺害。我並非不為這二位國君的心意而深深感到悲哀，為這兩位臣子辜負他們的寄託而深深感到遺憾。這兩個臣子將有什麼面目在地下面對他們的國君？

嗚呼！錯在驕傲，錯在懷疑，在先前就開啟禍端的是魯莊公；錯在怯懦，錯在柔弱，在後來造成禍害的是季友。把四惡聚集起來評論，國君得到其中的兩種，臣子也得到其中的兩種，君、臣平分過錯而承當

二焉。君、臣分受其責，可也。雖然，瑕不掩瑜，瑜不掩瑕；罪不掩功，功不掩罪。季友之失則然矣。至其立僖公以續魯祀，其忠亦不可誣也。

或曰：「荀息許獻公以死，而終能死[一]；季友許莊公以死，而不能死。季友其有愧於荀息歟？」吾以為：「荀息當愧季友，季友不當愧荀息也。」荀息雖許獻公以死，當奚齊之禍，胡為不死耶？以有卓子存也。向若卓子能定其位，則荀息之不死賢於死矣。縱死者復生，獻公亦豈責荀息之食言耶？其所以死於卓子之弒者，勢窮理絕，不得不殉以身也。季友苟於子般、閔公之難，輕棄其身，則僖公不復立，慶父不復討，周公之廟不復血食[二]矣。一身之死，一國之

其責任是應當的。即使這樣，但是缺點掩蓋不了優點，優點掩蓋不了缺點；罪惡掩蓋不了功勞，功勞掩蓋不了罪惡。季友的過失就是這樣的。至於他扶立魯僖公，使魯國的祭祀得以延續，他的忠誠也是不可否認的。

有人說：「荀息以死答應晉獻公，最終能為他而死；季友以死答應莊公，但不能為他而死。與荀息相比，季友不應該感到羞愧嗎？」我以為：「荀息當愧對季友，季友不當愧對荀息。」荀息雖然以死許諾晉獻公，當奚齊被害的時候，為什麼不死呢？因為卓子還在。如果卓子能使國君位置定下來，那麼荀息不死比死要好。縱然死者又活了，晉獻公難道會責難荀息食言嗎？他之所以因為卓子被弒而自殉，是勢力已絕道理已窮，不得不以身自殉。季友如果在子般、魯閔公的禍難中輕易地殉身，那麼魯僖公就不能即位了，也不能討伐慶父了，周公的宗廟也就得不到祭祀了。個人的死和國家的滅亡，哪個輕哪個重呢？季友不為子般和魯閔公而殉身，與荀息不為奚齊而殉身，本沒有什麼不同。但是荀息所輔佐的人，是不正當的；季友所輔佐的人，是正當的。所以是荀息有愧於季友，

亡，孰輕孰重耶？季友之不死於子般、閔公，即荀息之不死於奚齊，本無異者。然荀息所輔者，邪；季友所輔者，正。是荀息有愧於季友，而季友無愧於荀息也。是故以不能全子般、閔公責季友則可，以不能死子般、閔公責季友則不可。世儒論人臣之節者，至於死而止耳。孰知復有大於死者耶？

〔注釋〕〔一〕此句：事見《左傳・僖公九年》。〔二〕血食：指受享祭品，古代殺牲取心以祭。喻指國家政權的延續。

而季友無愧於荀息。所以，以不能保全子般、魯閔公責難季友是可以的，以不能為子般、魯閔公自殉責難季友是不可以的。世上的儒士議論臣子的氣節，到了死就到頭了。誰又知道還有比死更重要的呢？

左傳原文

莊公丹桓宮楹刻其桷使宗婦覿用幣 莊公・二十三年

秋，丹桓宮之楹。二十四年，春，刻其桷，皆非禮也。御孫諫曰：「臣聞之：『儉，德之共也。侈，惡之大也。』先君有共德，而君納諸大惡，無乃不可乎？」秋，哀姜至，公使宗婦覿，用幣，非禮也。御孫曰：「男贄，大者玉帛，小者禽鳥，以章物也。女贄，不過榛、栗、棗、脩，以告虔也。今男女同贄，是無別也。男女之別，國之大節也，而由夫人亂之，無乃不可乎？」

刻其桷使宗婦覿用幣 莊公・二十四年

春，刻其桷，皆非禮也。御孫諫曰：「臣聞之：『儉，德之共也。侈，惡之大也。』先君有共德，而君納諸大惡，無乃不可乎？」

莊公問後季友 莊公・三十二年

公疾，問後於叔牙，對曰：「慶父材。」問於季友，對曰：「臣以死奉般。」公曰：「鄉者牙曰『慶父材』。」成季使以君命命僖叔，待于鍼巫氏，使鍼季酖之。曰：「飲此，則有後於魯國；不然，死且無後。」飲之，歸，及逵泉而卒。立叔孫氏。

叔牙共仲賊子般 莊公・三十二年

八月，癸亥，公薨于路寢。子般即位，次于黨氏。冬，十月，己未，共仲使圉人犖賊子般于黨氏。成季奔陳。立閔公。

閔公請復季友 閔公・元年

「秋，八月，公及齊侯盟于落姑」，請復季友也。齊侯許之，使召諸陳，公次于郎以待之。「季子來歸」，嘉之也。

共仲賊閔公成季立僖公 閔公・二年

秋，八月，辛丑，共仲使卜齮賊公于武闈。成季以僖公適邾。共仲奔莒，乃入，立之。以賂求共仲于莒，莒人歸之。及密，使公子魚請。不許，哭而往。共仲曰：「奚斯之聲也。」乃縊。

管敬仲言於齊侯曰宴安酖毒不可懷也

閔公・元年

以言警世者，不可為駭世之論。駭世之論，本欲天下之畏，而適以起天下之疑。有是惡則有是禍，吾恐正言之未足以警動流俗也，於是甚言其禍，務使可怪可愕，以震耀一時之耳目。抑不知聞者駭吾言，將退而徐求其實，見其禍未至於是，則吾說有時而窮。

管仲告齊桓公之言曰：「宴安酖〔一〕毒，不可懷也。」酖入人之口，裂肝腐腸，死不旋踵〔二〕。宴安雖敗德，其禍豈遽至如是之烈哉！仲之言，殆過其實也。意者仲有警世之心，而不免於駭世之病歟？非也。以吾觀之，謂仲恐駭世而未敢盡言其實，則有

〔譯文〕

以言語警告世人的，不應當有那些驚世駭俗的議論。驚世駭俗的議論本來是想讓天下人害怕，但恰好引起了天下人的懷疑。有此罪就有此禍，我恐怕正面說出來不足以驚動世俗之人，於是加重說它的禍害，務必使人感到怪異和驚奇，讓人一時震耳耀目。但卻不知道聽到的人對我的話感到害怕，將會回去推求其中的真實情況，發現所說的禍害並沒有到這種地步，那麼我的話就會有說不下去的時候。

管仲告訴齊桓公說；「安逸享樂是鴆毒，不應當留戀。」鴆毒進入人的口中，裂肝腐腸，立即喪命。安逸享樂雖然會敗壞德操，它們的損害難道會突然變得這麼劇烈嗎？管仲的話大概超過了實際情形。想來管仲有驚醒世人的心思，因而他有不免於驚世駭俗的毛病吧？不是。在我看來，說管仲恐怕驚嚇到世人而不敢全部說出來，卻是有的，怎麼能說他言過其實呢？假使管仲真的全部說出實情，那麼世人將更加害

之矣，安得反謂之過其實乎？使仲果盡言其實，則世將愈駭矣。毒之殺人多者深乎？抑殺人寡者深乎？無愚智，無老幼，皆知殺人多者之毒深也。

世之死於酖者，千萬人而一人耳；死於宴安者，天下皆是也。

［注釋］［一］酖：同鴆。毒酒。［二］旋踵：掉轉腳跟，形容時間短促。

然則宴安之毒，其視酖毒，奚啻十倍耶？宴安之毒，至慘至酷，無物可譬，仲姑就世之所畏者為譬耳。地之於車，莫仁於羊腸，而莫不仁於康衢；水之於舟，莫仁於瞿唐，而莫不仁於溪澗。蓋戒險則全，玩平則覆也。生於憂勤，死於宴安，厥理明甚。人所以不知畏者，特習之而不察耳。

怕了。殺害很多人的毒藥厲害呢，還是殺害人少的毒藥厲害？無論愚蠢聰明，無論年老年幼，都知道殺害人多的毒藥厲害。

世上死於鴆毒的，千萬個人中只一人而已；而死於安逸享樂的人，全天下到處都是。

既然如此，那麼安逸享樂的毒性比起鴆毒來何止十倍呢？安逸享樂的毒性，最慘烈最嚴酷，沒有什麼東西可以比喻，管仲姑且拿世人所害怕的東西作比喻而已。對於行車的地面來說，沒有比羊腸小道更仁慈的了，沒有比康莊大道更為不仁慈的；對於行舟的水面來說，沒有比瞿塘峽更仁慈的了，沒有比小小溪流更為不仁慈的了。因為在危險處保持戒備就可以安全了，在平坦處掉以輕心就會被顛覆。在憂患勤勞中生存，在安逸享樂中死亡，這道理非常明白。人們之所

端居[一]之暇，嘗試思之：使吾志衰氣惰者，誰歟？使吾功隤[二]業廢者，誰歟？使吾歲月虛棄者，誰歟？使吾草木同腐者，誰歟？使吾縱欲忘反而流於惡者，誰歟？使吾弛備忘患而陷於禍者，誰歟？自棄之根，皆宴安之為也。是宴安者，眾惡之門。以賢入者，以愚出；以明入者，以昏出；以剛入者，以懦出；以潔入者，以污出。殺身滅國，項背相望，豈不甚可畏耶？

[注釋][一]端居：平居，平時。[二]隤（ㄊㄨㄟˊ）：垮塌，敗壞。

嗚呼！世之招禍者，禍雖不同，同發於宴安，未嘗有二毒；世之致福者，福雖不同，同出於憂勤，未嘗有二塗。宴安，人所愛也；憂勤，人所憎也。愛其所憎，而憎其

以不害怕，只不過是習慣了而沒有覺察到罷了。

平時閒暇的日子，曾嘗試思考：使我意志衰弱志向墮落的是誰呢？使我功績敗壞事業廢棄的是誰呢？使我歲月虛度的是誰呢？使我和草木一樣腐爛的是誰呢？使我放縱欲望不再返回而流入罪惡的是誰呢？使我放鬆警惕忘記禍患而陷入禍害的是誰呢？自暴自棄的根由，都是安逸享樂所造成的。所以安逸享樂是各種罪惡的大門。賢能者進去，因愚蠢而出來；明白者進去，因昏聵而出來；剛毅者進去的，因怯懦而出來；潔淨者進去，因污穢而出來。自身被殺，國家滅亡，前後相顧，這難道不是很可怕嗎？

嗚呼！世上招致禍害的人，禍害雖然不一樣，但都是由安逸享樂而引發，並非有第二種毒藥；世上招來福祉的人，福祉雖然不一樣，但都是由憂慮勤勞而引發，並非有第二種道路。安逸享樂是人們所喜愛的；憂慮勤勞是人們所憎惡的。喜愛那些所憎惡的，

所愛，則幾矣。宴安，人所趨也；憂勤，人所避也。趨其所避，而避其所趨，則幾矣。雖然，君子之耳、目、鼻、口，與人無異也，其愛、憎、趨、避，亦與人無異也。苟眾人之所謂宴安者果可樂，則君子先據之矣。其所以去彼而取此者，見眾人之宴安，放肆偷惰，百殃並集，其心焦然不寧，乃憂勤之大者耳。君子外雖若憂勤，中有逸樂者存，自強不息，心廣體胖，無人非，無鬼責，其安殆若泰山而四維之也。然則善擇宴安者，誰如君子哉！故自眾人之宴安言之，則當曰：「宴安酖毒，不可懷也。」自君子之宴安言之，則當曰：「宴安良藥，不可忘也。」藥之與毒，曷嘗有定名哉！

憎惡那些所喜愛的，這還差不多。安逸享樂是人們所追求的；憂慮勤勞是人們所避開的。追求那些所避開的，避開那些所追求的，這還差不多。雖然如此，君子的耳朵、眼睛、鼻子、嘴巴和別人並沒有什麼不同，他們的愛好、憎惡、追求、逃避也和別人也沒有什麼不同。如果眾人所謂的安逸享樂果真很快樂，那麼君子早就佔據了。他們之所以放棄那些而追求這些，是看見眾人安逸享樂，放縱怠惰，各種災殃聚集，他們的心焦躁不安，這不過是更大的憂慮勤勞罷了。君子表面上雖然像是憂慮勤勞，但內心卻是閒適快樂，自強不息，心廣體胖，沒有別人非難，沒有鬼神責難，他們安定得就像四面維繫著的泰山一樣。既然這樣，那麼善於選擇安逸享樂的，誰比得上君子們呢？所以從眾人的安逸享樂來說，就應當說「安逸享樂和鴆毒一樣不可留戀」；從君子的安逸享樂來說，就應當說「安逸享樂如良藥一樣，不能忘懷呀」。良藥和毒藥何嘗有固定的名稱呢？

【古評】

王鳳洲曰：冷棒熱喝，最可發人深省。

朱字綠曰：說宴安之害，可駭倍常，卻先說管仲之言可駭。今欲勉人修德以自樂，而無懷於宴安意，徑直平常，那得此瀾翻海立，奇觀疊出也。是知筆平則題奇亦平，筆奇則題平亦奇。

張明德曰：至理明言，如霏玉屑，春雷耶？辰鐘耶？結末一段，尤足以藥平鈍而發庸懦，真足以傳世行遠。

左傳原文

管敬仲言於齊侯曰宴安酖毒不可懷也 閔公．元年

狄人伐邢。管敬仲言於齊侯曰：「戎狄豺狼，不可厭也；諸夏親暱，不可棄也；宴安酖毒，不可懷也。《詩》云：『豈不懷歸？畏此簡書。』簡書，同惡相恤之謂也。請救邢以從簡書。」齊人救邢。

齊仲孫湫觀政

閔公・元年

觀政在朝，觀俗在野。將觀其政，野不如朝；將觀其俗，朝不如野。政之所及者淺，俗之所持者深。此善覘〔一〕人之國者，未嘗不先其野而後其朝也。入單父〔二〕之野，而見棄魚之俗，則已知子賤〔三〕之政矣。入中牟〔四〕之野，而見馴雉之俗，則已知魯恭之政矣。彼所以一見其俗，遽許二人之賢，不復攷察其政者，殆有說也。

〔注釋〕〔一〕覘（ㄓㄢ）：窺視，察看。〔二〕單父：古地名。〔三〕子賤：孔子弟子。〔四〕中牟：地名。

蓋善政未必能移薄俗〔一〕，美俗猶足以救惡政。自武而成，自成而康，歷三世，而商人利口靡靡〔二〕之俗未殄；自高而惠，自惠而文，歷三世，而秦人借鋤誶語〔三〕之俗猶存。以政

〔譯文〕

在朝廷觀察政治，在民間觀察風俗。要觀察一個國家的政治，民間不如朝廷；要觀察其風俗，朝廷不如民間。政治所觸及的膚淺，風俗所維持的深厚。這就是考察別人國家的人沒有不把民間放在朝廷之前的原因。進入單父的鄉野看到放生魚兒的風俗，就知道子賤的政治了。進入中牟的鄉野，看見馴服野雞的風俗，那麼就知道魯恭侯的政治了。那些人之所以一看到他們的風俗，就立即贊許這二人賢能，不再考察他們的政治，應該有所說法。

因為善政未必能改變壞的風氣，好的風俗卻足以挽救惡政。從周武王到成王，再從成王到康王，經歷了三世教化，但商代遺民以巧辯為賢、浮華柔弱的風俗還沒有殄滅；從漢高祖到惠帝，再從惠帝到文帝，經歷三世教化，秦人流俗依然，借鋤頭給父親當是施

而移俗，其難如此。漢氏之東至於桓、靈，其惡極矣，然政亂於上，而俗清於下。姦雄豪猾，猶知畏義，未敢遽取焉。桓、靈之時，漢祿已終矣，建安之際，復延數十年之祚者，非漢之力也，實流風遺俗扶持之力也。

［注釋］［一］薄俗：壞風俗。［二］利口靡靡：典出《尚書・畢命》：「商俗靡靡，利口惟賢。」意為商俗浮華柔弱，以巧辯為賢。［三］借鋤誶語：典出賈誼《治安策》：「商君遺禮義，棄仁恩，並心於進取，行之二歲，秦俗日敗。故秦人家富子壯則出分，家貧子壯則出贅。借父耰鋤，慮有德色；母取箕帚，立而誶語。」後多以「誶帚德鋤」形容風俗敗壞，不仁愛。

彼覘國之興亡者，不占諸風俗，尚誰占耶？

齊仲孫湫來省魯難，其反命也。齊侯問曰：「魯可取乎？」曰：「不可。猶秉周禮。

恩，母親擅取掃帚會被責問。以政治力量去移風易俗，竟是如此困難。漢室東遷以後，到桓帝、靈帝的時候，政治已經壞到極點了，但是政治亂於上，而風俗清於下。那些奸雄巨惡之人，尚且知道敬畏道義，不敢突然取而代之，篡位稱帝。在桓帝、靈帝的時候，漢的天年已經盡了，建安期間，還延續幾十年的國祚，並不是漢室的力量，而實在是流風遺俗所扶持的力量。

那些觀察國家興亡的人，不從風俗中去占測，還要占測什麼呢？

齊國的仲孫湫來省察魯國的禍難，他回去復命。齊侯問道：「魯國可以攻取嗎？」回答說：「不可以。魯國還秉持著周禮。周禮，是國家的根基。我聽說：

周禮，所以本也。臣聞之：『國將亡，本必先顛而後枝葉從之。』魯不棄周禮，未可動也。」嗚呼！仲孫湫之所謂秉周禮者，果誰歟？閔公，魯君也；哀姜，君母也；慶父，大臣也。閔公生甫八年，固未識所謂周禮；若哀姜，則棄位而姣[一]；若慶父，則弒逆之賊。凡周禮之大禁，舉犯之矣。觀魯之朝，三綱淪、九法斁[二]，指何物以為周禮耶？吾是以知仲孫湫之觀魯，不觀其政而觀其俗也。

[注釋][一]姣：淫亂。[二]斁（ㄧˋ）：敗坏。

魯自周公、伯禽[一]以來，風化浹洽[二]，其民耳濡目染，心安體習，無適而非周禮者。揭於觀，藏於府，講於泮宮[三]，流於洙泗[四]，被於弦歌，形於冠服，郁郁乎！其文也；洋洋乎！其聲也；井井乎！其有條也。雖經哀姜、

『國家要滅亡的時候，根基一定會顛覆，然後枝葉跟著顛覆。』魯國還沒有丟棄周禮，不可以動它。」嗚呼！仲孫湫所謂的秉持周禮的人，到底是誰呢？魯閔公，是魯國國君；哀姜，是魯國國君的母親；慶父，是魯國大臣。魯閔公剛剛八歲，當然不知道所謂的周禮；如果說是哀姜，則是個丟棄太后名位而荒淫的人；如果說是慶父，則是個弒君篡逆的叛賊。所有周禮中的大禁，都冒犯了。看魯國朝廷，三綱淪喪，九法敗壞，還有什麼可以認為符合周禮呢？所以我知道仲孫湫觀察魯國，不是觀察它的政治，而是觀察它的風俗。

魯國從周公、伯禽以來，教化遍及全國，老百姓耳濡目染，內心認定了，行動習慣了，到處沒有不符合周禮的。張貼在台觀前，收藏在府庫裏，在泮宮講習，在洙泗之間流傳，表現於管弦和歌唱，體現在服飾上，這一文化典制多麼興盛啊！它的聲音多麼浩大啊！它的條理多麼整齊啊！雖然經過了哀姜、慶父

慶父之難，能易其主而不能易其禮，能奪其權而不能奪其俗。舉魯國之俗，皆秉周禮，其為惡者，獨哀姜、慶父二三人耳。寡不勝眾，安得而敗乎？此所以魯祀既絕而復續，哀姜、慶父之勢亦已成而復傾也。仲孫湫可謂妙於覘國矣。

〔注釋〕〔一〕周公、伯禽：伯禽為周公之子，為魯國先祖。〔二〕浹洽：遍及。〔三〕泮宮：魯國宮殿名。〔四〕洙泗：洙水流域和泗水流域，為孔子和孟子的故鄉。

周公、伯禽培其風俗於數百年之前，而效見於數百年之後，其規模遠矣哉！子孫之不能常賢也，國之不能常安也，法之不能常善也，固也。雖聖人亦未如之何也。是數者既未如之何，獨有養其禮義之風俗以遺後人，使衰亂之時，猶可恃之以復振，四鄰望之而

的禍難，能改變它的君主但不能改變它的禮儀制度，能奪取它的政權卻不能奪取它的風俗。整個魯國的風俗，都秉持周禮，那些作惡的人，只不過是哀姜、慶父兩三個人而已。少不勝多，怎麼能夠使它衰敗呢？這就是為什麼魯國的祭祀斷絕了又接上了，哀姜、慶父的勢力已經成功了又被顛覆的原因。仲孫湫可以說是善於觀察一個國家。

周公、伯禽在幾百年前培植它的教化風俗，而它的效果在數百年之後被看到，它的規模很久遠啊！子孫不能一直都很賢能，國家不能長久地安穩，法律不能永遠都很完善，這是必然的。即使是聖人對此也是沒有辦法的。這幾點，既然沒有辦法，只有培養它的禮義風俗，留給後人，使得在衰亂的世代還可以作為依靠而復興，鄰國看到了但不敢謀取。他們為後世的考慮可以說很深遠了！世間把精力浪費在文書和簿冊、限期實施政令，而把風俗教化看成迂闊的人，真

不敢謀。其慮後世，亦深矣！世之弊精神於簿書期會，視風俗為迂闊者，果足以知此哉！

魯之風俗，能存魯於既壞之餘，盛矣！苟魯之嗣君，當閒暇時，因已成之風俗，加以政事，則其治孰能干之耶？救已壞之政甚難，因已成之俗甚易。今風俗尚能救政事之疵，而政事反不能因風俗之美，是風俗不負魯，而魯其負風俗也。悲夫！

的能夠知道這些嗎？

魯國的風俗能在國家政治敗壞的時候還留存，真是興盛啊！如果魯國的繼位君主能夠在閒暇的時候，借助已經形成的風俗，加上政事治理，那麼魯國的統治誰能冒犯呢？挽救已經破壞的政治很困難；依靠已經形成的風俗很容易。現在風俗還能夠挽救政治的瑕疵，然而政事卻反而不能依靠良好的風俗，這是風俗不辜負魯國，而魯國辜負了它的風俗。可悲啊！

【古評】

朱字綠曰：湫只說魯猶秉周禮，未可動，未曾說到風俗之美，文偏勘到魯之朝無一人秉周禮，便坐定民間皆秉周禮，此是特識。有此識見，一篇議論縱橫，皆自此重。讀此方知夫子所謂齊變至魯，實在魯非齊所及也。淋漓排宕，自是雄文。

張明德曰：政成於上，俗化於下，風行草偃，理之常也。如先世遺澤深遠，民間淪肌浹膚，雖一時政或不經，而民俗猶敦古處，此國家之幸也。末路致望魯君，感慨作結，尤有曲終江之致。

左傳原文

齊仲孫湫觀政 閔公・元年

齊仲孫湫來省難。仲孫歸曰：「不去慶父，魯難未已。」公曰：「若之何而去之？」對曰：「難不已，將自斃，君其待之。」公曰：「魯可取乎？」對曰：「不可。猶秉周禮。周禮，所以本也。臣聞之：『國將亡，本必先顛，而後枝葉從之。』魯不棄周禮，未可動也。君其務寧魯難而親之。親有禮，因重固，間攜貳，覆昏亂。霸王之器也。」

舟之僑奔晉 閔公・二年

天下之理，有深可怪者。倒挽九牛，而不能舉秋毫，吁！可怪也。洞視百里，而不能見岱華，吁！可怪也。高脫亂世之禍，而不能免治世之誅，吁！可怪也。

舟之僑當虢公有功之時，獨先見其敗亡之釁［一］，幡然［二］適晉，遂免於禍，可謂智矣。其後城濮之役，為晉文公之戎右，叛官離次，棄眾而歸，晉文誅之，以徇於國。智於前，愚於後，何耶？虢公之禍，智者或不能預知；至若晉文之法，則雖庸人知其不可犯也。舟之僑能知智者之所疑，而不能知庸人之所畏，其理果安在歟？蓋恃智與恃功

［譯文］

天下的事理，有些是非常奇怪的。能倒拉動九頭牛的力量，卻不能舉起極細小的毫毛。啊！真是奇怪。能看到百里遠的地方，卻看不到高大的泰山和華山。啊！真是奇怪。能擺脫混亂時代的災禍，卻不能避免太平盛世的殺害。啊！真是奇怪。

正當虢公戰功顯赫的時候，惟獨舟之僑首先預見虢公將要敗亡的徵兆，迅速逃到晉國，於是避免了災禍，可以稱得上是明智了。隨後在城濮之戰中，作為晉文公的右將軍，他卻背叛官命，擅離職守，拋棄眾人而回到晉國，晉文公處死了他，用來向全國示眾。前一件事表現明智，後一件事顯示了愚蠢，這是為什麼呢？虢公的禍患，聰明的人有的也不能預知；至於晉文公的軍紀，即使平常人也知道它不可觸犯。舟之僑能知曉聰明的人所疑惑的，卻不能明白平常人所畏懼的，這究竟是什麼道理呢？大概把倚仗聰明與倚仗功勞等同一樣了吧！虢公的敗亡，是倚仗戰功的結

等耳。虢公之亡，恃其功也；舟之僑之死，恃其智也。舟之僑既料虢公之亡，遂伐[三]其智，自謂「人莫我若」，舉措任情，猖狂妄行，蹈於大戮。彼恃其功，此恃其智，其得禍實出一轍，亦何暇相是非哉！

[注釋][一]釁：徵兆、迹象。[二]皤然：劇變貌。[三]伐：自我誇耀。

渭汭之捷，虢公方自喜其師之勝，而不知亡國之機已藏於一勝之中矣；虢公之亡，舟之僑方自喜其言之驗，而不知殺身之機已藏於一驗之中矣。其福也所以為禍也，其智也所以為愚也。虢公以福召禍，舟之僑以智召愚。使虢公無功之可矜，舟之僑無智之可負，則國不喪而身不殞矣。

先王功眇[一]天下，而日有危亡之憂，

果；舟之僑的被殺是倚仗智慧的結果。舟之僑既然預料到虢公的敗亡，於是自矜才智，自認為「沒人像我一樣」，故行為任性恣意，放肆妄行，自陷於被殺並陳屍示眾。虢公倚仗軍功，舟之僑倚仗智慧，他們獲得禍害實際上是一樣的，又哪有時間分辨對與錯呢？

渭汭之捷，虢公正在高興自己軍隊的勝利，卻不知道亡國的徵兆已潛伏在這一勝利之中了；虢公之亡，舟之僑正在高興自己的預見靈驗，卻不知被殺的徵兆已經隱藏在這一靈驗之中了。虢公的福佑正是成為其禍患的原因，舟之僑的智慧正是其變成愚蠢的原因。虢公以福佑招來禍患，舟之僑以智慧招來愚蠢。假使虢公沒有功勞可以驕傲，舟之僑沒有智慧可以自負，那麼國家不會滅亡，自身也不會殞命了。

上古的先王功勞在全天下最高，卻每天都有危亡

非欲自抑也，所以居[二]其功也；智眇天下，而自處於匹夫、匹婦之後，非欲自晦也，所以居其智也。

[注釋][一]眇：高、遠之意。[二]居：安居。

項梁勝秦而驕，宋義料其必敗，不旋踵而梁果覆其軍焉。當是時，宋義之名蓋楚國，懷王奇其智，位之以上將，兵未叩秦，酣宴驕縱，竟斃於項籍之手。項梁之亡，即虢公之亡也；宋義之死，即舟之僑之死也。

凡人之相非，未始有極。虢公之勝，舟之僑在其傍而議之；回視僑之傍，已有議之者矣。項梁之驕，宋義在其傍而議之；回視義之傍，已有議之者矣。我方憂人，而不知人已憂我；我方料人，而不知人已料我。

的憂患，這不是想自我壓抑，而是正確對待自己的功勞；才智在天下最高，卻自處於平民百姓之後，這不是想自我掩藏，而是正確看待自己的才智。

項梁因戰勝秦軍而自傲，宋義預料到他一定會失敗，不久項梁果然全軍覆沒。這個時候，宋義名滿楚國，楚懷王驚奇他的才智，任用他為上將軍，但軍隊還沒有攻打秦國，他就因沉湎宴樂和驕傲自大，竟然斃命於項羽之手。項梁的敗亡，也就是虢公的敗亡；宋義的死亡，也就是舟之僑的死亡。

大凡人互相非難，是沒有盡頭的。虢公打了勝仗後，舟之僑在他旁邊議論；回頭看舟之僑的旁邊，已經有議論他的人了。項梁正驕傲時，宋義在他旁邊議論；回頭看宋義的旁邊，已經有議論他的人了。我正擔心別人，卻不知道別人已經擔心我了；我正猜測別人，卻不知道別人已經猜測我了。這大概值得深長地歎息吧！

是殆可長太息也。噫！舟之僑、宋義之失，今世皆能議之矣。議二子之失者，亦安知果無人復議其傍耶？

唉！舟之僑和宋義的過失，現在人都能議論。議論他們二人過失的人，怎麼會知道果真沒別人在旁邊議論他們呢？

左傳原文

舟之僑奔晉 閔公・二年

虢公敗犬戎于渭汭。舟之僑曰：「無德而祿，殃也。殃將至矣。」遂奔晉。

僖公・二十八年

晉侯侵曹伐衛，楚人救衛。三月，丙午，晉侯入曹。舟之僑為戎右。夏，四月，晉侯及楚人戰于城濮。楚師敗績。舟之僑先歸。秋，七月，振旅，以入于晉，殺舟之僑以徇于國。

衛懿公好鶴 閔公・二年

衛懿公以鶴亡其國。玩一禽之微，而失一國之心，人未嘗不撫卷而竊笑者。吾以為懿公未易輕也。世徒見丹其顛[一]、素其羽、二足而六翮[二]者謂之鶴耳，抑不知浮華之士，高自標置[三]，而實無所有者，外貌雖人，其中亦何異於鶴哉！

[注釋][一]顛：頭頂。[二]翮（ㄏㄜˊ）：羽根。

[三]標置：自負。

稷下[一]之盛，列第相望，大冠長劍，褒衣博帶[二]，談天、雕龍[三]之辨，蠭起泉湧，禹行舜趨者，肩相摩於道，然擢筋之難[四]，松柏之囚[五]，曾無窺[六]左足而先應者。是亦懿公之鶴也。鴻都[七]之興，鳥跡蟲篆[八]，自衒鬻[九]者日至，受爵拜官，光

[譯文]

衛懿公因為好鶴而使國家敗亡。因為賞玩一隻飛禽的小事，卻失掉了一國的人心，人們無不掩卷而竊笑他。我卻以為衛懿公尚不易被輕視。世上人只知道紅頂白羽，兩足雙翅的鳥稱為鶴，卻不知道一些浮華的人士，把自己標榜得很高，實際上一無所有。他的外貌雖然是人，但內心和鶴有什麼區別呢？

齊國稷下興盛的時候，高樓府第前後接連相望，戴著高帽，佩著長劍，穿著寬大的衣服，繫著闊大的衣帶，關於宇宙五行、修飾文辭的辯論，蜂起泉湧。仿效禹舜的人摩肩擦踵、絡繹不絕。但後來齊閔王遭受抽筋之禍，齊王建被囚禁在松柏之間，卻無人前往營救。這也正像懿公之鶴。漢靈帝之時，鴻都門興盛起來，那些書寫着鳥蟲書、賣弄本領者，天天都有。這些人拜官授爵、榮耀闊綽，好像能為朝廷的謀劃增

寵赫然，若可以潤色皇猷[一〇]，及黃巾之起，天下震動，未聞有畫半策、杖一戈佐國家之急。是亦懿公之鶴也。永嘉[一一]之季，清言者滿朝，一觴一詠，傲睨[一二]萬物，曠懷雅量，獨立風塵之表[一三]，神峯儁拔，珠璧相照，而五胡之亂[一四]，屠之不啻如几上肉。是亦懿公之鶴也。普通[一五]之際，朝談釋而暮言老，環坐聽講，迭問更難，國殆成俗，一旦侯景逼臺城[一六]，士大夫習於驕惰，至不能跨馬，束手就戮，莫敢枝梧[一七]。是亦懿公之鶴也。

[注釋][一]稷下：地名。戰國時齊宣王喜好文學遊士，設稷下館以招賢納士。[二]褒衣博帶：寬衣闊帶。[三]談天、雕龍：語出《史記》：「談天衍，雕龍奭。」衍是鄒衍，奭是鄒奭。談天即談陰陽五行學說，雕龍即講如何修飾文辭與辯論。[四]擢筋之難：語出《戰國策・秦策》。淖齒曾經獨攬齊國國政，抽

添光彩。等到黃巾事起，天下震動不安，卻沒有聽見他們為國獻出半個計策、提起長戈解救國家危難。這也像懿公之鶴。晉懷帝永嘉末年，清談之人滿朝皆是，飲酒詠詩，傲視萬物，胸懷豁達，風度雅致，獨自傲立於世俗之外，猶如高峰俊秀挺拔，猶如珍珠玉璧兩相映照。但是到了五胡亂華的時候，屠殺他們就好像是几案上的肉。這也像懿公之鶴。在梁武帝普通年間，早晨談佛教，傍晚談玄道，四面圍坐著聽講經，接連著互相辨難經義，這在一國幾乎成了風氣。等到侯景造反，包圍了臺城，這些習慣了驕傲懶惰的士大夫，竟騎不上馬背，只好束手被殺，不敢抵抗。這也像懿公之鶴一樣。

掉了齊閔王的腳筋，把他倒掛在宗廟的房梁上，經過一夜而死。〔五〕松柏之囚：語出《戰國策．齊策》。齊王建到秦國被扣留，把他囚禁在松柏之間，凍餓而死。〔六〕窺：通「跬」。半步。〔七〕鴻都：漢光和元年，漢明帝設置鴻都門學士，專門製作書畫詞賦等，學員至千人。〔八〕鳥跡蟲篆：指古時的字體如鳥的足跡，好像蟲形的篆文。〔九〕衒鬻：誇耀，自賣。〔一〇〕皇猷：帝王的的謀略或教化。〔一一〕永嘉：晉懷帝年號。歷史上著名的玄學盛行時代。〔一二〕傲睨：目空一切的樣子。〔一三〕風塵之表：比喻世俗世界。〔一四〕五胡之亂：指匈奴、羯、鮮卑、氐、羌五個少數民族於西晉末年在中國北方輪流作亂。〔一五〕普通：梁武帝年號。〔一六〕侯景逼臺城：梁太清元年，侯景叛亂，三年後攻陷梁臺城，梁主蕭衍被圍困餓死在臺城。
〔一七〕枝梧：抵抗、抗拒的意思。

是數國者，平居暇日，所尊用之人，玩其辭藻，望其威儀，接其議論，挹其風度，可嘉可仰，可慕可親，卒然臨之以患難，則異於懿公之鶴者幾希，豈可獨輕懿公之鶴

以上這幾個國家，在平時空閒的時候，那些被推崇重用的人，玩味着他們的文采詞藻，仰望着他們的威嚴容貌，順接他們的評議言論，挹取他們的風姿氣度，對他們嘉許仰慕、企慕親近。忽然禍亂臨到他們的頭上，他們的表現異於懿公之鶴的地方很少，怎麼

哉！

所用非所養，所養非所用；使親者處其安，而使疎者處其危；使貴者受其利，而使賤者受其害；未有不蹈懿公之禍者也。抑吾又有所深感焉。鶴之為禽，載於《易》[一]，播於《詩》[二]，雜出於詩人墨客之詠，其為人之所貴重，非凡禽比也。懿公乘之以軒，而舉國疾之，視猶鴟梟[三]然，豈人之憎愛遽變於前耶？罪在於處非其據而已。以鶴之素為人所貴，一非其據，已為人疾惡如此，苟他禽而處非其據，則人疾惡之者，復如何耶？吾於是乎有感。

[注釋][一]《易》：如《周易・中孚》九二：「鶴鳴在陰，其子和之。」[二]《詩》：如《毛詩・小雅》：「鶴鳴於九皋，聲聞於野。」[三]鴟梟：皆為惡鳥。鴟，鷂鷹。梟，鵂鶹。

可以獨獨地輕視懿公之鶴呢？

臨危受命者非平時豢養者，平時豢養者並非臨危受命者；使親近的人處在安穩的位置，卻使疏遠的人處在危險的位置；使尊貴的人享受利益，卻使卑賤的人遭受災害。如果這樣，沒有不重蹈懿公之禍的。但我又有深刻的感觸：鶴作為飛禽，記載在《易經》裏，傳播在《詩經》裏，常出現在文人墨客的筆下，它為人們所貴重，並不是平常的飛禽可以相比的。懿公把它放在大夫所乘的車子上，全國的人都痛恨它，把它看成兇悍的鴟梟一樣的惡鳥，難道人們的憎恨和喜愛是能突然改變的嗎？罪過在於它所處的地位並不是它應該佔據的罷了。鶴向來是為人們所貴重的，一度把它們放錯了位置，就被人們痛恨到這種地步，假使別的飛禽處於不應有的位置，那麼人們又會怎麼痛恨它呢？因此我心裏有了感慨。

【古評】

淩以棟曰：音響悲壯，頓挫婉約，此集中不易得者，故人多喜讀之。

鍾伯敬曰：借懿公之鶴，而痛掃浮華之士，有無限淋漓感慨。

孫執升曰：因衛有鶴而人者，遂指出古來許多人而鶴者。為下痛棒，而其文雄博奇麗，如初脫稿，行世名世，卓然不朽。

朱字綠曰：懿公以好鶴亡國，本人所不齒，忽轉出未可輕，便是奇絕。提出人而鶴者，以齊、漢、晉、梁實之，再加兩層收束，結到處非其據，淋漓憤歎，足破千古所養非所用之感，至文奇文。〇宋之道學，講實學也，雖未能救其敗亡，而不失獨善其身。明之道學，講私黨耳，不惟貽禍於家國，而立念本非所以修身，是亦懿公之鶴也，悲夫！

張明德曰：東坡之文，嬉笑怒罵皆尤文章，此殆過之。想先生落筆時，定有無數煙雲繞其筆端。

左傳原文

衛懿公好鶴 閔公・二年

十二月，狄人伐衛。衛懿公好鶴。鶴有乘軒者。將戰，國人受甲者皆曰：「使鶴！鶴實有祿位，余焉能戰？」公與石祁子玦，與甯莊子矢，使守，曰：「以此贊國，擇利而為之。」與夫人繡衣，曰：「聽於二子。」渠孔御戎，子伯為右；黃夷前驅，孔嬰齊殿。及狄人戰于熒澤，衛師敗績。遂滅衛。

僖公二年，齊桓公封衛於楚丘。

里克諫晉侯使太子伐東山皋落氏

閔公・二年

物之相資［一］者，不可相無；物之相害者，不可相有。兩不可相無，則不得不合；兩不可相有，則不得不爭。

［注釋］［一］資：資助、利用。

合之者，欲其兩全也；爭之者，欲其一勝也。將全其兩，勿偏於一；將勝其一，勿分於兩。心不可偏，故調和於兩間者，謂之智；心不可分，故依違［二］於兩間者，謂之姦。蓋兩者並立，然後有兩者之間。兩者既不並立，指何地而為兩者之間哉！彼未嘗有間，而我乃欲處其間，是知依違者非姦也，愚也。

［譯文］

事物雙方能相互資用，則不可相互缺失；事物雙方若相互妨礙，不可相互並存。雙方不可互相缺失，就不能不聯合；雙方不可相互並存，就不能不競爭。

兩方聯合，就是想雙方保全；兩方爭鬥，就是想一方獲勝。如果想保全雙方，就不要偏袒任何一方；如果要一方勝利，就不要分心於兩方。心不可偏袒，若在雙方之間尋求調和，可稱得上是明智；心不能分散，若在雙方之間猶疑不決，就叫做奸詐。大概雙方並存，方纔有雙方的空間。如果雙方已不能並存，那麼什麼地方能作為雙方的空間呢？它們未必有空間，我卻仍然想處於它們之間，從而知道猶疑不決，不是奸詐，而是愚笨。

〔注釋〕〔一〕依違：依從或違背，指猶豫不決。

父不可無子，子不可無父，非所謂相資而不可相無者耶！為父而傾子，險也；為子而傾父，逆也。故君子處父子之間，必以兩全為本。至於邪之與正，則相害而不可相有。有正則無邪，有邪則無正，安得有所謂邪正之間哉！將為君子耶，盍主其正；將為小人耶，盍主其邪。此君子斷然而欲其一勝也。當兩全而欲使一勝，則其一終不能獨勝；當一勝而欲使兩全，則其兩必不能俱全。亦審之而已矣。

醫之於疾，未嘗敢偏助一藏〔一〕之氣，使之獨勝，兢兢然〔二〕導養均調，俱不相傷然後止。至於治癰疽〔三〕，則潰肌流血無所愛，豈非身與癰疽決不可兩全耶？其視五

父親不可以沒有兒子，兒子不可以沒有父親，這並不是所謂的相互資用而不可相互缺失呀！為父親而坑害兒子的，是險惡；為兒子而坑害父親的，是叛逆。所以君子處於父子雙方之間，以保全雙方為根本。至於邪惡的與正義的，則相互妨礙而不可並存。有正義則無邪惡，有邪惡則無正義，怎麼會存在所謂的邪正之間呢？如果做君子，何不主張正義；如果做小人，何不主張邪惡。這就是君子果斷地想使一方勝利的原因。該雙方保全時，想使一方勝利，則這一方終究不能獨自勝利；該一方勝利時，想使雙方都保全，則雙方必然不能都保全。對此，人們也應該認真地審視吧。

醫生對於疾病，並不敢側重補助一個臟腑的元氣使它獨自勝出，而是小心翼翼地引導護養均衡協調，都不相互傷害然後纔停止。至於治毒瘡疾，就是肌肉潰爛，血液流淌，也沒有什麼愛惜的，難道不是因為身體與瘡疽斷然不可都保全嗎？醫生對待五臟，好像寵愛自己的兒子一般，唯恐有一絲一毫拂違；對待

藏，則若驕子，惟恐有毫髮之忤[四]；其視癰疽，則若讎敵，惟恐有毫髮之存。是非前怯而後勇也，疾變則術變也。況當國家危疑之時，其可一其術而不知前後之變也耶？

[注釋][一]藏：通「臟」，內臟。[二]兢兢然：小心謹慎貌。[三]癰（ㄩㄥ）疽：瘡毒名。[四]忤：違背。

是知立乎父子之間，合和而使之兩全，柔者可能也；立乎邪正之間，別白[一]而使之一勝，剛者可能也。然用其柔於邪正之間，則懦而召姦；用其剛於父子之間，則激而生禍。以前為後，以後為前，亂不旋踵[二]。自非權移於銖兩秒忽[三]之中，機轉於俯仰笑嚬[四]之際，孰能不差毫釐而謬千里哉！宜里克之工於前而拙於後也。

[注釋][一]別白：分辨明白。[二]旋踵：旋轉

瘡疽，卻好像冤家仇人一般，唯恐有一絲一毫留存。這並不是起先懦弱而後來勇敢，而是因為疾病有了變化，醫治的方法也要有所改變。何況在國家危難之時，怎麼可以拘泥於一種方法而不懂得前後變通呢？

因此知道若立於父與子之間，協合調和而使雙方都保全，用溫和的手段是可能的；立於邪與正之間，分辨清楚而使一方獲勝，用強硬的手段是可能的。但是在邪與正之間用溫和的手段，那麼就會因懦弱而招致奸邪；在父子之間用強硬的手段，那麼就會因過激而產生禍患。將溫和的手段用於邪正之間，將強硬的手段用於父子之間，則禍亂會立即出現。倘若不是平衡在銖兩微重間轉移，時機在俯仰談笑間變換，誰能不差之毫釐謬以千里呢！這正是所謂里克擅長於用溫和的手段而不擅長於用強硬的手段啊。

腳跟，指時間很短。〔三〕銖兩秒忽：銖兩，指極輕；秒忽，指微小。〔四〕嚬：皺眉。

晉獻公將廢太子申生，先遣之伐東山。里克進而見獻公，則諫以「君之嗣適不可以帥師」；退而見太子，則戒以「子懼不孝，無懼弗得立」。告父以慈，告子以孝，其處父子之間者至矣。其後驪姬殺申生之謀已成，憚克而未敢發，使優施以言動之，克猶用前術而不知變，乃曰：「吾秉君〔一〕而殺太子，吾不忍；通復故交，吾不敢。中立，其免乎？」驪姬得其中立之言，始無所憚，而新城之難〔二〕作矣。是克知父子之間當兩全，而不知邪正不當兩立也。

〔注釋〕〔一〕秉君：遵循君主命令。〔二〕新城之難：魯僖公四年，晉獻公寵信驪姬，並且改立她的兒子為太子，驪姬設計謀害太子申生，計謀成功。太子

晉獻公將要廢除太子申生，先派他攻打東山皋落氏。里克進去見獻公，用「國君的嫡長子不應該領兵打仗」勸諫獻公；然後退出見太子，用「做兒子的應該害怕不孝，不應該害怕不能立為嗣君」告誡太子。對父親說應該慈愛，對兒子說應該孝順，他處理父子之間的關係可以說是十分恰當。等到後來驪姬殺害申生的陰謀準備好了，因害怕里克而不敢實施，就派優施用言語去試探里克，里克還用從前的舊方法而不知變通，於是說：「我若遵從君主之令去殺害太子，我不忍心；若私下和太子暗通故交，我不敢。保持中立，大概可以免於禍難吧？」驪姬獲悉里克中立的答復，纔無所忌憚，於是新城的禍難就發生了。這說明里克只知道處在父子之間當保全雙方，卻不知道邪正雙方是不能並存的。

在新城自縊，後來事態進一步擴大，兩位公子重耳、夷吾逃亡在外。

兩刃之下，人不容足；兩虎之鬭，獸不容蹄。驪姬、申生之際，夫豈中立之地哉！勢已新而方守其舊，勢已改而方守其初，用前術應後勢，克之所以敗也。

吾嘗論里克之為人，長於柔而短於剛，故能從容彌縫於無事之時，而不能奮厲感慨於有事之日。前所以中節[一]者，適遇其所長而已；後所以失節者，適遇其所短而已。

[注釋][一]中節：合乎節度。

使克幸而早死，不及見驪姬之釁[一]成，則其短終不露，世亦豈敢少訾[二]之哉！雖然，人心不可兩用。所以處獻公、申生之間者，惟恐其有向背，至拒驪姬，則又恐其向

雙刃之下，容不下人的腳；兩虎相鬥，容不下獸的蹄。在驪姬和申生之間，難道有中立的地方麼？形勢已經更新卻還守著舊的方法，形勢已經改變卻還守著最初的觀念，用從前的策略應付後來的形勢，這就是里克失敗的原因。

我曾討論里克的為人，他擅長於柔和而缺乏剛硬，所以能夠在沒有變故時從容不迫地彌補缺漏，卻不能夠在有變故時激發憤慨。前面的事之所以合乎節度，是因為恰好遇到他所擅長的罷了；後來之所以失掉節度，是因為恰好遇到他的短處罷了。

假使里克幸運地早死，來不及看到驪姬禍亂的形成，那麼他的短處最終也不會顯露，世人怎麼敢稍微詆毀他呢？雖然這樣，人心是不可以分作兩用的。所以處於獻公、申生父子雙方之間，唯恐有擁護或反對的傾向，至於拒絕驪姬，則唯恐擁護或反對的態度不

背之不明也；所以處獻公、申生之間，惟恐其有厚薄，至拒驪姬，則又恐其厚薄之不分也。克之處此，難矣哉！曰：「是不難。」譽親而詈讎[三]，同一舌也；揖[四]客而擊賊，同一臂也。豈聞其相奪[五]哉？

[注釋][一]釁：禍端之跡象。[二]訾（ㄗˇ）：指責、詆毀。[三]詈讎：責罵仇人。[四]揖：拱手行禮，表示禮待、禮遇。[五]奪：動搖，改變。

《大學》之說，「所惡於上，毋以使下；所惡於下，毋以事上；所惡於右，毋以交於左；所惡於左，毋以交於右」。上下左右之間，皆欲兩全而不傷，何其恕也？至其論小人，則以謂「仁人放流之，迸諸四夷，不與同中國」，又何其不恕也？嗚呼！昔之達者，蓋知之矣。

明確；所以處在獻公與申生之間，唯恐他有厚此薄彼之處；至於拒絕驪姬，則又唯恐他厚薄不分。里克處於這樣的位置，真是很難啊！回答是：「這不難。」稱讚親人和咒罵仇人，用的是同一條舌頭；禮待賓客和打擊叛賊，用的是同一隻手臂。難道聽說過它們有所改變嗎！

《大學》中說：「憎惡上級對待下屬的態度，就不要用同樣的態度使喚自己的下屬；憎惡下屬侍奉上級的態度，就不要用同樣的態度侍奉自己的上級；厭惡右邊的人所做的惡事，就不要把同樣的惡行加在左邊的人身上；厭惡左邊的人所做的惡事，就不要把同樣的惡行加在右邊的人身上。」上下左右都要保全而不傷害，這是多麼地寬恕啊！至於它說到小人，卻又說「仁慈厚道的人要流放那些小人，把他們分散在邊遠的蠻夷之地，不讓他們同居住在中原」，又是多麼地不寬恕啊！嗚呼！從前明白事理的人，大概是知道其中的原因了。

左傳原文

里克諫晉侯使太子伐東山皐落氏 閔公・二年

注見八卷《桓莊之族偪》題下。

王者之所憂，伯〔一〕者之所喜也；伯者之所喜，王者之所憂也。王者憂名，伯者喜名。

名胡為而可憂耶？不經桀之暴，民不知有湯；不經紂之惡，民不知有武王。使湯、武幸而居唐、虞〔二〕之時，無害可除，無功可見，湯自湯，武自武，民自民，交相忘於無事之域，則聖人之志願得矣。功因亂而立，名因功而生。夫豈吾本心耶？是故雲霓之望〔三〕，非湯之盛也，乃湯之不幸也；壺漿之迎〔四〕，非武王之盛也，乃武王之不幸也。

〔注釋〕〔一〕伯：同霸，稱霸。〔二〕唐、虞：堯帝號陶唐氏，舜帝號有虞氏。〔三〕雲霓之望：霓，虹

〔譯文〕

稱王的國君所憂患的，正是稱霸的國君所嗜好的；稱霸的國君所嗜好的，正是稱王的國君所憂懼的。稱王的憂懼名聲，稱霸的嗜好名聲。

名聲為何要憂懼呢？因為不經過夏桀的暴虐，百姓就不知道有商湯；不經過殷紂的惡虐，百姓們就不知道有周武王。假使商湯、周武王幸運地生在唐堯、虞舜的時候，沒有禍患要去剷除，沒有功勞可以顯現，商湯是商湯，武王是武王，百姓是百姓，在安定無事中相互遺忘，那麼聖人的夢想就得以實現了。功勞是因為動亂而建立，名聲是因為功勞而產生。這難道是我本來的心思嗎？所以如大旱盼望雲霓一樣，並不是商湯的盛譽，而是商湯的不幸；百姓用壺盛湯來歡迎武王，並不是武王的盛譽，而是武王的不幸。

之一種。比喻在亂世，人民渴望安定的生活而盼望救星。《孟子‧梁惠王下》：「若大旱之望雲霓也。」〔四〕壺漿之迎：漿，湯。表示感激。《孟子‧梁惠王下》：「以萬乘之國伐萬乘之國，簞食壺漿，以迎王師，豈有它哉？避水火也。」

伯者之心異是矣。凡王者之所謂不幸，乃伯者之所謂大幸也。王者恐天下之有亂，伯者恐天下之無亂。亂不極，則功不大；功不大，則名不高。將隆其名，必張其功；將張其功，必養其亂。

狄以閔之元年伐邢，其後二年，而齊始遷邢於夷儀；狄以閔之二年滅衛，其後二年，而齊始封衛於楚邱。齊桓之恤二國，必在於二年之後者，何也？所以養其亂也。齊桓之心以為，當二國之始受兵，吾亟攘夷狄而卻之，則亦諸侯救災恤鄰之常耳。其迹必

稱霸者的心思與此不同。凡是稱王者所認為的不幸，正是稱霸者所認為的大幸。稱王者害怕天下紛亂，稱霸者卻惟恐天下不亂。紛亂不到極點，那麼功勞就不大；功勞不大，那麼名聲就不高。要抬高他的名聲，就必須擴大他的功勞；要擴大他的功勞，就必須讓紛亂滋長。

狄人在魯閔公元年攻打邢國，此後過了兩年，齊國纔開始把邢國遷到夷儀；狄人在魯閔公二年滅掉了衛國，此後又過了兩年，齊國纔開始把衛國分封在楚丘。齊桓公撫恤邢、衛兩國，一定要在事情發生兩年之後，這是為什麼呢？就是要滋長他們的紛亂。齊桓公心中認為：在邢、衛兩國一開始遭到狄人攻打之時，我如果急切地領兵擊退狄人，那也只是諸侯們救濟災亂、撫恤鄰國的常事罷了。這種行動必定不甚稀

不甚奇，其事必不甚傳，其恩必不甚深，曷足以取威定伯哉！

先飢而後食之，則其食美；先渴而後飲之，則其飲甘。今吾坐養其亂，待其社稷[一]已頹，都邑已傾，屠戮已酷，流亡已眾，然後徐起而收之，拔於危蹙[二]顛頓之中，置於豐樂平泰之地。是邢、衛之君無國而有國，邢、衛之民無身而有身也。深仁重施，殆將淺九淵[三]而輕九鼎[四]矣。故其功名震越，光耀赫然，為五伯首。向使絕之於萌芽，則名安得如是之著耶？

[注釋][一]社稷：社，土地神，稷，穀神。此指國家。[二]危蹙：危迫。[三]九淵：深淵。[四]九鼎：傳說夏禹鑄九鼎以象徵九州。比喻分量重。

嗚呼！邢、衛之難：曰君、曰卿、曰

罕，這件事必定不能傳揚廣大，這樣的恩惠也一定不夠深重，怎能足以取得權威、建立霸業呢？

先讓他飢餓，然後給他食物，那麼他吃起來纔甜美；先讓他口渴，然後給他水，那麼他喝起來纔甘甜。現在我等待著他們滋長了禍亂，等他們的社稷已經坍塌，都邑已經傾覆，屠殺已夠殘酷，流亡百姓已經很多了，然後纔出來慢慢收拾殘局，從危迫困頓之中把他們解救出來，安置在富饒安樂太平之地。這樣是讓邢、衛兩國的國君在沒有國家之後又有了國家，邢、衛兩國的人民在沒有安身立命之後又能安身立命。這樣深厚的仁義、重大的恩惠，大概會使他們覺得比九淵還深、比九鼎還重了。所以這樣一來，其功勞名聲震動天下，光耀顯赫，而成為春秋五霸之首。假如當初禍亂剛發生時就去剷除，那麼名聲怎能有如此顯著呢？

唉！邢、衛兩國的災難，讓那些稱作君的、稱

士、曰民，肝腦塗中原，膏液潤野草。苟仁人視之，奔走拯救不能一朝居也。今齊桓徒欲成區區之名，安視其死至於二年之久，何其忍耶？長人之亂而欲張吾之惠，多寇之虐而欲明吾之動，是以萬人之命而易一身之名也。是誠何心哉！

今人乍見孺子將入於井，怵惕惻隱[一]之心不期而生，此人之真心也。真心一發，森不可禦，豈暇計其餘哉！有人於此，謂彼未入於井而全之，其功淺；既入於井而全之，其功深。縮手旁觀，俟其既墜，乃始褰裳濡足[二]而救之，則其父母必以為再生之恩，鄉鄰必以為過人之行，義概凜凜，傾動閭里。回顧前日未入井以救之者，父母不謝，鄉鄰不稱，若大不侔[三]。然則為孺子

作臣的、稱作士的、稱作民的，肝腦塗於中原之地，膏脂血液滋潤了野草。只要是有仁心的人看見了，都會到處奔走設法拯救他們，而不能有一天的安居。現在齊桓公只想成就個人小小的功名，安然見死不救達兩年之久，這是多麼的殘忍啊！助長別人的禍亂而來張揚自己的恩惠，加多敵寇的殘虐而來顯示自己的功動，這是用萬人的生命來換取個人的名聲。這究竟是什麼樣的心腸啊？

現在人偶然看見小孩子將要跌到井裏，驚懼憐愛之心就油然而生，這是人的真心。真心一經產生，嚴密而不能抵禦，那還有時間計較其他事情呀！若有人在這個時候，認為小孩還沒有跌入井中便去保全，功勞很小；已經跌落井中再去救護，功勞便很大。於是便袖手旁觀，等到小孩已經掉落，方纔提起衣裳沾濕腳去救他，那麼孩子的父母一定認為此人對小孩有再生之恩，鄉里鄰居也一定會認為此人有過人的品行，於是義氣凜然，名震鄉里。回顧以前在小孩未落井之前去救助的，小孩父母不曾感謝，鄉鄰不曾稱讚，就大為不同。但是如果為小孩考慮，寧可遇到前一種人呢？還是願意遇到後一種人呢？唉！這就是稱王與稱

計者，寧遇前一人耶？寧遇後一人耶？噫！此王、伯之辨也。

［注釋］［一］怵惕惻隱：怵惕，驚懼；惻隱，同情。［二］褰（ㄑㄧㄢ）裳濡足：提起衣服、濕足涉水。［三］侔：齊等、相當。

霸的區別！

【古評】

朱字綠曰：從孟子、驩虞、皥皥兩意，看出王霸之辨，卻以緩於救邢、衛立說，遂使殺公不能置喙。其奇快處，真足令庸者雋、蒙者亮、學之發人神智。〇桓之緩於用兵，或其勢集，或其與未合，歷觀生平用兵，皆鄭重萬全而後出，故無大勝，亦無大敗，不似晉之輕用其鋒也，當日情事未必盡然，但文自入妙耳。

張明德曰：王霸之分，只在誠偽二字，此文推勘至隱，將霸者計較心思，曲曲寫出，何啻秦鏡高懸。

左傳原文

齊侯戍曹遷邢封衛 閔公・二年

齊侯使公子無虧帥車三百乘、甲士三千人以戍曹。僖之元年，齊桓公遷邢於夷儀。二年，封衛于楚丘。邢遷如歸，衛國忘亡。

諸侯救邢 僖公・元年

諸侯救邢。邢人潰，出奔師。師遂逐狄人，具邢器用而遷之，師無私焉。

城楚邱 僖公・二年

春，諸侯城楚丘而封衛焉。不書所會，後也。

衛文公大布之衣

閔公・二年

將以天下之事，而責之一人之身，本數末度[一]，弛張廢置[二]，品叢目雜，參錯填溢[三]，非立談之間所能決也。必精思熟慮，用心不知其幾，然後粗能通其本原；博問廣詢，閱人不知其幾，然後粗能熟其利害；歷歲踰時，費日不知其幾，然後粗能成其紀綱[四]。

[注釋][一]本數末度：事情的根本與末端。[二]弛張廢置：指事物的盛衰興廢。[三]參錯填溢：交互融合，充塞滿溢。[四]紀綱：也稱綱紀，即綱要。

法雖備矣未嘗試，而驟欲布之天下，從歟？違歟？欣歟？戚歟？有效歟？無效歟？是皆未可前定也。用法者，方且怵然[一]疑，慄然[二]懼，必待事果便，國果治，

[譯文]

將天下的事情要求一個人來籌措，事情的本末主次，事物的盛衰興廢，品類繁多，錯綜複雜，不是站著說一說就能決定的。必須深思熟慮，不知道用了多少心思，然後纔能粗略瞭解它們的本原；廣泛詢問，不知道請教了多少人，然後纔能粗略熟悉它們的利害關係；經年累月，不知道費了多少時間，然後纔能粗略完成它們的綱要。

法令雖然具備了而沒有經過嘗試，就想突然公佈於天下，人家是會服從呢？還是會違抗？是會高興呢？還是會憂戚？會有效呢？還是會無效？這些卻無法預先確定。使用法令的人尚且警惕疑慮，驚恐小心，必須等到事情確實便利，國家果然安定，然後纔敢安

然後敢自安。法未出之前，營度布置，如彼其勞也；法既出之後，憂疑皇惑，如此其危也。

〔注釋〕〔一〕怵然：警惕、警戒貌。〔二〕慄然：驚恐戰慄貌。

嗚呼！難矣哉。吾讀《左氏》，至衛文公、趙宣子、晉悼公、魏絳、蔿掩之治國，規摹條畫，巨細畢備，確實切近，可舉而行，如入陶朱〔一〕之室，物物可以濟貧；如發倉公〔二〕之笥〔三〕，物物可以伐〔四〕病。非為空言者也。世之為治者，與其鑿空創意，如是其難，曷若取數公已成之法，按而行之乎？所以漫不加省者，特易之以為紙上語耳？

〔注釋〕〔一〕陶朱：人名，戰國時富商。〔二〕倉公：人名，叫淳于意，漢初醫學家。〔三〕笥：方形竹

心。法令沒有發佈之前，經營規劃，是那樣地辛勞；法令公佈以後，憂慮惶恐，是這樣地不安。

唉！真是難啊！我讀《左傳》，讀到衛文公、趙宣子、晉悼公、魏絳、蔿掩等治理國家，規劃法令條文，大小完備，切合實際，可以用來推行，就好比進入了陶朱公的家，每件東西都可以拿來救濟貧窮；好比打開了倉公的藥箱，每件東西都可以用來祛除疾病。這不是說空話啊。世上治理國家的人，與其艱難地憑空自創法令，何不採納這些前人已經制定的法令，遵循並推行它呢？那些輕慢而不加省察的人，只是輕易地把它看成紙面上的話罷了。

器，這裏指藥箱。[四]伐：攻治。

噫！自衛文而至蔿掩，其治法載在方冊者，雖止於數簡，曾不知其經畫之初，秏精弊[一]神，竭平生之力，然後僅能底[二]於此也。是數公平生之精力，聚於數簡之間，其可以「紙上語」易之歟？彼苦身而立其法於數千百載之前，我安坐而得其法於數千百載之後；彼任其勞，而遺我以其逸，可謂幸之尤者也。

[注釋][一]弊：疲憊。[二]底：同「抵」，到達。

工之巧者，不肯授人以其法；琴之妙者，不肯授人以其調。固有服役終身而莫得其傳者矣。使幸而得之，其喜為如何？其感為如何？治國之法，非一工一琴比也。今數公治國之良法，表裏纖悉，左氏盡發其祕

噫！從衛文公到蔿掩，他們治理國家的法令記載在書冊上，雖然只有幾支書簡，但不知道他們開始規劃制定時，殫精竭慮，耗盡一生的精力，然後纔僅僅得到這些。這些人把一生的精力凝聚到幾支書簡上，怎麼可以用「紙面上的話」來輕忽它呢？他們勞苦其身建立法令在千百年前，我們安逸地坐著就得到這些法令於在千百年之後；他們承當了辛勞卻留給我們安逸，我們可稱得上是最幸運了。

精巧的工匠不肯傳授他的技藝給別人，高妙的琴師不肯傳授他的譜調給別人。固然有終身為徒而沒有得到老師傳授的人。假使他幸運地得到了傳授，會歡喜到何種地步啊？會感動到何種地步啊？治理國家的方法，不是一個工匠一個琴師的技藝所能相比的。上述前人治國的良策，其內容和形式都詳盡完備，左氏

於書，學者一開卷而盡得之，反不知貴重，豈不怪耶？必嘗習畫，然後知珍顧、陸之圖[一]，必嘗習字，然後知寶鍾、王之帖[二]。持以示田舍翁[三]，則詆為敗素腐楮[四]耳。苟未嘗留意治體[五]，亦安知數公之遺法可貴哉！

[注釋][一]顧、陸之圖：顧，即顧愷之，東晉時著名畫家；陸，即陸探微，南朝宋書畫家，與張僧繇、顧愷之、吳道子被譽為古代畫家「四祖」。指畫家名作。[二]鍾、王之帖：鍾，三國時魏國鍾繇，擅長楷書；王，即東晉王羲之，世稱「書聖」，尤善行書。指書法家名作。[三]田舍翁：年老的莊稼漢。指平民百姓。[四]楮：紙的代稱。[五]治體：治理國家的綱要。

或曰：「楚平王之始得國，宥[一]罪舉職，簡兵撫民，其法與數公無異者，然楚終不振。是法不足以為治也。」曰：「使平王

已將所有的秘密悉數記載在書中，學習的人一打開書便能得到，反而不知道珍惜愛重，難道不是很奇怪嗎？必須曾經學過畫，然後纔能知道顧愷之、陸探微繪畫的珍貴；必須曾經練過字，然後纔能知道鍾繇、王羲之書法的珍貴。把它們拿給老農夫看，那麼只會詆毀為破絹和廢紙而已。如果沒有留意過治理國家的綱要，又怎麼知道前人所遺留法令的珍貴呢？

有人說：「楚平王即位之初，寬恕罪犯，任用賢能，精簡軍隊，撫慰百姓，他的法令與這些人沒有差別，可是楚國終究沒有振興。說明這些法令不能夠治理好國家。」回答：「假使楚平王一直堅守這些法令，

常守是法，而楚終不振，謂法不足為治可也。」其後宮室無量，民人日駭，則既不能守是法矣。然則楚之不振者，非法之罪也，廢法之罪也。今日服參朮，明日服烏喙[二]，乃指參朮為殺人，可不可耶？

[注釋][一]宥：寬恕。[二]烏喙：也叫「烏頭」，一種有毒植物。

而楚國始終沒有振興，說法令不能夠治理好國家是可以的。」平王后來建造宮殿房屋沒有節制，百姓每天都擔驚受怕，那麼已經是不能堅守這些法令了。這樣說來，楚國沒能振興，不是法令的罪過，而是廢除法令的罪過。今天服用人參白朮，而明天服用有毒的烏喙，於是指人參白朮是殺人之物，可不可以這樣呢？

【今評】

呂理胡：「歷史法學派」認為「法」非無中生有，而是因應民族之歷史、風俗文化演化而來，「法」是民族精神的反映，故呂祖謙說「與其鑿空創意，如是其難，曷若取數公已成之法，按而行之乎？」、「則既不能守是法矣。……非法之罪也，廢法之罪也。」說明了數代傳承下來的法令之珍貴及制定的艱難，並責備不堅守法令的人是罪過的。

左傳原文

衛文公大布之衣 閔公・二年

衛文公大布之衣，大帛之冠，務材訓農，通商惠工，敬教勸學，授方任能。元年，革車三十乘；季年，乃三百乘。

趙宣子為國政 文公・六年

宣子於是乎始為國政。制事典，正法罪，辟刑獄，董逋逃，由質要，治舊洿，本秩禮，續常職，出滯淹。既成，以授大傅陽子與大師賈佗，使行諸晉國，以為常法。

晉悼公即位 成公・十八年

晉侯悼公即位于朝，始命百官，施舍、已責，逮鰥寡，振廢滯，匡乏困，救災患，禁淫慝，薄賦斂，宥罪戾，節器用，時用民，欲無犯時。使魏相、士魴、魏頡、趙武為卿；荀家、荀會、欒黶、韓無忌為公族大夫，使訓卿之子弟共儉孝弟。使士渥濁為大傅，使脩范武子之法；右行辛為司空，使脩士蒍之法；弁糾御戎，校正屬焉，使訓諸御知義。荀賓為右，司士屬焉，使訓勇力之士時使。卿無共御，立軍尉以攝之。祁奚為中軍尉，羊舌職佐之；魏絳為司馬，張老為候奄。鐸遏寇為上軍尉，籍偃為之司馬，使訓卒乘，親以聽命。程鄭為乘馬御，六騶屬焉，使訓羣騶知禮。凡六官之長，皆民譽也。舉不失職，官不易方，爵不踰德，師不陵正，旅不偪師，民無謗言，所以復霸也。

晉侯謀所以息民 襄公・九年

晉侯歸，謀所以息民。魏絳請施舍，輸積聚以貸。自公以下，苟有積者，盡出之。國無滯積，亦無困人。公無禁利，亦無貪民。祈以幣更，賓以特牲。器用不作，車服從給。行之期年，國乃有節。三駕而楚不能與爭。

楚蒍掩為司馬 襄公・二十五年

楚蒍掩為司馬。子匠使庀賦，數甲兵。甲午，蒍掩書土、田，度山林，鳩藪澤，辨京陵，表淳鹵，數疆潦，規偃豬，町原防，牧隰皐，井衍沃，量入脩賦。賦車籍馬，賦車兵、徒卒、甲楯之數。既成，以授子木，禮也。

平王封陳蔡復遷邑 昭公・十三年

平王封陳、蔡，復遷邑，致羣賂，施舍寬民，宥罪舉職。召觀從，王曰：「唯爾所欲。」

子旗請伐吳 昭公・十三年

吳滅州來。令尹子期請伐吳，王弗許，曰：「吾未撫民人，未事鬼神，未脩守備，未定國家，而用民力，敗不可悔。州來在吳，猶在楚也。子姑待之。」

楚子使然丹屈罷簡兵 昭公・十四年

夏，楚子使然丹簡上國之兵於宗丘，且撫其民。分貧振窮，長孤幼，養老疾，收介特，救災患，宥孤寡，赦罪戾，詰姦慝，舉淹滯。禮新敍舊，祿勳合親，任良物官。使屈罷簡東國之兵於召陵，亦如之。好於邊疆，息民五年，而後用師，禮也。

楚城州來 昭公・十九年

楚人城州來。沈尹戌曰：「楚人必敗。昔吳滅州來，子旗請伐之。王曰：『吾未撫吾民。』今亦如之，而城州來以挑吳，能無敗乎？」侍者曰：「王施舍不倦，息民五年，可謂撫之矣。」戌曰：「吾聞撫民者，節用於內，而樹德於外，民樂其性，而無寇讎。今宮室無量，民人日駭，勞罷死轉，忘寢與食，非撫之也。」

晉荀息請假道於虞以伐虢　僖公二年

諫之用，在於君未喻[一]之前，而不在於君已喻之後，此人臣事君之常法也。然君已喻而不諫，其名一，其實二。已喻而不為耶，是不待諫也；已喻而不改耶，是不當諫也。既曰「喻矣」，其猶不改，何也？怵[二]其利，而冒其害也。

[注釋][一]喻：瞭解，明白。[二]怵（ㄒㄩˋ）：引誘。

人臣之極諫者，吾聞其語矣。曰「是必姦，是必詐，是必危，是必亡」，深切著明，庶幾君之一悟耳。今君已知其為姦詐，已知其為危亡，不勝[一]其欲而直犯之，反飾游辭而拒我，又奚以諫為？

[譯文]

進諫應該用在國君沒有明白事理之前，而不應該用在國君已經明白之後，這是臣子侍奉國君的常理。可是國君已經明白了卻不進諫，說起來是一種情況，其實卻有兩種情形。已經知道了而不去做，是不必要進諫；已經明白而不改正（過錯），是不應當進諫。既然說「知曉了」，他還不改正，為什麼呢？這是被好處引誘而故意冒被害的風險啊。

臣子中極力進諫的人，我聽過他們說的話，說「這必定是奸邪的，這必定是欺詐的，這必定是危險的，這必定會滅亡的」，既深切又明白，期待國君能夠感悟一二而已。現在國君已經知道是奸詐的，已經知道會危亡的，仍不能克制自己的欲望而堅持去冒犯它，反而用掩飾不實的話來拒絕我，那何必要進諫呢？

［注釋］［一］勝：克制，忍受。

虞以貪，虢以驕，自取滅亡，皆不足深論。吾獨怪虞公拒宮之奇之諫，其語太不切事情。久而後悟，虞公姑［一］飾游辭以對宮之奇耳。晉獻公戕害同宗，滅霍滅魏［二］，不可以一二數，皆置勿議，請專以假道一事論之。

［注釋］［一］姑：通「故」。［二］滅霍滅魏：魯閔公元年，晉侯建立兩軍，自己率領上軍，太子申生率領下軍，滅掉霍國、魏國等。霍國、魏國，皆姬姓國。

晉，姬姓也；虞，姬姓也；虢，亦姬姓也。晉加兵於虢，而虞公乃語宮之奇曰：「晉，吾宗也，豈害我哉！」虞公雖昏，未至於遽忘虢公之姓也。其言果何謂耶？蓋虞公心知晉非善意，特怵於璧、馬之利，不能

虞國因為貪婪，虢國由於驕傲，而自取滅亡，這都不值得多說。我只是對虞公拒絕宮之奇的進諫感到奇怪，他的話太不著邊際。過了很久後我纔明白，虞公故意掩飾用虛無不實的話來應付宮之奇。晉獻公殘害同姓宗室，滅掉霍國、魏國，可不止一兩件事，這些都暫且不論，請讓我專就假道滅虢一事進行論說。

晉是姬姓，虞是姬姓，虢也是姬姓。晉國對虢國用兵，可是虞公卻對宮之奇說：「晉國是我的同宗，難道會害我嗎？」虞公雖然昏庸，還不至於立刻忘記虢公也姓姬吧！他的這句話為何這樣說呢？其實虞公心裏知道晉國不懷善意，只不過特別垂涎美玉良馬，不能克制自己，冒著受害的危險而去做。如果正面的用真情告訴人說：「我很愛美玉、良馬，顧不上晉侯

自制，冒其害而為之。若正告人以真情，曰「吾甚愛璧、馬，不暇顧晉之詐」，則必為人所姍笑［一］，故枝辭曲說，汎為悠悠之言，苟以窒宮之奇口而已。其心豈以晉為誠不害同宗者哉？奇遂謂虞公誠不知晉、虢為同宗，乃若教乳兒稚子者，提其耳而誨之，何其暗於事情也！

［注釋］［一］姍笑：同訕笑。

虞公亟欲絕奇之言，以謂若與奇論人事，則吾說有時而窮，不若託［一］之神怪，推墮於滉瀁［二］茫昧之中，俾無所攷質。於是又曰：「吾享祀豐潔，神必據［三］我。」亦特借神怪以拒奇，初非真以為神可恃也。奇復區區進其說，贅矣。大抵君未知其不然，故當告之以不然，君已知其不然，復瀆

的詭詐。」那必定會被人譏笑，所以他迂回曲折地說些不著邊際的話，只不過是用來堵宮之奇的口罷了。他內心難道會認為晉國確實不會殘害同宗嗎？宮之奇於是以為虞公真的不知道晉國和虢國是同宗，於是好像教導喫奶的小孩子一樣，提著他的耳朵教誨他，在這件事情上是多麼的糊塗啊。

虞公急切地想制止宮之奇的話，認為如果與宮之奇論人事，那麼自己可能會理屈詞窮，不如假託鬼神，推論至恍惚迷茫之地，使宮之奇沒有地方可以考證。於是又說：「我的祭品豐盛而潔淨，神必然樂於接受。」也只不過是借鬼神來對付宮之奇，根本不是真的認為鬼神可以依靠。宮之奇又不厭其煩地進諫，這樣做太多餘了。大體來說，國君不知道事情不應該那樣，所以應該告訴他不應那樣；國君已經知道了不對，又輕率告訴他說不對，這樣做無益！宮之奇很忠誠，可是對於成敗已定的氣數又有什麼用呢？

告[四]之不然，無益也。奇則忠矣，然何補於成敗之數哉！

[注釋][一]託：假託。[二]滉瀁：水深貌。[三]據：接受。[四]瀆告：輕率告說。

至於荀息以璧、馬之微，覆虞、虢如反掌，世皆以為智。以吾觀之，息亦未得為智也。息之為晉謀，一工而一拙；息之料宮之奇，一中而一失。璧、馬復歸，而坐得兩國，工矣；驪姬、申生之釁，近在肘腋，曾不能謀，拙孰大焉。預料宮之奇雖諫將不聽，固已奇中；若奇前後之諫，蹇蹇不屈，而反謂其懦不能強諫，非失耶？彼料宮之奇或中或失，未足以為晉之存亡，乃若拙於內難而不能謀，此晉所以國統屢絕而幾不血食也。焉得智？

至於荀息用美玉、良馬的微小代價，顛覆虞、虢兩國如同翻轉手掌一樣容易，世人都認為荀息有智謀。但依我看來，荀息還稱不上有智謀。荀息向晉獻公獻謀策，一個巧妙而另一個拙劣；荀息預料宮之奇的話，一語說中而另一語未中。美玉、良馬又奪回來，並輕鬆地得到虞、虢兩國，這是很巧妙；驪姬、申生的禍患就近在身邊，卻不能為之謀劃化解，有比這更拙劣的嗎？荀息預料宮之奇雖然進諫，將不會被虞公採納，的確是神奇地說中了；但宮之奇前後進諫忠貞不屈，卻反而說他懦弱，不能強諫，這不是失言嗎？荀息對宮之奇的預料有中有失，都不足以決定晉國的存亡，至於不能為平息晉國的內亂而謀劃，使得晉國正統屢次斷絕，幾乎絕祀。這又怎能稱得上明智呢？

左傳原文

晉荀息請假道於虞以伐虢 僖公・二年

晉荀息請以屈產之乘與垂棘之璧假道於虞以伐虢。公曰：「是吾寶也。」對曰：「若得道於虞，猶外府也。」公曰：「宮之奇存焉。」對曰：「宮之奇之為人也，懦而不能強諫。且少長於君，君暱之。雖諫，將不聽。」乃使荀息假道於虞，曰：「冀為不道，入自顛軨，伐鄍三門。冀之既病，則亦唯君故。今虢為不道，保於逆旅，以侵敝邑之南鄙。敢請假道，以請罪于虢。」虞公許之，且請先伐虢。宮之奇諫，不聽，遂起師。夏，晉里克、荀息帥師會虞師，伐虢，滅下陽。先書虞，賄故也。

虢公敗戎於桑田 僖公・二年

虢公敗戎于桑田。晉卜偃曰：「虢必亡矣。亡下陽不懼，而又有功，是天奪之鑒，而益其疾也。必易晉而不撫其民矣。不可以五稔。」

晉復假道於虞以伐虢滅虢滅虞 僖公・五年

晉侯復假道於虞以伐虢。宮之奇諫曰：「虢，虞之表也；虢亡，虞必從之。晉不可啟，寇不可翫。一之謂甚，其可再乎？諺所謂『輔車相依，脣亡齒寒』者，其虞虢之謂也。」公曰：「晉，吾宗也，豈害我哉？」對曰：「大伯、虞仲，大王之昭也。大伯不從，是以不嗣。虢仲、虢叔，王季之穆也。為文王卿士，勳在王室，藏於盟府。將虢是滅，何愛於虞？且虞能親於桓、莊乎，其愛之也？桓、莊之族何罪，而以為戮，不唯偪乎？親以寵偪，猶尚害之，況以國乎？」公曰：「吾享祀豐絜，神必據我。」對曰：「臣聞之，鬼神非人實親，惟德是依。故《周書》曰：『皇天無親，惟德是輔。』又曰：

『黍稷非馨，明德惟馨。』又曰：『民不易物，惟德繄物。』如是，則非德，民不和，神不享矣。神所馮依，將在德矣。若晉取虞，而明德以薦馨香，神其吐之乎？」弗聽，許晉使。宮之奇以其族行，曰：「虞不臘矣，在此行也，晉不更舉矣。」八月，甲午，晉侯圍上陽。問於卜偃曰：「吾其濟乎？」對曰：「克之。」公曰：「何時？」對曰：「童謠云：『丙之晨，龍尾伏辰；均服振振，取虢之旂。鶉之賁賁，天策焞焞，火中成軍，虢公其奔。』其九月、十月之交乎？丙子旦，日在尾，月在策，鶉火中，必是時也。」冬，十二月，丙子，朔，晉滅虢，虢公醜奔京師。師還，館于虞，遂襲虞，滅之。

管仲始進說於桓公，盤遊縱佚[一]之屬，皆曰不害伯，其深戒痛絕以為害伯者，獨參用小人而已。仲之意謂，有抑，必有揚；有拘，必有縱。故其得政之始，首與桓公約：中分齊國為二，舉一國之樂皆歸君，舉一國之權皆歸我。我與君以樂，君與我以權。以是樂而市是權，兩相貿易。要約既定，各守封疆，截然如胡、越之不可相犯。自今日以後，仲苟進苦言以阻桓公之樂耶，則仲為負桓公；桓公苟用小人以侵仲之權耶，則桓公為負管仲。其所以得君專，持權久，成功偉者，恃此約也。

[注釋][一]盤遊縱佚：盤游，遊樂；縱佚，玩樂沒有節制。

[譯文]

管仲起初向齊桓公進言時，認為遊玩縱樂這些事情都不會妨害桓公的霸業，他所深惡痛絕並認為妨害桓公霸業的只是任用小人罷了。管仲的意思是說：有抑制，必定有張揚；有拘束，必定有放縱。所以在他得到政權之初，先與桓公訂了約定：將齊國的事情平均分為兩部分，全國的娛樂事情都歸國君去享受；全國的政治權力，都歸我來掌管。我給予國君娛樂的自由，國君給予我政治權力。用此娛樂換取這一權力，雙方達成約定。約定已成，各守疆界，像胡地和越國一樣互不干涉。從這天以後，假如管仲進諫逆耳之言去勸阻桓公娛樂，那麼就是管仲有負於桓公；假如桓公任用小人以侵奪管仲的權力，那麼就是桓公有負於管仲。管仲之所以能夠得到君主專任，長久地把持政權，並成就豐功偉業，靠的是這個約定啊。

夫彼所謂寺人貂〔一〕者，苟崇〔二〕臺榭、盛狗馬、侈聲色以奉桓公，游宴之樂，是固仲所許也。今乃恃寵干政，漏泄軍事，則正犯仲之約矣。兵事尚神密，泄他人之軍事，猶不免誅，況伯國節制之師，豈容人輒亂之乎？為仲者，盍質桓公以素約，尸貂於軍門可也。顧乃隱忍坐視而不爭，意者闇〔三〕而不知爭乎？則仲非闇人也；意者懦而不敢爭乎？則仲非懦人也。其所以不爭者，殆必有說矣。

〔注釋〕〔一〕寺人貂：寺人，是作為宮中近侍的宦官。貂，即豎貂，人名。〔二〕崇：高築。〔三〕闇：糊塗不明事理。

弈者舉棋纔三四，斂手而甘敗者，國棋也；倒奩〔一〕空枰，大敗塗地，爭猶不止，則棋之下者耳。仲，國棋也。先自見不勝之

那個叫寺人貂的人，假如只是建築高高的臺榭，廣備狗馬，用奢靡的聲色來侍奉桓王，這本來就是管仲所許諾的。如今寺人貂卻倚仗著君王的寵愛干涉政治，洩露軍事機密，正好觸犯了齊桓公和管仲的約定。用兵貴在保密，洩露他人軍事，已經是罪不容誅，何況是霸主政令嚴明的軍隊，怎能容忍有人隨便搗亂？作為管仲，何不用先前立下的約定來質問桓公，把寺人貂的屍首陳放在軍門前示眾是可以的。但他卻克制忍耐、坐觀而不去爭論，或許他是糊塗不知道爭論吧？但是管仲並不是糊塗的人；或許管仲是懦弱不敢去爭論吧？但是管仲並不是懦弱的人。他之所以不去爭論，必定是有說法。

棋下了纔三四步，就拱手甘拜下風的人，是善於下棋的國手；把滿盒棋子都用光了，棋盤上沒有了棋子，一敗塗地，還爭論不休，是棋術低劣的人。管仲，

兆於冥冥之中，安得不知難而止乎？是故智者之敗在心，愚者之敗在事；智者之敗在神，愚者之敗在形。智者之敗，同室不知；愚者之敗，國人皆知。使仲必待舌弊力屈，然後始肯處於不勝之地，亦何以為管仲哉！

［注釋］［一］奩（ㄌㄧㄢˊ）：這裏指裝圍棋的盒子。

仲與桓公要約如此之明，桓公首負約而使貂亂軍政，自常情論之，仲之理甚直，桓公之理甚曲；仲之爭必勝，桓公之爭必不勝。仲何反自處於不勝而遽不爭也？曰：「仲始與桓公約，既以佚樂與桓公矣。資人君浮靡淫麗之樂者，屬之君子乎？屬之小人乎？名曰『佚樂』，未有不資小人者；名曰『小人』，未有不貪權勢者。已許其縱佚樂，而禁其近小人，是授人以田，而奪其耒耜［二］

就像是棋中的國手。他隱約預感到不能成功的苗頭，怎能不知難而止步呢？所以聰明的人敗在心裏面，愚蠢的人敗在事情上；聰明的人敗在精神上，愚蠢的人敗在形跡上。聰明人失敗，即使同室的人也不知道；愚蠢人失敗，全國的人都知道了。假使管仲一定要等到理屈詞窮、精疲力盡了，纔肯承認失敗，又怎能算是他管仲呢？

管仲和桓公的約定如此明確，桓公首先違背約定而使寺人貂擾亂了軍政，從一般情理上來評論，管仲佔理，桓公不佔理；管仲爭論必定勝利，桓公爭論必定失敗。管仲為何反而自處於失敗的地位而不立即據理力爭呢？回答是：「管仲當初與桓公立約，已經把放縱玩樂的事情許給了桓公。把浮艷綺靡、淫侈華麗的享樂帶給人君的人，屬於君子呢？還是屬於小人呢？既然說是『玩樂』，就沒有不任用小人的；既然名叫『小人』，就沒有不貪圖權勢的。已經許諾他放縱玩樂，卻禁止他親近小人，這就像給予了別人田地卻奪走他的農具；已經容許他親近小人了，卻禁止小人侵奪我的權力。這就好像和盜賊同居一處，卻厭惡

也；已容其近小人，而禁其奪吾權。是與盜者同處，而惡其攘竊[二]也。世寧有是理耶？仲急於功利，亟欲得齊國之柄，不暇長慮卻顧而為是約，至於漏師多魚之時，仲固已默然陰悔初約之謬矣。失之於初，不能救之於末，此仲之所以吞聲而不敢較也。」

[注釋][一]耒耜：古代耕地的農具，也用作農具總稱。[二]攘竊：搶奪盜竊。

若他人居仲之地，必不度事勢而爭之，雖使桓公或勉聽其言而逐貂，然逐貂之後，誰與桓公供耳目之娛？誰與桓公極心志之欲？苟復求如貂者繼之耶，則盜權猶自若也；苟求不盜權者置之君側，必擁腫鞅掌[一]，然後可耳。輿臺閹寺[二]輩能希[三]君之意者，必能盜君之權；不能盜君之權者，

他的搶奪偷竊。世上難道有這種道理嗎？管仲急於功利，迫切地想獲得齊國的政權，來不及思前想後、長遠考慮，就立下這個約定。等到寺人貂在多魚將軍事秘密洩露的時候，管仲就已經沉默無語暗自後悔當初定約的錯誤了。在開始的時候失了策，以後就不能補救，這就是管仲忍氣吞聲不敢計較的原因。」

如果是別人處在管仲的地位，一定會不揣度形勢而去爭論此事，即使可能讓桓公勉強聽從他的話而驅逐了寺人貂，但是驅逐了他之後，誰來給桓公提供耳目之娛呢？誰來滿足桓公心中的欲望呢？如果再尋求一個像寺人貂這樣的人接替，那麼侵奪權力還會像往常一樣；如果要尋求一個不會侵奪權力的人安置在君王身邊，必然是無所可用只知瞎忙的人纔可以。那些能迎合君王心意、地位卑微的下等人，必定能夠竊取君王的權力；不能夠竊取君王權力的，也必定不能迎合君王的心意。

亦必不能希君之意。

[注釋][一]擁腫鞅掌：擁腫，即臃腫，指無所可用；鞅掌，謂職事紛擾煩忙。[二]輿臺閹寺：泛指地位卑微的下等人。[三]希：迎合，理解。

桓公左右誠皆擁腫鞅掌之徒，則塊然[一]宮中，無以自適[二]，必反責管仲曰：「爾所以許我者，享為君之樂也；我所以與爾權者，亦以易吾之樂也。今吾蹙迫槁乾[三]，曾不能少享為君之樂，豈非爾欺我耶？」是則用貂之初，仲固可持左券而責桓公之負約；逐貂之後，桓公亦將持右券責管仲之負約也。君臣相咎，必至相睽[四]，仲之身將不得安於齊國矣。管仲桓公，君臣之交聞天下，一旦相責至此，豈不貽笑後世耶？仲之隱忍而不爭者，畏此辱也。

假如桓公身邊果真都是無所可用只知瞎忙的人，那麼桓公很無聊地呆在宮中，沒有什麼東西可以消遣，必定會責備管仲說：「你許諾給我的，是享受作為國君的快樂；我給你權力的原因，也是為了換得我的快樂。現在我弄得枯燥鬱悶，一點也不能享受到作為國君的快樂，這難道不是你欺騙了我嗎？」如此說來，在桓公開始任用寺人貂之時，管仲固然可以拿著左半的契書去責備桓公違約；那麼在驅逐了寺人貂之後，桓公也可拿著右半的契書來責備管仲違約。君臣之間互相責備，必然會到互相衝突的地步，管仲也將不能安穩地留在齊國了。桓公、管仲君臣二人的交情天下聞名，一旦互相責難到這種地步，豈不貽笑後世嗎？管仲之所以隱忍而不去爭論，就是害怕這種羞辱啊。

［注釋］［一］塊然：無聊貌。［二］自適：悠然閒適而自得其樂。［三］蹙迫槁乾：鬱悶枯槁，生活毫無樂趣。［四］暌：衝突，敵視。

況自貂始進之時言之，桓公所以敢用貂者，以仲許之也。當是時仲為主，而貂為客。自貂嬖寵之時言之，桓公所以未疏仲者，以不害貂也。當是時貂為主，而仲為客。君臣之歡潛移，客主之勢互變。昔也，貂為仲所容；今也，仲為貂所容。方且取容之不暇，矧曰逐之乎？

逮仲之將死，始明數貂之姦，列於易牙、開方［一］之間，欲併逐之。平時則不敢排擊，以為保身之計；將死則盡言不諱，以取知人之名。其自為謀亦巧矣。仲之謀雖巧，然既開禍亂之原，雖彌縫障蔽，終不能

何況從寺人貂剛進的時候來說，桓公之所以敢任用寺人貂，是因為管仲答應了他。在這個時候，管仲是主，而寺人貂是客。從寺人貂獲寵之後來說，桓公之所以沒有疏遠管仲，是因為管仲不妨害寺人貂。在這個時候，寺人貂是主，而管仲是客。君臣的歡心暗暗地轉移，主客的地位互相改變。從前，寺人貂被管仲所容納；現在，管仲被寺人貂所容納。將要去討好他尚且怕來不及，更何況說驅逐他呢？

等到管仲將要死的時候，纔公開數落寺人貂的奸佞，將他置於易牙、開方之列，打算一併驅逐。平時不敢排斥攻擊，用來作為保全自身的計策；將死時便直言不諱，以博取知人的名聲。他為自己打算也真是機巧啊。管仲的打算雖然機巧，但是既然已經開了禍亂的源頭，即使能彌補漏縫，除去壅塞，最終也不能遏制。庶出公子互相爭鬥，國家正統幾乎斷絕。天下

遏。庶孽[二]交爭，國統[三]殆絕。天下之事，信非巧者所能辦也。

［注釋］[一]易牙、開方：易牙為桓公廚師，受寵於桓公。桓公說，惟嬰兒肉未吃過，易牙便蒸煮了小兒獻給桓公。開方為衛懿公長子，至齊國後為大夫，也為桓公寵臣。[二]庶孽：眾妾所生兒子。[三]國統：國家的統緒。

嗚呼！仲之輔桓公，其自期何如耶？蓋將混文軌[一]一統類，雖山戎、孤竹[二]之屬皆入封略[三]，猶以為褊[四]也。晚節末路，至使桓公不能自定其子，區區[五]偕仲屬之於宋襄焉。仲始欲致桓公於何地，今反不能保一子而託之他人。想仲發言屬宋襄之際，顏忸怩而口囁嚅，跼天蹐地[六]，無措身之所矣。吾讀書至此，未嘗不憐其衰，而哀其窮也。世之詆伯者，必曰「尚功利，五

的事情確實不是機巧的人能夠處理得好的啊。

唉！管仲輔助桓公，他的自我期望是什麼呢？大概是想一統天下，即使是山戎、孤竹之類偏遠的小國都收進封界來，還覺得狹小呢。而到了晚年末路，竟至於使桓公不能自己指定太子，一心一意地與管仲一起把太子託付給宋襄公。管仲起初雄心勃勃地想扶助桓公到何等地步，如今反而不能保全太子而託付給他人。想像管仲開口將太子託付給宋襄公的時候，表情忸怩，言語囁嚅，窘迫局促，顏面無處安放。我讀書到這裏，也未嘗不憐惜他的衰落，同情他的困厄了。世上詆毀霸術的人必定說：「他們喜好功利，春秋五霸中齊桓公勢力最為強大。」桓公的幾個兒子相互殘殺，他自已死後不能及時安葬，禍亂尚且不能避免，

伯桓公為盛」。諸子相屠，身死不殯，禍且不能避，豈功利之敢望乎？是知王道之外無坦塗，舉皆荊棘；仁義之外無功利，舉皆禍殃。彼詆伯以功利者，何其借譽之深也！

〔注釋〕〔一〕文軌：文字和車軌。古代以同文軌為國家統一的標誌。〔二〕山戎、孤竹：春秋時北方的兩個小國。〔三〕封略：封界、邊界。〔四〕褊：狹小，狹隘。〔五〕區區：形容一心一意。〔六〕跼天蹐地：指窘迫無路貌。

難道還敢有功利的奢望嗎？因此可知，在王道之外沒有平坦的道路，到處都是荊棘；在仁義之外沒有什麼功名利祿，到處都是禍患災難。那些用注重功利的話去詆毀霸術的人，借助他人以博取讚譽是多麼嚴重啊！

【古評】

邱瓊山曰：問得細，辨得盡，引喻的確，誠千古快心之論。

楊升庵曰：識見高卓，筆力遒勁，故字字直刺入小人之骨。

孫執升曰：約者市道也，首拈一市字，括盡一身心事，括盡一篇主意。始與君為市，繼與小人為市，終以國為市，故功利二字猶是矕詞，千古佐伯之術一時敗露。

朱字綠曰：從漏師多魚處，看定管仲不言；推到始進時，許君任用小人，以樂易權，隱衷已是奇妙，又說到爭之不可，惟有委曲聽從，權默移於小人而不能複奪，其情其勢歷歷如見。後言將死始敢言貂，以取知人之名，亦是推勘入微法。「王道之外無坦途，仁義之外無功利」，更為奇怪，不許霸者占去功利二字，創論驚人。

張明德曰：人臣事君，私心未化，未有不走入此等路上去。所以仲尼之門，五尺之童羞稱五霸，由此之故。文勢如雲發泉湧，不可端倪。結末並得功利二字，不許霸者占去，奇論得未曾有。

左傳原文

齊寺人貂漏師 僖公．二年

秋，齊寺人貂始漏師于多魚。

寺人貂立無虧 僖公．十七年

齊侯之夫人三：王姬、徐嬴、蔡姬，皆無子。齊侯好內，多內寵，內嬖如夫人者六人：長衛姬生武孟，少衛姬生惠公，鄭姬生孝公，葛嬴生昭公，密姬生懿公，宋華子生公子雍。公與管仲屬孝公於宋襄公，以為大子。雍巫有寵於衛共姬，因寺人貂以薦羞於公，亦有寵，公許之立武孟。管仲卒，五公子皆求立。冬十月乙亥，齊桓公卒。易牙入，與寺人貂因內寵以殺羣吏，而立公子無虧。孝公奔宋。

宋襄伐齊立孝公 僖公．十八年

春，宋襄公以諸侯伐齊。三月，齊人殺無虧。齊人將立孝公，不勝，四公子之徒遂與宋人戰。夏五月，宋敗齊師于甗，立孝公而還。

會陽穀謀伐楚

僖公・三年

甚小人之惡者，寬小人之惡者也；多小人之罪者，薄小人之罪者也。小人之懷惡負罪者，其心未嘗一日安也。一旦為人所發，情得計露，手足失墜，何辭之敢爭？其所以旅拒[一]不服者，抑有由矣。是非小人之罪也，治小人者之罪也。

[注釋][一]旅拒：聚眾抗拒，違抗。

治小人者，疾之太過，求之太深，謂「正指其罪惡，無所附益，未足以深陷小人」。由是於本惡之外，復增其惡以甚之；於本罪之外，復增其罪以多之。小人始悻然[一]不服，雖旁觀者，亦憮然有不直[二]君子

[譯文]

過於責備小人罪惡的人，正是寬解小人罪惡的人；妄自增添小人罪名的人，正是減輕小人罪名的人。那些心懷惡念、擔著罪名的小人，他們的心一天也未曾安穩過。一旦被人發覺，真相大白，計謀敗露，將手足無措，還有什麼言辭敢來爭辯呢？他們之所以抗拒不服，也是有原因的。這就不是小人的罪過，而是懲治者的罪過了。

懲治小人的人，痛恨之心太深，要求太苛刻，說：「只指責他的罪惡，而不附加點罪名，是不能夠嚴厲打擊小人的。」於是在他的本惡之外，再增加點惡名使它更嚴重；在他的本罪之外，再增加點罪責使它更繁多。正因如此，小人纔忿恨不服，即使是旁觀者，心中也會悵然，產生君子沒有道理的想法。

之心矣。

〔注釋〕〔一〕悻然：怨恨失意貌。〔二〕直：認為有理。

所謂小人者，方患無以自解也，日夜幸吾一言之誤、一字之差，乘隙以破吾之說。今吾乃故為溢毀無實之辭，使彼得以藉口，是遺小人以自解之資也。彼之惡本實，因吾增之，反變實惡為虛惡；彼之罪本實，因吾增之，反變實罪為虛罪。則為小人者，惟恐君子增加之不多耳。嗚呼！君子何苦坐〔一〕一偽，而喪百真？小人亦何幸借一誣，而解百讁〔二〕乎？

〔注釋〕〔一〕坐：為了、由於。〔二〕讁：譴責、責備。

大商坐肆，持權衡〔一〕而售物，銖〔二〕

那些稱為小人的人，正擔憂沒有辦法可以自我解脫，日夜巴望我有一句話的錯失、有一個字的差訛，然後好乘隙而入，攻破我的說法。現在我卻有意捏造過分詆謗、缺乏真實的言辭，使他們得了藉口，這是送給小人自我解脫的資本。他的罪惡本來是確實的，因為我的虛增，反而把實惡變成了虛惡；他的罪行本來是確實的，因為我的虛增，反而把實罪變成了虛罪。那麼做小人的，惟恐君子給他們增加的罪惡還不夠多呢。唉！君子何苦為了一點虛假而喪失了眾多真實呢？小人又是多麼幸運借著一點誣妄而解脫了眾多譴責啊？

大商人經營店鋪，拿著秤買賣東西，銖就是銖，

而銖焉，兩［三］而兩焉，鈞［四］而鈞焉，石［五］而石焉，人交手授物，無敢出一語者。苟陰加權衡而罔利［六］，所贏者僅若毫髮，眾皆競棄之，將立為溝中瘠［七］矣。權衡已定，加則為貪；罪惡已定，加則為濫。是故取貨財者，取所不當取，則當取者必反不能取；治小人者，治所不當治，則當治者必反不能治。但取所當取，帑［八］藏自不能容；但治所當治，姦宄［九］自不能遯。又何必曲取而過治也哉！

［注釋］［一］權衡：稱量物體輕重的器具。衡，秤桿；權，秤砣。［二］銖：古代重量單位。二十四銖為一兩。［三］兩：古代重量單位。十錢或十六錢為一兩。［四］鈞：古代重量單位。三十斤為一鈞。［五］石：古代重量單位。一百二十斤為一石。［六］罔利：猶漁利。［七］瘠：通「胔（ㄗˋ）」。尚未腐爛的屍首。［八］帑（ㄊㄤˇ）：財帛。［九］姦宄（ㄍㄨㄟˇ）：違法作亂的人。

兩就是兩，鈞就是鈞，石就是石，買賣雙方交易貨物，沒人敢說什麼。假如暗地裏在秤上做手腳而漁利，所獲的微乎其微，而眾人將都競相唾棄他，他將馬上會像溝渠中的腐肉般臭不可聞。衡量標準已經確定，增加就是貪婪；罪名惡行已經確定，再增加就是過濫。因此，拿貨物、錢財的人，如果拿走了本不該拿的，那麼該拿的反而必定拿不到；懲治小人的人，如果懲治了本不當懲治的，那麼該懲治的反而必定懲治不了。只拿你應當拿的，倉庫自然充實得裝不下；只懲治你應當懲治的，違法作亂的壞人自然遁逃不了。又何必不正當地拿取或過度懲治呢？

齊桓公與管仲為伐楚之役，苟直指其不共貢職[一]以討之，則適投其病，楚必稽首而歸罪矣。而君臣過計，以不共貢職之罪為不足，遂遠求昭王不復之事，欲張楚之罪，大吾出師之名，以蓋侵蔡之私。抑不知膠舟之禍，年踰數百，荒忽茫昧，不可考質，楚安肯坐受其責乎？此所以來水濱之侮也。使桓公、管仲苟止以包茅責楚，而不加以昭王之問，則言出而楚服矣，尚何待進師至陘[二]，而僅得其請盟乎？

［注釋］［一］共貢職：共通「供」。供應貢品的職責。［二］陘：春秋時楚國地名。在今天河南郾城一帶。

影者，形之報也；響者，聲之報也；刑者，罰之報也。高下輕重，咸其自取，豈

齊桓公和管仲發動伐楚這場戰爭，如果直接指責楚國不供貢品而討伐它，那麼就正好擊中它的要害，楚國必定會俯首認罪的。然而君臣二人過於多慮，認為不供貢品的罪名還不夠，於是遠遠牽扯到周昭王不能生還的舊事，想借此誇大楚國的罪過，並張大自己出兵的名義，掩蓋侵犯蔡國的私心。卻不知道「膠舟」這件禍事，已經過去幾百年了，事情遙遠不明，已不可考證，楚國怎麼會甘心承受責備呢？這就是引來「問諸水濱」羞辱的原因了。假使桓公、管仲只以不供苞茅的事來指責楚國，而不加問昭王的事，那麼話一出口，楚國就會屈服了，還用等到進兵到陘這個地方，纔僅僅換來他前來請求訂立盟約的結果嗎？

影子，是形體的回應；回聲，是聲音的回應；刑罰，是處分的回應。高與下、輕與重，都是由自己決定的，難道有一個形體卻有兩個影子，一次聲音卻有

有一形而兩影、一聲而兩響者哉？君子之用刑，當聽其自犯，而不置我於其間。多與之為多，寡與之為寡，苟不勝其忿，而以私意增之，是我之刑，而非刑之刑也。伐人國，覆人族，殘人身，而參之以我，吁！危哉。

以小人而謗君子，謂之誣；以君子而增小人之罪，亦謂之誣。小人之誣君子，全體之誣也；君子之誣小人，一事之誣也。小大雖殊，然終同歸於誣而已矣！君子方疾小人之為誣，而復效其為誣，亦何以責彼哉？惜乎！伐楚之際無以是語桓公者也。

然則，楚之罪果止於不共王祭而已乎？曰：「否。」楚聞周之衰，竊王號以自娛[二]，淫名掩於天子，罪未有先焉者也。桓公、管仲方求出師之名，尚遠取數百年之罪以加

兩次回響的嗎？君子使用刑罰，應當根據犯人自己犯下的罪行，而不能加入審判者自身的情感。罪行嚴重就嚴加懲罰，罪行輕微就稍加懲罰，如果不能抑制忿怒而憑著私心增加罪名，那就成為自己的刑罰，而不是刑罰的刑罰了。討伐別國，覆滅他族，殘害他人身體，卻加入自己的情感，哎呀！危險啊！

做小人的毀謗君子，是誣陷；做君子的加重小人的罪名，也是誣陷。小人誣陷君子，是整個兒的誣陷；君子誣陷小人，是對某件事的誣陷。大小雖然不同，但終歸都是誣陷啊。君子正痛恨小人的誣陷，卻仿效他們行徑來誣陷別人，那又能拿什麼來責備小人呢？可惜啊！討伐楚國的時候，沒有人把這些話告訴桓公。

然而楚國的罪過，果真只在於不供周王的祭品嗎？回答：「不是的！」楚國聽說周室衰微，便僭稱王號來自娛自樂，荒淫的名聲掩過了周天子，罪過沒有比這更大的了。桓公、管仲正尋求出師的名義，還遠遠地拿幾百年前的罪過來加在楚國身上，假使他們

楚，使知其僭王，必無反為楚隱之理。今恬不加問，是必不之見。楚之僭王，天下知之，何為齊之君臣獨不見乎？此無他，惟有意求出師之名，所以愈求而愈不見也。

人之求墜簪者，簪橫吾之前，或瞀亂[二]而不能見，簪曷嘗自匿哉！心切於求，則目眩於視也。桓公、管仲之不見楚罪，其以是哉！

[注釋][一]竊王號以自娛：楚子擅自稱王，僭越了禮儀。[二]瞀亂：昏亂。

知道楚王僭稱王號，必定沒有反替楚國遮掩的道理。現在卻淡漠地不加責問，一定是沒有看到。楚國僭越王號，普天下的人都知道，為什麼齊國的君臣卻惟獨看不到呢？沒有其他原因，只因刻意尋求出師的名義，所以越是尋求就越是尋求不到罷了。

人們有尋求掉落的簪子的，簪子就橫在我的面前，有時卻目眩惑亂而看不見，簪子又何曾自己躲藏了呢？內心急切地要尋求，那麼眼睛在看的時候就昏花了。桓公、管仲看不到楚國的罪過，大概就是這個原因吧？

【古評】

茅鹿門曰：溢毀豈獨為小人藉口，往往釀成莫解之禍，伯恭之論最深最透。

孫執升曰：篇內「自解之資」一段，透情刻理，字字精金美玉。

朱字綠曰：甚其惡而反以輕之，多其罪而反以薄之，從來未經人道。凡作文必有一段不可磨滅之識始能不朽，若拾人牙慧，不越宿而腐耳，學者不可不知。看《博議》小小結構，凡創議處，必是前人未有，後人不到，故爾可傳。

張明德曰：先正論文，如人欲在高處立，闊處行，我讀茲篇而尤信。

【今評】

呂理胡：「罪刑法定主義」是刑法的重要原則，即「法無明文不為罪不處罰」，中國早在唐代，便已有「無正條不為罪」的規定，齊桓公和管仲伐楚，明明有明確的罪名，卻視而不見，硬要網羅莫須有的罪名，最後遭到楚國強烈抵抗，無怪乎呂祖謙責備其危險啊！

左傳原文

會陽穀謀伐楚 僖公．三年

「秋，會于陽穀」，謀伐楚也。齊侯為陽穀之會，來尋盟。冬，公子友如齊涖盟。

齊歸蔡姬 僖公．三年

齊侯與蔡姬乘舟于囿，蕩公。公懼，變色；禁之，不可。公怒，歸之，未絕之也。蔡人嫁之。

齊侵蔡伐楚 僖公．四年

春，齊侯以諸侯之師侵蔡。蔡潰，遂伐楚。楚子使與師言曰：「君處北海，寡人處南海，唯是風馬牛不相及也，不虞君之涉吾地也，何故？」管仲對曰：「昔召康公命我先君大公，曰：『五侯九伯，女實征之，以夾輔周室。』賜我先君履，東至于海，西至于河，南至于穆陵，北至于無棣。爾貢包茅不入，王祭不共，無以縮酒，寡人是徵。昭王南征而不復，寡人是問。」對曰：「貢之不入，寡君之罪也，敢不共給！昭王之不復，君其問諸水濱！」師進，次于陘。夏，楚子使屈完如師。師退，次于召陵。齊侯陳諸侯之師，與屈完乘而觀之。齊侯曰：「豈不穀是為？先君之好是繼。與不穀同好如何？」對曰：「君惠徼福於敝邑之社稷，辱收寡君，寡君之願也。」齊侯曰：「以此眾戰，誰能禦之？以此攻城，何城不克？」對曰：「君若以德綏諸侯，誰敢不服？君若以力，楚國方城以為城，漢水以為池，雖眾，無所用之。」屈完及諸侯盟。

楚伐鄭 僖公・三年

怠善而長姦者，莫如「徇時」之說。是說之行於世，不知其幾年矣。持之有故也，舉之有證也，辨之有理也，無惑乎傾天下而從之也。其說曰：「徇時者通，忤時者窮。」

天下堯、舜，而我獨共、鯀[一]，是以有放殛[二]之刑；天下桀、紂，而我獨湯、文[三]，是以有幽縶[四]之禍。故崇山、幽州之竄[五]，宜也；夏臺、羑里[六]之囚，亦宜也。亂世之不利為善，猶治世之不利為惡也。子欲為善於亂世，盍先自省：能飢乎？能寒乎？能傲炎荒[七]而輕髡鉗[八]乎？能嗜刀鋸而親碪質[九]乎？能也，固可忤時而獨行其志也；如曰未能，盍亦隨時上下，以徼[一〇]寵保身哉！是說之行，風靡波蕩者

[譯文]

怠慢良善而助長奸偽的，沒有哪個能比得上「順應時勢」這種言論了。這種言論在世上流行，不知道有多少年了。立論有根據，列舉有明證，辯論有理由，難怪招引得全天下的人都認從於它。這種言論認為：「順應時勢的人通達，忤逆時勢的人困厄。」

天下都趨附堯、舜，而唯獨我是共工、鯀，因此便有了流放誅戮的刑罰；天下都趨附桀、紂，而唯獨我是成湯、文王，因此便有了拘繫囚禁的禍患。所以放逐共工、鯀於崇山、幽州是應該的，囚禁湯、文於夏臺、羑里也是應該的。亂世不利於做好人，就好像盛世不利於做壞人一樣。你如果要想在亂世裏做好人，何不先反省一下自己：能忍受飢餓嗎？能忍受寒冷嗎？能禁得起南方的炎熱偏遠之地嗎？能輕視髡鉗之刑嗎？能不畏懼殺人的刀鋸而親近砧具嗎？如果能，固然可以忤逆時勢，而獨自施行自己的志向；如果說不能，何不也跟著時勢，隨波逐流，以求寵保身呢？這種言論盛行於世，隨波逐流的人，十個裏面有

十人而九矣。噫嘻！世之君子果何道而排之乎？

[注釋][一]共、鯀：共即共工，號窮奇，少昊氏之兒；鯀即大禹之父。[二]放殛：放逐誅殺。[三]湯、文：即成湯、周文王。[四]幽縶：囚禁。[五]崇山、幽州之竄：共工被舜流放到崇山，鯀因為治水無功，舜將他放逐到幽州。[六]夏臺、羑里：成湯王曾被夏桀囚禁在夏臺（夏朝的監獄）；周文王曾經被商紂王拘繫在羑里。[七]炎荒：指南方炎熱偏遠之地。[八]髡鉗：髡，古代剃髮之刑；鉗，古代束頸之刑。[九]碪（ㄓㄣ）質：古代殺頭時用的墊板。[一〇]徼（ㄧㄠ）：求取，尋求。

春秋之時，澆偽[一]蠭起之時也。徇時而生者，吾見其人矣；忤時而死者，吾見其人矣。祭仲、潘崇[二]之顯榮，洩冶、伯宗[三]之戮辱，皆世俗所指以藉其口者也。蓋嘗以齊、楚爭鄭之際觀之，鄭伯之臣終始主齊，不變其說者，孔叔也；反覆趨利，且齊且楚者，申侯也。格之以世俗之說，則孔叔之樸

九個。唉！世上的君子，究竟會用什麼方法去排抵它呢？

春秋時期，是淺薄、虛偽的風氣紛紛湧起的時候。順應時勢而生存的人，我是知道的；忤逆時勢而死去的人，我也是知道的。祭仲、潘崇的顯達榮耀，洩冶、伯宗的受辱被殺，都被世俗常用來作話柄。就齊、楚兩國爭奪鄭國的時局來說，鄭國的臣子中，始終主張依附齊國，不曾改變主張的，是孔叔；反復無常，趨附勢力，忽而齊國忽而楚國的，是申侯。如果以世俗的言論來推究，那麼以孔叔的固執呆板，大概

固膠滯，殆難免乎今之世？申侯持詭譎之術，遇澆偽之時，所謂卉之春而稼之秋也。然孔叔卒無纖芥之禍，而申侯反以殺其身，則世俗之說果可盡信耶？附丁傅者，皆貴於哀帝之朝，而朱博以丁傅敗[四]。獻符命者，皆侯於王莽之世，而劉棻以符命誅[五]。昔之君子介然自守，忤時不悔者，其知之矣。

[注釋][一]澆偽：淺薄、虛偽。[二]祭仲、潘崇：祭仲為春秋時鄭國大夫；潘崇為春秋時楚成王太子商臣之師，後來鼓動商臣謀殺楚成王。[三]洩治、伯宗：洩治為春秋時候陳國人，陳靈公大夫，後來因直諫而死。伯宗為晉國大夫，好直言，後來因此罹禍。[四]附丁傅者句：漢哀帝時，外戚丁傅掌握重權，丞相朱博依附於他，曲媚孔鄉，劾傅喜，彈何武，意欲緣此固寵。不意反動哀帝之疑，坐陷誣罔之罪，被迫服毒自殺。[五]獻符命者句：王莽篡漢後，許多人獻符命，歌功頌德，被授予高官厚爵。劉棻，劉歆子，時為侍中，擅自造作符命，而被王莽殺死。

嗚呼！治世者，小人失志之時也；亂世者，小人得志之時也。為小人禱者，必祝

是難以在今世自保了。申侯主張變化多端的方法，又遇到淺薄虛偽的時代，正所謂草木逢春、莊稼在秋了。但孔叔終究沒有纖芥之禍，而申侯反而因此丟掉了性命，那麼世俗之說果真可以完全相信嗎？依附丁傅的人，都在哀帝的朝代顯貴，而朱博卻是因為丁傅而身亡；進獻符瑞的人，都在王莽的時代稱侯，而劉棻卻是因為進獻符瑞而被殺的。昔日的君子專一自守，即便忤逆時勢也不懊悔，就是因為明白這個道理啊。

唉！太平盛世，是小人失意的時代；動亂時代，是小人得志的時代。替小人祈禱的人，一定祝他遇到

其遇亂世而毋遇治世，抑不知事有大繆不然者。小人之在治世，片言犯義，則鐫譙[一]至；跬步[二]觸法，則譴責來。含毒蓄險，鬱不得吐。信乎！其不得志也。然抑其惡所以全其身，愛小人者，孰有加於治世乎？嚴師之箠楚[三]，慈母之呵叱，吾見其恩而不見其讎也。亂世則反是矣。貪大者，家亦大；詐高者，位亦高。羣讙輩囂[四]，競於為惡，不至於覆宗絕祀，不止也。有餌焉，以馨其鉤；有錦焉，以華其阱。安得不誘而納之死地乎？此申侯所以狃[五]為惡之利，而至斯極也。嗚呼！小人者毋以遇亂世為幸哉。

[注釋][一]鐫譙：詰問責備。[二]跬步：半步，邁一次腿的距離，相當於今天的一步。[三]箠楚：棍棒和荊條，這裏指杖責。[四]群讙輩囂：喧嘩紛囂。[五]狃：貪圖。

亂世而不要遇到盛世，卻不知道這是大錯特錯。小人處在盛世，有半句話觸犯了道義，斥責就到了；有半步觸犯了法律，譴責就來了。心含怨毒暗藏險惡，卻抑鬱不能吐露。果然信啊！他們多麼不得志。但是遏止了他們的罪惡，正是保全了他們的性命，愛護小人的，還有什麼能超過盛世呢？嚴師的責打，慈母的呵叱，我只見到他們的慈愛，卻未見他們的仇恨。亂世就不是這樣了。貪心大的，家業也大；騙術高的，地位也高。喧囂叫嚷，競相為惡，不弄到傾覆宗廟、斷絕香火而不肯罷休。有釣餌使魚鉤馨香，有絲綢讓陷阱華麗，怎能不引誘人且置之於死地呢？這就是申侯貪圖作惡的利益，而落到這一極端地步的原因了。唉！做小人的，還是不要把遇到亂世看作是幸運吧！

【古評】

王鳳洲：反復證辨，其勸君子而戒小人者至矣。

孫執升曰：世俗第知徇時、忤時，其窮通有不儘然者，不知人當辨君子、小人，時當辨治世、亂世。此文前後似不相蒙，實有至理結構，末段議論尤高。

朱字綠曰：孔叔守正而免禍，申侯反覆而被誅，此亂世之所少也，故取以為守正者勸，且為反覆者警。因先說世俗之論，透說徇時之利。反壓題意，然後轉出正意，倍見精神。末復言小人生於治世，以有所裁抑而不至陷於死亡；小人生於亂世，以無所底止而恒我罹於覆滅。此千古名通之論，所謂善人為邦，勝殘去殺，而火炎昆岡，剛玉石俱焚者也。

張明德曰：非有上下千古之識，正是不能道隻字。每通一過，輒欲下拜，善乎朱字綠之評曰！萬曆時黨禍雖作，小人附會權勢，不過斥逐君子，未能大得志也。即小人之禍，亦不過斥逐其身而止。及魏奄用事，小人誅鋤君子，駢屍牢戶，此時貪大者家大，詐高者位高，其得志甚矣。然未幾而烈皇禦極，或正典刑，或錮逆案，豈非納之死地者耶？治世深愛小人，亂世非小人之幸，不誣也。

左傳原文

楚伐鄭 僖公·三年

楚人伐鄭，鄭伯欲成。孔叔不可，曰：「齊方勤我。棄德不祥。」

齊執陳轅濤塗 僖公·四年

陳轅濤塗謂鄭申侯曰：「師出於陳、鄭之間，國必甚病。若出於東方，觀兵於東夷，循海而歸，其可也。」申侯曰：「善。」濤塗以告齊侯，許之。申侯見曰：「師老矣，若出於東方而遇敵，懼不可用也。若出於陳、鄭之間，共其資糧屝屨，其可也。」齊侯說，與之虎牢。執轅濤塗。

申侯城賜邑鄭伯逃歸 僖公·五年

陳轅宣仲怨鄭申侯之反己於召陵，故勸之城其賜邑，曰：「美城之，大名也，子孫不忘。吾助子請。」乃為之請於諸侯而城之，美。遂譖諸鄭伯曰：「美城其賜邑，將以叛也。」申侯由是得罪。秋，諸侯盟。王使周公召鄭伯，曰：「吾撫女以從楚，輔之以晉，可以少安。」鄭伯喜於王命，而懼其不朝於齊也，故逃歸不盟。孔叔止之，曰：「國君不可以輕，輕則失親；失親，患必至。病而乞盟，所喪多矣。君必悔之。」弗聽，逃其師而歸。

鄭殺申侯以說齊 僖公·七年

春，齊人伐鄭。孔叔言於鄭伯曰：「諺有之曰：『心則不競，何憚於病？』既不能彊，又不能弱，所以斃也。國危矣，請下齊以救國。」公曰：「吾知其所由來矣，姑少待我。」對曰：「朝不及夕，何以待君？」夏，鄭殺申侯以說于齊，且用陳轅濤塗之譖也。初，申侯，申出也，有寵於楚文王。文王將死，與之璧，使行，曰：「唯我知女。女專利而不厭，予取予求，不女疵瑕也。後之人將求多於女，女必不免。我死，女必速行，無適小國，將不女容焉。」既葬，出奔鄭，又有寵於厲公。子文聞其死也，曰：「古人有言曰：『知臣莫若君。』弗可改也已。」

楚滅弦

僖公・五年

天下之禍，恃人而不自戒者居其最；天下之辱，為人所恃而不能保者居其最。恃人而受禍者，固可責也；所恃者不足恃，而納人於禍，庸非[一]可責之尤者乎？

齊桓公攘[二]夷狄以尊中國。弦[三]也，黃[四]也，僻陋在夷，慕中國之義，自附於齊；恃齊忽楚，相繼覆亡；《左氏》以「恃人而忘備」責之。抑不知二國之所以忘備者，深信中國以為可恃也，終至於翦滅者，豈非誤信中國而至於此極乎？為中國者，誤人於死地，曾不自咎，尚忍隨其後譏之。甚矣！無愧而不知恥也。

[注釋][一]庸非：難道不是。[二]攘：排斥。[三]弦：古代國名，姬姓。故址約在今河南潢川縣西北。[四]黃：古代國名，嬴姓。故址約在今河南潢川

[譯文]

天下的禍患，依靠他人而不自己戒備的，算是最嚴重的了；天下的恥辱，被人依靠卻不能保全他人的，算是最可恥的了。依靠他人因而遭受禍患的，固然應當被責備；被依靠的不足以讓人依靠，反而使人捲入禍患，難道不是更應當受到譴責嗎？

齊桓公排斥夷狄而稱尊於中原。弦國、黃國處於偏遠的邊疆，仰慕中原的禮儀，而自願依附於齊國；依靠齊國而忽視了楚國，以至於相繼覆亡；《左傳》以「有了依靠就忘了戒備」相責。卻不知二國忘記戒備，正是因為深信中原以為可以依靠，最終至於滅亡，難道不是因為盲目信任中原纔到了這一地步嗎？作為中原國家的齊國國君，誤人到使其滅國的地步，竟然不責備自己，還忍心在其滅亡後嘲諷人家。真是過分啊！沒有愧疚之心且不知道羞恥。

縣西北十二里處。

人之汎舟者，恃舟師而不戒，酣寢沉醉，以溺於水，是人固有罪矣。然岸傍之人罪之，可也；舟師罪之，不可也。彼由誰致禍，而猶敢罪之耶？是溺人者，非水也，舟師也；滅二國者，非楚也，齊也。二國之滅未足深恨，吾獨有所深恨者焉。

中國之不競[一]久矣。蠻夷肆行，莫之敢遏，齊桓獨斐然欲扶衰振廢，弦、黃又奮然自拔於蠻夷而從之，四方諸侯皆將占弦、黃之禍福以為進退。是機也，中國、蠻夷勝負之決也。使弦、黃既附中國，而社稷奠安，人民豐阜[二]，則皆歆豔棄戎即華[三]，楚雖倔強蠻夷間，誰與同惡者？今齊桓坐視二國之亡而不能救，附中國者未有福，忤蠻夷者立有禍。人情非病風喪心，豈肯辭福而求禍

乘船的人，依靠船夫而不自己戒備，醉酒酣睡，以至於淹死在水裏，這種人固然是有過錯的。但岸邊的人責備他，情有可原；船夫責備他，卻是不可以的。他是因誰纔遇難的呢，那個人還敢來責備他嗎？這淹死人的，不是水，而是船夫；滅掉二國的，不是楚國，而是齊國。弦、黃兩國的滅亡，還不算太讓人遺憾，而是另有讓我深以為憾的事情。

中原不強大已經很久了。蠻邦夷族肆意橫行，而沒有人敢來阻止，齊桓公獨自鮮明地要扶助衰微，振興頹廢，弦、黃二國又堅定地離開蠻邦夷族來跟隨他，四方各國的諸侯都要以弦、黃二國的禍福來決定自己的進退。這個時際，正是中原和蠻夷一決勝負的機會。假使弦、黃二國依附中原後，國家安定，百姓富足，那麼他們將都艷羨地捨棄蠻夷而親近中華，楚國雖然強硬，蠻夷之國又有誰合同他一起作惡呢？如今齊桓公坐視二國滅亡，卻不能去救助，那就意味著依附中原的未必就有福祚，而忤怒蠻夷的卻立即就有禍患。從人情上說，如果不是喪心病狂，怎麼肯捨棄福祚反

耶？是驅天下之人而歸蠻夷也。

［注釋］［一］不競：不強大。［二］豐阜：富裕。

［三］歆豔棄戎即華：懷著豔羨、仰慕的心情捨棄戎夷，親近中華。

向若桓公倡義之初，蠻夷皆不知慕中國之義，漠然不應，其害猶淺。是何也？彼雖未知從中國之有利，亦未知從中國之有害也。不幸弦、黃首恃中國而得禍，雕題文身［一］之俗，必指以相語曰：「吾始所以慕中國者，圭璧黼繡［二］之華也，干戚羽旄［三］之美也，豆籩彝鼎［四］之肅也，磬筦鐘鼓［五］之和也，謂可託吾國而無後憂。而今而後，乃知中國之不足恃。彼聲明文物［六］，亦徒有其表耳。焉可為所誘而自投於禍哉！」是則二國之滅猶未足深恨，因二國之滅而絕蠻夷向中國之心為可深恨也。

去尋求禍患呢？這是驅趕天下的人民去投奔蠻夷啊！

假若在桓公倡導禮義之初，蠻夷都不知道仰慕中原的禮義，漠然不應，那麼受到的禍害還淺些。這是什麼緣故呢？因為他們雖然不知道依附中原有利，但也不知道依附中原會有害。不幸弦、黃兩國首先來依附中原卻招來禍患。那些額上雕字，身上刺紋的蠻夷之人，必定會指著這兩國互相說道：「我起初仰慕中原的，是圭璧黼繡的華麗，是干戚羽旄的壯美，是豆籩彝鼎的肅穆，是磬筦鐘鼓的和諧，覺得可以託付我的國家而免除後患。從今以後，纔知道中原是不足以依靠的。那些聲教文明與典章制度，也只是徒有其表罷了，怎麼能被其誘惑而自陷於禍患呢？」所以說弦、黃兩國的滅亡，還不算太讓人遺憾，而因為兩國的滅亡卻斷絕了蠻夷依附中原的心意，這纔是我深感遺憾的。

〔注釋〕〔一〕雕題文身：前額上刻字，身體上刺紋。〔二〕圭璧黼黻：圭璧，古代諸侯朝會、祭祀之信物；黼黻，繡有半白半黑花紋之織物。〔三〕干戚羽旄：古代樂舞名。文舞執羽旄，武舞執干戚。〔四〕豆籩彝鼎：古代四種禮器。〔五〕磬莞鐘鼓：古代四種樂器。〔六〕聲明文物：指聲教文明與典章制度。

嗚呼！中國猶君子，蠻夷猶小人；小人為君子之害，猶蠻夷為中國之害也。世之名君子者，招小人而誘之曰：「汝術甚危，我道甚安。汝盍去故而就新乎？」間有聞風而來者，實無以與之。既奪其小人謀身之術，而不授之以君子藩身〔一〕之具。未入於仁，而先入於愚；未入於義，而先入於迂。恃其徒善〔二〕，曾不隄防，輕犯世忌，以蹈於禍。向之儕輩交責而爭尤〔三〕之曰：「汝不用吾言，捨便利之舊術而就緩濡〔四〕之迂計，今禍福果如何也？向之鄙夷吾黨，而自

唉！中原好比是君子，蠻夷好比是小人；小人是君子的禍患，就好像蠻夷是中原的禍患一樣。世上號稱君子的人，招來小人而誘勸他說：「你們的道術太危險了，我們的道術卻很安全。你們何不拋掉舊的而學習新的呢？」偶爾有聞風而來的，實際上又沒有什麼可教給他們。已經奪走了小人謀生的道術，又不教給他們君子安身立命的辦法。還沒有達到仁的地步，卻先進入到愚笨之中；還沒有達到義的地步，卻先進入到迂闊之境。他們僅僅靠著善念，絲毫不加防備，輕易就觸犯了世俗的忌諱，以至於陷入禍患中去了。從前的那些同族輩交相責備他們說：「你們不聽我們的話，捨棄便利的舊方法，卻改用遲緩的迂闊計畫，如今禍福結果如何呢？原先看不起我們自已而主動依附於他們，我們以為你們將早晨躋身於君子的行列，

附於彼，吾謂汝朝升君子之門，暮收君子之利，顧乃顛頓困辱，反不若吾黨循常守故之安，則翦翦拘拘[五]者，果足恃耶？」

[注釋][一]藩身：保全身體。[二]徒善：只是行善事。[三]尤：責備、嘲諷。[四]緩濡：緩慢的、遲滯的。[五]翦翦拘拘：拘束放不開手腳。翦翦，整齊貌；拘拘，拘謹貌。

一犬吠形，百犬吠聲，而仁義之道荒矣。是皆以君子自名者之罪也。以君子自名者，誠不足恃矣，天下安可以此人之不足恃，而遂疑此道之不可恃耶？將之覆軍者相繼，天下不疑兵書之難行；醫之殺人者相望，天下不疑醫書之難用。世未有因罪其人，而並罪其書者也。萬古六經，反坐腐儒曲士輩而廢耶？

晚上就可以收穫做君子的好處呢。沒料想你們顛沛困頓、窘迫受辱，反不如我們遵常守舊來的安穩，那些做事縮手縮腳、拘拘束束的人果真值得依靠嗎？」

一隻狗是看到了東西而叫，而一百隻狗卻是因為聽到了這隻狗的叫聲纔叫起來，因而仁義之道就荒廢了。這都是自稱君子的人的罪過。以君子自稱的人，的確不足以依靠，但天下怎麼可以因這個人的靠不住，就懷疑這種道術也是靠不住的呢？打敗仗的將軍雖然接連不斷，但天下並不懷疑兵書是難以實行的；醫生治死了病人的事雖然時常發生，但天下並不懷疑醫書是難以使用的。世上並沒有因怪罪某個人，就怪罪他所學習的書。自古以來的六經，難道會反因為那些迂腐的儒生和孤陋寡聞的人就廢棄掉嗎？

【古評】起一段渾籠大意，入題後駁左氏譏弦、黃之非，歸罪齊桓作斷，推論二國之存亡，系群蠻之向背。從大處落墨，發出崇論閎議，眼光如炬，筆大如椽。後以君子、小人空中結撰，暢所欲言，仍與前意相映照，此文律細密處。至遂疑道不足恃句，正謂道之足恃，為後之為君子者勸，說理十分圓足，末接兩喻，無非發明此句。

左傳原文

楚滅弦 僖公．五年

楚鬭穀於菟滅弦，弦子奔黃。於是江、黃、道、栢方睦於齊，皆弦姻也。弦子恃之而不事楚，又不設備，故亡。

黃不歸楚貢 僖公．十一年

黃人不歸楚貢。冬，楚人伐黃。

楚滅黃 僖公．十二年

黃人恃諸侯之睦于齊也，不共楚職，曰：「自郢及我九百里，焉能害我？」夏，楚滅黃。

楚文王寵申侯 僖公・七年

愛而知其惡者，天下之至善也，亦天下之至不善也。凡人之情，有所愛則有所蔽，有所蔽則有所忘。不蔽不忘，卓然知其惡於深愛之中，唯天下至公者能之，何以反謂之大不善乎？

知而遠之，善之善也；知而近之，不善之不善也。明皇之於李林甫[一]，德宗之於盧杞[二]，同用小人者也，同以小人而致亂者也。彼善於此，則德宗猶愈焉。德宗之言曰：「人皆以盧杞為姦邪，朕獨不覺其姦邪。」是德宗之用杞者，愛而不知其惡者也。不知其惡而用之，猶人情也。若明皇則既知其惡矣，其目林甫以妒賢嫉能，品題之妙，雖借辭於張九齡之徒[三]，殆不過是。所謂

〔譯文〕

喜愛並知道一個人的不好，是天下最大的善，也是天下最大的不善。人之常情，有所喜愛，便會有所矇蔽；有所矇蔽，便會有所疏忽。既不矇蔽又不疏忽，在深愛中又清醒地知道一個人的不好的，只有天下最公正無私的人纔能做到，為何反而說這是最大的不善呢？

知道了（不好的人）便遠離他，這是再好不過了；知道了（不好的人）仍去親近他，那是再壞不過了。唐明皇對待李林甫，唐德宗對待盧杞，同是重用小人，也同是因為小人而招致禍亂。相對來說，唐德宗還算是比較好些的。唐德宗說：「人們都認為盧杞是奸邪之人，我卻不覺得他奸邪。」可知德宗重用盧杞，是寵愛他卻不知道他不好。不知道他不好而任用他，還是人情之常。像唐明皇已經知道李林甫不好，他用「妒賢嫉能」評價李林甫，這一品評的精妙，即使是向張九齡這些人借用詞藻，大概也不過如此。所謂「面臨亂局的國君，而把自己臣下看成賢能」的，只是因為不知道臣下的不好，所以不能馬上捨棄；假

「臨亂之君，各賢其臣」者，惟不知其惡，是以不能一朝捨也；如使知其惡，亦必不能一朝居也。今明皇既明知林甫之惡，不能減其毫髮之愛，尊寵信任，至十九年之久，豈復近於人情乎？

〔注釋〕〔一〕明皇之於李林甫：李林甫是唐明皇的宰相。他掩蔽聖聰，杜絕言路，嫉妒賢能，排斥異己，在位十九年，釀成天下大亂，而唐明皇卻不懲治他。〔二〕德宗之於盧杞：唐德宗貞元五年，李泌稱老還鄉，請求另任宰相，德宗說：「盧杞忠誠清廉，可以擔當宰相一職。別人說他姦邪，我卻並不覺得這樣。」〔三〕雖借辭於張九齡之徒：張九齡是唐玄宗中後期著名的宰相。他學識淵博，為人耿直，經常犯顏直諫，與李林甫對立。後來李林甫向唐玄宗進讒言，罷黜了張九齡等一派正直的官員。張九齡又是著名的文學家，所以說向他借辭。

意在於用賢而不知其惡者，德宗也，誤也；意在於用姦而不恤其惡者，明皇也，

如知道了臣下的不好，也必定一天都不能留在朝廷。如今明皇既然明知李林甫的不好，卻絲毫不減輕對他的寵愛，卻尊寵信任他長達十九年之久，這難道還是近乎人情嗎？

本意在於任用賢人，而不知道那人不好的，是唐德宗，這是失誤；本意在於任用奸邪，卻不考慮那人

故也。誤者猶可恕，知其姦而用之者，可勝誅乎？受欺者其罪小，自欺者其罪大。德宗不過為杞所欺耳，是杞之罪大，而德宗之罪小也。明皇洞視〔一〕林甫之惡，如見肺肝，是林甫本不能欺明皇，而明皇自欺之罪，豈在於林甫乎？

〔注釋〕〔一〕洞視：明鑒。

楚文之嬖申侯也，猶明皇之嬖林甫也。明皇知林甫之妒賢嫉能，楚文王亦知申侯之專利不厭〔二〕。一則終彼之身，任之不替；一則終我之身，寵之不衰。二君之罪，吾未知其孰輕孰重也。彼子文不知楚文之失，反追誦其明，亦惑矣。

〔注釋〕〔二〕專利不厭：一心貪圖好利不知道滿足。

不好的，是唐明皇，這是故意。失誤的人尚可以諒解，知道他奸邪卻仍重用他的人，不是應該被譴責嗎？受人欺騙的罪過小，自己欺騙自己的罪過就大了。德宗不過是被盧杞欺騙罷了，盧杞的罪大，而德宗的罪小。而明皇明知李林甫的奸邪，就像能看見他的肝肺一樣，可見李林甫本來不能欺騙明皇，而是明皇在自己欺騙自己，罪過難道在於李林甫嗎？

楚文王寵信申侯，就好像唐明皇寵信李林甫一樣。唐明皇知道李林甫嫉賢妒能，楚文王也知道申侯專權好利而永不滿足。一個是任用他一直到他死也未變；一個是寵愛他一直到自己死也未減。兩個君王的罪過，我不知道哪個輕哪個重了。那令尹子文不知道楚文王的過失，反而讚揚楚文王有知人之明，也是糊塗啊！

古今以郭公惡惡不能去[一]為大譏，然郭公非愛其惡而不忍去也，實惡其惡而不能去也。郭公雖懦而惡惡之本心猶未失也，豈若楚文與明皇既知其惡而猶愛之乎？

［注釋］［一］郭公惡惡不能去：齊桓公到郭地，問那裏的父老說：「郭國為何被滅亡？」父老說：「因為他喜好善良而厭惡邪惡的原因。」齊桓公說：「像你們所說，那可是賢明的君主。」父老說：「喜好善良但是不能任用，厭惡邪惡卻不能除去。郭國因此滅亡。」

聲之不可並者，哭與笑也；貌之不可並者，慍與喜也。愛其人必不知其惡，知其惡必不愛其人。異哉！楚文、明皇之心。既知其惡，又愛其人，二者並處於胸中，不相陵奪，獨何歟？蓋有說也。善有力，惡亦有力。不見可欲而不亂者，善力尚淺也。他

從古到今，都把郭公厭惡邪惡卻不能除去視作一大諷刺，但郭公並不是因為喜愛邪惡而不忍心除去，實在是厭惡邪惡卻不能夠除去。郭公雖然懦弱，但厭惡邪惡的本心還未曾失去，哪裏像楚文王和唐明皇那樣，已經知道了那人的邪惡卻還寵愛不變呢？

不能同時發出的聲音，是哭聲和笑聲；不能同時出現的表情，是慍怒和喜悅。喜愛這個人就必定不知道他的邪惡，知道他的邪惡就必定不喜愛這個人。楚文王和唐明皇的心思真是奇怪啊！已經知道了那人的邪惡，還寵愛著他，兩種感情並存在胸中，互不衝突，究竟是什麼緣故呢？大體是有說法的。因為善有力量，惡也有力量。沒有見到喜好的而心中不動念的人，那是善的功力還淺。等到他日見到了那喜好的，怎麼知道他還能不亂呢？沒有看見奸邪的而不發怒的

日見可欲，安知其不亂也？不見其姦而不怒者，惡力尚淺也，他日見其姦，安知其不怒也？

見可欲而不亂，則其心深入於善，善之力已堅矣；見其姦而不怒，則其心深入於惡，惡之力已堅矣。二君知二臣之姦，乃良知之猶未泯[一]者，至於知其姦而尚愛之，是為惡所持，其力既堅，雖良知不能奪也。吾故論而發之，以為善惡淺深之驗。

[注釋][一]泯：泯滅，消失。

人，是惡的力量還小。等到他日見到了那奸邪的，怎麼知道他還不發怒呢？

見到了喜好的卻心中不亂，那麼他的心已經深入到善界，善的力量已經堅固了；見到了奸邪的卻並不發怒，那麼他的心已經深入到惡界，惡的力量已經堅固了。兩個國君知道兩個臣子的奸邪，這是良知尚未泯滅，至於知道他們的奸邪卻還寵愛他們，這是被惡挾持住了，惡的力量已經堅固，即使有良知也不能改變了。我特地作出這樣的議論，作為善惡深淺的一種驗證。

【古評】

朱字綠曰：楚文、唐明沉溺於惡，明知之而仍愛之，此亦平常題目。卻尋愛而知其惡極好的道理，忽加以至不善的名色，令人心駭目震，急急看其其分疏，方說出不知其惡而愛之，其罪淺；知其惡而愛之，其罪深，主客互見，情事刻露，步步挨拶，愈開愈緊，真善於論事之文。

張明德曰：起首故作驚人之筆，以後層層駁發，如剝蕉心，如抽繭絲，極行文之能事。

【今評】

呂理胡：「故意」係明知並有意或不介意，而終使其發生的行為。唐明皇及楚文王明知李林甫和申侯的惡，難道會不知寵信他們將為國家帶來禍患？明知故犯，呂祖謙說其「故意」是符合現代刑罰理論的。「故意」之罪重，「過失」之罪輕，唐明皇及楚文王之罪重矣！

左傳原文

楚文王寵申侯 僖公・七年

齊人伐鄭，鄭殺申侯，以說于齊。註見前篇題。

齊桓公辭鄭太子華　僖公・七年

道無待，而有待，非道也。「待」之名烏乎生？以彼待此曰「待」，以此待彼亦曰「待」。一彼一此，而「待」之名生焉。未有彼待彼者也，未有此待此者也。

雨在天，稼在田，判然二物也，語人以稼待雨，可信也；帛在機，衣在身，判然二物也，語人以衣待帛，可信也。若語人曰「吾待目而視，待耳而聽」，則世固已疑而不信矣。是何也？

目，我之目，非借他人之視也；耳，我之耳，非借他人之聽也。我視則視，我聽則聽，本非有待也。雖然，是固非有待之待，猶未免無待之待也。目雖離婁[二]，不能自

[譯文]

道是無所憑藉的，如果有所憑藉，就不是道了。「憑藉」的名稱是如何產生的呢？以那個憑藉這個叫做「憑藉」，以這個憑藉那個也叫做「憑藉」。一個那個，一個這個，「憑藉」的名稱就產生了。沒有那個憑藉那個、這個憑藉這個的道理。

雨在天上，莊稼在地裏，是迥然不同的兩種事物，對人說莊稼憑藉雨纔能生長，這是可信的。布帛安在織機上，衣服穿在身上，是迥然不同的兩種事物，對人說衣服憑藉布帛而製成，這是可信的。如果對人說：「我憑藉眼睛來看，憑藉耳朵來聽。」那麼世人就一定疑惑不信了。這是什麼緣故呢？

眼睛，是我的眼睛，不是借用他人的眼睛來看事物；耳朵，是我的耳朵，不是借用他人的耳朵來聽聲音。我想看就看見了，想聽就聽到了，本來是沒有什麼要憑藉的。雖然這固然不是有所憑藉的憑藉，但仍未免是無所憑藉中的憑藉，因為即使是離婁的眼睛，也不能自己保證它不瞎；即使是師曠的耳朵，也不能

保其不聵；耳雖師曠〔二〕，不能自保其不聵〔三〕。是雖無待於他人，而猶待於血氣，尚非我之所得專也。舉天下之物，我之所獨專而無待於外者，其心之於道乎？

〔注釋〕〔一〕離婁：人名，以視力好著稱。《孟子・離婁上》：「離婁之明，公輸子之巧，不以規矩，不能成方圓。」〔二〕師曠：春秋時晉國樂師，目盲，善辨音樂。《孟子・離婁上》：「師曠之聰，不以六律，不能正五音。」〔三〕聵：耳聾。

心外有道，非心也；道外有心，非道也。心苟待道，既已離於道矣。待道且不可，況欲待於外哉！古之學者為己，非以人不足為也。通天下無非己，不見有人之可為也。其動其靜，其語其默，未有由乎人者。飭躬厲行〔一〕，非以揚名也；別嫌明微，非以避謗也；簡賦省刑〔二〕，非以求民也；深謀遠

自己保證它不聾。這些雖然不用憑藉他人，卻仍要憑藉血氣，所以還不是我自己所能專有的。全天下的事物，我自己獨自專有而不憑藉外物的，大概只有心與道吧？

心的外面若有道，就不是心了；道的外面若有心，就不是道了。心如果要憑藉道，那麼就背離了道。憑藉道尚且不可以，何況是憑藉外物呢？古代的學者求知只為自己，這並不是認為不值得為別人。因為全天下沒有不是我自己，沒看見別有可為的人。他們的一舉一動，他們或說話或沉默，沒有一樣是為了別人。端正己身，砥礪品行，不是為了傳揚名聲；避免嫌疑，注意小節，不是為了免除譭謗；減少賦稅，省免刑罰，不是為了求取民心；周密計劃，長遠考慮，不是為了防備禍患。本來就沒有憑藉什麼而做的，難道會憑藉

慮，非以防患也。本無所待而作，亦豈有待而止哉！有所慕而作者，外無慕則不作也；有所畏而止者，外無畏則不止也。曰「作」曰「止」，皆待於外而不出於我，則吾之為善，既無本矣。無本之水，朝滿夕除；無本之善，朝銳夕墮。是烏可恃耶？

〔注釋〕〔一〕飭（ㄔˋ）躬厲行：飭躬，整飭端正自身；厲行，砥礪品行。〔二〕簡賦省刑：減輕賦稅，省去刑罰。

鄭子華以世子而賣其國，齊桓公貪其利而將受之，從管仲之諫而止，世莫不誦管仲之言以為當。以吾觀仲之言，何其不知本也！其言曰：「諸侯之會，其德刑禮義，無國不記。記姦之位，君盟替〔一〕矣。作而不記，非盛德也。」仲不能以道格君之心，使

什麼而停止嗎？若有所仰慕纔做，一旦外面沒有了所仰慕的對象就不會做；若有所畏懼纔停止，一旦外面沒有了所畏懼的事物就不會停止。這裏所說的「做」和「止」，都是憑藉於外物而不是憑藉於我自身，那麼我們的向善就已經是沒有了本源。沒有本源的水，早晨時滿盈，傍晚就乾涸了；沒有本源的善，早晨時勇銳，傍晚就懈怠了。這怎麼能夠憑藉呢？

鄭國的子華身為太子卻出賣自己的國家，齊桓公貪圖利益而將接受它，後來聽從了管仲的諫言纔作罷，世人沒有不誦揚管仲，以為他的話正確。但我看管仲說的話，是多麼不懂得事物的本源啊！管仲說：「諸侯的盟會，其間施德加刑，舉措是否合乎禮義，沒有一個國家不記載的。若把奸人列於盟會之位，國君您主持的盟會就算是廢了！如果事情做了卻不記載，也不能算是盛德。」管仲未能以道正國君之心，讓君主自己為善，反而憑藉史冊的毀譽來制約國君。

自為善，反待簡冊之毀譽以制之。噫！為善果待於外，使自古無史官、諸侯無史籍，將放意而不復為善耶？不導其君以心制物，而反以物制心，是以外而制內也。幸而桓公以好名之心易好利之心，僅從管仲之諫。若桓公好利之心勝好名之心，則殘編腐竹何足以制桓公耶？仲之說至是而窮矣。

〔注釋〕〔一〕替：廢。

信如是，則聖人立左右史〔一〕以記言動者，亦豈以外制內耶？非然也。恃史冊以自制者，固待外也；視史冊為外物者，亦未免有外也。至理無外。藩〔二〕以私情，蔀〔三〕以私智，始限其一身為內，而盡棄其餘為外物。乃若聖人之心，萬物皆備，尚不見有內，又安得有外耶？史，心史也；記，心記也。

唉！為善若要憑藉外在之力，那麼假使自古以來沒有史官、各諸侯國沒有史冊，就要放縱恣意不再為善了嗎？不能引導君主用內心克制外物，卻反而用外物來左右內心，這是用外在因素來壓制內在的本性。幸好桓公用好名之心替換了好利之心，僅起到了聽從管仲諫言的效果。如果桓公的好利之心勝過了好名之心，那麼那些殘缺的史編、朽腐的竹簡，怎麼能夠制止桓公呢？那麼管仲的說法到此也就沒有作用了。

假如真是這樣的話，那麼聖人設立左右史官來記錄行動言語，難道也是用外物來壓制內心了嗎？不是這樣的。依靠史冊來自我克制的，固然是憑藉外在之力；把史冊看作外物的，也不免有心外之物。至理沒有外在的。因私情而加以分隔，因私智而加以遮蔽，纔限制己身為內物，而其餘全部排除為外物。至於像聖人之心，萬物皆備於其中，尚且看不到有內，又哪來的外在呢？史，是心史；記，是心記。由此推衍，至於盤盂上的銘文、几杖上的箴誡，沒有一件是屬於

推而至於盤盂之銘、几杖之戒[四]，未有一物居心外者也。嗚呼！此豈管仲所及哉？

［注釋］［一］左右史：《禮記・玉藻》載，左史記錄行為，右史記錄言談。［二］藩：籬笆，藩籬。此處指用藩籬隔絕。［三］蔀：搭棚用的草席。此處指遮蓋、遮蔽。［四］盤盂之銘，几杖之戒：古代帝王常在日用器皿上鐫刻文字，以示警戒。

心之外的。唉！這怎能是管仲所能認識到的呢？

【古評】

唐荊川曰：莊子《逍遙遊》曰：「此猶有待者也。」《齊物論》曰：「吾有待而然者也。」此篇以待字立說，實從此脫化。

徐楊貢曰：筆刀峭勁。春秋左史，記事之書，東萊先生說理至精細處，直傳聖人心法，可謂說經之宗。

孫執升曰：曰通天下無非己，不見有人之可為，曰聖人之心萬物皆備，是論學絕頂語。曰此豈管仲所知哉？先生蓋為後學說，非為管仲說也，文特純粹簡靜。

朱字綠曰：管仲之言，未為大非，看出不能格君心，而制以簡冊之毀譽，便見聖人萬物皆備。史記、盤盂、幾杖，皆屬心物的意思，又有通天下人無非己的意思，諸篇以奇怪見長。此獨精純，然奇怪之氣，亦未嘗減。

張明德曰：文特精純，諸評已悉，我無以易之。

左傳原文

齊桓公辭鄭太子華 僖公・七年

「秋，盟于甯母」，謀鄭故也。管仲言於齊侯曰：「臣聞之：招攜以禮，懷遠以德。德、禮不易，無人不懷。」齊侯脩禮於諸侯，諸侯官受方物。鄭伯使大子華聽命於會，言於齊侯曰：「洩氏、孔氏、子人氏三族，實違君命。若君去之以為成，我以鄭為內臣，君亦無所不利焉。」齊侯將許之。管仲曰：「君以禮與信屬諸侯，而以姦終之，無乃不可乎？子父不姦之謂禮，守命共時之謂信，違此二者，姦莫大焉。」公曰：「諸侯有討於鄭，未捷；今苟有釁，從之，不亦可乎？」對曰：「君若綏之以德，加之以訓辭，而帥諸侯以討鄭，鄭將覆亡之不暇，豈敢不懼？若摠其罪人以臨之，鄭有辭矣，何懼？且夫合諸侯，以崇德也。會而列姦，何以示後嗣？夫諸侯之會，其德刑禮義，無國不記。記姦之位，君盟替矣。作而不記，非盛德也。君其勿許，鄭必受盟。夫子華既為大子，而求介於大國，以弱其國，亦必不免。鄭有叔詹、堵叔、師叔三良為政，未可間也。」齊侯辭焉。子華由是得罪於鄭。冬，鄭伯使請盟于齊。

晉里克帥師敗狄

僖公·八年

治戎狄[一]如治姦民。姦民狎官府，則多訟；戎狄狎邊鄙[二]，則多難。一日之懲，而終身不敢入官府者，善政也；一戰之威，而百年不敢近邊鄙者，善謀也。

[注釋][一]戎狄：對我國西部和北部少數民族的統稱。[二]邊鄙：邊境。

戎狄之性，折則服，縱則驕。彼其悍然執兵，翦[一]我郊保[二]，燔我積聚，毆我馬牛，蹂我稼穡，羽檄[三]雷動，車馳轂[四]擊，謀臣勞於朝，戰士勞於野。賴天之靈，宗廟之福，幸而一勝，反抑鋒按銳，縱之徐驅而歸。為夷狄者，勝有重利，敗無他虞，亦何苦而不為寇哉！是故狃[五]於為寇之利，視我邊境，如登虛邑。吾被邊之民，歲暴

[譯文]

治理戎狄如同治理奸民。奸民狎至官府，就多訴訟；戎狄常擾邊境，就多禍難。一次懲治，而使刁民終身不敢再進官府，這是善政；一戰威懾，而使戎狄百年不敢接近邊境，這是善謀。

戎狄的性情，挫敗他，他就屈服；放縱他，他就驕橫。他們蠻橫地拿著兵器，摧毀我們的邊城，燒毀我們的財產，驅走我們的牛馬，踐踏我們的莊稼，羽檄傳來，朝野震動，軍車馳騁，轂擊於道，謀臣辛苦於朝廷勞，士卒奔命於戰場。依賴上天的威靈，宗廟的福佑，有幸戰勝一次，卻收住精銳的兵力，放任戎狄慢慢地撤回去。這樣，做夷狄的，如果打贏了便有重大利益，即使打敗了也沒有其他的顧慮，那麼又何苦不做賊寇呢？所以他們習慣於做寇賊而獲利，把我們的邊境當作是無人之境。我們被侵犯的邊境百姓，

骨而月裹瘡，哭泣之聲未絕，而鼓鐸[六]之音已振矣。是何待戎狄之厚，而待吾民之薄耶？

[注釋][一]翦：除掉、消滅。[二]郊保：保通「堡」。郊外小城堡。[三]羽檄：古代軍事文書，插鳥羽以示緊急。[四]轂：車輪中心的圓木，外沿與車輻相接，中有插軸的圓孔。[五]狃：習慣。[六]鼓鐸：借指戰爭。在軍事戰爭中，擊鼓為進軍的命令；鐸，古代樂器名，形如大鈴，振舌發聲。鐵舌者叫金鐸，傳達軍令時使用；木舌者叫木鐸，宣佈政令時使用。

然此亦非所以厚戎狄也。恕生侮，侮生怒，恕之與怒相反而相生者也。始吾恕戎狄，以為不足治。其侵不問，其衄[一]不迫，犬羊之心，恣睢桀驁，意我不能師，陵侮暴犯，非人所堪。於是不勝其忿，掃境內之眾，窮誅極討，覆其巢，鋤其根，以逞吾憾。召

年年都有人暴露屍骨，月月都有人包紮傷口，悲痛哭泣聲還未停歇，宣佈戰事的鼓聲就又敲響了。我們為何對待戎狄這麼寬厚，而對待自己的百姓這麼刻薄呢？

然而這並非寬厚戎狄之道。恕生侮，侮生怒，寬恕與忿怒相反而相生。起初我寬恕戎狄，以為不值得懲治他們。他們侵犯時不加過問，他們失敗時也不加追迫，因此這些犬羊之輩的心意，愈發放縱兇悍，以為我們不能出兵，欺淩入侵，武力犯境，不是人所能忍受。於是我們終於壓抑不住忿怒，盡一國之兵，極力討伐，傾覆他們的巢穴，剷除它的根脈，以發洩我們心中的憤恨。這樣說來，招致今天的憤怒，難道不正是以前的寬恕麼？呂后對匈奴輕慢書信的寬恕，是

今日之怒者，庸非前日之恕乎？嫚書之恕，所以召絕幕之怒也；渭橋之恕，所以召定襄之怒也。故曰「此非所以厚戎狄也」[二]。

[注釋][一]衄：打敗。[二]以上四句：漢呂后主政之時，匈奴單于冒頓呈書呂后，文字輕慢侮辱，呂后大怒，但從季布之言，忍而復書。後來匈奴氣焰越發囂張，文帝時兩度犯漢邊境，漢大軍於長安渭水旁備寇，匈奴出塞，漢兵不追。武帝時，衛青出定襄，霍去病出代，纔遠出沙漠擊匈奴。絕幕，越過沙漠。幕，通「漠」。

小治之於未侮之前，傷少而怨淺；大治之於積侮之後，傷多而怨深。孰厚孰薄？孰寬孰猛？必有能辨之者矣。吾是以知里克之待戎狄，不得為仁，而梁由靡之策，亦未始為虐也。

主里克之說者，歷舉宣王之詩[一]、嚴

招致後來憤怒地遠出大漠抗擊匈奴的原因；唐太宗在渭橋對匈奴的寬恕，是招致後來憤怒地出兵定襄抗擊匈奴的原因。所以說：「這並非寬厚戎狄之道。」

在沒有受到侵侮之前稍加懲治，那麼傷害少而結怨淺；在一再受到侵侮之後再嚴加懲治，那麼傷害多而結怨深。哪個仁厚？哪個刻薄？哪個寬和？哪個猛烈？一定有能分辨出來的人。我由此知道里克對待戎狄，不能說是仁厚；而梁由靡的建議，也未必就是暴虐。

支持里克說法的人，一一列舉周宣王之詩、嚴尤

尤之論[二]，以謂王者治戎狄正當如此。抑不知理有似而差，言有類而異。毆之而已者，嚴尤之稱宣王也；懼之而已者，里克之沮[三]梁由靡也。兩者相去不能以寸。然謂之毆，則不止於懼矣；謂之懼，則本未嘗毆矣。其言澠淄[四]也，其理涇渭也。

[注釋][一]宣王之詩：指《詩・小雅・六月》，為宣王北伐之詩。本文所引「薄伐玁狁，至於太原」在其第五章。[二]嚴尤之論：王莽時，欲發兵三十萬攻打匈奴，大將嚴尤進諫勿擊，王莽不聽。[三]沮：阻止。[四]澠、淄：二水，並在山東林淄一帶。

宣王之詩，「薄伐玁狁，至於太原」。太原，周境也。宣王之逐戎狄，不盡吾境不置也。乃若采桑之戰，實在屈之北，平陽之西南，固晉地也。狄尚在吾地，里克僅得小勝，遽卷甲而不進，安得自附於宣王之師

之論，以為做國君的治理戎狄就應當如此。卻不知道理雖相似卻有差別，言論雖相似但也有不同。「把他們驅逐就可以了」，這是嚴尤所稱許的周宣王做法；「使他們畏懼就可以了」，這是里克阻止梁由靡的藉口。兩種說法不到一寸的距離，但說「驅逐」，就不只是「畏懼」而已；說「畏懼」，那麼本來就未曾「驅逐」。兩種說法像淄水和澠水一樣接近，而道理上卻像涇水和渭水一樣分明不同。

宣王的詩說：「討伐玁狁，到達太原。」太原，是周朝的邊境。宣王驅逐戎狄，不出我的境內就絕不停止。至於采桑一戰，實際在屈的北面，平陽的西南方向，仍然是晉國的疆域。狄人還在我的土地上，里克也僅僅取得小勝利，卻突然收起兵甲不再進攻了，他怎能把自己歸附到周宣王軍隊的地位呢？宣王驅逐戎狄於自己的邊境之外，而里克卻放縱戎狄在自己的

乎？宣王縱戎狄於吾境之外，而里克乃縱戎狄於吾境之內，世比而同之，過矣！

吾嘗論縱戎狄者有二：驕之使不吾忌，待其自墮術中者，詐者之事也，為阱以陷獸者也；寬之使知吾不足忌，遂敢肆其貪噬者，懦者之事也，開門以招盜者也。古今之縱戎狄者，揣其情，研其實，不出二說而已矣。前一說，聖人不忍為也；後一說，聖人不肯為也。

疆域之內，世人將他們相提並論，實在是錯了！

我曾認為放縱戎狄有兩種情形：使他們驕橫而不忌憚我，等到他們自己掉入圈套中，這是欺詐者的事，就像是挖好陷阱讓野獸陷入；寬容他們使他們知道我不足忌憚，於是使他們更大膽放肆的吞併掠奪，這是懦弱者做的事，就像是敞開門庭招引盜賊。古往今來放縱戎狄的人，揣摩他們的心意，研究他們的實情，不外這兩種方法而已。前一種作法，聖人不忍心去做；後一種作法，聖人又不肯去做。

左傳原文

晉里克帥師敗狄 僖公．八年

晉里克帥師，梁由靡御，虢射為右，以敗狄于采桑。梁由靡曰：「狄無恥。從之，必大克。」里克曰：「懼之而已，無速眾狄。」虢射曰：「期年狄必至，示之弱矣。」

宋太子茲父請立子魚　僖公·八年

無故而為駭世之行，求名之尤者也。宋襄公之遜[一]於子魚[二]是也。以統則正，以親則嫡，以勢則順，無故而欲推之他人，非求名果何說也。然求名之罪，人所共指，不足深責。乃若不明乎善，則學者所同病，所當先論也。

宋襄所以無故而遜國者，吾知之矣。其心急欲自表見於世，悒然恨無善之可為，故振奇以駭世耳。

[注釋][一]遜：遜位，讓位。[二]子魚：即目夷。

築山於平地者，以其無山也，使居泰華之傍，必不築也；鑿沼於平地者，以其無沼也，使居江海之傍，必不鑿也。平地無山，

[譯文]

無緣無故地作出驚世駭俗的舉動的，是迫切地追求名聲的人。宋襄公要把君位讓給子魚就是這樣的。（襄公）按名分來說是正統，按親疏來說是嫡親，按情勢來說是順理成章，卻無緣無故地要把君位推讓給別人，如果不是為了追求名聲，又該如何解釋呢？但是追求名聲的罪過，是人們的通病，不值得深加指責。至於不明白求善，則是學者所患的通病，是應當首先要討論的。

宋襄公所以要無緣無故推讓君位的原因，我知道了。他心裏急切地要向世人自我表現，又悵恨沒有什麼善舉可做，於是就做出奇怪的事來震驚世人。

在平地上堆築假山的，是因為那裏沒有山，假使他住在泰山、華山的附近，一定不會堆築的。在平地上挖鑿水池的，是因為那裏沒有水池。假使他住在江海的附近，一定不會挖鑿的。因為平地上沒有山，

故版築而強為山；平地無沼，故疏鑿而強為沼。彼矯激〔一〕而強為駭世之行者，豈非平居自視無善之可為，不得不出此耶？

〔注釋〕〔一〕矯激：奇異偏激，違逆常情。

人之言曰「天下之善，遇之不可不為，不遇不可強為」。其視宋襄進一等矣，亦未免五十步笑百步也。一歲之間，自春至冬；一日之間，自朝至暮；一國之間，自君至民；一身之間，自頂至踵。無時非善，無物非善，周流充塞，隨在隨滿。今乃謂遇善則可為，不遇善則不可為，吾不知擇何物為善，棄何物為不善耶？

吉人〔一〕為善，惟日不足；世俗乃嘆善之難遇，何其反也？以魯遇宋謂之遇，以齊遇陳謂之遇，以子路遇荷蓧〔二〕謂之遇，為

所以纔堆築勉強為山；因為平地上沒有水池，所以纔挖鑿疏通勉強為池。那些奇異偏激違逆常情而勉強做出驚世之舉的，難道不是平常自認為沒有什麼善事可做，而不得不出此下策嗎？

有人說：「天下的善事，遇到了不可不做，遇不到也不可勉強去做。」這種人比宋襄公高明一些，但也未免不是五十步笑百步。一年之間從春到冬，一天之間從早到晚，一國之間從君到民，一身之間從頭到腳，沒有什麼時候不是善的，沒有哪件事物不是善的。周流循環，充塞天地，隨時存在，隨時滿盈。如今卻說遇到了善事可以去做，沒有遇到善事就做不成，我不知道這是選擇哪件事作為善事，捨棄哪件事作為不善的事。

善人做善事，唯恐時日不夠用；世俗之人卻感歎善事難遇，怎麼完全相反？魯國遇到宋國叫做遇，齊國遇到陳國叫做遇，子路遇到荷蓧老人叫做遇，為

善而欲遇善，善豈在外耶？君子明乎善者，天理混然，生生不息，不知有善之可擇也，不知有不善之可棄也。尚不見精，何者為粗？尚不見純，何者為駁？雖極世所謂至高之節，如堯舜之揖遜[三]，亦世俗自為之名耳。

[注釋][一]吉人：善人。一說為「古人」之訛文。[二]子路遇荷蓧：語出《論語・微子》。荷蓧，荷蓧丈人之簡稱，為古代隱士。[三]揖遜：謙虛地遜讓君位。

步趨也，言語也，飲食也，寢息也，皆人日用之常也，而兀者獨羨人之步趨，以為不可及，豈步趨果難於言語食息之屬哉！自兀[一]者觀之，則然也。

堯舜之事，布在天下，若禮樂，若法

善卻只想遇到善事，善難道是外在的嗎？明白善的君子，天與理渾然一體，生生不息，不知道有什麼善可以選擇，也不知道有什麼不善可以拋棄。還沒有見到精細的，怎麼會知道什麼是粗疏的呢？還沒有見到純淨的，怎麼會知道什麼是駁雜的呢？即使是世人所說的最高尚的氣節，如堯與舜的謙遜讓位，也是世俗之人自己給起的一個名稱而已。

行走、說話、飲食、休息，這都是人的日常活動，而只有一條腿的人獨獨羨慕別人的行走，以為是不可企及的。難道行走果真比說話、飲食、休息之類更困難嗎？從只有一條腿的人來看，就是這樣的。

堯舜的事蹟傳佈天下，如禮樂、法度、征伐、巡

度，若征伐，若巡狩，若歷試，若揖遜，皆因理之固然，本未嘗置輕重於其間也；則所謂揖遜者，特堯舜萬事中一事耳。世俗指其一事為高，而忽其餘事為常者，無他焉，彼自見其捐一金之難，而駭堯舜忘天下之易。遂誇大以為至高之節，矯情而效之。此宋襄之徒所以每不絕於世也。

［注釋］［一］兀者：斷了一隻腳的人。

噫！堯舜之揖遜，堯舜曷嘗自知其高哉！以世俗之心度之，則高耳。然則，非特幽囚野死［二］之毀為以利心量聖人也，誦堯舜揖遜以為高者，正所謂以利心量聖人也。

［注釋］［二］幽囚野死：或傳說堯被舜囚禁，舜被禹流放，死在蒼梧之野。此其否定堯舜禹禪讓之一說。

狩、歷試、禪讓等等，都是依理而行的當然之事，本來其中也沒有輕重之分；至於所說的禪讓，只不過是堯舜無數善事中的一件罷了。世俗之人只指著這一件事以為高尚，而忽視了其他的事情以為很平常，這沒有別的原因，他們看到自己捐棄一點錢財都很困難，所以就驚駭堯舜很輕易地把天下推讓給別人。於是就把它誇大為最高尚的節操，並虛情假意地仿效他們。這就是世上不斷會出現宋襄公之流的原因。

唉！堯舜禪讓，堯舜又何嘗自以為高尚偉大呢？以世俗之心來衡量，就高尚偉大了。這樣的話，並不僅僅是「幽囚野死」之類的詆毀纔是以功利之心來衡量聖人，誦揚堯舜禪讓認為高尚偉大的，正是所謂的以功利之心來度量聖人啊。

左傳原文

宋太子茲父請立子魚

僖公・八年

宋公疾，大子茲父固請曰：「目夷長且仁，君其立之。」公命子魚。子魚辭曰：「能以國讓，仁孰大焉？臣不及也，且又不順。」遂走而退。九年，宋襄公即位，以公子目夷為仁，使為左師以聽政，於是宋治。故魚氏世為左師。

東萊博議卷十一

會于葵邱尋盟 僖公・九年

天下之為治者，未嘗無所期也。王[一]期於王，伯[二]期於伯，強期於強，不有以的[三]之，孰得而射之？不有以望[四]之，孰得而趨之？志也者，所以立是期也；動也者，所以赴是期也；效也者，所以應是期也。汎然而議，卒然而行，忽然而罷，汗漫荒忽[五]，無所歸宿者，是豈足與為治哉！故期者，聖君賢臣所以先天下之治者也。

[注釋][一]王：戰國時稱以德行仁義使天下歸順者為王業。[二]伯：通「霸」，諸侯盟主，這裏指霸業。戰國時稱借仁義之名以武力征服天下者為霸業。[三]的：箭靶。用作動詞。[四]望：幌子，招牌。用作動詞。[五]汗漫荒忽：汗漫，空泛，不著邊際；荒忽，反覆多變貌。

[譯文]

凡是治理國家的人，未必沒有所期望的目標。行王道的期望實現王道，創霸業的期望成就霸業，圖強的期望能夠富強，如果不把箭靶豎起，那麼向哪裏發射箭呢？如果不把招牌掛起，那麼向哪裏投奔呢？志向，就是立下這一期望的目標；行動，就是為了奔赴這一期望的目標；收效，就是回應了這一期望的目標。如果隨意地議議，倉促地行動，忽然地停頓，空泛渺茫，反覆多變，沒有依歸，這樣的人難道還可以和他講求治理國家嗎？因此訂立期望的目標，是明君賢臣治理國家之前所應該先做的事。

期固為治之先，亦或為治之害。自期於強者，至強則止，欲挽之使進於伯，不可得也；自期於伯者，至伯則止，欲挽之使進於王，不可得也。何則？其素所期者，止於如是也。強而止於強，伯而止於伯，是特安於小耳。雖不足肩［一］盛世而追遐軌［二］，然下視弱國陋邦，其所獲不既多矣乎？謂之無志則可，謂之有害則不可也。抑不知天下之勢，不盛則衰；天下之治，不進則退。強而止於強者，必不能保其強也；伯而止於伯者，必不能保其伯也。驅駿馬而馳峻坂［三］，中間豈有駐足之地乎？

［注釋］［一］肩：比肩。［二］遐軌：古人遺跡、前人法度。遐，遠；軌：法度，軌範。［三］峻坂：險峻的山坡。

期望的目標，固然是治國前先訂立的，但有時候也會成為治國者之害。自我期望富強的，到達富強便停住了，想拽著他前進到稱霸的地步，是不可能做到的；自我期望成就霸業的，建立霸業後就停住了，想拽著他前進到王道的地步，也是不可能做到的。這是為什麼呢？因為他一向所期望的目標，已限定在這個階段。期望富強便止於富強，期望霸業便止於霸業，這只不過是滿足於小小的成就罷了。雖然不足以比肩盛世偉業、追蹈先哲軌範，但是向下和弱國小邦相比，它收穫的不是已經很多了嗎？說他志向不夠是可以的，說他有害則是不可以的。卻不知道天下的大勢，不走向興盛便趨於衰敗；天下的政治，不前進便會後退。期望富強便止於富強的，必定不能保住它的富強；期望成就霸業便止於霸業的，必定不能保住它的霸業。驅策駿馬馳騁在陡峭的山坡上，這中間難道還有停腳的餘地嗎？

齊桓公拔管仲於縲紲桎梏[一]之中，屬之國政，立談之間，遽以伯功相期。何其壯也！所期既立，左國右高[二]，前鮑後隰[三]，下逮比閭族黨[四]之民，夙興夜寐，淬厲奮發，以赴吾君之所期。至於葵邱之會，威加諸侯，名震四海，天子致胙[五]，王人下臨。環以旌旄[六]，崇以壇陛[七]；幕張燎[八]舉，有司戒期；駢圭交舄[九]，抑首就位；弁冕[一〇]秩秩，穆然無聲。於是桓公降阼[一一]遵廷，下拜王命。興俯跪起之容，翼如也；環佩衝牙[一二]之音，鏘如也；隆寵榮光，焜燿在列。申以五命[一三]之嚴，示以載書[一四]之信，明約顯命，若掞河漢[一五]而轟雷霆。區區曹、許之君，出於鼠壤蟻封之中，驟見曠古駭俗之偉觀，目眩氣奪，莫敢仰視。雖平日跋扈倔強，不受控御如晉侯

齊桓公提拔管仲於囚禁之中，把國家的政事托付於他，談話之間，便遽然以建立霸業相期許。這是多麼的豪壯啊！所期望的目標已經立定，左有國氏，右有高氏，前有鮑叔牙，後有隰朋，下及鄰里鄉黨的百姓，夙興夜寐，砥礪奮發，以實現自己君王所期望的目標。到了葵邱之會，齊國威加諸侯，名震四海，周天子禮賜祭肉，派王臣蒞臨。四面環立各色旌旗，築起高崇的壇階；架起帳幕，燃舉火把，官吏主持齋戒，約定日期；成對的圭玉聯袂並至，成排的鞋履交錯前來，俯首頷胸，各就己位；禮帽秩然，肅穆無聲。這時候齊桓公走下臺階，來到了廷上堂前，下拜以接受王命。他仰俯跪起的禮拜是那麼的莊嚴從容，一舉一動珮環碰撞的聲音是那麼的清脆悅耳，恩寵榮耀，輝映在諸侯的行列中。齊桓公當眾申誡五命的威嚴、顯示盟書的公信，明示盟約，彰顯王命，就像銀河一樣光輝燦爛，像雷霆一樣轟動遠播。那小小的曹、許兩國的國君，就像是從鼠穴蟻封出來一樣沒見過世面，驟然看見這前所未有驚世駭俗的壯觀場面，眼花撩亂，神消氣奪，不敢抬頭仰視。即使是平時跋扈倔強、不受約束的晉獻公，這時候也潤滑了車子，喂飽了馬匹，急急忙忙地奔赴在道路上，唯恐招致遲到的

者，猶膏車秣馬〔一六〕，奔走道路，恐干〔一七〕後至之誅。五伯莫高於桓公，而桓公九合之盟，葵邱之會，實居其最。一時文物之盛，騷人墨客，誇談矜語，至於今不衰。嗚呼！桓公素所期者，及葵邱之會，悉償所願，滿足無餘。種之累年，而穫之於今日，信可謂不負所期矣。

〔注釋〕〔一〕縲紲桎梏：代指囚徒。縲紲，捆綁犯人之繩索，也指監獄；桎梏，束縛犯人手腳之刑具。〔二〕左國右高：周初，由周王室派遣國氏、高氏至齊國為卿以輔助齊國政事。二者在齊國世代居為上卿，到齊桓公時，勢力仍很大，並助齊桓公成就霸業。〔三〕前鮑後隰：鮑即鮑叔牙，隰即隰朋，皆齊國賢臣。〔四〕比閭族黨：據《禮記》載，時五家為比，使之相保；五比為閭，使之相愛；五閭為族，使之相葬；五族為黨，使之相救。〔五〕致胙：古時天子祭祀後，將祭肉賞賜諸侯，以示禮遇。〔六〕旌旄：軍中用以指揮之旗幟。〔七〕壇陛：壇，土築的高臺，古時用以朝會、盟

懲罰。春秋五霸中，沒有哪個比得過齊桓公的，而桓公九次召集諸侯的盟會中，以葵邱之會最為盛大。當時文彩物色之盛，文人騷客的誇耀讚美，直到現在還未衰滅。唉！齊桓公一向所期望的心願，到葵邱之會都實現了，得到了完全的滿足。多年的播種耕耘，而收穫於今日，真可稱得上是沒辜負期望了。

誓、祭神、封拜等。陛，階除。[八]燎：火把。[九]駢圭交舄：駢圭，成對之玉圭。交舄：鞋子相接，形容人多。[一〇]弁冕：皆古代男子冠名，吉禮之服用冕，通常禮服用弁。此指代達官貴人。[一一]戺（ㄕˋ）：臺階。[一二]衝牙：《禮記‧玉藻篇》載，佩玉上邊系衡，下邊兩端系璜，中間懸牙，觸動時發出悅耳之聲。[一三]五命：見《左傳》。[一四]載書：即盟書。古代諸侯會盟時記載誓約之文書。[一五]掞河漢：掞，通「焰」，光照、照耀；河漢，即銀河。[一六]膏車秣馬：膏，用油脂塗抹潤滑輪軸。秣，餵養。[一七]干：招致。

所期既滿，其心亦滿。滿則驕，驕則怠，怠則衰。近以來宰孔之譏[一]，遠以召五公子之亂[二]。孰知盛之極乃衰之始乎？吾嘗譬桓公之功業，葵邱未會之前，猶自朔至望之月也，浸長而浸盈；葵邱既會之後，猶自望至晦之月也，浸缺而浸盡。蓋未滿則有增，既滿則招損而已，尚安能復增乎？甚

所期望的已經滿足，他的心願也滿足了。滿足便會驕傲，驕傲便會懈怠，懈怠便會衰落。近的就招來了宰孔的譏諷，遠的便招致了五位庶公子的禍亂。誰能知道興盛的極點就是衰落的開始呢？我曾經譬喻桓公的功業，在葵邱之會盟以前，就像從初一到十五的月亮，漸漸生長，漸漸圓滿；葵邱之會以後，就像從十五到月末的月亮，漸漸缺損，漸漸虧盡。大概是因為未曾圓滿便會增加，已經圓滿便只能減損吧，難道還能再增加嗎？人的心願不可以滿足，這確實是很重要的啊！齊桓公並非不知道自滿是應當戒備的，只是

矣！人心之不可滿也。桓公非不知滿之可戒也，所期既滿，其心不得不滿也。使桓公所自期者，不止於伯，詎肯至伯而滿哉！桓公之罪，在於自期之時，而不在於既滿之時也。

〔注釋〕〔一〕宰孔之譏：見《左傳》本文。〔二〕五公子之亂：指齊桓公死後，五個庶生兒子爭奪王位之亂象。事見《左傳．僖公十七年》。

雨驟而沼溢，非雨之罪，鑿沼者之罪也；酒暴而卮〔一〕翻，非酒之罪，造卮者之罪也。沼之所受有常限，卮之所容有常量，人之所期有常願，踰其限，過其量，塞其願，雖不欲滿，而不自知其滿矣。我不為沼，何憂乎十日之霖？我不為卮，何憂乎千釀之醴〔二〕。桓公素不以伯自期，則下視伯功亦蚊

所期望的已經滿足，他的心願也不得不滿足了。假使桓公自己期望的不止於霸業，又怎肯達到霸業就滿足了呢？桓公的過錯，在於開始自我期望的時侯，而不在於已經滿足期望的時候。

雨下得太猛，池沼的水便溢了出來，這不是雨的罪過，而是挖鑿池沼的人的罪過；酒倒得太急了，酒杯便翻倒了，這不是酒的罪過，而是製造酒杯的人的罪過。池沼所能容納的水量有一定的限度，酒杯所能容納的酒液有一定的分量，人們所期望的也有一定的心願。逾越了限度，超過了分量，達成了心願，雖然不想自滿，但不知不覺中便自滿了。如果自己不挖鑿池沼，又何必擔憂十多日的大雨？如果自己不製造酒杯，又何必擔憂那大量的甜酒？如果桓公平時不把霸業（而把更高的志向）作為自己的期望，那麼看著霸

蝱之過前耳。吾是以知自期之不可小也，進伯而至於王，極天下之所期，無在其上者，其亦可以息乎？曰：「王道果可息，則禹之孜孜，湯之汲汲，文之純亦不已，何為者耶？」

〔注釋〕〔一〕卮（ㄓ）：古盛酒器。〔二〕醴：甜酒。

業，也不過像蚊蟲飛過面前罷了。我由此可知，自已期望的目標是不可以太低小的。如果從霸業前進到王道，極盡了天下所期望的最高目標，也沒有更高的期待了，從此他就可以停歇了嗎？回答是：「達到了王道果真可以停歇的話，那麼夏禹孜孜不倦，商湯汲汲追求，周文王樸實淳厚都不停息，是為了什麼呢？」

【古評】

孫執升曰：孔子以器小譏管氏，即此意。

朱字綠曰：通篇兩層立意，一是不可無所期；一是所期不可自小而至於滿。主意在於所期不可自小而至於滿，卻先說不可無所期，輕先於重，多用此法。至光采橫騖，豪宕軼群，自來自往之文。

張明德曰：期於霸而復期於王，此自有無限作用，何患唐虞三代不復見於今日也。桓不見及此，仲更不見及此，東萊乃言之鑿鑿。篇中如言：「葵邱未會之先，猶自朔至望月也，寢長而寢盈；葵邱既會之後，猶自望至晦之月，寢缺而寢盡。」此等議論，誰能道得出半字，即使依稀言之，亦不能痛快至此，此篇「期」字當與前篇「待」字參看。

左傳原文

會于葵邱尋盟 僖公·九年

夏，會于葵丘。尋盟，且脩好，禮也。王使宰孔賜齊侯胙，曰：「天子有事于文、武，使孔賜伯舅胙。」齊侯將下拜。孔曰：「且有後命。天子使孔曰：『以伯舅耋老，加勞，賜一級，無下拜。』」對曰：「天威不違顏咫尺，小白余敢貪天子之命無下拜！恐隕越于下，以遺天子羞。敢不下拜！」下，拜，登，受。秋，齊侯盟諸侯于葵丘，曰：「凡我同盟之人，既盟之後，言歸于好。」宰孔先歸，遇晉侯，曰：「可無會也。齊侯不務德而勤遠略，故北伐山戎，南伐楚，西為此會也。東略之不知，西則否矣。其在亂乎？君務靖亂，無勤於行！」晉侯乃還。

晉獻公使荀息傅奚齊 僖公・九年

正始者，萬事之本也。始其始而不終其始者，蓋有之矣；不始其始而能終其始者，理之所必無也。吾未聞種稗而得穀者也，吾未聞植棘[一]而得檟[二]者也，吾未聞造醯而得醪[三]者也，吾未聞網魚而得禽者也，吾未聞學墨而得儒者也，吾未聞圖伯而得王者也。失其始而求其終，理之所必無也。

[注釋][一]棘：帶刺的灌木，一說即酸棗樹。[二]檟：茶樹。《爾雅・釋木》：「檟，苦荼（茶）。」[三]醪：帶糟的酒。

自古及今，失於始而蹈禍釁者，豈惟一人耶？荀息受獻公不正之託，國危身死，死無所名，失之於始也；秦穆公不置德而置

[譯文]

正確的開始，是萬事發展的根本。有好的開始卻沒有好的結果，大概是有的；沒有好的開始卻有好的結果，在道理上必定是沒有的。我沒有聽說過種稗子而得到穀子的，我沒有聽說過種棘木而得到茶葉的，我沒有聽說過造醋而得到酒的，我沒有聽說過捕魚而得到飛禽的，我沒有聽說過學墨家之學而成為儒家的，我沒有聽說過圖謀霸業而成就王道的。錯過了開始而追求結果，道理上必定是沒有的。

從古到今，開始便有錯失而造成禍患的，難道只是一個人嗎？荀息接受晉獻公不正當的囑託，以致國家危亡，自己喪命，死得沒有名分，這是一開始就錯了；秦穆公不為晉國立有德者而立服命於他者，親身

服[一]，親被晉惠，反噬之辱，失之於始也；晉惠公攬一國之利，不見輕諾之害，竟背內外之賂[二]，自取囚縶，失之於始也。失之於始，良平不能為之謀，儀秦不能為之辨，孫吳不能為之戰，墨翟、田單不能為之守，百補千營，終亦必敗而已矣。

［注釋］［一］服：服從之人。［二］內外之賂：內，指晉獻公答應饋贈中大夫，後未應諾。外，指他許諾予秦城，後來又不肯給。

雖然，是說也，為始謀者言之可也，不幸而已失其始者，雖聞吾言，不過拊膺搏髀[一]為無益之悔。果何術而救之乎？曰：見其無始而絕之者，君子之正也；見其無始尚欲扶持之者，君子之恕也。父母之於子，雖其始不遵教戒，已在憲網[二]，已在縲紲，

遭受晉惠公恩將仇報之害，這也是一開始就錯了；晉惠公獨攬一國之利，看不到輕易允諾的禍害，竟然因對內對外的許諾的失信，自取被囚禁的下場，這還是一開始就錯了。開始有了錯失，即便是張良、陳平也不能為之謀劃，張儀、蘇秦也不能為之論辯，孫臏、吳起也不能為之征戰，墨翟、田單也不能為之守衛，縱使百般補救，千般經營，最終必然會失敗。

雖然如此，這種說法，對開始謀劃的人說是可以的，如果不幸在開始就已經錯失了的人，雖然聽到了我的言論，不過是捶胸頓足徒作無益的懊悔。究竟有什麼方法能救助他呢？回答是：看到在開始便已錯失了而棄絕他，這是君子的正當行為；看到在開始便已錯失了而仍要扶持他，這是君子的寬恕之道。父母對於子女，子女雖然開始不遵從教誡，已經觸犯法律，甚而已經陷入牢獄，如果不是確實不可解救，父母的心怎麼會立刻放棄呢？籌劃著赴救，假使得以稍微減

自非甚不可救，父母之心，豈遽已乎？經度赴援，使得未減其罪、降重為輕，亦父母之所屑為也。君子視天下，猶父母之視子也，雖見其已失於始，苟未至於勢窮理絕，亦豈惜一舉手之力乎？

［注釋］［一］拊膺搏髀：捶著胸口，拍著大腿，形容人懊悔、氣憤貌。［二］憲網：法網，比喻嚴密的法律制度。

荀息以孤身而當眾怨［一］之衝，其禍大而不可救；秦穆公雖受侮，而終能取償於晉，其禍小而不必救。惟晉惠公之事，在二者之間，猶君子之所當論也。惠公始以甘言重賂［二］誘秦，既得國而盡食其言，秦穆公之心未嘗一日忘晉也。至晉饑而秦輸之粟，非憂晉也，積我之厚，形彼之薄，所以怒其

輕罪罰，變重罪為輕罪，也是為父母的人值得去做的。君子看待天下，就像父母看待兒女，雖然看到開始已經錯失了，假如還未到形勢絕望、道理上說不過去，又怎麼會吝惜舉手之勞而不肯助一臂之力呢？

荀息孤身一人承當三公子之徒的眾怨，他的禍害太大而不能解救；秦穆公雖然受被騙之辱，但最終還能從晉國得到補償，他的禍患很小而不必解救。只有晉惠公的事處在二者之間，仍是君子所應當議論的。晉惠公開始用動聽的話和厚重的賄賂誘惑秦國，等到他取得晉國君位後便完全食言抵賴，秦穆公的內心沒有一天忘記晉國。到晉國發生饑荒，秦國輸送糧食，並不是憂慮晉國，而是積累自己的寬厚來顯示對方的澆薄，從而激怒並利用對方的民眾。這種怨怒，豈是祈禱所能消解，言語所能挽回的呢？幸好秦國發生

眾而將使之也。斯怨也，豈禱請所可謝，言語所可回乎？幸而秦饑乞糴[三]於晉，此天錫晉以釋怨之資也。使君子為晉謀，必曰：「吾久負秦約，常患無以自解，苟因其乞糴，亟如其請而振[四]其急，則秦將見今日之恩，而忘前日之怨，政使怨不盡解，亦可以殺其怒而緩其毒，雖鋒刃相向，其致死於我，必不力矣。」彼虢射乃謂：「無損於怨，而厚於寇。」吁！是何言歟？虢射徒知與粟之無損於怨，不知閉糴之增其怨也。

〔注釋〕[一]此句：當年驪姬為立其子奚齊為嗣，陷害太子申生及重耳、夷吾二公子，樹敵很多。荀息輔佐奚齊而遭眾怨，里克將殺奚齊，便向荀息說「三怨將作」。見《左傳・僖公九年》。[二]甘言重賂：晉惠公曾說好話以五座城池作為賄賂請求秦國幫助自己回國。[三]糴（ㄉㄧˊ）：買進糧食。[四]振：同「賑」，救濟。

饑荒而向晉國求糧，這是上天賜給晉國化解怨怒的機會。假使有君子為晉國籌謀，一定會說：「我國長久地違背了與秦國的盟約，常常擔憂沒有什麼機會來消解對方的怨恨，假如借著他們的求糧，趕快答應其請求，賑救其急難，那麼秦國將會看到今日的恩惠，而忘記前日的怨恨。縱然其怨恨不能完全化解，也可以消滅其怒氣，延緩其怨毒，即使兵刃相向，致我們於死地的心也必定不會堅定。」但那個虢射卻說「（這樣做）不能減少怨恨，反而增加了敵人的力量。」唉！這是什麼話！虢射只知道輸糧不能減少對方的怨恨，卻不知道不輸糧會使秦國的怨恨增加。

擇禍莫若輕，擇怨亦莫若輕。雖使果如虢射之言無損於怨，亦猶愈於增其怨，況與之粟，乃所以損其怨乎？慶鄭雖欲救之，然其氣暴，其辭悍，適所以起晉惠之怒而已。惜乎！慶鄭有救之之心，而未得救之之道也。使君子為晉謀，則失之於始，豈不可收之於終乎？

吾嘗攷論秦、晉交爭之際，益知天下之理，不可有毫髮之過焉。晉之負秦，理當怨也；秦之伐晉，理當報也。韓原之戰，忿晉惠者，豈特秦人哉！雖晉之眾，亦忿然有不直其君之心矣。逮至秦穆執晉侯而歸，囚之靈臺，則是奪蹊田之牛［二］，報之亦已甚矣。惟其報之稍過於理，於是晉人果哀其君之窮，而怨秦之酷，移不直其君之心為不直

禍患到來，不如取其輕；怨恨加身，也不如取其輕。假使果真像虢射所說的那樣不能減少其怨恨，也總比增加其怨恨好一些，何況輸糧正是減少其怨恨的機會呢？慶鄭雖然有挽救這件事的心，但他脾氣暴躁，言辭強硬，只能引起晉惠公的震怒罷了。可惜啊！慶鄭有謀救的心意，卻沒有謀救的方法。假使有君子為晉國謀劃，那麼雖然在開始有所錯失，難道不能補救在最後嗎？

我曾經探討秦晉兩國的爭鬥，更加知道天下的道理，是不可以有一絲一毫的過失的。晉國辜負了秦國，情理上是應當被怨恨的；秦國討伐晉國，情理上是應當報復的。韓原之戰，痛恨晉惠公的難道只是秦人嗎？即使是晉國的百姓，也有很氣憤而不贊同自己君主心意的人。等到秦穆公俘晉惠公回去，囚禁在靈台，那麼就像是奪走了踩田的牛，這報復也夠過分了！正因為報復稍微逾越了情理，於是晉人結果反而哀憫他們國君的窘境而怨恨秦國的殘酷，轉移了不贊同自己國君的心意而變為不贊同秦國的心意，於是發憤而起，出錢出力，修備武力，以輔立太子，有與秦

秦之心，奮怒踴躍，征繕以輔孺子[二]，有不與秦俱生之意。嗚呼！天下之理，果可有毫髮之過耶？千鈞之重，加銖兩而移，信矣哉！

[注釋][一]奪蹊田之牛：《左傳・宣公十一年》：「牽牛以蹊人之田，而奪之牛。」蹊，踐踏。[二]征繕以輔孺子：財賦、軍賦叫征，修治甲兵叫繕，孺子指子圉，他不是嫡長子卻被立為太子，所以稱為「孺子」。

國不能共存的想法。唉！天下的道理，果真可以有絲毫的過失嗎？已承受了千鈞的重量，加上銖兩的分量便要移動秤砣，確實如此啊！

左傳原文

晉獻公使荀息傅奚齊 僖公・九年

初，獻公使荀息傅奚齊。公疾，召之，曰：「以是藐諸孤，辱在大夫，其若之何？」稽首而對曰：「臣竭其股肱之力，加之以忠貞。其濟，君之靈也；不濟，則以死繼之。」公曰：「何謂忠貞？」對曰：「公家之利，知無不為，忠也；送往事居，耦俱無猜，貞也。」及里克將殺奚齊，先告荀息曰：「三怨將作，秦、晉輔之，子將何如？」荀息曰：「將死之。」里克曰：「無益也。」荀叔曰：「吾與先君言矣，不可以貳。能欲復言而愛身乎？雖無益也，將焉辟之？且人之欲善，誰不如我？我欲無貳，而能謂人已乎？」冬，十月，里克殺奚齊于次。書曰「殺其君之子」，未葬也。荀息將死之，人曰：「不如立卓子而輔之。」荀息立公子卓以葬。十一月，里克殺公子卓于朝。荀息死之。君子曰「《詩》所謂『白圭之玷，尚可磨也；斯言之玷，不可為也。』荀息有焉。」

秦伯納晉惠 僖公・九年

晉郤芮使夷吾重賂秦以求入，曰：「人實有國，我何愛焉？入而能民，土於何有？」從之。齊隰朋帥師會秦師，納晉惠公。秦伯謂郤芮曰：「公子誰恃？」對曰：「臣聞亡人無黨，有黨必有讎。夷吾弱不好弄，能鬬不過，長亦不改，不識其他。」公謂公孫枝曰：「夷吾其定乎？」對曰：「臣聞之，唯則定國。《詩》曰：『不識不知，順帝之則。』文王之謂也。又曰：『不僭不賊，鮮不為則。』無好無惡，不忌不克之謂也。今其言多忌克，難哉！」公曰：「忌則多怨，又焉能克？是吾利也。」

晉侯殺里克平鄭 僖公・十年

夏，四月，周公忌父、王子黨會齊隰朋立晉侯。晉侯殺里克以說。將殺里克，公使謂之曰：「微子，則不及此。雖然，子弒二君與一大夫，為子君者，不亦難乎？」對曰：「不有廢也，君何以興？

欲加之罪，其無辭乎？臣聞命矣。」伏劍而死。於是丕鄭聘于秦，且謝緩賂，故不及。丕鄭之如秦也，言於秦伯曰：「呂甥、郤稱、冀芮實為不從，若重問以召之，臣出晉君，君納重耳，蔑不濟矣。」冬，秦伯使泠至報、問，且召三子。郤芮曰：「幣重而言甘，誘我也。」遂殺丕鄭、祁舉及七輿大夫：左行共華、右行賈華、叔堅、騅歂、纍虎、特宮、山祁，皆里、丕之黨也。丕豹奔秦，言於秦伯曰：「晉侯背大主而忌小怨，民弗與也。伐之，必出。」公曰：「失眾，焉能殺？違禍，誰能出君？」

晉乞糴于秦 僖公．十三年

冬，晉荐饑。使乞糴于秦。秦伯謂子桑：「與諸乎？」對曰：「重施而報，君將何求；重施而不報，其民必攜，攜而討焉，無眾，必敗。」謂百里：「與諸乎？」對曰：「天災流行，國家代有。救災恤鄰，道也。行道有福。」丕鄭之子豹在秦，請伐晉。秦伯曰：「其君是惡，其民何罪？」秦於是乎輸粟于晉，自雍及絳相繼，命之曰「汎舟之役」。

秦乞糴于晉 僖公．十四年

冬，秦饑，使乞糴于晉，晉人弗與。慶鄭曰：「背施無親，幸災不仁，貪愛不祥，怒鄰不義。四德皆失，何以守國？」虢射曰：「皮之不存，毛將安傅？」慶鄭曰：「棄信背鄰，患孰恤之？無信患作，失援必斃，是則然矣。」虢射曰：「無損於怨，而厚於寇，不如勿與。」慶鄭曰：「背施幸災，民所棄也。近猶讎之，況怨敵乎？」弗聽。退曰：「君其悔是哉！」

秦晉戰韓原 僖公．十五年

晉侯之入也，許賂秦伯以河外列城五。既而不與。晉飢，秦輸之粟；秦飢，晉閉之糴。故秦伯伐晉。

九月，晉侯逆秦師，壬戌戰于韓原，秦獲晉侯以歸。

沙麓崩

一氣運行乎天地之間，災祥祲[一]兆，未始不以其類應也。麗於上，峙於下，羣於中，同本同生，同體同流，未有一物之不類，未有一物之不應。類乎！類乎！其天地萬物之樞乎？

有明類，有晦類，有旁類，有互類，有遠類，有反類。肅雨乂暘，謀寒哲燠[二]，晷儀之不可測，數術之不可推者，明類也；昆侖滂薄，恍惚杳冥，相與於無相與，相求於無相求者，晦類也；盪[三]而相侵，迫而相陵，指其影而射其形，動於室而兆於鄰者，旁類也；經緯羅絡，參錯四薄[四]，其應復為感，其感復為應者，互類也；悶悶其遲，恢恢其容，形若疎而實密，近若差而實

［譯文］

氣運行在天地之間，災祥吉凶的徵兆，沒有開始不是以類相應的。成雙在上，對峙在下，聚合在中，同根同生，同體同流，沒有一種事物不相成為類，沒有一種事物不相互為應。類啊！類啊！它是天地萬物的樞紐嗎？

類有明類、有晦類、有旁類、有互類、有遠類、有反類。天子如能肅敬，就有及時雨；如能治理，就會及時晴朗；如有謀略，就會及時寒冷；如果明智，就會及時溫暖。用天文晷儀測量不出的，用曆法算數推算不出的，這屬於明類；混淪滂薄，隱約幽暗，原本不相涉的卻相關，這是隱晦不清一類；事物一發動而相互滲透，受壓迫而相互壓制，指著影子而追逐著他的形體，發作在自己的家室而顯現在鄰居的家中，這是普遍共同一類；經緯交織，交錯而四面接連，他的回應也為感發，他的感發也為回應，這是相互交錯一類；渾渾沌沌的遲緩，寬廣浩淼的包容，表面上疏闊而實際上縝密，表面上差別極大而實質精微無間，

精者，遠類也；憂喜聚門，吉凶同域，或順來而逆往，或咎終而休始者，反類也。

[注釋][一]祲（ㄐㄧㄣˋ）：妖氣，古代所謂陰陽相侵所形成的不祥的雲氣。[二]肅雨乂（ㄧˋ）暘（ㄧㄤˊ），謀寒哲燠（ㄩˋ）：語出《尚書·周書·洪範》：「曰肅，時雨若；曰乂，時暘若；曰謀，時寒若；曰哲，時燠若。」指天子能肅敬、治理、明智、謀慮，便能及時下雨、天晴、溫暖、寒冷。[三]蕩：摩擦，擠壓碰撞。[四]薄：接近，迫近。

類與不類，相與為類，類之中，復分其類焉。毫而析之，縷而陳之；雖合天下之人，皆為研桑[一]；空渭濱之竹，皆為籌算[二]；亦有所不能計。貫之以理，則一而已矣。千妍萬醜，無二鏡也；千柯萬葉，無二木也；千殊萬別，無二類也。一而萬，萬而一者也。

這是聯繫深遠一類；憂患和欣喜聚集在一起，吉慶和兇險同在一地，或者順利到來而不順利前往，或者以過失結束而從吉慶開始，這是前後相逆一類。

成類與不成類，又相互成為類，而類之中還可以再分類。如果條分縷析，即使讓全天下的人都像計研、桑弘羊那樣善於計算，即使伐盡渭水河畔的竹子都做成計數的算籌，也不能計算清楚。但如果以理來貫通，也就只有一個而已。千種妍美與萬般醜態，不需要用兩面鏡子來映照；千根枝條與萬片綠葉，不需要用兩棵樹木來長成；千般不同萬種差異，不需要分成兩種類屬來加以區別。一可以分到萬，萬也可以歸到一。

[注釋][一]研桑：人名。研指計研，字文子，春秋時范蠡之師，善於經商。桑，桑弘羊，漢武帝御史大夫，善於理財。後世遂以「研桑心計」形容人善於經商致富。[二]籌算：古時刻有數字的竹籌，用來計算。

貫一理而通之者，聖人也；名一說而執一類者，瞽史[一]也。春秋二百四十二年之間，災眚[二]之見，視前世為多。一時為瞽史之學者，占候推步[三]，時合時舛，時得時失，瑣碎繳繞，聽者益厭之，則為說以攻之，曰：「星墮木鳴，川竭谷堙[四]，彼之咎也；德薄道虧，政荒民散，我之咎也。彼為彼，我為我。我不能預彼事，彼亦安能預我事哉！」

[注釋][一]瞽史：樂官與太史。瞽是盲人，古代樂官由瞽者擔任。[二]災眚（ㄕㄥˇ）：災害、禍患。[三]占候推步：占候，根據天象變化預測吉凶禍福。推步，

用一種道理貫通萬事萬物的，是聖人；以一類學說聞名而只掌握某一類學說的，是瞽史。春秋二百四十二年之間，發生的災害較前世為多。一時之間為瞽史之學的人，視物候變化以測吉凶，推算天象曆法，有時符合，有時舛誤，有時應驗，有時差錯，瑣屑細碎，附會糾纏，聽得人都厭煩了，便立說加以反駁，說：「流星墜地，樹木發鳴，河流枯竭，山谷堵塞，那是天地的災禍；德行淺薄，王道衰微，政事荒廢，人民流散，這是我的罪過。天地是天地，我是我，我不能干預天地的事，天地又怎能干預我的事呢？」

推算日月星辰運行軌跡。〔四〕堙：堵塞。

是說既出，又有為說以攻之者，曰：「居天下之上者，君也；居人君之上者，天地也。聖人患人君在人上，肆情任意，無物可制，故復假在君之上者以制之。此災眚變異之說所以興也。苟明言其無預於人，則聖人之機，一旦發露，為君者不復有所畏矣。」

是說既出，又有為說以攻之者，曰：「天、地、人，未有不相通者。聖人非虛假災眚以脅人君也。召瑞者，德；召妖者，暴。昭然不可誣，但不當如瞽史之苛細耳。災眚之來，修吾政，省吾過，以敬天怒，可也；指某災謂由某事，修某事以應某災，不可也。」

說至於此，天下之論其定矣乎？未定

這一說法出來之後，又有人立說加以反駁，說：「居於天下人之上的是君王，居於君王之上的是天地。聖人害怕君王高居眾人之上，恣情任性，沒有東西可以挾制他，所以又假借在君王之上的事物來挾制他。這就是災害變異之說所以興起的原因。假如明說天地不能干預人事，那麼聖人的用心一旦洩露，做君王的就不再有什麼可畏懼的了。」

這一說法出來之後，又有人立說加以反駁，說：「天、地、人，三者沒有不相通的。聖人並不是虛假地借用災異來脅制君王。召致祥瑞的有德，召致妖孽的暴虐，這是明明白白不可誣妄的，只是不應當像瞽史那樣瑣細繁雜罷了。災異來臨，修我政事，察我過失，以敬畏上天的懲罰，這是可以的；指著某一災異說是因為某事，整治某事以應變某一災異，這是不可以的。」

話說到這裏，天下所論確定下來了嗎？還是沒有

也。

天地之應，未嘗不以其類也。汎謂之災，而不知其所由災；汎謂之怒，而不知其所由怒。何其汗漫[一]而無統也？一人之身，痛發於股，則知其在股；痛發於肱，則知其在肱；痛發於腹，則知其在腹；痛發於心，則知其在心；詎有蹙頞[二]呻吟，而不知痛之所在者乎？

[注釋][一]汗漫：空泛，沒有邊際。[二]頞：同額。鼻樑、額頭。

天地萬物，皆吾體也。惟聖人不為私意小智所間，全體混然，大而無際。一星一雲之祲，一川一阜[一]之變，歷然如疾痛之在身，無不知其所自起。錙錙銖銖，不紊不亂，豈若世之汗漫者哉！是聖人歷象[二]在

確定。

天地間的感應，沒有不以類相應的。泛稱之為災害，卻不知道災害從何而來；泛稱之為天怒，卻不知道天為何發怒，這是多麼空泛沒有統緒啊？一個人的身體，腿痛便知道痛在腿上，臂痛便知道痛在臂上，腹痛便知道痛在腹部，心痛便知道痛在心上，難道有皺著眉頭痛苦呻吟，卻不知道病痛在哪兒的人嗎？

天地萬物就像是我們自己的身體，但只有聖人不為主觀和小智所隔離壅蔽，渾然一體，大無邊際。一星一雲的異兆，一山一河的變異，明白清楚地像身上的病痛一樣，沒有不知道它的發生之處。一絲一毫，絕不紊亂，難道會像世人那樣昏昧無知嗎？所以聖人能從己身推曆觀象，而不需要依靠羲和所定的曆象；

身，而不待羲〔三〕和之歷象；璣衡〔四〕在身，而不待璿玉之璣衡也。然堯不信己而信歷象，舜不信己而信璣衡，豈所謂制行以人不以己耶？非也。身有歷象，而不廢羲和之歷象，堯之所以為堯也；身有璣衡，而不廢璿玉之璣衡，舜之所以為舜也。彼謂制行以人不以己者，果足以知堯、舜哉！

〔注釋〕〔一〕一川一阜：川，河流；阜，泛指山脈。〔二〕歷象：觀察天象、推算天體運行的規律。〔三〕羲和：羲氏與和氏。堯時掌管天文四時的官。見《尚書・堯典》。〔四〕璣衡：即璿機玉衡，古代觀測天體的儀器。

璣衡就在自己身上，而不需要依靠外在的璿璣玉衡。然而堯不相信自己卻相信曆象，舜不相信自己卻相信璣衡，難道這就是所謂的不由自己來制定行為的準則而讓他人來制定嗎？不是這樣的。自身有曆象之能卻不廢除羲和的曆象，這正是堯之所以成為堯的風範；自身有璣衡之能卻不廢棄用璿璣玉衡，這正是舜之所以為舜的器度。那些以為不由自己來制定行為的準則而讓他人來制定的人，真的是瞭解堯、舜嗎？

左傳原文

沙麓崩 僖公・十四年

秋，八月，辛卯，沙鹿崩。晉卜偃曰：「期年將有大咎，幾亡國。」

隕石鷁退飛 僖公・十六年

春，「隕石于宋，五」，隕星也。「六鷁退飛，過宋都」，風也。周內史叔興聘于宋，宋襄公問焉，曰：「是何祥也？吉凶焉在？」對曰：「今茲魯多大喪，明年齊有亂，君將得諸侯而不終。」退而告人曰：「君失問。是陰陽之事，非吉凶所生也。吉凶由人，吾不敢逆君故也。」

星孛北斗 文公・十四年

有星孛入于北斗，周內史叔服曰：「不出七年，宋、齊、晉之君，皆將死亂。」

梁山崩 成公・五年

梁山崩，晉侯以傳召伯宗。伯宗辟重，曰：「辟傳！」重人曰：「待我，不如捷之速也。」問其所，曰：「絳人也。」問絳事焉，曰：「梁山崩，將召伯宗謀之。」問：「將若之何？」曰：「山有朽壞而崩，可若何？國主山川，故山崩川竭，君為之不舉，降服，乘縵，徹樂，出次，祝幣史辭以禮焉。其如此而已。雖伯宗若之何？」伯宗請見之，不可。遂以告，而從之。

晉侯論宋災 襄公・九年

春，宋災。樂喜為司城以為政。使伯氏司里。火所未至，徹小屋，塗大屋，陳畚挶，具綆缶，備水器，量輕重，蓄水潦，積土塗，巡丈城，繕守備。表火道。使華臣具正徒，令隧正納郊保，奔火所。使華閱討右官，官庀其司。向戌討左，亦如之。使樂遄庀刑器，亦如之。使皇鄖命校正出馬，工正出車，備甲兵，庀武守。使西鉏吾庀府守，令司宮、巷伯儆宮，二師令四鄉正敬享，祝、宗用馬于四墉，祀盤庚于西門之外。晉侯問於士弱，曰：「吾聞之，宋災，於是乎知有天道，何故？」對曰：「古之火正，或食於心，或食於咮，以出內火。是故咮為鶉火，心為大火。陶唐氏之火正閼伯居商丘，祀大火，而火紀時焉。相土因之，故商主大火。商人閱其禍敗之釁，必始於火，是以日知其有天道也。」公曰：「可必乎？」對曰：「在道。國亂無象，不可知也。」

梓慎論無冰 襄公．二十八年

春，無冰。梓慎曰：「今茲宋、鄭其饑乎？歲在星紀，而淫於玄枵，以有時菑，陰不堪陽。蛇乘龍。龍，宋、鄭之星也，宋、鄭必饑。玄枵，虛中也。枵，秏名也。土虛而民秏，不饑何為？」

裨竈論周楚 襄公．二十八年

裨竈曰：「今茲周王及楚子皆將死。歲棄其次，而旅於明年之次，以害鳥帑。周、楚惡之。」

子產論參商事 昭公．元年

注見八卷首。

大雨雹 昭公．四年

大雨雹。季武子問於申豐曰：「雹可禦乎？」對曰：「聖人在上，無雹，雖有不為災。古者，日在北陸而藏冰，西陸朝覿而出之。其藏冰也，深山窮谷，固陰沍寒，於是乎取之。其出之也，朝之祿位賓食喪祭，於是乎用之。其藏之也，黑牡秬黍，以享司寒。其出之也，桃弧棘矢，以除其災。其出入也時，食肉之祿，冰皆與焉。大夫命婦，喪浴用冰。祭寒而藏之，獻羔而啓之，公始用之。火出而畢賦自命夫命婦，至於老疾，無不受冰。山人取之，縣人傳之，輿人納之，隸人藏之。夫冰以風壯，而以風出。其藏之也周，其用之也徧，則冬無愆陽，夏無伏陰，春無淒風，秋無苦雨，雷出不震，無菑霜雹，癘疾不降，民不夭札。今藏川池之冰，棄而不用。風不越而殺，雷不發而震。雹之為菑，誰能禦之？《七月》之卒章，藏冰之道也。」

士文伯論火見 昭公・六年

士文伯曰：「火見，鄭其火乎？火未出而作火，以鑄刑器，藏爭辟焉。火如象之，不火何為？」

六月，丙戌，鄭果災。

晉侯問日食 昭公・七年

夏，四月，甲辰，朔，日有食之。晉侯問於士文伯曰：「誰將當日食？」對曰：「魯、衛惡之，衛大魯小。」公曰：「何故？」對曰：「去衛地，如魯地。於是有災，魯實受之。其大咎，其衛君乎，魯將上卿。」公曰：「《詩》所謂『彼日而食，于何不臧』者，何也？」對曰：「不善政之謂也。國無政，不用善，則自取謫于日月之災。故政不可不慎也。務三而已，一曰擇人，二曰因民，三曰從時。」

十一月，季武子卒。晉侯謂伯瑕曰：「吾所問日食，從矣，可常乎？」對曰：「不可。六物不同，民心不壹，事序不類，官職不則，同始異終，胡可常也？《詩》曰：『或燕燕居息，或憔悴事國。』其異終也如是。」公曰：「何謂六物？」對曰：「歲、時、日、月、星、辰是謂也。」公曰：「多語寡人辰，而莫同。何謂辰？」對曰：「日月之會是謂辰，故以配日。」

晉侯問史趙 昭公·八年

九月，楚公子棄疾帥師奉孫吳圍陳，宋戴惡會之。冬，十一月，壬午，滅陳。輿嬖袁克，殺馬毀玉以葬。楚人將殺之，請寘之。既又請私，私於幄，加絰於顙而逃。使穿封戌為陳公，曰：城麇之役，不諂。侍飲酒於王。王曰：「城麇之役，女知寡人之及此，女其辟寡人乎？」對曰：「若知君之及此，臣必致死禮，以息楚。」晉侯問於史趙曰：「陳其遂亡乎？」對曰：「未也。」公曰：「何故？」對曰：「陳，顓頊之族也。歲在鶉火，是以卒滅，陳將如之。今在析木之津，猶將復由。且陳氏得政于齊，而後陳卒亡。自幕至于瞽瞍，無違命。舜重之以明德，寘德於遂，遂世守之。及胡公不淫，故周賜之姓，使祀虞帝。臣聞盛德必百世祀，虞之世數未也。繼守將在齊，其兆既存矣。」

裨竈論陳災 昭公·九年

夏，四月，陳災。鄭裨竈曰：「五年，陳將復封。封五十二年而遂亡。」子產問其故，對曰：「陳，水屬也。火，水妃也。而楚所相也。今火出而火陳，逐楚而建陳也。妃以五成，故曰五年。歲五及鶉火，而後陳卒亡，楚克有之，天之道也，故曰五十二年。」

星出婺女 昭公·十年

春，王正月，有星出于婺女。鄭裨竈言於子產曰：「七月戊子，晉君將死。今茲歲在顓頊之虛，姜氏、任氏，實守其地。居其維首，而有妖星焉，告邑姜也。邑姜，晉之妣也。天以七紀，戊子，逢公以登，星斯於是乎出。吾是以譏之。」

景王問萇弘 昭公・十一年

景王問於萇弘曰：「今茲諸侯，何實吉？何實凶？」對曰：「蔡凶。此蔡侯般弒其君之歲也，歲在豕韋，弗過此矣。楚將有之，然壅也。歲及大梁，蔡復楚凶，天之道也。」楚子在申，召蔡靈侯。靈侯將往。蔡大夫曰：「王貪而無信，唯蔡於感，今幣重而言甘，誘我也，不如無往。」蔡侯不可。五月，丙申，楚子伏甲而饗蔡侯於申，醉而執之。夏，四月，丁巳，殺之，刑其士七十人。

梓慎論禘 昭公・十五年

春，將禘于武公，戒百官。梓慎曰：「禘之日，其有咎乎？吾見赤黑之祲，非祭祥也，喪氛也。其在涖事乎？」二月，癸酉，禘，叔弓涖事，籥入而卒，去樂卒事，禮也。

星孛大辰 昭公・十七年

冬，有星孛于大辰，西及漢。申須曰：「彗所以除舊布新也。天事恒象，今除於火，火出必布焉。諸侯其有火災乎？」梓慎曰：「往年吾見之，是其徵也，火出而見。今茲火出而章，必火入而伏。其居火也久矣，其與不然乎？火出，於夏為三月，於商為四月，於周為五月。夏數得天，若火作，其四國當之，在宋、衛、陳、鄭乎？宋，大辰之虛也，陳，大皞之虛也；鄭，祝融之虛也；皆火房也。星孛天漢，漢，水祥也。衛，顓頊之虛也，故為帝丘。其星為大水，水，火之牡也。其以丙子若壬午作乎？水火所以合也。若火入而伏，必以壬午，不過其見之月。」鄭裨竈言於子產曰：「宋、衛、陳、鄭將同日火，若我用瓘斝玉瓚，鄭必不火。」子產弗與。

火始昏見 昭公・十八年

夏，五月，火始昏見。丙子，風。梓慎曰：「是謂融風，火之始也。七日，其火作乎？」戊寅，風甚。壬午，大甚。宋、衛、陳、鄭皆火。梓慎登大庭氏之庫以望之，曰：「宋、衛、陳、鄭也。」數日，皆來告火。裨竈曰：「不用吾言，鄭又將火。」鄭人請用之。子產不可。子大叔曰：「寶，以保民也。若有火，國幾亡。可以救亡，子何愛焉？」子產曰：「天道遠，人道邇，非所及也，何以知之？竈焉知天道？是亦多言矣，豈不或信？」遂不與，亦不復火。

梓慎望氣 昭公・二十年

二月，己丑，日南至。梓慎望氛，曰：「今茲宋有亂，國幾亡，三年而後弭。蔡有大喪。」叔孫昭子曰：「然則戴、桓也。汏侈，無禮已甚，亂所在也。」

梓慎對日食 昭公・二十一年

七月，壬午，朔，日有食之。公問於梓慎曰：「是何物也？禍福何為？」對曰：「二至二分，日有食之，不為災。日月之行也，分，同道也；至，相過也。其他月則為災，陽不克也，故常為水。」於是叔輒哭日食。昭子曰：「子叔將死，非所哭也。」八月，叔輒卒。

梓慎論日食 昭公・二十四年

夏五月乙未朔，日有食之。梓慎曰「將水」。昭子曰：「旱也。日過分而陽猶不克，克必甚，能無旱乎？陽不克莫，將積聚也。」秋，八月，大雩旱。

齊有彗星 昭公·二十六年

齊有彗星，齊侯使禳之。晏子曰：「無益也，祇取誣焉。天道不謟，不貳其命，若之何禳之？且天之有彗也，以除穢也。君無穢德，又何禳焉？若德之穢，禳之何損？《詩》曰：『惟此文王，小心翼翼。昭事上帝，聿懷多福。厥德不回，以受方國。』君無違德，方國將至，何患於彗？《詩》曰：『我無所監，夏后及商。用亂之故，民卒流亡。』若德回亂，民將流亡，祝史之為，無能補也。」公說，乃止。

史墨占日食 昭公·三十一年

十二月，辛亥，朔，日有食之。是夜也，趙簡子夢童子贏而轉以歌。旦，占諸史墨，曰：「吾夢如是，今而日食，何也？」對曰：「六年及此月也，吳其入郢乎？終亦弗克。入郢必以庚辰，日月在辰尾。庚午之日，日始有謫。火勝金，故弗克。」

楚雲如赤鳥 哀公·六年

吳伐陳，復脩舊怨也。楚子曰：「吾先君與陳有盟，不可以不救。」乃救陳，師于城父。七月，楚子在城父，將救陳，卜戰不吉，卜退不吉。王曰：「然則死也。再敗楚師，不如死。棄盟逃讎，亦不如死。死一也，其死讎乎？」命公子申為王，不可；則命公子結，亦不可；則命公子啓，五辭而後許。將戰，王有疾。庚寅，昭王攻大冥，卒于城父。閭退，曰：「君王舍其子而讓羣臣，敢忘君乎？從君之命，順也。立君之子，亦順也。二順不可失也。」與子西、子期謀，潛師閉塗，逆越女之子章，立之而後還。是歲也，有雲如眾赤鳥，夾日以飛，三日。楚子使問諸周大史。周大史曰：「其當王身乎？若禜之，可移於令尹、司馬。」王曰：「除腹心之疾，而寘諸股肱，何益？不穀不有大過，天其夭諸？有罪受罰，又焉移之？」遂弗禜。

楚子賜鄭伯金　僖公・十八年

予奪之際，猶辭受之際也。已受者可辭，已辭者不可受；已奪者可予，已予者不可奪。

趙姬既為內子[一]，復推以與叔隗，而身下之，已受者可辭也；鄭伯石為卿，既辭而復請命，子產是以惡其為人，已辭者不可受也；楚莊王已縣[二]陳，從申叔時之諫，而續其封[三]，已奪者可予也；晉景公剖齊汶陽之田以畀[四]魯，七年之中，一予一奪，以納季文子之侮，已予者不可奪也。

[注釋][一]內子：古代稱卿大夫的嫡妻為內子。[二]縣：用作動詞「設置為縣」。[三]封：封號、封爵。[四]畀：給予。

君子無苟辭，知其不可復受也；君子

[譯文]

給予與奪失之間就如同推辭與接受之間一樣。已經接受的可以推辭，已經推辭的卻不可以再接受；已經奪失了的可以再給予，已經給予了的不可以再奪失。

趙姬已成為嫡妻，又把名位推讓給叔隗，自己屈居其下，這是已經接受的可以推辭；鄭伯石受命隨卿，既已推辭，卻又請求重新任命，子產因此厭惡他的為人，這是已經推辭的不可以再接受；楚莊王已滅陳國而設為縣，但聽從了申叔時的諫議而續封陳國，這是已經奪失的可以再給予；晉景公分割齊國汶陽之田給魯國，七年之中先給予而又奪去，所以招致了季文子的譏諷，這是已經給予的不可以再奪取。

君子不隨便推辭，因為知道推辭之後不可以再接

無苟予，知其不可復奪也。理不當辭，在我何愧？始辭而卒受之，則愧心生焉。理不當予，在彼何怨？始予之而卒奪之，則怨心生焉。吾尚欲釋有愧為無愧，豈可反使無愧為有愧乎？吾尚欲平有怨為無怨，豈可反使無怨為有怨乎？

王述［一］之未嘗辭官，不察者，固疑其貪也；伊尹之一介不以予人［二］，不察者，固疑其吝也。觀其辭受未定之初，人競自處於廉，而處王述以貪，王述固不辨也。及觀其終，則人皆不免於愧，超然居眾愧之外者，王述一人而已矣。觀其予奪未定之初，人競自處於義，而處伊尹以吝，伊尹固不辨［三］也。及觀其終，則人皆不免於怨，泰然居眾怨之外者，伊尹一人而已矣。是故賢

受；君子不隨便給與，因為知道給予之後就不可以再奪回來。依理不應當推辭的，在我又有什麼可慚愧的呢？起初推辭而最終接受，那麼慚愧之心便萌生了。依理不應當給予，在別人又有什麼可怨恨的呢？起初給予而最終奪去，那麼怨恨之心便產生了。我們尚且要化解有愧之心成為無愧之心，又怎能反而使無愧之心成為有愧之心呢？我們尚且要平復有怨之情變為無怨之情，又怎能反而使無怨之情變為有怨之情呢？

王述不曾辭官，不明白的人固然懷疑他貪婪；伊尹一點東西都不給別人，不瞭解的人固然懷疑他吝嗇。觀察人們在推辭和接受尚未定之時，人們競相自處於清廉而讓王述處於貪婪，王述並不加以分辯。等看到結果，那麼眾人都不免感到慚愧，而超然處於眾人慚愧之外的，只有王述一個人罷了。觀察人們在給予和奪失尚未定之時，人們競相自處於正義而處伊尹於吝嗇，伊尹並不加以分辯，等看到結果，那麼人們都不免於遭到怨恨，而泰然自若處於眾人怨恨之外的，只是伊尹一個人罷了。所以那些後來稱讚王述賢良的人，正是先前指責王述貪婪的人；那些後來認為伊尹聖賢的人，正是先前責備伊尹吝嗇的人。

王述於後者，貪王述於先者也；聖伊尹於後者，吝伊尹於先者也。

［注釋］［一］王述：東晉名臣，又名王藍田，以性急坦率著稱。太和二年，王述上書朝廷，欲求辭官回家，遞呈的書中說道：「在我做官的時候，我決不應該抱有個人歸鄉的念頭。現在我年老了，如果上天賜於我更長的壽命，我自然應該自勉以免被君主遺棄，但現在請求君王答應我的請求。」晉帝沒有答應王述的請求。三年後，王述病死。［二］伊尹之一介不以予人：伊尹，商初賢臣，輔助商湯打敗夏桀。《孟子·萬章》：萬章問曰：「人有言『伊尹以割烹要湯』，有諸？」孟子曰：「否！不然。伊尹耕於有莘之野，而樂堯舜之道焉。非其義也，非其道也，祿之以天下弗顧也，繫馬千駟弗視也。非其義也，非其道也，一介不以與人，一介不以取諸人。」［三］辨：通「辯」。

聖賢之辭受予奪，非眾人所能識也。物在彼則謂之辭受，物在我則謂之予奪，一名而二實者也。辭受既不可中悔，予奪其可

聖賢在推辭、接受、給予、奪失之間，不是眾人所能瞭解的。事物在對方，所講求的是推辭、接受；事物在我方，所講求的是給予、奪失。一種名稱而有兩種情況。推辭與接受既然不可以反悔，給予與奪失

中悔乎？予奪固不可中悔。若土地廣輪[一]之博，爵秩印韍[二]之崇，猶人情之所重者，不能堅決，尚有說也。

[注釋][一]廣輪：廣袤，指土地面積。[二]爵秩印韍（ㄈㄨˊ）：爵秩，爵位和秩祿；印韍，也作印紱，即印綬。

彼楚成之金[一]，楚靈之弓，淺心狹量拳拳於一物，何其愈下耶？世俗猶以鑄兵之盟，薳啟疆[二]之說，為楚之得計。抑不知楚成與鄭以金，而禁其鑄兵，則鄭忘楚之賜，而怨楚之禁。是雖不奪鄭之金，而實奪鄭之心也。在楚失有用之寶，在鄭得無用之具。我有所損而彼無所益，計無拙於此矣。

[注釋][一]金：此指銅。[二]薳啟疆：人名。薳，姓。

難道就可以反悔嗎？給予和奪取固然不可以反悔，像面積廣袤的土地、地位崇高的官爵，尤其被人們看重，不能決斷而反悔，那還有話可說。

像那楚成王給了銅，楚靈王給了弓，卻心胸狹窄，不能忘懷於區區小物，是多麼的卑下啊！世俗之人仍兀自把禁止鑄造兵器的盟約和薳啟疆的遊說，看作是楚王計謀的成功，卻不知道楚成王給予鄭國金屬卻又禁止其鑄造兵器，那麼鄭國便會忘記了楚國的賞賜而怨恨楚國的禁令。這樣雖然沒有奪回送給鄭國的銅，然而實際上卻奪走了鄭國的心。在楚國是失去了有用的寶物，在鄭國只是得到了沒用的東西。自己有所損失而對方也沒有益處，沒有比這更笨拙的計謀了。

魯侯懼蘧啟疆之說，而反楚之弓者，非果懼三鄰之窺也，懼楚靈之怒也。不壓以全楚之威，則區區兒戲之說，豈足以動魯侯耶？以堂堂六千里之楚，而下臨蕞爾[一]之魯，令出於正，何索不獲？乃以一弓之故，卑體巧說，惟恐魯之不從。想啟疆之膝一屈，而楚國之威索然矣。信哉！予奪之不可輕也。

[注釋][一]蕞（ㄗㄨㄟˋ）爾：渺小貌。

予奪不可輕，猶眾人事耳。聖人之視予奪，初未嘗有輕重也。舜視天下，如棄敝屣，豈舜直輕天下如敝屣哉！孟子特為桃應[二]言之耳。天下者，桃應之所重也；敝屣者，桃應之所輕也。以其所輕，而明其所重，欲使知舜之等視輕重而已。孟子止言

魯侯聽了蘧啟疆的遊說因畏懼而奉還了楚國的弓，並非真的害怕三個鄰國的窺探，而是懼怕楚靈王發怒。不用整個楚國的威勢來壓制，那麼區區兒戲之說，怎麼能說動魯侯呢？以堂堂六千里疆土的楚國，下臨微不足道的魯國，假如出令正當，什麼東西索取不到呢？僅為了一張弓的緣故，卑躬屈膝，巧言令色，惟恐魯國會不聽從。想想蘧啟疆屈膝拜賀，楚國的威嚴便蕩然無存了。的確是這樣的，給予和奪失不可輕視啊！

給予和奪失不可輕視，這還只是眾人的事情罷了。聖人看待給予和奪取，原本沒有輕重之分。舜看待天下如同拋棄破鞋，難道舜真的像看待破鞋那樣輕視天下嗎？這只不過是孟子回答桃應假設出來的問題罷了。天下，是桃應所看重的；破鞋，是桃應所看輕的。用他所輕視的來表明他所看重的，是想要使桃應知道舜是平等地看待萬物罷了。孟子只是說舜沒有特別看重，而人們於是疑惑舜是特別看輕，這就錯了。

舜之無所重，而人遂疑舜之有所輕，誤矣！吾將因孟子之言，而附益之曰：「舜當其可與，視天下如敝屣；當其不可與，視敝屣如天下。」

〔注釋〕〔一〕桃應：人名。見《孟子・盡心上》。

我將借孟子的話再附加上一句：「舜在應當給予的時候，看待天下如同破鞋；在不應當給予的時候，便看待破鞋如同天下一般。」

左傳原文

楚子賜鄭伯金 僖公・十八年

鄭伯始朝于楚，楚子賜之金，既而悔之，與之盟曰：「無以鑄兵。」故以鑄三鍾。

趙姬請逆叔隗 僖公・二十四年

狄人歸季隗于晉而請其二子。文公妻趙衰，生原同、屏括、摟嬰。趙姬請逆盾與其母，子餘辭。姬曰：「得寵而忘舊，何以使人？必逆之。」固請，許之。來，以盾為才，固請于公，以為嫡子，而使其三子下之，以叔隗為內子而己下之。

楚子討鄭 宣公・十一年

冬，楚子為陳夏氏亂故，伐陳。謂陳人「無動！將討於少西氏」。遂入陳，殺夏徵舒，轘諸栗門因縣陳。陳侯在晉。申叔時使於齊，反，復命而退。王使讓之，曰：「夏徵舒為不道，弒其君，寡人以諸侯討而戮之，諸侯、縣公皆慶寡人，女獨不慶寡人，何故？」對曰：「猶可辭乎？」王曰：「可哉。」曰：「夏徵舒弒其君，其罪大矣；討而戮之，君之義也。抑人亦有言曰：『牽牛以蹊人之田，而奪之牛。』牽牛以蹊者，信有罪矣；而奪之牛，罰已重矣。諸侯之從也，曰討有罪也。今縣陳，貪其富也。以討召諸侯，而以貪歸之，無乃不可乎？」王曰：「善哉！吾未之聞也。反之，可乎？」對曰：「吾儕小人所謂『取諸其懷而與之』也。」乃復封陳。鄉取一人焉以歸，謂之夏州。故書曰「楚子入陳。納公孫寧、儀行父于陳」，書有禮也。

晉使魯歸汶陽田 成公・八年

春，晉侯使韓穿來言汶陽之田，歸之于齊。季文子餞之，私焉，曰：「大國制義，以為盟主，是以諸侯懷德畏討，無有貳心。謂汶陽之田，敝邑之舊也，而用師於齊，使歸諸敝邑。今有二命，曰『歸諸齊』。信以行義，義以成命，小國所望而懷也。信不可知，義無所立，四方諸侯，其誰不解體？《詩》曰：『女也不爽，士貳其行。士也罔極，二三其德。』七年之中，一與一奪，二三孰甚焉？士之二三，猶喪妃耦，而況霸主？霸主將德是以，而二三之，其何以長有諸侯乎？《詩》曰：『猶之未遠，是用大簡。』行父懼晉之不遠猶而失諸侯也，是以敢私言之。」

鄭伯石辭卿 襄公・三十年

鄭伯有既死，使大史命伯石為卿，辭。大史退，則請命焉。復命之，又辭。如是三，乃受策入拜。子產是以惡其為人也，使次己位。

楚復取魯大屈 昭公・七年

楚子享公于新臺，使長鬣者相，好以大屈既而悔之。薳啓彊聞之，見公。公語之，拜賀。公曰：「何賀？」對曰：「齊與晉、越欲此久矣。寡君無適與也，而傳諸君，君其備禦三鄰。慎守寶矣，敢不賀乎？」公懼，乃反之。

邢人狄人伐衛 僖公・十八年

天下之物，有置之則不可見、動之則不可禦者，殆非人力之能為也，機[一]之發於天者也。

[注釋][一]機：命數，真性。

兄弟鬩於牆[一]，鬬很[二]忿詈，手足之歡，無復存矣。他日俱出，塗人毆其兄，為弟者忘向之怨，勃然往救之。是心安從生耶？兄弟之愛，天也。鬬鬩之時，其機伏而不見，初未嘗亡也。一旦遇塗人之辱，以動吾之機，是機一發，奮厲勁烈，海可倒，山可移，金石可貫，豈薄忿細怨所能遏耶？君臣也，父子也，夫婦也，兄弟也，朋友也，五者，天下之大機也。私欲梏之，小智藩之，

[譯文]

天下的事物，有放置在那裏就讓人看不見、一旦觸動就讓人不可抵禦的，這大概不是人力所能做到的，而是發自天性的。

兄弟在家裏鬧矛盾，爭鬥詈罵，手足之情不復存在了。他日一同出門，路人毆打兄長，做弟弟的頓時忘了以前的怨恨，勃然大怒，前去救助。這種心理是從哪裏產生的呢？兄弟之間的親情源於天性。爭鬥的時候，他們的這一天性隱藏著看不見，但原本就沒有失去。一旦遇到路人的侮辱，纔觸動了自己的天性，這種真性一經觸動，猛烈強勁，移山倒海，金石可斷，這哪裏是小小的怨忿所能遏止的呢？君臣、父子、夫婦、兄弟、朋友，這五倫是天下最大的天性。它因私欲而被禁錮，因小聰明而被遮蔽，封閉得堅固嚴密，天性好像再也不能回來了。但一旦有人叩動它、觸發它，天性便立刻回應，眨眼之間，便打開禁錮，沖破藩籬，所有的封閉束縛都鬆脫解散，原本就有在瞬息

封蟄固密，其機若不可復還也。或叩焉，或觸焉，其機立應，目不容瞬。掣其梏，決其藩，千封萬蟄，剝落解散，固有破百年之人偽於一息之間者矣。

［注釋］［一］兄弟鬩於牆：指兄弟不和。語出《詩經・小雅・棠棣》：「兄弟鬩於牆，外禦其務。」原指兄弟鬥於門牆之內，但能共同抵禦外侮。［二］很：通「狠」。

唐代宗［一］，何如君也？德宗［二］，何如君也？昏庸猜虐，民困其暴，固已不復知有君臣之義也。及在播遷流離之中，用柳伉、陸贄［三］之言，貶損自責，以感發天下君臣之機。真機既生，森不可禦，向日之抑塞，向日之殘酷，向日之橫斂，向日之征徭，後機一衝，前怨咸息。愛君之外，舉無餘念。疾首痛心，爭先赴敵。不越月踰時，而歸二

之間破除百年的人情偽飾之事啊。

唐代宗是怎樣的國君呢？唐德宗是怎樣的國君呢？他們昏庸、猜忌、暴虐，百姓受其殘暴之苦，本來已經不知道有君臣大義了。然而後來他們在避難流離時，聽用了柳伉、陸贄的建議，下詔貶抑自責，來感發天下君臣大義的天性。純真的天性一經感發，便強烈不可抵禦，君王往日的壓迫，昔日的殘酷，以往的橫徵暴斂，從前的徭役之苦，只因這後日的天性一經觸動，臣民以前的怨恨便都消失了。除了愛戴君王以外，沒有別的念頭。於是痛心疾首，爭先奔赴疆場，沒過一個月，便讓兩位君王回到故都，得以祭祀唐朝

君於故都，祀唐配天，不失舊物。暫動其機，效已若此，況其機素明者耶？

〔注釋〕〔一〕唐代宗：代宗時，回紇、吐蕃入侵，代宗逃往陝州。〔二〕德宗：唐德宗時，朱滔、王武俊等起兵反亂。建中四年，朱泚反，德宗逃往奉天，興元元年，下詔自責。〔三〕柳伉、陸贄之言：柳伉，代宗臣。當時，驃騎大將軍程元振專權恣肆，隱瞞吐蕃入侵軍情，導致代宗倉皇出逃。吐蕃退後，太常博士柳伉上疏請求懲治程元振，代宗便削元振官職。陸贄，德宗臣。德宗平定戰亂後，考功郎中陸贄上疏，昔日聖王明君都能罪己，善言，所以興國。陛下如果能不吝改過，革心向上，將會撫慰民心。於是德宗下詔自責，天下為之感動揮涕。

衛國之君，兩用此機。文公以邢、狄之侵，避位而激其民，動是機於前，而終能滅邢。靈公以晉之侮，亦避位以激其民，動是機於後，而終能亢晉。是非樂於自屈也，不屈已於此，則無以發機於彼也。文公固賢

宗廟，配享上天，沒有任何損失。一時觸動其天性，效驗就已經如此了，何況那天性一貫顯明的人呢？

衛國的君王，曾兩次動用過這一天性。衛文公因為邢人和狄人的侵犯，便退讓君位來激發臣民，他先觸動了這種天性，最終得以消滅了邢國；衛靈公因為受到晉國的侮辱，也退讓君位來激發臣民，他觸動這一天性雖然在後，卻最終抵抗住了晉國。這並不是人們喜歡屈抑自己。而是不這樣屈抑自己，便不能夠

主，若靈公之淫縱侈慢，豈素拊循[一]其民者耶？民之所以畢力拒晉者，非為靈公也。靈公之言，適動其愛君之機而不能已也。

[注釋][一]拊循：撫慰、安撫、愛護。也作「拊巡」。

雖然，動天之機者，不可雜之以人。邢、狄之侵與晉之侮，非有陝郊[一]之危、奉天之急[二]也，而文公、靈公張大其事，遽自避位，甚己之辱而起民之怒，其動民之本，既雜而不純矣。故衛國之民，天機雖動，人機亦隨，馴致其患，公孫彌牟反竊是機以拒出公。非文、靈動其機者不端，詎至是耶？

[注釋][一]陝郊之危：唐代宗避難於陝州。[二]奉天之急：唐德宗逃到奉天，朱泚率兵圍攻奉天。奉

觸發臣民的天性。衛文公固然是位賢明的君王，像那衛靈公，淫亂放縱，奢侈怠慢，哪裏是平時能撫慰臣民的君王？臣民所以能盡力抵抗晉國的原因，並不是為了靈公，而是靈公的話正好觸動他們愛戴君王的天性，而難於抗拒罷了。

雖然如此，觸動人們天性的人，不可夾雜以個人私欲。邢人、狄人的侵犯與晉國的侮辱，並沒有像唐代宗時奔陝州那樣的危險和唐德宗在奉天時那樣的急迫，而衛文公和靈公誇大其事，急忙退讓君位，誇張自己的受辱以激起臣民的憤怒，他們觸動臣民的本性已經是駁雜不純正了。所以衛國的臣民，天性雖然已經觸動，但私人的機心也隨著觸動起來了，漸漸釀成了禍患，致使公孫彌牟反過來竊用這一機心以抗拒不讓出走的靈公回來。若不是文公、靈公不正當地觸動臣民的天性，又怎麼會發展到這一地步呢？

天，縣名，在今陝西省乾縣。

以人蔽天猶可也，以人亂天不可也。蔽者其天尚存，方開之以天，而遽投之以人，匿邪於根，浹毒於髓，本原之地，為所汨亂，吾不知何時而能去也。心不受病，受病則其狂不可制；真不受偽，受偽則其惡不可除。制心之狂，除真之惡，果終無術而不可解耶？吁！

用人欲蒙蔽天性，還是可以的；用人欲擾亂天性，卻是不可以的。被蒙蔽者的天性還是存在的，如果剛觸動天性，就急忙夾雜以私欲，使邪惡藏匿於根源之上，就像毒素滲透於骨髓之中，天性的本原之地就被污染攪亂了，我不知道這些東西什麼時候纔能被除去。心靈不能承受疾病，病了便狂亂不可抑制；真實不能容納虛偽，容納了虛偽，那麼邪惡便不可除去。制止心靈上的狂亂，除去真實中的邪惡，果真終究是沒有方法也不能解除吧？唉！

【古評】

朱字綠曰：動其機亦是平常議論，取其首尾完好，引代德二宗事亦切。

張明德曰：機伏而動，單為題中一激字伏脈，兩引唐事，證據確切，以議論維敘事，末後又歸到天字上，首尾相應，自是穩當文字。

左傳原文

邢人狄人伐衛 僖公・十八年

冬，邢人、狄人伐衛，圍菟圃。衛侯以國讓父兄子弟，及朝眾，曰：「苟能治之，燬請從焉。」眾不可，而從師于訾婁。狄師還。

衛叛晉 定公・八年

衛侯欲叛晉，而患諸大夫。王孫賈使次于郊，大夫問故。公以晉詬語之，且曰：「寡人辱社稷，其改卜嗣，寡人從焉。」大夫曰：「是衛之禍，豈君之過也？」公曰：「又有患焉，謂寡人『必以而子與大夫之子為質』。」大夫曰：「苟有益也，公子則往，羣臣之子敢不皆負羈紲以從？」將行，王孫賈曰：「苟衛國有難，工商未嘗不為患，使皆行而後可。」公以告大夫，乃皆將行之。行有日，公朝國人，使賈問焉，曰：「若衛叛晉，晉五伐我，病何如矣？」皆曰：「五伐我，猶可以能戰。」賈曰：「然則如叛之，病而後質焉，何遲之有？」乃叛晉。晉人請改盟，弗許。

公孫文子拒衛侯 哀公・二十五年

夏，五月，庚辰，衛侯出奔宋。衛侯為靈臺于藉圃，與諸大夫飲酒焉。褚師聲子韤而登席。公怒。辭曰：「臣有疾，異於人。若見之，君將㱿之，是以不敢。」公愈怒。大夫辭之，不可。褚師出，公戟其手，曰：「必斷而足！」聞之，褚師與司寇亥乘曰：「今日幸而後亡。」公之入也，奪南氏邑，而奪司寇亥政。公使侍人納公文懿子之車于池。初，衛人翦夏丁氏，以其帑賜彭封彌子。彌子飲公酒，納夏戊之女，嬖以為夫人。其弟期，大叔疾之從孫甥也，少畜於公，以為司徒。夫人寵衰，期得罪。公使三匠久。公使優狡盟拳彌，而甚近信之。故褚師比、公孫彌牟、公文要、司寇亥、司徒期因三匠與拳彌以作亂，皆執利兵，無者執斤。使拳彌入于公宮，而自大子疾之宮譟以攻公。鄄子士請禦之。彌援其手曰：「子則勇矣，將若君何？不見先君乎？君何所不逞欲？且君嘗在外矣，豈必不反？當今不可，眾怒難犯，休而易間也。」乃出。將適蒲，彌曰：「晉無信，不可。」將適鄄，彌曰：「齊、晉爭我，不可。」將適泠，彌曰：「魯不足與，請適城鉏以鉤越，越有君。」乃適城鉏。彌曰：「衛盜不可知也，請速，自我始。」乃載寶以歸。

觀治不若觀亂，觀美不若觀惡。自古及今，蹂踐殘賊而終不可亡者，乃天理之真在也。

登唐虞之朝者，舉目皆德政；陪洙泗[一]之席者，入耳皆德音。縱橫交錯，無非此理；左顧右盼，應接不暇。果何自以窺天理之真在哉！至於居亂世，遇惡人，所見者，莫匪橫逆；所聞者，莫匪詖淫[二]。所謂天理，疑若殄滅而靡有孑遺矣。然橫逆詖淫之中，天理間發，時見一斑，豈非是理之真在歟？

[注釋][一]洙泗：二水名。孔子居二水間以教授弟子，後人以此為儒家或孔學的代稱。[二]詖淫：佞辭淫說。

[譯文]

觀察治世不如觀察亂世，觀察好人不如觀察惡人。從古到今，遭受蹂踐殘害而最終沒有滅亡的，纔是天理真正的存在著。

登上唐堯、虞舜的朝廷，舉目所見的都是德政；陪坐在孔子洙泗之間講席上的人，充耳所聞都是德音。縱橫交錯，無不在理；左顧右盼，應接不暇。到底從哪裏纔能看到天理的真正存在呢？至於生長在亂世，遭遇到凶惡之人，那麼所看見的莫非橫暴不順之事；所聽到的莫非佞辭淫說之言。所謂的天理，讓人懷疑好像已經滅絕無遺了。但是在橫暴不順、佞辭淫說之中，天理仍間或顯現，時見一斑，這難道不是天理的真正存在嗎？

「我生不有命在天？」紂之所以拒祖伊[一]也，人皆知其託辭也。託則託矣，然天之一言，胡為而忽出於紂之口哉！「何適而無道？[二]」跖之所以答其徒也。人皆知其託辭也，託則託矣，然道之一言，胡為而忽出於跖之口哉！紂身與天違，而口忽言天；跖身與道違，而口忽言道。噫！不如是，何以知是理之果不可亡歟？

［注釋］［一］祖伊：殷紂大臣，以周勢力擴張而戒紂王，紂王卻說：「我生不有命在天？」不聽祖伊。事見《書・西伯戡黎》。［二］何適而無道：盜跖為古時大盜，其徒曾問：「盜亦有道乎？」答曰「何適而無道？」事見《莊子・胠篋》。

善觀理者，於此所以深致其觀也。梁伯溺於土功[一]，無故勞民，底[二]於滅亡。議者莫不指罔民以寇，自致駭潰，定梁伯之

「我生下來不就承命於天嗎？」這是殷紂王拒絕祖伊的話，人們都知道這是他的託辭。托辭就託辭吧，但是「天」這個字為何卻忽然出自紂的口中呢？「到哪裏會沒有道呢？」這是盜跖回答他的徒弟的話，人們都知道這是他的託辭。託辭就託辭吧，但是「道」這個字為何卻忽然出於盜跖的口中呢？紂王行事違背天理，口中卻忽然說出「天」字；盜跖為人違背天道，口中卻忽然說出「道」字。唉！如果不是這樣，又從哪裏知道天理果真是不可消亡的呢？

善於觀察天理的人，就要在這些地方做深入的觀察。梁伯喜歡大舉土木，無故勞民傷財，終於滅亡。批評者無不指責他用寇賊來欺騙百姓，是他自己招致人民驚駭潰敗，以此來定梁伯的罪名，這的確是對的。

罪，是則然矣。吾獨於罪之中而知天理之所在焉。人皆以罔民為梁伯之詐心，吾獨以為梁伯之良心。世之論良心者，歸之仁，歸之義，歸之禮，歸之智，信未有敢以詐為良心者也。名詐以良心，豈有說乎？曰：「詐非良心也，所以詐者良心也。」梁伯之版築，其自以為是乎？自以為非乎？如自以為是，必不待罔民以某寇將至也，必不待罔民以秦將襲我也。惟其心慊然[三]以為非，恐民之不我從，故虛張外寇以脅之耳。嗜版築而不已者，心之私也；慊版築而不安者，心之正也。詐固非良心，慊獨非良心乎？吾是以知天理常在人欲中，未嘗須臾離也。

[注釋][一]溺於土功：沉湎於土工建築。[二]底：同「抵」，達，以至於。[三]慊然：不滿足、不安貌。

但我卻在梁伯的罪行中知道了天理的存在。人們都以為欺騙百姓是出於梁伯欺詐的心理，我卻以為這是出於梁伯的良心。世上人談論良心，將它歸之為仁、歸之為義、歸之為禮、歸之為智，相信沒有誰敢把欺詐算作良心的。把欺詐算作良心，難道有什麼說辭嗎？回答是：「欺詐不是良心，為何要欺詐，這纔是良心的問題。」梁伯大興土木，他自以為正確呢，還是錯誤呢？如果自己以為正確，必定不會用寇賊將至來欺騙百姓，必定不會用秦兵來襲的話來欺騙百姓。正因為他內心不安認為不對，又惟恐百姓不聽從自己，所以纔危言聳聽，假託敵寇入侵來脅迫人民。嗜好大興土木而不能停止，是因為內心的私欲；愧對大興土木而又覺得不安，是出自內心的純正。欺詐固然不是良心，不安難道不算是良心嗎？我因此知道，天理常在人欲裏面，片刻也不曾離開過。

梁伯欲心方熾，而慊心遽生，孰導之而孰發之乎？嗚呼！梁伯一念之慊，此改過之門也，此復禮之基也，此堯、舜、禹、湯、文、武之路也。聖人迎其善端，而推之，而廣之，而大之，沛然若決江河，莫之能禦。梁伯一慊方生，而遽繼之以詐，是猶隕雪霜以摧始萌之草，羣鷹隼以擊未翼之雛，良心安得而獨勝乎？

與生俱生者，謂之良心。毀之而不能消，背之而不能遠，雖甚無道之人，是心或一日而數起也。是心既起，有以繼之，則為君子；無以繼之，則為小人。繼與不繼，而君子、小人分焉。故學者不憂良心之不生，而憂良心之不繼。

梁伯的私欲之心正當強烈的時候，而愧慊之心卻忽然產生，有誰引導他、啟發他了嗎？唉！梁伯的愧慊之念，這正是他改過的門檻，這正是他克己復禮的基礎，這正是他走向堯、舜、禹、湯、文、武的道路啊。聖人能迎導這個好的開端，加以推廣、加以擴大，那善心就會充沛浩蕩，好像江河決口，沒有誰能抵禦得了。而梁伯愧慊之念剛一萌生，就馬上以欺詐來接續，這就像降霜雪摧殘剛萌生的小草，群集鷹隼來攻擊未長羽翼的雛鳥，良心怎能夠獨自取得勝利呢？

與生命共同產生的，有所謂良心。就是要毀壞它也不能使它消亡，要背棄它也不能久遠，即使是一個十分不行正道的人，這一良心尚可能一天湧現數次呢。這一良心既然湧現，有能繼續保有它的，就是君子；不能繼續保有它的，就是小人。能繼續保有與不能繼續保有，君子和小人便分別出來了。所以進德修學的人不憂慮良心不產生，而憂慮良心的不能繼續保有。

【古評】

唐荊川曰：文有理趣，而語句灑脫。

孫執升曰：前半言天理，後半言良心，良心之不亡，即天理也。天理獨出於紂、跖之口，良心獨在於詐心之中，專為小人誘掖，故多用叩擊法。

朱字綠曰：孟子言性善，朱子雖言下愚不能無道心，自是顛撲不破。從泯滅良心處看出良心，意更警切。由此推之，凡為不善而工於覆匿，與為不善而假托善者，何非良心之所在也。王伯安言良知，是知有良心者矣。乃曰無善無惡之體，然則良知又是何物？至今祖述其說者，必欲打掃善字一空，歸於虛無而後止，使之心體果無善無惡，必不知善之為是、惡之為非也。梁君何為？複欺罔其民以行不善耶？從和尚位下討生活者，必又曰滿街都是聖人矣。

張明德曰：人性本善，上智與下愚，均有這點種子。朱子亦嘗言：「人雖極惡大罪，未嘗無道心。」可知為善之良心易見，而為惡之良心難測也。文能從此中看出良心二字，用意獨奇，尤妙在分君子、小人在良心之繼與不繼二字，內有多少咀嚼，且開多少法門。無善無噁心之體，體本渾然如一太極。所謂良知者，乃渾然中不見有一惡之可指可名，因無惡之可指可名而謂之善，非心之體實有善惡之分也。事有善惡，而念無善惡；念加之事之善者則為善念，念加之事之惡者則為惡念。《博議》中已詳言之：「人有求財而不厭為貪心，乃本此心以求道，則與夫子學而不厭何以異；又有守則弗失為吝心，乃本此心以守道，則與顏子之服膺弗失又何以異？」向之惡今之善，特因利與義而改其名，彼心之體曷嘗有善惡者耶？顏淵曰：舜何人也？予何人也？有為者亦若是。果爾則滿街都是聖人，奚必從和尚位下討生活哉？然則人特患向善之心不專，或轉求道守道之念以求利而守利，則滿街都不免是凡人耳。至謂祖述王氏之說者，必將善字打掃一空，歸而止於虛無，此不足患也。在自伸其說者，能明辨以析，而不囫圇其語焉，斯得矣。

左傳原文

秦取梁新里 僖公．十八年

梁伯益其國而不能實也，命曰新里。秦取之。

梁亡 僖公．十九年

「梁亡」，不書其主，自取之也。初，梁伯好土功，亟城而弗處，民罷而弗堪。則曰：「某寇將至。」乃溝公宮，曰：「秦將襲我。」民懼而潰，秦遂取梁。

宋公使邾文公用鄫子 僖公・十九年

無間則仁，有間則暴。無間則天下皆吾體，烏得而不仁？有間則獨私其身，烏得而不暴？幽明[一]也，物我也，混混[二]同流而無間者也。喜同一喜，喜觸於心，則幽明、物我不約而皆喜；怒同一怒，怒觸於心，則幽明、物我不約而皆怒。判而為慘舒[三]、休戚、愛憎、哀樂之情，別而為盈虛、予奪、損益、是非之理，散而為禍福、利害、安危、死生之變。彼動則此應，彼發則此知，未嘗有間也。

[注釋][一]幽明：指無形的鬼神和有形的人類。[二]混混：水流不斷貌。[三]慘舒：指心情憂悒和舒暢。

[譯文]

心裏沒有嫌隙就會仁厚，心裏有了嫌隙就會殘暴。沒有嫌隙，那麼整個天下都像是我的身體，怎能不仁厚呢？有了嫌隙，那麼就會偏愛自己的身體，怎能不殘暴呢？無形的（鬼神）和有形的（人類），外物和自我，都如同綿綿不絕的流水一樣，融合為一，沒有間隙。高興便一同高興，高興在內心觸發，則有形的和無形的、外物和自我，便都會不約而同地感到高興；憤怒便一同憤怒，憤怒在內心觸動，則有形的和無形的，外物和自我，便都會不約而同地感到憤怒。分別說來，有悽慘或安舒、美好或憂戚、喜愛或憎惡、哀傷或快樂等不同的情緒；有盈滿或空虛、給予或奪失、減損或增加、對的或錯的等不同的事理；有災禍或福祉、利益或損害、安全或危險、生存或死亡等不同的變化。那邊一有動靜，這邊就有回應；那邊一但發作，這邊就會感知，而從不會有什麼間隙。

昔之仁人，所以視民如傷者，豈以冥冥之不可欺，昭昭之不可犯哉！幽明、物我，通為一體，不見有可傷之地也。既傷於民，亦傷於身；既傷於身，復傷於神。噫！知此者，其知仁之方乎？

不仁則不覺，不覺則不合。幽明不合，而有人與神之間焉；物我不合，而有人與己之間焉。遂以為苟便於身，何恥乎媚神？苟媚於神，何恤乎害人？以妄傳妄，以偽傳偽，然後囂淫怪誕之說興，然後焄蒿悽愴[一]之妖作，然後陰詭側僻[二]之祀起，然後釁塗刳剔[三]之亂生。如宋襄、楚靈、季平子之事，蓋有戎狄禽獸之所不忍為者，非天獨賦以酷戾狠逆之性也，私己深，畏神甚，淪惑其心而至此極也。

以前那些仁厚的人，他們之所以會體恤百姓的痛苦，難道是因為在冥冥之中有鬼神，所以不敢欺騙；在昭昭日月之下有眾目，所以不敢侵犯嗎？無形的和有形的、外物和自我渾融一體，就看不到它們有哪個地方可以傷害了。一旦傷害了百姓，也就傷害了自身；一旦傷害了自身，也就傷害了神靈。啊！明白了這個道理，大概也就理解施行仁道的方法了吧？

沒有仁厚之心不能感覺，沒有感覺就不能融合為一。無形的和有形的不能融合，那麼人和神之間便有了間隙；外物和自我不能融合為一，那麼外物和自我便也有了間隙。於是人就認為如果對自身有利，諂媚鬼神又有什麼恥辱呢？但如果對鬼神諂媚，又哪裏會顧念害人呢？用謊言傳揚謊言，用虛假傳揚虛假，然後那些誇張惑亂荒誕無經的說法就興盛起來了，然後那些用熏烤蒿草之氣讓人們感到淒涼悲愴的妖異便產生了，然後那些詭秘不正的祭祀就興起了，然後那些取血塗抹器物和剖腹剔骨的亂行就產生了。像宋襄公、楚靈王、季平子用人為祭牲的事情，就是戎狄那樣的異類也不忍心去做的，這並不是因為上天惟獨賦予他們殘酷暴虐的本性，而是他們私欲太深，懼怕神靈過甚，以致迷亂淪喪了自己的心智而至於走到這種

〔注釋21〕焄（ㄒㄩㄣ）蒿悽愴：焄，熏烤。焄蒿，熏烤篙草，則香氣四散。悽愴，悲涼。語出《禮記・祭義》：「焄蒿悽愴，此百物之精也，神之著也。」〔22〕陰詭側僻：使陰謀詭計，不光明正大。〔23〕釁塗刳剔：釁塗，殺牲取血以塗器物縫隙的祭祀。刳剔，剖腹、剔骨。

一時之君子，隨而議之，是猶詆蚩尤之殘，哂盜跖之貪，適為贅爾。曷若求其為暴之原而滌之乎？天下之理，有通有塞。其通耶，八荒之外，六合之內，幽明物我，上際下蟠，不見其間，孰非吾仁者哉！其塞耶，雖汲汲以愛人，利物為志，朝三省而日九思，然在此有毫芒之塞，則在彼有尋丈之間。

發於其身，害於其事；發於其事，害於其政。民有不得其死者矣！一念之毒，

極端的地步。

當時的君子，隨即批評他們，這就像指責蚩尤的兇殘，譏笑盜跖的貪婪，只是多餘的廢話。為何不去探求他們為暴的根源並且剷除它呢？天下的事理，有通達的也有閉塞的。那些通達的，在八方荒遠之外，在上下四方之內，天地萬物中無形的和有形的，外物和自我，上交下接，看不見它們的間隙，哪一處不充溢著自身的仁厚呢？那些閉塞的，雖然急切地把愛人利物當作自己的志向，每天一再反省並多次思考，然而，只要在此有絲毫的閉塞，那麼在彼處就會有巨大的間隙。

（這種閉塞的念頭）發生在他們身上，便會妨害他們做的事情；發生在他們做的事情上，便會妨害他們的國政。這樣一來，人民便要求生不能求死不得了。

流金鑠石；一念之駃，奔電走霆。雖未嘗以兵殺人，實以心殺人；雖未嘗用人以祭社之神，而實用人以祭心之神也。其視宋襄輩，何以大相過乎？通者，仁之門也；塞者，暴之門也。是故欲仁者，不於其仁於其通；去暴者，不於其暴於其塞。

一個念頭的危害，能熔化金子和銷毀石頭；一個念頭閃過，快如電閃雷鳴。雖然未曾用武器殺人，但實際上是用心機在殺人；雖然未曾用活人來祭祀土地神，但實際上是用活人去祭祀心中的神靈。他們看待宋襄公這類人，為什麼還能大加指責呢？通達，是仁厚的門徑；閉塞，是殘暴的門徑。所以想要仁厚的人，不在於仁厚的行為，而在於通達融合；想要除掉殘暴的人，不在於去除殘暴的行為，而在於去除心中的閉塞。

【古評】

王鳳洲曰：不就殘忍立論，但曰有間、無間字，字從性命上得來。

鍾伯敬曰：以通塞中論無間，更覺精透。

徐揚貢曰：胡文定元年傳，發明仁體，東萊此議更透。

孫執升曰：東萊先生說理之文，最多精語。讀至復傷於神，及用人以祭心之神二說，毛髮俱豎。神在人心之中，殺人者自殺其心之神，以為孟夫子一閑語下注腳語，更危甚痛甚。

朱字綠曰：用人祀神，其惡甚著，本不足論。前用幽、明、物、我莫非同體，看出仁道之無傷；後用一念之毒，一念之駛，而民有不得其死者，看出不仁之不在大。亹亹精言，能發前人所未發。

張明德曰：神與人一也，以人祀神，神豈享之乎？雖黃童白叟，皆知其事之誕而立心之慘而忍也。先生語必窮源，況幽、明、物、我，猶是老生常談，讀至複傷於神及用人以祭心之神二說，令我拍案叫絕。閱至此，漏已三下，通身毛髮俱豎，奇絕！奇絕！

左傳原文

宋公使邾文公用鄫子 僖公・十九年

宋公使邾文公用鄫子于次睢之社，欲以屬東夷。司馬子魚曰：「古者六畜不相為用，小事不用大牲，而況敢用人乎？祭祀，以為人也。民，神之主也。用人，其誰饗之？齊桓公存三亡國以屬諸侯，義士猶曰薄德。今一會而虐二國之君，又用諸淫昏之鬼。將以求霸，不亦難乎？得死為幸。」

季平子用人于亳社 昭公・十年

秋，七月，平子伐莒，取郠。獻俘，始用人於亳社。臧武仲在齊，聞之，曰：「周公其不饗魯祭乎？周公饗義，魯無義。《詩》曰：『德音孔昭，視民不佻。』佻之謂甚矣，而壹用之，將誰福哉？

楚子用隱太子 昭公・十一年

冬，十一月，楚子滅蔡，用隱大子于岡山。申無宇曰：「不祥。五牲不相為用，況用諸侯乎？王必悔之。」

衛旱伐邢 僖公・十九年

昔之善用兵者，託於神怪，以使其眾，雖苟收一時之勝，其患有遂流於後世而不可解者矣。然所託者，出於人之所共疑，則其患淺；出於人之所共信，則其患深。

卜偃之牛聲[一]，田單之禽翔[二]，陳勝之書帛[三]，樊崇之探籌[四]，皆託神怪以譎眾者也。是其說妖誕不經，可以欺愚者，而不可以欺智士；可以欺小人，而不可以欺君子；可以欺一時，而不可以欺後世。亦何足與深辨哉！

[注釋][一]卜偃之牛聲：魯僖公三十二年，秦晉間衝突一觸即發。冬，晉文公死，將出殯，棺柩裏發出如牛鳴般的聲音，卜偃借此事說這是國君向大家發佈軍事命令，要求攻擊秦國。於是秦晉殽之戰作。見《左傳》。[二]田單之禽翔：戰國時燕攻齊，下齊

[譯文]

從前善於用兵的人，有時假託神怪以差遣眾人，即使暫時取得一時的勝利，但這一禍患卻流傳到後世而難以消除。至於他們所假託的東西，如果是人們所共同疑惑的，那麼它的禍患就淺些；如果是人們所共同信奉的，那麼它的禍患就深重了。

晉國卜偃假託棺中牛聲，齊國田單假託眾鳥飛翔，秦末陳勝假託魚腹帛書，赤眉樊崇假託抽取書札，這些都是假託神奇怪異的事情來騙取眾人的擁戴。這種言說，荒誕不經，可以欺騙愚昧之人，卻欺騙不了有智之士；可以欺騙小人，卻欺騙不了君子；可以欺騙一時，卻欺騙不了後世。這難道還值得做深入探討嗎？

城七十餘，齊士氣低落。田單用反間計趕走燕將樂毅，為激勵士氣，讓城中人們進食時必須在庭院中祭祀祖先，引來很多鳥飛翔在城中啄食，佯稱這是神靈來幫助齊國，最後得以打敗燕軍以復國。見《史記・田單傳》。〔三〕陳勝之書帛：陳勝率徒役中途遇雨遲到，依法當斬。乃與吳廣起義叛秦，為假託鬼神，以丹書帛「陳勝王」三字放於魚腹，讓士卒發現後感到怪異。見《史記・陳涉世家》。〔四〕樊崇之探籌：赤眉起義後期，群龍無首，樊崇等利用自古抽籤抓鬮的方法，選中了劉盆子繼承皇位以穩定人心。見《漢書・劉盆子傳》。

乃若衛之伐邢，其所托者有不得不辨者焉。

天者，人之所大也；聖人者，人之所尊也。以天為辭，人孰敢違？以聖人為辭，人孰敢議？衛方欲伐邢，而患無以使其眾，甯莊子乃因歲旱之災，為動民之具，其言曰：「昔周饑，克商而年豐。今邢方無道，

至於衛國討伐邢國，他們所假託的卻有不得不做深入探討了。

上天，是人們共同尊崇的；聖人，是人們共同尊敬的。用上天做藉口，誰敢違犯；用聖人做說辭，誰敢妄議。衛國正想討伐邢國，而顧慮沒有藉口以驅使百姓，於是甯莊子便借衛國年歲乾旱作為觸動民心的手段，他說道：「從前周地饑荒，打敗了商朝就收成豐足。現在正當邢國無道，上天也許是要讓衛國去討

天其或者使衛討邢乎？」甯莊子之意，不過欲假天之神，借武王之重，取眾人之所共信者，誑脅其民而使之戰耳。滹沱之濟[一]，非果能前知其冰也，濟適與冰會也；伐邢之役，非果能前知其雨也，師適與雨會也。逢其適然，而人遂以為必然，甯莊子之說遂行於後世矣。

［注釋］［一］滹沱之濟：漢光武起兵，至下曲陽，傳聞王郎兵在後，從者皆恐。至滹沱河，候吏還白河水流澌，無船，不可濟。使王霸往視之，霸恐驚眾，欲且前，阻水，還即詭曰：「冰堅可渡。」官屬皆喜。光武笑曰：「候吏果妄語也。」遂前，比至河，河冰亦合。乃令王霸護渡，未畢數騎而冰解。事見《後漢書．王霸傳》。

是役也，雖衛國之幸，實後世之不幸也。後世徒見伐邢之役，言脫於口，師出

伐邢國吧？」甯莊子的意圖不過是假借上天的神靈，假借武王的重望，拿民眾所共同信奉的東西，來欺騙和脅迫民眾並使他們作戰罷了。光武帝要渡過滹沱河時，並不是真的能預知它會結冰，而是渡河時，恰巧遇到它結冰了；衛國伐邢的戰役中，不是真的能預知會下雨，而是起兵時，恰逢遇到下雨罷了。只是恰巧逢上了，但人們於是以為是必然，甯莊子的說辭於是便流行到後世了。

這次戰役，雖然是衛國的幸運，也實在是後世的不幸啊。後世的人只看見伐邢的戰役，甯莊子的話剛說完，軍隊剛離開國境，上天就降雨了。這三件事前

於境，雨降於天，三者相隨，如枹如鼓，如影如響，不約而俱應，遂以為天道果可以意窺，天變果可以術移。歸亢旱於乾封〔一〕，歸星變於輔弼〔二〕，歸火災於丁傅〔三〕，矯誣上天，文飾六經，傲然無所忌憚，導其源而遺其毒者，庸非甯莊子乎？

〔注釋〕〔一〕歸亢旱於乾封：漢武帝封泰山，改元封元年。明年，夏，旱，公孫卿曰：「黃帝時封則天旱，乾封三年。」乃下詔曰：「天旱，意欲乾封乎？」見《史記・孝武本紀》。〔二〕歸星變於輔弼：帝綏和二年，熒惑守心，時翟方進為相，憂之。會郎賁麗善為星，言大臣宜當之。上乃詔見方進，責以政事不治，災害日臻，百姓窮困，方進即日自殺。見《漢書・翟方進傳》。〔三〕歸火災於丁傅：傅太后，哀帝祖母也；丁太后，哀帝母也。哀帝即位，暴興尤盛。帝崩，王莽秉政，使有司舉奏丁、傅罪惡，奏貶傅太后號為「定陶共王母」，丁太后號曰「丁姬」。莽復言請發冢，太后以為既已之事，不須復發。莽固爭之，太后詔曰：「因故棺為致椁作冢，祠以太牢。」謁者護既發傅太

後相隨，如同鼓槌擊鼓，如影隨形，如響隨聲，不約而同有回應，於是果真以為天道可以憑己意窺知，果真可以用術數改變天象。漢武帝把大旱歸結為乾封，漢成帝把星象的變化歸咎為輔弼的官員，王莽把火災歸罪於丁傅二氏，假託上天之名，託辭於六經典籍，橫行無所顧忌，開了這一源頭而留其遺毒的，難道不是甯莊子嗎？

后冢，崩壓殺數百人。開丁姬椁戶，火出炎四五丈，吏卒以水沃滅乃得入，燒燔椁中器物。莽復奏言：「前共王母生，僭居桂宮，皇天震怒，災其正殿；丁姬死，葬踰制度，今火焚其椁。此天見變以告，當改如媵妾也。」見《漢書・定陶丁姬傳》。

噫！甯莊子欲僥倖一勝，尚有他塗也。勢可以使人，氣可以使人，賞罰可以使人，激揚奮發，豈患無術？何為輕取古今之所共信者，一朝而隳壞之耶？雖然，不知天則壓，以天之大而不敢辨；不知聖人則壓，以聖人之尊而不敢爭。虛服其名，而實闇其理。此甯莊輩所以每得行其說也。

真知天與聖人者，異是矣。親見憲貧回夭[一]，而不疑天之禍善；親見慶富跖壽[二]，而不疑天之利淫。雖聞速貧速朽之言，而斷然知其不出於夫子[三]；雖聞血流漂杵

唉！甯莊子如果真想僥倖取得一次勝利，還有其他的辦法。地位權勢可以驅使人，氣度威望可以驅使人，賞功罰錯可以驅使人，要激發民心，發奮士卒，還會害怕沒有辦法？為什麼要輕易地取用人們古今所共同信奉的東西，一下子就把它毀壞了呢？雖然如此，明明不知道天道，卻用天的偉大來壓制眾人，使他們不敢申辯；明明不懂得聖人，卻利用聖人的尊嚴來壓制眾人，使他們不敢爭論。表面上只是虛假地借用了天道與聖人的名義，實際上卻是遮蔽了天理。這也就是甯莊子這類人往往能夠實行謬說的原因。

真正知道天理和聖人之道的人不是這樣。孔子親眼見到原憲的貧困和顏回的早夭，也不懷疑上天會禍害好人；親眼見到慶父的威富和盜跖的長壽，也不懷疑上天會降利於淫惡之人。曾子雖然聽到孔子說「喪失祿位，最好早一點變窮；人死了，最好早一點腐朽」

之言，而斷然知其不出於武王〔四〕。蓋其所知者，在理不在事，在實不在名也。政使百甯莊子，亦豈能眩之哉！

〔注釋〕〔一〕憲貧回夭：原憲與顏回，皆孔子得意弟子。原憲貧窮，顏回早死。見《史記·仲尼弟子列傳》與《孔子家語》。〔二〕慶富跖壽：慶，指慶父，魯莊公異母兄弟，富有而好淫樂。跖，指盜跖，春秋時名盜，以殘暴著稱，但以善終。〔三〕此句：曾子說孔子說過「喪欲速貧，死欲速朽」之言，有子不信其為孔子本意，質之子游，纔知道「喪欲速貧」是孔子針對南宮敬叔失位後賄賂朝廷纔這麼說的；「死欲速朽」是孔子因桓魋設計石槨，匠人三年而未成纔說的。事見《禮記·檀弓上》。〔四〕此句：孟子以為盡信書不如無書，他以為武王伐紂是「以至仁伐不仁」，不相信「血流漂杵」出自武王。見《孟子·盡心下》。

這些話，有子卻斷然以為這不是孔子的本意；孟子雖然聽到「血流漂杵」的言語，卻堅決認為它不是武王所做之事。大概是因為他們所知道的，在於事情的道理而不在於事情本身，在於事情的實質而不在於其名義。即使有一百個甯莊子，又怎能迷惑他們呢？

左傳原文

衛旱伐邢 僖公·十九年

秋，衛人伐邢，以報菟圃之役。於是衛大旱，卜有事於山川，不吉。甯莊子曰：「昔周饑，克殷而年豐。今邢方無道，諸侯無伯，天其或者欲使衛討邢乎？」從之，師興而雨。

子魚諫宋公圍曹

僖公・十九年

天下之情，不見其速，未有見其遲者也。

浴[一]焉而食，食焉而繭，繭焉而繅，繅焉而織，歷數月而後得帛，凡蠶者，皆以為固然，不聞厭其遲也；耕焉而種，種焉而耘，耘焉而穫，穫焉而舂，歷終歲而後得粟，凡農者皆以為固然，不聞厭其遲也；身修而后家齊，家齊而后國治，國治而后天下平，是猶自浴而至織、自耕而至舂，一階一戺[二]，豈可妄躐[三]哉！由三代以前，亦未聞有厭其遲者也。

[注釋][一]浴：特指洗浴蠶種。[二]戺（ㄕˋ）：門檻。[三]躐：逾越，踐踏。

見倚市門者[一]，得帛於一笑之頃，則

[譯文]

這是天下常情，如果沒見過那些快的，就不會發現那些慢的。

蠶經過選種而後餵養，餵養之後吐絲結繭，結繭之後纔能繅絲，繅絲過後纔能織絹，經過幾個月後纔能得到絹帛，凡是養蠶的人都認為應該這樣，沒聽說過嫌它太慢的；耕過土地然後播種，播種然後除草，除草然後收穫，收穫然後舂米，經過一年後纔能得到糧食，凡是農夫都認為應該這樣，沒聽說過嫌它太慢的；修養自己品德之後纔能使家庭和睦，家庭和睦之後纔能使國家安定，國家安定之後纔能使天下太平，這如同養蠶從選種到織絹，農夫從耕地到舂米，如同登階入門，每一個階除每一道門檻，難道可以隨意越過嗎？在夏商周三代以前，也沒聽說過有人嫌這樣緩慢的。

當看到倚門賣笑的娼妓，只片刻一笑之間便得回視蠶婦數月之勞，不勝其遲矣；見坐賈區[二]者，得粟於一日之間，則回視農夫終歲之勞，不勝其遲矣。功利之說興，變詐之風起，棄本徇末[三]，忘內事外，競欲收富強之效於立談之餘，反顧王道，豈不甚遲而可厭哉！是宜子魚舉文王之事，而終不能止宋襄之師也。

[注釋][一]倚市門者：指女子倚門賣笑。語見《史記・貨殖列傳》：「刺繡文不如倚市門。」[二]賈區：集市。[三]徇（ㄒㄩㄣˋ）：營求。

儒者之論曰：「蠶而帛，農而粟，身而治，正也。不以蠶，不以農，不以身，雖得利，如不正何？」嗚呼！小人之情，惟利是嗜。既衣其帛，何恤乎不蠶之名；既食其粟，何恤乎不農之名；既享其治，何恤乎不

到了絹帛，那麼回視養蠶婦女耗費數月的辛勞纔能得到，未免太緩慢了；當看到集市的商人，僅在一天時間就得到了糧食，那麼回視農夫耗費一年的辛勞纔能得到，未免太緩慢了。自從功名利祿之說、巧變欺詐之風氣興起之後，捨本逐末，忘了國內人民的福祉專求對外擴張，爭著想在立談之間收到富強的效果，那麼反看實行王道之政，難道不會覺得很緩慢而嫌棄嗎？這也難怪子魚舉出周文王討伐崇國的事例，仍最終不能阻止宋襄公圍曹的軍事行動。

儒者議論道：「養蠶而得到絹帛，耕種而得到糧食，修身而得以治國平天下，這是正道。不養蠶，不耕作，不修身，即使獲得了利益，怎麼能是正道呢？」唉！小人之志，惟利是圖。已經穿上了絹帛，哪裏還會顧忌不養蠶的名聲；已經吃到了糧食，哪裏還會顧忌不耕作的名聲；已經享受了太平治世，哪裏還會顧忌不修身的名聲。發表這種議論的人，難道能遏制

身之名。為是論者，豈足以柅[一]小人之心而閉之哉？則盍反其本矣。

[注釋][一]柅（ㄋㄧˇ）：原為止車的木塊，此指遏制。

天下之所以有僥倖而得帛者，以蠶婦陰為之織也；天下之所以有僥倖而得粟者，以農夫陰為之耕也。如使天下盡厭耕織，焚其機，斧其耒，則雖有巧術，何從而取帛？雖有巧計，何從而得粟？皆將凍於冬而餒於塗矣。彼僥倖而收功利，豈真其力哉！亦聖人之遺澤，三綱五常之猶未亡者，陰有以扶持之也。

向若聖人皆效後世之欲速，蹷[二]其根，涸其源，以爭旦暮之利，則大經大法殄[三]滅無遺，人之類不能自立於中國久矣。當是

小人的私心並加以根絕嗎？為什麼不反求他們的本源呢？

天下之所以還有僥倖得到絹帛的人，是因為背後有蠶婦在為他們養蠶織絲；天下之所以有僥倖得到糧食的人，是因為背後有農夫在為他們耕種。如果讓天下人都嫌棄耕織，燒毀織機，劈壞耒耜，那麼即使有巧機妙術，從哪裏得到絹帛呢？縱然有妙計機謀，又從哪裏得到糧食呢？恐怕都將凍死在冬天餓死在路上了。那些僥倖地得到功名利祿的人，難道真是依靠他們自己的力量嗎？這也是聖人遺留下來的恩澤，那些三綱五常還沒有消亡的人，在背後扶持著他們。

如果聖人都要傚仿後世的急功好利，挖掉它的根本，乾涸它的源頭，以爭奪一朝一夕的利益，那麼那些大典大法都將滅絕無遺了，中國人早就不能自立於中國了。當那時侯，城池都將是戎狄的城池了，我們

時，城皆戎狄之城，吾亦無城之可爭；地皆禽獸之地，吾亦無地之可奪。雖有欲速之心，果何所用其速哉！

［注釋］［一］蹙：挖掘、拔出。［二］殄：滅絕、絕盡。

然則，後世共詆薄以為遲鈍迂闊者，乃其所恃以生者也。無賢者，則不肖者不能獨立；無智者，則愚者不能獨存。彼其相戕相賊［一］，歲消月鑠，而戴髮含齒［二］之屬，終不可盡者，意者其中必有所恃也。所恃者，果專在於聖人乎？曰：否！

［注釋］［一］賊：殘害。［二］戴髮含齒：指人類。語出《列子・黃帝篇》：「有七尺之骸，手足之異，戴髮含齒，倚而趨者，謂之人。」

也沒有城池可以爭奪；土地都將是禽獸的土地，我們也沒有土地可以相爭奪了。即使有急功好利之心，又能如何求快呢？

這樣看來，那麼後世共同詆毀看輕而認為遲鈍迂闊的，正是他們所賴以生存的。沒有賢能的人，那些不賢能的人就不能獨自生存；沒有智者，那些愚蠢的人就不能獨自生存。他們互相戕害互相殘殺，年年消亡，月月銷損，但頭上長髮、口中含齒的人類卻始終未曾滅絕，想來其中一定有有所依賴的東西。人們所依賴的，果真只是那些聖人嗎？答案當然是否定。

【古評】

孫月峰曰：文勢縱橫，然觀其步驟，卻又按轡而馳。

鍾伯敬曰：臨去又一轉，有餘不不盡，含無限煙波。

朱字綠曰：耕、織、政治，平排三段，反覆六層，後變主客兩對，安排之法，處處高老。

張明德曰：不務修德而急於伐人，此不揣之甚者。篇內引耕、織、政治分為三柱，以明欲速不知本之害，後又化三段為兩段，插入引喻意，文勢回翔，有情有景，雖極變化，卻刁門不亂。

左傳原文

子魚諫宋公圍曹 僖公・十九年

「宋人圍曹」，討不服也。子魚言於宋公曰：「文王聞崇德亂而伐之，軍三旬而不降，退脩教而復伐之，因壘而降。《詩》曰：『刑于寡妻，至于兄弟，以御于家邦。』今君德無乃猶有所闕，而以伐人，若之何？盍姑內省德乎，無闕而後動？」

隨叛楚

僖公・二十年

君子憂我之弱，而不憂敵之強；憂我之愚，而不憂敵之智。國為敵所陵而不能勝者，非敵之果強也，罪在於我之弱也；為敵所陷而不能知者，非敵之果智也，罪在於我之愚也。強者，弱之對也，我苟不弱，則天下無強兵；智者，愚之對也，我苟不愚，則天下無智術。後之為國者，終歲憂敵之強，而未嘗一日憂我之弱；終歲憂敵之智，而未嘗一日憂我之愚。使其移憂敵之心而自憂，則誰敢侮之哉！

以隨之陋而鄰於楚，以隨之君臣與楚成子文〔一〕抗，其強弱智愚，判然矣！隨非惟不知自憂，而又且不知自量，怒臂以當轍，亟蹈禍敗。左氏以「不量力」譏之，

〔譯文〕

君子擔心自己懦弱，而不擔心敵人強大；擔心自己愚蠢，而不擔心敵人聰明。國家被外敵侵犯而不能戰勝，不是因為敵人強大，錯在自己懦弱；被敵人陷害而不能察覺，不是因為敵人聰明，錯在自己愚蠢。強大，正是懦弱的對立面，我們自己如果不懦弱，那麼天下就沒有強大的敵軍；聰明，正是愚蠢的對立面，我們自己如果不愚蠢，那麼天下就沒有聰明的騙術。後來擁有國家的人，常年憂慮敵人強大，卻不曾有一天憂慮自己懦弱；常年憂慮敵人聰明，卻不曾有一天憂慮自己愚蠢。假使改變憂慮敵人的心來憂慮自己，那麼還有誰敢侵侮呢？

以隨國的鄙小，與強大的楚國為鄰，以隨國的君臣與楚成王、令尹子文相抗衡，他們之間誰強誰弱、誰智誰愚，非常明顯。隨國非但不知道擔心自己，而且還自不量力，竟然像螳螂一樣奮臂阻擋車道，馬上便陷於禍患敗亡。左丘明用「不自量力」來譏諷隨

允矣。其言曰：「隨之見伐，不量力也。量力而動，其過鮮矣。善敗[二]由己，而由人乎哉！」左氏之論，以謂楚雖強暴，終不敢無故加兵於隨，使隨自知力不如楚，甘處於退怯，則禍何由至哉！伐隨者，楚也；召楚者，隨也。是隨之敗，由己之敗，而不由人也。見伐者，雖在人，無致伐之端者，顧不在我耶？

[注釋][一]楚成子文：楚成，即楚成王。子文，即楚國令尹斗穀於菟，子文為其字。[二]善敗：成敗。

嗚呼！信如是說，乃所謂「由人而不由己」也。

畏楚而不敢先動者，固出於隨矣；所以制隨而使之不動者，非楚耶？是其不動者，名由於我，而實由於人也。有宗廟，有

國，這是很適當的。他說：「隨國之所以被討伐，是不自量力。如果能估算自己的力量再去行動，就很少會有過失。可見成敗是自己造成的，難道是由別人決定嗎？」依左氏之論，認為楚國雖然強大暴虐，終不敢沒有理由就去討伐隨國，假使隨國自己知道武力不及楚國，甘願處於退讓懦弱的地位，那麼禍患還有理由到來嗎？去討伐隨國的，是楚國；招致楚國來討伐的，是隨國。可見隨國的失敗在於自己而不在於他人。來討伐的雖然是別人，但讓自己沒有招致被討伐的藉口，難道不是在於自己嗎？

唉！真照這樣說，也就是所謂的「（成敗）在於自己而不在於他人」了。

害怕楚國因而不敢先動兵的，固然是出於隨國的意圖；然而所以遏制隨國使它不動兵的，難道不是楚國嗎？所以隨國不動兵，名義上是出於自己，其實

社稷，有民人，而寄存亡之命於他國，惴惴自保，惟幸不見侵，陋矣！漢陽諸姬〔一〕，楚實盡之，彼豈皆先犯楚者哉！隨雖量力自守，恪遵信約，疆埸有釁，楚之執事，豈其顧盟？然則，隨雖自守，不能禁楚之吞噬，存亡之權，固由楚而不由隨也。左氏能誦「善敗由己」之言而止耳，孰知夫「善敗由己」之理乎？

〔注釋〕〔一〕漢陽諸姬：《左傳》僖公二十八年記載，楚國把在漢水以北的周朝姬姓小諸侯國都滅掉了。

天下之事，未有不由己者。善者，己也；極其善，則為堯、為舜、為禹、為湯者，亦己也。敗者，己也；極其敗，則為桀、為紂、為幽、為厲者，亦己也。前無禦者，欲

是出於他人。一個有宗廟、有社稷、有人民的國家，反而把生存和死亡的命運寄託給他國，惴惴不安委曲自保，指望僥倖不被他國侵犯，這真是陋見啊！那時漢水北面的諸多姬姓小國，楚國實際上已經完全滅掉了他們，他們難道是先來侵犯楚國的嗎？隨國即使衡量自己的力量退守自保，恪守盟約，一旦邊界有了爭端，楚國的當政者難道還會顧慮到盟約嗎？那麼隨國雖然退守自保，並不能阻止楚國的吞併，所以楚國存亡的權利，本來是在於楚國而不在於隨國的。左丘明只能講些「成敗在於自己」的話罷了，哪裏知道「成敗在於自己」的道理呢？

天下的事情，沒有不在於自己的。求善成善，在於自己；成就至高的善，而成為堯、成為舜、成為禹、成為湯的，也在於自己；失利失敗，在於自己，變成最大失敗，成為夏桀、成為商紂、成為周幽王、成為周厲王的，也在於自己。前面沒有人擋著，想做到聖人就成為聖人；後面沒有人拉著，想成為狂徒就變成

聖則聖；後無挽者，欲狂則狂。隨侯果知此理，則位天地、育萬物，無不由己，況區區之楚，何足畏耶？而左氏不知己之尤，反以畏楚為量力，抑不知適所以墮人之力也。

古之所謂「量力」者，蓋有說矣。養而未充也，為而未成也，修而未備也，於是量力而未敢輕動焉。吾之所以未動者，非憂彼之強，憂我之弱也；非憂彼之智，憂我之愚也。所憂固在於己，而不在於人也。養已充，為已成，修已備，則有所不動，動而無敵。今之伸，豈不由向之屈乎？苟以齷齪［一］自保為量力，則人將自安於弱而終於弱矣，自安於愚而終於愚矣。噫！墮天下之力者，獨非「量力」之論歟？

［注釋］［一］齷齪：指器量偏促狹小。

狂徒。隨侯如果真懂得這個道理，那麼等身天地，化育萬物，沒有不在於自己，何況是小小的楚國，有什麼值得畏懼呢？可是左丘明不明白自己認識的錯誤，反而把隨國畏懼楚國看作是量力而行，卻不知道這正是損毀了人的力量。

古人所說的「量力而行」，原來是有說法的！當修養還不充分，作為還未完成，修為還不完備，於是要量力而行不敢輕舉妄動。我之所以未能行動，不是擔心敵人強大，而是擔心自己懦弱；不是擔心敵人聰明，而是擔心自己愚蠢。所擔心的固然在於自身，而不在於別人。當修養已經充分，作為已經完成，修為已經完備，那麼可以不行動，一旦有所行動就戰無不勝。今天的伸張，難道不是由於以前的委屈換來的嗎？如果把器量狹小的自求保全看作是量力而行，那麼人將要自處於懦弱並終結於懦弱了，自安於愚蠢終結於愚蠢了。哎！損毀天下人力量的，難道不正是「量力而行」這種論調嗎？

【古評】

朱字綠曰：左氏謂量力而動，原未嘗禁其不動。文看出甘處退怯，為楚所制，反由人不能由己，是從無可翻案處翻出新案。篇末養未充，為未成，修未備，及已充、已成、已備兩層說得完全，否則以隨小弱而當楚強大，不教之效死勿去，而導之爭地爭城，是速之斃而已矣。

張明德曰：知己知彼，此一定之論。左氏責其不量力而妄動，原是確論；東萊以自強立論，拈定由己不由人意。處處剝發，以破左氏之說。後又發明量力二字，實是由己至理，是從無可生發處，翻出一段至理。「東萊先生恐小國不量妄動，以速禍也，故教以養之、為之、修之，苟未充、未成、未備而輕動也，則禍矣。而又恐甘處退怯，以終於弱終於愚，懼禍而不敢動焉，更有已充、已備、已成，動無敵之說以示之。則當此未充、已充之時，固有一番作用在內，尚非僅教以效死勿去也，奚云導之以爭地爭城而速之斃哉？朱評《博議》，每於無甚緊要小節處往往摘出，而仍不能自圓其說，故略舉數端書後以待資質云。」

左傳原文

隨叛楚 僖公·二十年

隨以漢東諸侯叛楚。冬，楚鬭穀於菟帥師伐隨，取成而還。君子曰：「隨之見伐，不量力也。量力而動，其過鮮矣。善敗由己，而由人乎哉？《詩》曰：『豈不夙夜，謂行多露。』」

宋襄公欲合諸侯 僖公・二十年

由涿鹿而至牧野，舉帝王之兵，更數十戰；由六經[一]而至諸子，談帝王之兵，踰數萬言。效非不明，而說非不詳也。及宋襄公為泓之役，而以帝王之兵自許，反至喪敗。後世指其一戰之失，盡疑數十戰之功為不可信；指其一言之謬，盡廢數萬言之理為不可行。果哉！說之遽也。

[注釋][一]六經：指《詩》、《書》、《易》、《禮》、《樂》、《春秋》六種典籍。

是說既行，帝王之兵，人共視以為迂闊遲鈍之具。儒者相與力挽而極辨之，終莫能勝。意者未知爭之之說乎！

輿薪之不見，而自謂能見秋毫者[一]，

[譯文]

從黃帝誅殺蚩尤的涿鹿之戰，到周武王伐紂的牧野之戰，歷代帝王興兵作戰，已經有幾十次了；從六經到諸子百家的典籍，談論歷代帝王用兵，亦已經超過幾萬字了。帝王們作戰的成效並不是不明顯，所記載的言辭並不是不詳盡。等到宋襄公在泓水與楚軍作戰，自認為採用的是帝王用兵的方法，反而導致失敗。後世指出他這一次戰役的失敗，而懷疑歷代帝王幾十次戰役成功都是不可相信的；指出宋襄公這一次言論的錯誤，而全部廢棄典籍中記載的幾萬字道理，都以為是不可行的。真的啊！這種說法太輕率了。

這種說法傳播開來之後，帝王用兵的方法，被人們一致看作是迂闊遲鈍的手段。儒者一起竭力挽回並為之辯護，也最終不能取勝。這大概是不知道為之爭辯的方式吧！

滿車的薪柴都看不見，卻說自己能看見秋毫，這

愚也；責其不見者，亦愚也。撞鐘之不聞，而自謂能聞蚋[二]飛者，愚也；責其不聞者，亦愚也。信之在前，責之在後。不見輿薪者，方自譽其目之明，人固已不信之矣，豈待其真不見秋毫而始責之乎？不聞撞鐘者，方自譽其耳之聰，人固已不信之矣，豈待其真不聞蚋飛而後責之乎？古之難知秋毫也、蚋飛也，今之易知輿薪也、撞鐘也。欲驗宋襄言古道之是非，當先觀宋襄料今事之中否。

[注釋][一]輿薪、秋毫句：輿薪，一車薪柴，指大而易見之物。秋毫，鳥在秋天長出的羽毛，指極小不易見之物。見《孟子．梁惠王下》。[二]蚋：蚊子。

宋襄生於宋，豈不知宋之弱？迫於楚，豈不知楚之強？乃不量宋之力，偃然[三]自為盟主，欲屈強楚之君於會，其愚而不能料

是愚蠢；從而責備他看不見，也是愚蠢。撞鐘的聲音都聽不到，卻說自己能聽到飛蚊的聲音，這是愚蠢；從而責備他聽不見，也是愚蠢。因為已相信他在先，而責備他在後。看不見滿車薪柴的人，當他在誇耀自己目光明亮時，人們本來就不相信他了，難道還要等到發現他真的看不見秋毫時纔去責備他嗎？聽不見撞鐘聲音的人，當他在誇耀自己耳朵聰敏時，人們本來就不相信他了，難道還要等到發現他真的聽不到飛蚊的聲音纔去責備他嗎？古代的事難知，如同秋毫之物與飛蚊之聲，當今的事易察，如同車薪之物和撞鐘之聲。要檢驗宋襄公所說的古代帝王用兵的方法正確與否，應該首先觀察他預料當今事情的準確與否。

宋襄公生長在宋國，怎麼會不知道宋國的弱小？被楚國逼迫，怎麼會不知道楚國的強大？卻不揣度宋國的國力，傲慢地自任為諸侯盟主，想要使強大的楚國屈從自己，來參加會盟，他愚蠢不能預料事態，這

事一矣。齊桓之伯，宋襄公耳目所接也。宋襄自觀信義與齊桓孰愈[二]？壤地與齊桓孰愈？兵甲與齊桓孰愈？齊桓九合諸侯，終不能屈致楚子，而宋襄乃驟欲致之，其愚而不能料事二矣。盂之會，宋襄身見執於楚，幾不免虎口，僅能縱釋[三]，曾未閱[四]時，忘前日之辱，忘前日之懼，忘前日之禍，尚敢稱兵與楚爭鄭，自取傷敗，其愚而不能料事三矣。

[注釋][一]偃然：驕傲自得貌。[二]孰愈：指哪一個勝出，更突出。[三]僅能縱釋：魯僖公二十一年秋，楚國在盂地擒住了宋襄公，同年冬，諸侯在薄地會盟，釋放了宋公。[四]閱：經歷。

是三者，皆匹夫匹婦之共曉，宋襄尚不能知，況所謂帝王之兵制，遠在千百年之外，斷編遺簡，若滅若沒，若存若亡，是豈

是其一。齊桓公的霸業，是宋襄公耳聽眼見的。宋襄公自己看看，其信義之行與齊桓公相比哪個更突出呢？疆域和齊桓公相比哪個更遼闊呢？兵力和齊桓公相比哪個更強大呢？齊桓公九次聯合諸侯最終也不能使楚君屈服赴會，而宋襄公卻忽然要楚君前來會盟，他愚蠢不能預料事態，這是其二。盂地會盟，他被楚人擒住，幾乎不能免於虎口，僅在薄地會盟時纔被釋放，但沒過多久，他就忘了日前所受的屈辱、忘了日前自己的害怕、忘了日前所蒙的禍患，還敢舉兵與楚國爭奪鄭國，自取受傷失敗的後果，他愚蠢不能預料事態，這是其三。

這三點都是普通百姓所知曉的，宋襄公尚且不知曉，況且古代帝王用兵的制度，遠在千百年以前，那些斷簡殘編，或佚失或湮沒，似存似亡，這哪裏是宋

宋襄之所能知乎？觀其料今事之疏，即可驗其談古道之謬，雖未交鋒之前，固預知其必敗也。說者乃以宋襄之敗為古道之累，是猶見瞶[一]者之誤評宮角[二]，遂欲并廢大樂[三]，豈不過甚矣哉！

[注釋][一]瞶（ㄎㄨㄟˋ）：生而耳聾。[二]宮角：古音律中的兩種音階。代指音樂。[三]大樂：指典雅莊重之樂。

或者又謂宋襄無帝王之德，而欲效帝王之兵所以致敗，亦非也。使帝王之世，人皆服其德，則固不待於用兵矣。德不能服，是以有兵，則兵者生於人之不服也。彼既不服矣，豨縱豕突[一]，亦何所不至？我乃欲從容揖遜以待之，適遺之禽耳。吾恐帝王之兵，不如是之拙也。古之誓師者曰「殄殲乃

襄公所能夠知曉的呢？看他對當今事態的預料如此粗疏，就可以檢驗他談論古人用兵之道的荒謬，即使在尚未開戰之前，就已經預知他一定會失敗了。有人說宋襄公的失敗是受到了古人用兵之道的連累，這就好像是看見聾子妄論音律，便要一併廢除盛大之樂，難道不是太荒唐了嗎？

又有人說，宋襄公沒有帝王的仁德，卻要效仿帝王的用兵，所以導致失敗。這一說法也是錯誤的。假使在帝王的時代，人們都信服他的仁德，那麼本來就不需要用兵了。仁德不能夠服人，於是產生了兵事，因此兵事的產生是因為人們不肯順服的緣故。他們既然不肯順服，像豬一樣橫衝直撞，流竄侵擾，還有什麼事做不出來呢？我還是想用從容遜讓的方式對待他們，正好送上去束手就擒而已。我想恐怕帝王的用兵，不會這樣笨拙吧。古代出兵誓師時說「誅滅你們的仇敵」，說「捉拿那個兇惡殘暴的人」，都是態度嚴

讎」〔二〕，曰「取彼凶殘」〔三〕，凜然未嘗有毫髮貸〔四〕，其所寬者，惟「弗迓克奔」〔五〕而已。奔而歸我，所以弗擊；苟推鋒而與爭一旦之命，胡為而縱之哉！是縱降者，帝王之兵；縱敵者，宋襄之兵也。烏可置之一域耶？

〔注釋〕〔一〕豨縱豕突：豨和豕，皆豬之別名。喻人橫衝直撞。〔二〕殄殲乃讎：殄滅你們的仇敵。語出《書・泰誓下》。〔三〕取彼凶殘：獲取那個兇惡殘暴的人。語出《書・泰誓中》。〔四〕貸：寬容、寬恕。〔五〕弗迓克奔：不迎擊前來投奔歸降的人。語出《尚書・牧誓》。

公羊子以宋襄之戰為文王之過。嗚呼！宋襄何足以知文王？若子魚，乃真知文王者也。子魚諫宋襄之伐曹曰：「文王聞崇德亂而伐之，軍三旬而不降，退修教而復伐之，

肅而沒有絲毫的寬容，它所寬恕的，只是「不迎擊前來投奔歸降的人」罷了。投奔而來歸順我的，所以不攻擊；倘若兵刃相向，生死爭鬥之時，怎麼能放縱他們呢？可見放縱投降的人是帝王的用兵之道；放縱敵人，這是宋襄公的用兵之道。怎麼可以把二者相提並論呢？

公羊子認為宋襄公泓水之戰是周文王的過錯。唉！宋襄公怎麼能夠瞭解周文王呢？像子魚這個人，纔是真正瞭解文王的。宋襄公討伐曹國時，子魚勸諫說：「文王聽說崇國亂德而加以討伐，但用兵三十天，崇國沒有投降，於是便退兵而修明教化，而再去討伐，崇國人在對壘時就投降了。」他的話溫和而不傷害人，

因壘而降。」其言薰然[一]而不傷，退然而不伐，妙得文王之本心。至於泓之戰，其諫宋襄之辭，發揚激厲，奮起勁悍，驟與前日異，若與文王不相似。與變推移，不主故常[二]，此真學文王者也。知子魚之善學文王，則知宋襄之不善學文王矣。

[注釋][一]薰然：溫和、和善貌。[二]故常：舊規，常例。

謙卑而不自誇，巧妙地得到文王的本心。至於泓水之戰，子魚勸諫宋襄公的話，昂揚激烈，奮發剛猛，突然和以前不同，好像與文王並不相似了。原來這是隨機應變，不拘泥於舊法，這纔是真正仿效文王的人。知道子魚善於仿效文王，便知道宋襄公是不善於仿效文王的了。

【古評】

焦弱侯曰：學文王不與宋襄公而與子魚，所謂善學柳下惠者，無如魯男子，深得脫胎換骨之法，不待辯論而公羊之說自屈，尤見筆力之高也。

朱字綠曰：《博議》好用奇峭之句，獨此篇舉止端嚴，不事佻巧，至破宋襄迂愚之說，極為痛快。前說宋襄、陳餘以杯水救車薪之火，尚許他有一念之合於帝王，此並說所言非是帝王，更直截。

張明德曰：度德量力，不待智者而知之也。泓之戰，子魚早已言之，宋襄不自揣，而致有二十三年身死之禍。文直起直斷、直結，乃為有制之師，其說宋襄之愚處，更極痛切，文之正大而不落纖巧者，此篇乃為得之。

左傳原文

宋襄公欲合諸侯 僖公・二十年

宋襄公欲合諸侯，臧文仲聞之，曰：「以欲從人則可，以人從欲鮮濟。」

宋為鹿上之盟 僖公・二十一年

春，宋人為鹿上之盟，以求諸侯於楚，楚人許之。公子目夷曰：「小國爭盟，禍也。宋其亡乎？幸而後敗。」

楚執宋公 僖公・二十一年

秋，諸侯會宋公于盂。子魚曰：「禍其在此乎？君欲已甚，其何以堪之？」於是楚執宋公以伐宋。

宋公伐鄭 僖公・二十二年

夏，宋公伐鄭。子魚曰：「所謂禍在此矣。」

楚宋戰于泓 僖公・二十二年

楚人伐宋以救鄭。宋公將戰，大司馬固諫曰：「天之棄商久矣，君將興之，弗可赦也已。」弗聽。宋公及楚人戰于泓。宋人既成列，楚人未既濟。司馬曰：「彼眾我寡，及其未既濟也，請擊之。」公曰：「不可。」既濟而未成列，又以告。公曰：「未可。」既陳而後擊之，宋師敗績。公傷股，門官殲焉。國人皆咎公。公曰：「君子不重傷，不禽二毛。古之為軍也，不以阻隘也。寡人雖亡國之餘，不鼓不成列。」子魚曰：「君未知戰。勍敵之人隘而不列，天贊我也。阻而鼓之，不亦可乎？猶有懼焉。且今之勍者，皆吾敵也，雖及胡耇，獲則取之，何有於二毛？明恥教戰，求殺敵也，傷未及死，如何勿重？若愛重傷，則如勿傷；愛其二毛，則如服焉。三軍以利用也，金鼓以聲氣也，利而用之，阻隘可也，聲盛致志，鼓儳可也。」

宋襄公卒 僖公・二十三年

夏，五月，宋襄公卒，傷於泓故也。

魯饑而不害　僖公・二十一年

天者，人之所不能外也。信者固信，不信者亦信；從者固從，不從者亦從。使不信者果能不信，是可外也，可外非天也；使不從者果能不從，是可外也，可外非天也。嗚呼！世之論天者，何其小耶？

日月星辰之運，則付之天；災祥妖孽之變，則付之天；豐歉疫癘之數，則付之天。若是者，皆非人之所能為，吾知崇吾德、修吾政而已。彼蒼蒼[一]者，吾烏知其意之所在哉！以湯之時而旱[二]，天與湯未嘗相參也，當是時，天亂而湯治；以秦之暴而稔[三]，天與秦未嘗相參也，當是時，天治而秦亂。天自旱之，湯自養之；天自稔之，秦自暴之。天與人曷嘗相預耶？自世俗之說

[譯文]

天，是人類所不能例外的。信天的人固然相信，不信天的人也不得不相信；順天的人固然順從，不順天的人也不得不順從。假使不信天的人果真能不相信，這是可以例外了，可以有例外的，就不是天了；假使不順天的人果真能不順從它，這是可以例外了，可以有例外的，就不是天了。唉！世上談論天的人，怎麼把天說得那麼狹隘呢！

把日月星辰的運行歸之於天；把災異妖孽的發生歸之於天，把收成瘟疫的氣數歸之於天。像這幾種事情，都不是人力所能做到的，我只能崇尚自己的德行，修明自己的政治罷了。那浩浩蒼天，我怎麼能夠知道它的意圖之所在呢？在商湯的時代有旱災，天和商湯不曾相互商定過，在那個時候，天道雖然亂，但商湯能安治天下；在秦王暴政時卻豐收，天和秦王不曾相互商定過，在那個時候，天道雖然安穩，但秦朝是亂世。天自己降下旱災，商湯獨自休養生息；天自己賜以豐收，秦王獨自實行暴政。天與人何曾相互干預呢？自從這世俗之說流行，天和人就相互分離而不融合了。

行，天人始離而不合矣。

［注釋］［一］蒼蒼：深青色貌，天色深青，所以稱天為蒼天。［二］以湯之時而旱：商湯時大旱七年，太史占之，當以人禱。湯曰：「吾所為請雨者，民也。若以人禱，吾請自當。」遂禱於桑林之野，而以六事自責，言未已而雨。［三］以秦之暴而稔：秦曾任蜀守李冰築都江堰，任陳永開鑿成都兩江，灌田萬頃，從此無旱澇之災，連年豐熟。

魯僖公遇旱而欲焚尪［一］，其陋已甚，賴從臧文仲之諫，亟修旱備，是歲饑而不害。詳攷左氏之所載，殆未免世俗之見也。左氏之意以謂，旱在天，備在人。泉枯石燥，土焦金流，人固無如天何？修城節費，務穡勸分，天亦無如人何？饑者，天之所為也；而不害者，人之所為也。果如是說，則所見者不過覆物之天而已矣。

魯僖公遇到旱災想要焚燒巫尪求雨，他的見識真是淺陋極了，幸虧聽從了臧文仲的勸諫，趕緊修理防旱的設施，這年雖有饑荒卻沒有受到大的禍害。仔細考察左氏所記載的，大體還是免不了世俗之見。左氏的想法以為，旱災在於天，防備在於人。泉水枯竭，岩石燥裂，土地乾焦，金屬熔化，人固然對天沒有什麼辦法；但是修治城郭，節省費用，致力農事，勸人施捨，天對人也沒有什麼辦法。饑荒，是天所造成的；而不傷害到百姓，這是人力所能做到的。真的照這樣說，那麼人們所看到的不過是覆蓋著萬物的天罷了。

〔注釋〕〔一〕焚尪：也作焚巫。古代求雨之法。杜預注《左傳》魯僖公焚巫尪云：「巫尪，女巫也，主祈禱請雨者。或以為尪非巫也。瘠病之人，其面上向，俗謂天哀其病，恐雨入其鼻，故為之旱，是以公欲焚之。」

抑不知天大無外，人或順或違，或向或背，或取或捨，徒為紛紛，實未嘗有出天之外者也。順中有天，違中有天，向中有天，背中有天，取中有天，捨中有天，果何適而非天耶？

左氏意以修旱備為無預於天。抑不知臧文仲之諫，自何而發？魯僖公之悔，自何而生？旱備之修，自何而出？人言之發，即天理之發也；人心之悔，即天意之悔也；人事之修，即天道之修也。無動非天，而反謂無預於天，可不為大哀耶？

卻不知道天廣大無邊，人們有的順從天有的違背天，有的向著天有的背著天，有的利用天有的捨棄天，徒自紛紛擾擾，實際上是沒有超出天外的。順從時有天，違背時有天，向著時有天，背著時有天，利用時有天，捨棄時有天，有往哪一處不是天呢？

左氏以為防備旱災與天無關。卻不知道臧文仲的勸諫從哪裏而發出？魯僖公的懊悔從哪裏而產生？防備旱災的辦法從哪裏出現？人言的發出即天理的發出，人心的悔悟即天意的悔悟，人事的修為即天道的修為。沒有一舉一動不關乎天，卻反以為與天無關，怎麼能不讓人感到很悲哀呢？

善觀天者，觀其精；不善觀天者，觀其形。成王之方疑周公〔一〕，其天固嘗蔽也。及天大雷電以風，成王肅然祗懼，與召公、太公共啟金縢之書〔二〕，執書以泣，始信周公之勤勞。是成王胸中之天，已回於執書以泣之時矣。豈必待天雨反風，禾則盡起，然後知天意之回耶？待天雨反風而知天意者，周人之知天也，非召公、太公之知天也。

〔注釋〕〔一〕成王之方疑周公：語見《尚書・金縢》，成王聽信讒言，懷疑猜忌周公，周公誅殺小人且作詩獻於成王，成王還有疑慮。〔二〕金縢之書：周武王病重之時，周公向三王祈禱，請以自己代武王受病，史官記其祝冊，存放於金縢匱中。後來管叔、蔡叔流言，周公避於東都，天災頻仍，成王啟匱得書冊，乃知周公忠貞勤勞。

善於觀察天的人，可以觀察到天的精微；不善於觀察天的人，只能觀察到天的外形。以前周成王剛猜疑周公的時候，他心中的天固然是被蒙蔽了。等到天空雷電交作，狂風大起，成王纔肅然恐懼，與召公、太公同去開取金縢封存的書冊，捧讀書冊而哭泣，這纔相信周公的忠貞勤勞。可見成王的心中之天，在他捧讀書冊而哭泣的時候又回來了。難道一定要等到天下雨，風轉向，覆禾盡起，然後纔知道天意又回來了嗎？若等到天下雨，風轉向纔知道天意，那是周民的知天，而不是召公、太公這樣的人的知天。

【古評】

袁中郎曰：元言灑灑，如聞玉屑。

朱字綠曰：駁去天與人無預之說，卻先透發天與人無預，然後轉入天人一體意。《博議》多用此法，議論警動，淪回轉，縈遝重岡，令人賞而忘倦。○能修旱備，即是回其胸中之天。天道遠，人道邇，故天人有時相答如響，亦有時莫不相應，畢竟崇德修政以俟天命。為回天之要，不可非也。

張明德曰：天之為天昭昭也，然執天以論天，未免拘虛之見。篇中人言之發即天理之發，人心之悔即天意之悔，人事之修即天道之修。無動而非天，與人合而為一，此方是言天實際。先生破左氏無預於天之意，於此以透徹，而複結衣成王胸中之天，更奇更辟。饑而不害，文仲之言成之。若非有此創論，幾為左氏所愚，此真可謂之石破天驚。

左傳原文

魯饑而不害 僖公·二十一年

夏，大旱，公欲焚巫尪。臧文仲曰：「非旱備也。脩城郭，貶食省用，務穡勸分，此其務也。巫尪何為？天欲殺之，則如勿生。若能為旱，焚之滋甚。」公從之。是歲也，饑而不害。

成風請封須句 僖公・二十一年

先王之澤，入人之深，雖至於世降道散，猶相與誦說歌詠而不衰。出於學士大夫之談者，教之餘也；出於故家遺老之傳者，俗之餘也；出於田夫野父之口者，治之餘也。習其教，漸其俗，思其治，向望懷想而不能自已，亦其勢之當然。乃若所謂婦人女子者，足不踰於墻屏，視不下於堂階，組織[一]是供，脯脩[二]是職，其視先王之道果何物耶？

[注釋][一]組織：紡織。[二]脯脩：皆乾肉，這裏代指供應飲食。

蓋嘗觀《詩》之變風[三]，往往多出於婦人女子之手：《綠衣》，莊姜之詩也；《泉水》，衛女之詩也；《柏舟》，共姜之詩也；

[譯文]

先王恩澤，深入人心，雖然經歷了世代更替、道統失緒，仍然被相互傳頌歌詠而不衰竭。出於學士、大夫言論的，是禮教上的存續；出於舊臣野老所傳述的，是風俗上的流傳；出於農夫野老之口所談論的，是政治上的遺澤。承習先王禮教，沾溉先王風俗，思慕先王政治，懷想嚮往而不能自已，也是勢所必然的。至於那些所謂的婦人女子，雖然足跡不出於門牆與屏風之外，目光不到於大堂與臺階之下，紡絲織布、製作食物，是她們的職務，她們看待先王之道，究竟會是什麼呢？

不妨看看《詩經》的變風，往往多出自婦人女子之手：《綠衣》是莊姜感傷自己的詩，《泉水》是衛國女子思歸的詩，《柏舟》是共姜自己發誓的詩，《載

《載馳》，許穆夫人之詩也。其辭忠厚雅馴，憂而不傷，勁而不怒，藹然文、武、周公之遺澤在焉。是孰開之？而孰誘之耶？吾是以知文、武、周公之化，固有默行乎禮教、風俗、政治之外者矣。不然，則婦人女子，豈告語之所可及、防範之所可率哉！成周[二]之澤，至於使婦人女子不能忘，則文、武、周公之用功深矣！遠矣！是豈一朝一夕之故哉！

[注釋][一]變風：《詩》之變風別於正風，其出於王道衰微，政出諸侯，於是政惡則為民所怨，政喜則為民所喜，各依其國而有美刺，即為變風。[二]成周：即西周東都雒邑，周公所營，故城在今河南洛陽東郊。後多以代指周朝。

成風請救須句，特以親昵而發。蓋人情之常，不足深道。然其言曰：「崇明祀，保

馳》是許穆夫人感傷國難的詩。這些詩言辭忠厚雅正，憂愁卻不哀傷，剛勁而不怨怒，溫文爾雅，就像是文王、武王、周公的遺澤存於其中。是誰啟發了她們？又是誰引導了她們呢？我由此知道文王、武王、周公的教化，本來就默默流佈於禮教、風俗和政治之外。若非如此，那麼這些婦人女子難道是言語之辭所可告誡，防範之禮所可引導的嗎？周朝的德澤，使婦人女子也不能忘懷，那麼文王、武王、周公的教化之功是多麼的深遠啊！這難道是一朝一夕就能達到的嗎？

成風請求魯僖公援救須句，是由於親屬之情而發的，這是人之常情，不值得深究。但她說：「尊崇

小寡，周禮也；蠻夷猾夏，周禍也。」成風以一女子而造次發言，不捨周室，非文、武、周公之遺化潛中其心，陰致其意，詎能至是乎？遠矣！周澤之長也。

吾嘗紬繹[一]成風「周禮」之說，如仲孫湫[二]，如韓宣子[三]輩，其知之者，代不乏人。至「周禍」之說，則春秋二百四十二年之間，諸侯皆不能知；知之者，成風一人而已。平王之東，降於列國，國異政，家殊俗，各私其私，各戚其戚，燕不謀楚之難，齊不預秦之憂。曰「天禍晉國」者，晉人自言晉禍也，未聞在晉而言周禍者也。曰「是衛之禍」者，衛人自言衛禍也，未聞在衛而言周禍者也。

[注釋][一]紬繹：引出端緒。引申為闡述。[二]

明杞，保護弱小，這是周禮；蠻夷侵擾華夏，這是周禍。」成風作為一個女子倉促發言，言語中沒有忘記周室，如果不是文王、武王和周公遺留的教化深入其心，潛移默化地影響了她，又怎能說出這樣的話呢？真是深遠啊！周的流澤所及。

我曾經仔細分析成風有關的「周禮」之說，如同齊國的仲孫湫、晉國韓宣子這些人，知道這個道理的，歷代都有不少人。至於「周禍」之說，在春秋二百四十二年之間，諸侯都不知道，知道的只有成風一個人而已。周平王東遷，王室衰微，如同列國，各個國家的政制不同，風俗相別，各自謀取自己的私利，各自擔憂自己的憂慮，燕國不謀救楚國的災難，齊國不理會秦國的憂患。說「天降災禍於晉國」的，是晉國人在說本國的災禍，沒聽過在晉國而說周禍的；說「這是衛國的災禍」的，是衛國人在說本國的災禍，沒聽過在衛國而說周禍的。

仲孫湫：齊大夫。魯閔公元年，仲孫湫曾至魯查魯難，回報齊桓公時以魯未棄周禮，故不可滅。［三］韓宣子：晉卿士。魯昭公二年，韓宣子使魯時見到《魯春秋》，以為周禮盡在魯。

成風請救須句，自常情言之，必以邾既滅須句，勢將逼魯，實魯之禍，庶幾可動僖公之聽。今乃置魯而專言周禍，周自有禍，何預於魯耶？成風之意，則有在矣。通天下皆周也。魯非魯之魯，乃周之魯也；須句非須句之須句，乃周之須句也。邾為不道，翦滅周之須句，則為周之魯者，安得不被髮纓冠［一］而亟救之耶？

［注釋］［一］被髮纓冠：指事情緊急，來不及束髮，只結上冠纓。比喻情況緊急，援救的心情急切。語見《孟子・離婁下》。

諸侯視王室如家，而國則其身也。以

成風請魯僖公救援須句，從常情來說，必定以邾國已經滅掉了須句，勢必要逼近魯國，所以這其實是魯國的禍患，以此為理由，或許可以說服僖公聽從。如今卻把魯國放在一邊反而專門說周禍，周朝自己有禍，跟魯國有什麼相干呢？成風的話是存有深意的。全天下都是周的天下。魯國不只是魯國人的魯國，而是周朝的魯國；須句不只是須句人的須句，而是周朝的須句。邾國不守列國之道，去滅掉周朝的須句，那麼作為周王室名下的魯國，怎能不趕快去救援須句呢？

諸侯看待周王室如同自己的家一樣，而列國就像

家禍為不切於身者，是謂大不孝；以國禍為不切於身者，是謂大不忠。成風之言，孰謂其緩而不切哉？

嗚呼！文、武、周公既沒數百年，而一女子之所見，猶非周時諸侯之所能及，吾是以知周之所以盛。晉、楚、齊、秦以降數十國，合諸侯之所見，反出於一女子之下。吾是以知周之所以衰，君子未嘗不歎息於斯焉。

自己的身體。認為家庭的禍患與自身無關，這是大不孝；認為列國的禍患與自身無關，這是大不忠。成風的話，誰能說是迂緩而不切實際的呢？

唉！文王、武王、周公已經死去好幾百年了，而一個女子的見識，竟然是當時周室的諸侯所不能達到的，我由此知道周朝之所以興盛的原因了；晉國、楚國、齊國、秦國以下數十個諸侯國，總合各諸侯的見解，反而居於一個女子的見解之下。我由此又可以知道周室衰亡的緣故了，君子沒有不為此而歎息的呀！

【古評】

朱字綠曰：由周禍一語，勘到周澤之未衰；以學士、大夫、故家，遺老，田夫，野父，映出一女子。文勢方落，忽用詩意飏開，引出四個女子，以見周澤不止遺於一人，益征益遠。入題後擒定兩周字發論一層，又單擒周禍二字深論一層，列國不能及一層，原成風尊周之意透發一層，之情斐亹，如讀匪風下泉之詩。

張明德曰：成風以一女子，能推本文、武之遺化，東萊以為春秋二百四十二年，皆不能言及此，知之者成風一人。因而追思周澤之未衰。文、武、成、康之舊，猶如昨也。擒定周字發一層，又單擒周禍二字發一層，有一題即要發揮一透，胸有成竹，故目無全牛。

左傳原文

成風請封須句 僖公・二十一年

任、宿、須句、顓臾，風姓也，實司大皞與有濟之祀，以服事諸夏。邾人滅須句，須句子來奔，因成風也。成風為之言於公曰：「崇明祀，保小寡，周禮也。蠻夷猾夏，周禍也。若封須句，是崇皞、濟而脩祀紓禍也。」

秦晉遷陸渾之戎

僖公·二十二年

物之相召者，捷於風雨。地夷而人華者，公劉之治豳[一]也，以華召華，不旋踵而有文武之興王；地華而人夷者，晉帝之納款[二]也，以夷召夷，不旋踵而有耶律之俘虜。是知居夷而華者，必變夷為華；居華而夷者，必變華為夷。物物相召者，未嘗不以其類也。

[注釋][一]公劉之治豳：公劉為周之先祖。據說公劉居於邰，遭夏人亂而遷於豳，周之興始於此。[二]晉帝之納款：晉帝，指五代時後晉之高祖石敬瑭。他為了個人稱帝的野心，求援於契丹，見耶律德光，約為父子，即帝位而為兒皇帝。死後，其子立，後為耶律德光伐之而亡。

中天下而畫壤者，是為伊、洛，萬國莫先焉，天地之所合也，四時之所交也，風

[譯文]

物類的相互感召，比風雨還要迅捷。在夷狄之地而住中國人，這是公劉治理豳地，用中國人感召了其他中國人，沒過多久便有文王、武王興起而稱王；在中國之地而住夷狄之人，這是後晉高祖皇帝賄賂契丹，用夷狄召來其他夷狄，沒過多久後晉出帝便成了耶律德光的俘虜。由此可知，居住在夷狄之地而能歸向中國的，一定能夠同化夷狄而成為中國；居住在中國而歸向夷狄的，一定會變中國而成為夷狄。物與物的相互感召，沒有不因為是同類的關係。

處在天下的中心並據此劃分天下區域的地方，就是伊川、洛水一帶，天下萬國沒有能超過它的，這是

雨之所會也，陰陽之所和也。自伊洛而俯眎夷狄，猶鈞天[一]帝居與世溷然，相去不知其幾千百等。政使[二]風俗隤壞，何至遽淪於夷狄乎？辛有一見被髮之祭，預期為戎於百年之前，而秦、晉之遷陸渾，果不出其所料者，抑有由矣。

[注釋][一]鈞天：天的中央，古代神話傳說中天帝所住之地。[二]政使：即使。「政」通「正」。

曠百世而相合者，心也；跨百里而相通者，氣也。伊洛之民，雖居中華聲明文物[一]之地，然被髮野祭，意之所向，已在於大荒絕漠之外矣。故以心感心，以氣動氣，安得不為陸渾之遷哉！既為沮澤[二]，潦水[三]自歸；既為羶肉，螻蟻自集；既為夷俗，戎狄自至。辛有所以能預期於百年之前者，

天地交合，四時交接，風雨際合，陰陽調和的地方。從伊、洛中心地帶而俯視夷狄，猶如在天的中央天帝的居所與凡世的污濁之地一樣，相差了不知道有幾千百個等級。即使是風俗敗壞，怎麼會忽然淪亡到夷狄的地步呢？辛有一看見人們披髮而野祭，在百年之前就預料到將淪為夷狄，後來秦、晉兩國把陸渾的戎人遷來，果然不出辛有的預料，這確是有原因的。

相隔百世卻能相互契合的是心，相距百里卻能相互感通的是氣。伊川、洛水的民眾，雖然居住在中華禮樂昌明文物鼎盛的地區，但是披散頭髮在野外祭祀，他們的心意已經傾向於那荒涼的大漠之外了。所以用心來感召心，用氣來感通氣，怎能不把陸渾的戎人遷來呢？已經成了蓄水的沼澤，那雨後的積水自然就歸流其中；已經成了腥臊的羊肉，那些螻蛄螞蟻自然要聚集過來；已經襲用了夷狄的習俗，那麼戎狄自然就會遷徙而來。辛有所以在百年前就能預料到這個結果，並不是因為他有別的法術啊。

非有他術也。

[注釋][一]聲明文物：聲明即聲音與光采，代音樂禮儀；文物指文飾與物色，代政教禮儀。[二]沮澤：水草叢生的沼澤地。[三]潦水：雨後的積水。

閒田隙地，散在九州者，尚多也。秦、晉必徙於此，而不之他焉；陸渾亦必居於此，而不之他焉。是豈嘗擇而處之哉！風聲氣習，自相感召，以默而驅之，潛而趨之，蓋有不能自已者矣。是故秦、晉非能徙，不得不徙；陸渾非能居，不得不居。罪在此而不在彼也。使在我無召戎之具，彼胡為乎來哉！嗚呼！辛有可謂知幾矣。

然其言曰「不及百年，此其戎乎」，吾以為猶未盡也。善惡無定位，華夷無定名，一渝[一]禮義，旋踵戎狄。彼被髮野祭

空閒的田地分散在九州的，還有很多。秦、晉兩國卻一定要把陸渾戎人遷徙到這裏，而不遷徙到別的地方；那些陸渾戎人也一定要定居在這裏，而不是定居到別的地方。這難道是經過挑選纔安置的嗎？風聲相通，習俗相似，自己相互感召，這些東西潛移默化，驅策促使，大概是不能自行停住的吧。所以並非秦、晉兩國有力量遷徙陸渾之戎，而是不能使他們不遷徙；並不是陸渾之戎非要定居到伊洛，而是不能讓他們不定居在這裏。過失在於自己而不在於別人。假使自身沒有招引來戎狄的因素，他們為何要來這裏呢？唉！辛有可說是能通曉細微的人了。

但是他說：「不用等到一百年，這裏就要變成戎人居住的地方了吧？」我以為他的話還沒有窮盡事理。善與惡沒有確定之位，華夏和夷狄也沒有固定之名，一旦改變禮義，隨即便變了戎狄。當他們披散頭

之際，固已為戎矣，豈待百年而始為戎乎？陸渾未遷之前，戎狄，其心者也；陸渾既遷之後，戎狄，其形者也。

[注釋][一]渝（ㄩˊ）：改變。

人徒以秦、晉之遷陸渾為亂華之始，不知伊洛之為戎久矣，豈待氈毳其服，穹廬其居，侏離其語[二]，然後謂之戎哉！十九年掘鼠牧羊於北海之濱，而未嘗少改蘇武之漢也；承乾身未離唐宮，而已純乎突厥矣。天下之可畏者，莫大於吾心之夷狄，而要荒[三]之夷狄次之。

[注釋][二]侏離其語：侏離本指西夷之樂，這裏形容蠻夷說話發音不清楚。[三]要荒：要，要服；荒，荒服。古稱王畿外極遠之地，亦泛指遠方之國。

髮在野外祭祀的時候，本來已經變成戎人了，難道還要等到一百年後纔開始變成戎人嗎？陸渾之戎在沒有遷徙來以前，伊洛人的心性已經是戎狄了；陸渾之戎已經遷徙來之後，伊洛人的外形也同於戎狄了。

人們只把秦、晉兩國遷徙陸渾之戎作為擾亂中原的開端，卻不知道伊洛的民眾變為戎狄已經很久了，難道還要等到用粗氈毛皮製作衣服，以帳篷為居室，操著奇怪難懂的語言，然後纔能稱為戎狄嗎？蘇武在北海之濱牧羊十九年，只能靠掘鼠充饑，但是作為一個漢人卻一點都沒有改變；唐太宗之子承乾雖然沒有離開過唐朝的宮廷，但已經完全變成了突厥人。天下最可怕的事情，沒有什麼能大過自己內心存在的夷狄，而遙遠之地的夷狄還在其次。

【古評】

首段泛論物類相召之理，引兩事以實之，一反一正，為本題作引。接入伊洛，先論形勢，說不應有遷戎之事作翻，點題後推原其故，揭心字作骨，從心字生出氣字，暢發所以然之故。反覆推勘，議論深透，文於山窮水盡處，再就辛有語推進一層，令閱者如逢武陵桃源，頓辟異境。造句奇警，其刺心也可駭，其愜心也可喜。再借他事旁證，收句結束全篇，滴水不漏，結構謹嚴有法。

左傳原文

秦晉遷陸渾之戎 僖公・二十二年

初，平王之東遷也，辛有適伊川，見被髮而祭於野者，曰：「不及百年，此其戎乎？其禮先亡矣。」

秋，秦、晉遷陸渾之戎于伊川。

謀於塗者，不若謀於鄰；謀於鄰者，不若謀於家。非遠則愚，而近則智也。愛淺者其慮略，愛深者其慮詳，理也，亦勢也。

四海九州之人，卒然相遇，倏然相遭，猶斷梗枯槎，偶相值於大澤之陂，恩何從而生，愛何從而發哉！問焉而不對者有矣，間有對者，謾對也，非真對也；叩焉而不應者有矣，間有應者，謾應也，非真應也。操兩可之論，近足以免我之累，遠足以逃彼之責，則自以為得計矣。其為人謀而忠者，蓋千萬而一遇耳。

乃若家人父子則不然，同分義[一]，均休戚[二]，其反覆謀議於家庭者，非相為賜也。如手足之赴頭目，不知其然而然也。內

[譯文]

與路人商量，不如與鄰里商量；與鄰里商量，不如與家人商量。這並不是因為關係疏遠而人就愚蠢，關係親近而人就聰明。而是因為交情淺的人替你的考慮會比較粗疏，交情深的人替你的考慮就會比較周詳，這是理所當然的，也是勢所必然的。

自四海九州來的人們，突然相遇，偶爾相逢，就如同斷梗枯枝一樣，偶然相交會在大湖澤的岸邊，恩情從何產生？愛心從何發生？詢問而不回答的大有人在，偶爾有回答的，也是隨便回答，而不是真的回答；叩問而不回應的大有人在，偶爾有回應的，也是隨便回應，而不是真的回應。用模棱兩可的回答，近的足以避免自己受牽累，遠的足以逃避別人的指責，這樣做便自以為是好的辦法了。真心誠意為別人籌謀的人，大概千萬人裏纔能碰上一二個吧。

至於家人父子之間就不一樣了，同情分，共情義，分享喜樂，分擔憂愁，所以反復和家人謀議的人，並不是為了相互間得到什麼實惠。這好比是手足聽從頭腦和眼睛的指揮，自然而然就這樣去做了。內心沒

無所隱，故其情真；外無所飾，故其語真。以真遇真，懇款惻怛〔三〕，往往得利害之真焉。彼家人、婦子之智，非果踰於他人也；智者之略，固不如愚者之詳也。故家人、婦子之謀，智慮有所不及，聰明有所不逮，則付之無可如何而已矣，豈肯僥倖苟免，而懷不盡如塗人之為耶？

〔注釋〕〔一〕分義：情分和情義。〔二〕休戚：喜樂和憂慮。〔三〕懇款惻怛：懇款，誠懇，懇切；惻怛，同情，悲苦。

異哉！嬴氏之於子圉，何其親則同室而情則塗人也？

當子圉逃秦而歸，嬴氏曾不為之反覆訂議，遽告之宜歸，以順其意；又不與之俱，以脫其身；又自詭不泄，以解其疑。意

有什麼隱瞞，所以感情真摯；外表沒有什麼掩飾，所以言語真實。以真情應對真實，誠懇而富於同情，往往能夠切實地瞭解其中的利與害。那些家人、妻子、兒女的智力並非真的超過他人，而是聰明的人如果粗疏，本來就不如愚笨人周詳。所以家人、妻子、兒女的謀議，如果智慧思量有所不夠，聰明才智有所不到，那麼也只能歸之於無可奈何罷了，難道肯為了僥倖苟免，而竟會像路人那樣有所保留嗎？

奇怪啊！嬴氏對於子圉，為什麼親密地一起生活，而感情上卻像路人一般呢？

當子圉要逃離秦國回晉國去時，嬴氏不曾為他反復計議，竟立刻告訴他應該歸國，以順從他的心意；卻又不跟他一起逃歸，以便解脫她自己；又自我表白不洩露消息，以解除他的疑慮。她的主要意圖，只不

之所主，特欲自為僥倖苟免之計，而子圉之利害，未嘗過而問焉。苟免，固賤行也。然世人之苟免者，猶曰「姑以免吾身」焉。父子，一體也；夫婦，一體也。害於彼，則傷於此矣。此嬴氏所以始欲苟免，而終不免於二嬖之辱[一]也。

[注釋][一]二嬖之辱：指懷嬴受晉懷公與晉文公二君寵幸。事見《左傳・文公二年》。

昔之烈女不幸而處不可兩全之地，固有殺身以致吾義者矣。況子圉之事，未至於不可兩全耶。使嬴氏當子圉之謀歸，易辭以對曰：「子淹卹[二]於秦者非他，所以合秦、晉之交也。今不忍數年之不燕，而蔑棄敝邑，若二國何？寡君有社稷之事，不得以身服役，而使賤妾得侍巾櫛。子介然有他志，是寡君不得事子也。妾將復於寡君。」嬴氏

過是想設一個自己能僥倖苟免的計謀，而子圉的利與害，她卻未必考慮過。自求苟免，本來不是高尚的行為。然而世上自求苟免的人，還要以「暫且就這樣以免除我自身的禍患」為藉口。父子，是一體的；夫婦，是一體的。傷害了對方也就傷害了自己。這就是為何嬴氏起初想要苟免，而最終不免於受到「被兩君寵幸」的羞辱了。

從前的貞節烈女，若不幸處於不可兩全的地步，本來就有自殺身亡以成就自己節義的。何況子圉的事情，還沒有到不可兩全的地步呢？假使嬴氏在子圉計畫逃歸時，換一種言辭說：「你在秦國長期遭受憂患並沒有別的緣故，而是為了秦晉兩國的和合。如今不能忍耐數年的不安逸，輕棄秦國，這對兩國如何交代？我們國君有國家政事在身，不能親自服侍你，而特地派我來侍候你的生活起居。你堅持打算其他，那麼我們國君就不能侍奉你了。我打算向我們國君回復了命。」嬴氏假如能這樣說，那麼子圉害怕嬴氏告訴

苟能為此言，則子圉憚嬴氏之告，必不敢興遁逃之謀；嬴氏席秦伯之勢，必不至為子圉之害；秦伯顧嬴氏之愛，必不入重耳之策。父子夫婦之間，顧不兩全乎？

[注釋][一]淹卹：也作「淹恤」。指久遭憂患。

嗚呼！嬴氏果出於此，則可以成父之志，可以解夫之禍，可以盡婦之道，可以全己之節，可以續惠公廢絕之祀，可以解秦伯戎狄之議，一舉而數利附。使嬴氏少致思焉，則何憚不出於此也？

思之苟，生於情之疎；情之疎，生於義之薄。土薄則無豐殖，雲薄則無甘霖，鐘薄則無震聲，味薄則無珍膳。未有薄其誠於先，而厚其謀於後者也。然則，嬴氏之不能謀，豈在於子圉逃秦之時哉！

秦君，必定不敢有逃跑的計謀；嬴氏依靠秦穆公的勢力，必定不會至於發生子圉後來的禍害；秦穆公為顧全嬴氏的兒女之愛，必定不會聽從送重耳回國的計策。父子、夫婦之間，難道不就兩全其美了嗎？

唉！嬴氏若真能夠這樣做，那麼就可以完成君父的意願，可以解除丈夫的禍患，可以盡到妻子的職責，可以保全自已的名節，可以延續惠公已經廢絕的祭祀，可以解除秦穆公被視為戎狄的非議，可謂一舉而多得。假使嬴氏稍微專注地想一想，還怕會想不到這些嗎？

思慮上的苟且疏忽，是出於感情的疏遠；感情的疏遠，是出於恩義的疏薄。土地貧薄便不會有豐碩的出產，雲層稀薄便不會有充沛的降雨，鐘壁單薄便不會有渾厚的聲響，滋味清薄便不會有珍饌佳餚。沒有誠意淡薄在前而計劃周密於後的。這樣說來，那麼嬴氏不能真心謀議，難道只發生在子圉逃離秦國的時候嗎？

【古評】

朱字綠曰：辰嬴以一身事從子、從父之間，而皆以為變，不足語於大義也，審矣。齊桓之女，醉而遣重耳以行；嬴氏割枕席之私，勉圉歸以就大計，似亦不為甚失；至入重耳之策，禍及子圉，或非二女子當時所能料也。文思特纏綿穠鬱，婉轉入情。

張明德曰：嬴氏不言而聽子圉之歸，於夫婦之道未為不是。況其對於子圉時，詞嚴義正，委婉盡情，此等見識，亦巾幗鬚眉，似不必過於追求。但處人倫之際，必有至當不易之情理，先生設身處地代為置對，而則嬴氏以自為徼幸苟免之計，豈刻論哉？

左傳原文

子圉逃歸 僖公·二十二年

晉大子圉為質於秦，將逃歸，謂嬴氏曰：「與子歸乎？」對曰：「子，晉大子，而辱於秦，子之欲歸，不亦宜乎？寡君之使婢子侍執巾櫛，以固子也。從子而歸，棄君命也。不敢從，亦不敢言。」遂逃歸。

國家圖書館出版品預行編目(CIP)資料

東萊博議今譯 / 呂理胡主持編輯. -- 初版. -- 桃園縣中壢市 : 中華呂祖謙學術研究協會, 民103.05
冊 ; 公分
ISBN 978-986-90521-0-8(全套 : 平裝). --
ISBN 978-986-90521-1-5(上冊 : 平裝). --
ISBN 978-986-90521-2-2(下冊 : 平裝)

1.東萊博議 2.注釋 3.春秋史

621.737 103004931

東萊博議今譯（上冊）

主持編輯 呂理胡
總 編 輯 陳年福
發 行 者 中華呂祖謙學術研究協會
出 版 者 中華呂祖謙學術研究協會
地址：桃園縣中壢市中央西路一段一號六樓
電話：(03) 4222325
傳真：(03) 4250813
E-mail：lawyer@chini.idv.tw
網址： http://chineselsa.pixnet.net/blog
http://blog.sina.com.cn/chineselsa
郵政劃撥帳號：50293442
戶名：中華呂祖謙學術研究協會呂理胡
印 刷 者 松鶴印刷
地址：新北市中和區中山路二段327巷10號1樓
電話：(02) 22423811
出版日期 初版一刷
西元2014年5月10日
定 價 上下冊合計新台幣1,200元（不分售）